Das Kind S. 70

Tod A. Sl. S. 226

Wolfgang Kasack

Schicksal und Gestaltung
Leben und Werk Wladimir Lindenbergs

WOLFGANG KASACK

Schicksal und Gestaltung

Leben und Werk WLADIMIR LINDENBERGs

Ernst Reinhardt Verlag
München Basel

CIP-Kurztitelaufnahme der Deutschen Bibliothek

Kasack, Wolfgang:
Schicksal und Gestaltung : Leben u. Werk Wladimir
Lindenbergs / Wolfgang Kasack. – München ; Basel :
E. Reinhardt, 1987.

ISBN 3-497-01128-2

Gesamtherstellung: Franz Spiegel Buch GmbH., Ulm
Printed in Germany

Inhalt

* 16. V. 1902
\+ III. 1997

Einleitung

Wladimir Lindenberg – aus dem alten russischen Adelsgeschlecht der Tschelischtschews – geht jetzt, im Herbst 1986, während diese Biographie entsteht, seinem 85. Geburtstag entgegen. Sein Name enthält Russisches und Deutsches – den russischen Vornamen und den deutschen Nachnamen. Er zeigt damit die Einbettung in beide Kulturkreise.

Geboren wurde Wladimir Lindenberg 1902 in Moskau als Sohn von Alexander Sergejewitsch Tschelischtschew; er verbrachte seine Kindheit in der Nähe Moskaus im Hause seines Stiefvaters, des Großindustriellen Carl Lindenberg, dessen Namen er trägt. 1914, als sein Vater zu seiner Mutter zurückkehrte, begegnete er diesem zum ersten Mal, 1918 mußten sie sich wieder trennen, nachdem er nur durch glückliche Fügung der Erschießung während des bolschewistischen Umsturzes entgangen war. Wladimir Lindenberg wurde einer der ein bis zwei Millionen russischen Emigranten, die dem beginnenden Terror in ihrer Heimat entrannen.

In Deutschland gestaltete er sein weiteres Leben – sein inneres und sein äußeres. Das innere war von Anfang an mit Meditation, Gebet, künstlerischem Gestalten und ständigem Ringen um geistig-seelische Vervollkommnung verbunden, das äußere begann im Hause des Stiefvaters Lindenberg in Remscheid, führte nach Bonn zum Medizinstudium, zu ärztlicher Tätigkeit als Psychiater und Neurologe, insbesondere als Spezialist für Hirnverletzte. Es führte ihn als Gegner jeglicher Intoleranz ins nationalsozialistische Konzentrationslager, das er lebend überstand, und später nach Berlin. Die Bombenzerstörung der deutschen Hauptstadt traf auch ihn. Gemeinsam mit seiner Frau, der Bildhauerin Dolina Gräfin von Roedern, und vielen Freunden baute er sich ein Behelfsheim in Schulzendorf bei Tegel. Dieses bescheidene Haus – das absolute Gegenteil zu den russischen Schlössern und der herrschaftlichen Villa, in denen er großgeworden war – blieb seine Heimstatt bis zum heutigen Tag. Es wurde zum Treffpunkt vieler Freunde und Bekannten, zum Kraftquell von Patienten und Gästen und zu der Stätte, wo viele seiner Bücher entstanden. Von 1948–1985 wurden 33 Bücher Lindenbergs in mittlerweile mehr als einer halben Million Exemplaren aufgelegt,

Bücher, die Licht und Liebe, Freude und Gelassenheit in die Herzen seiner Leser tragen, Bücher, welche um die Begriffe "Schicksal und Gestaltung" kreisen, die seine Haltung zum Leben den Menschen näherbringen.

"Wir sollten uns gewöhnen, jede Begegnung, jedes Erlebnis als Schicksal zu begreifen", schreibt er in "Mysterium der Begegnung" (1959).[1] Er sieht in seinen Büchern den "Versuch, aus der materialistischen Verhaftetheit, aus dem unsinnigen Begriff des »Zufalls« hinauszugelangen in eine Welt, in der Gott lebendig und wirkend ist" – so formuliert im Nachwort zu seinem Buch "Gottes Boten unter uns" (1967).[2] Er hat sich ein Leben lang bemüht, in den großen und kleinen Dingen des Lebens, in den schönen, lichten und freudigen Ereignissen ebenso wie in den häßlichen, dunklen und traurigen die Einwirkung des Schicksals und seiner Boten zu erkennen.

Aber er war sich, nicht zuletzt unter der Einwirkung der Lehren großer Yoga-Meister, dessen bewußt, in wie hohem Maße "der Mensch selbst der Schöpfer und Gestalter seines Schicksals ist, das er durch die wiederholten Fleischwerdungen hindurch trägt. Seine guten und bösen Gedanken und Gefühle, seine Verhaltungen und seine Taten sind es, die sein Leben gestalten"[3]. Wladimir Lindenberg lebte und lehrte diese Haltung viele Jahrzehnte, und er wird sie in seinen Büchern über seinen Tod hinaus weitertragen. "Der Gott Suchende", so schreibt er 1960, "der, gleich welcher Religion er angehören mag, konsequent den Weg geht, den die Lehre vorschreibt, dessen Leben mündet letztlich immer in Gott, denn es gibt keinen anderen Auftrag auf dieser Erdenbahn als den, die Verfangenheit an den Leib, an die materiellen Dinge des Besitzes und an die Verstrickung an das Schicksal (Karma) durch die Anspornung des Geistes zu überwinden. Überwindung aber heißt immer Gelassenheit, Freude, Güte, Charakterstärke und ein Wandel im Lichte Gottes."[4]

Wladimir Lindenbergs eigenes Leben und Wirken unter diesem Gesichtspunkt zu sehen, ist die Aufgabe dieses Buches. Auch jetzt, zum Zeitpunkt dieser Niederschrift, hat ihn sein Schicksal mit einer neuen und sehr schweren Aufgabe konfrontiert – er ist auf den Rollstuhl und fremde Hilfe angewiesen – und ich weiß aus Briefen und Gesprächen, wie er dieser Herausforderung im hohen Alter bewußt begegnet. In der gelassenen Hinnahme und der vollen Ausschöpfung der bleibenden Möglichkeiten liegt die Gestaltung des eigenen Lebens, die wir über die vielen vergangenen Jahrzehnte beobachten können.

Wladimir Lindenberg in den Achtzigern

Das Buch ist im wesentlichen chronologisch aufgebaut. Die Einschnitte, die die jeweils für sich behandelten Perioden eingrenzen, sind in der Regel durch Ortswechsel gekennzeichnet, wobei ich mich bemühe, den Wechsel des Ortes als äußeres Zeichen wesentlicher Veränderungen darzustellen. Die Phase 1902–1918 – Geburt bis Emigration – ist durch die Rückkehr des Vaters Alexander (genannt Sascha) untergliedert, denn dieser nahm den Jungen eine Zeitlang in das Familienschloß bei Rybinsk, ein altes Rosenkreuzer-Meditationszentrum. Dieser Aufenthalt, von Wladimir Lindenberg "Reise nach innen" genannt, prägte ihn entscheidend. Zur Phase bis 1914 aber gehören vor allem gemeinsame Reisen mit der Mutter Jadwiga, der überaus geliebten und verehrten Mutter, nach China, Japan, Deutschland, Italien, Frankreich, in den Kaukasus und die Wolga entlang. Der zweite Lebensabschnitt, der mit dem Ersten Weltkrieg zusammenfällt, umfaßt das Ende jener Adelswelt, der er entstammte und der er sich als Verwandter führender Persönlichkeiten der russischen Geschichte wie Michail des Heiligen von Tschernigow (1179?–1246) und Dmitri Donskoi (1350–1389), letztlich als Nachfahre Rjuriks, des Begründers des Russischen Reiches, nahe fühlte.

Die erste Lebensphase in Deutschland bricht mit der Verhaftung 1936 und Verurteilung zu vier Jahren KZ-Haft jäh ab. Gegenüber dieser gewaltsamen Auslöschung jeglicher gewohnter und im menschlichen Leben unserer Zivilisation üblicher Existenzform, der Auslieferung an Gewalt, Hohn und Willkür waren vorangegangene Einschnitte unwesentlich: der Wechsel von Remscheid nach Bonn, Studium und Studienabschluß (1927), Klinikarbeit und erste ärztliche Praxis, Reisen als Schiffsarzt.

Nach der Zeit der Unfreiheit, die auch für Wladimir Lindenberg größte schicksalsmäßige, positive Erfahrungen inmitten schlimmster physischer Qual und Erniedrigung barg, kam eine Zeit anderer äußerer Bedrängnis. Berlin wurde zum neuen Lebensumfeld, Kriegs- und Nachkriegszeit schufen neue Aufgaben.

Der nächste Zeitabschnitt wird durch die Übernahme der Leitung der Hirnverletztenabteilung am Evangelischen Waldkrankenhaus Berlin-Spandau am 1.5.1947 eingeleitet. Ab 1.10.1959 war Wladimir Lindenberg nur noch in seiner Privatpraxis tätig, er blieb es bis in die Gegenwart. Die Berliner Zeit zu untergliedern ist schwer. Der Kauf eines zweiten Hauses, eines Bauernhauses in Ranerding/Bayern, als Feriendomizil erweiterte den Lebensraum, gab aber selbst innerhalb der einzelnen Jahre kaum Einschnitte. Der Geist der Häuser, von

Wladimir Lindenbergs eigenen Bildern und Büchern, von Skulpturen seiner Frau und religiöser Kunst der Welt geprägt, ist einheitlich. Ob die Freunde ihn hier oder dort erlebten, war unwesentlich, seine Bereitschaft zur Begegnung, zum Dasein für den anderen war unabhängig von den Jahrzehnten, die ihm das Schicksal nach dem Krieg zu leben bestimmte, und unabhängig von den beiden Orten. Die Patienten kamen und gingen, von vielen Bekannten und Freunden gilt dasselbe, und bei den Gebliebenen zählt nicht ein Zeitabschnitt, sondern die einzelne Begegnung.

Anders ist es mit den Büchern. Hier überwiegen 1948 bis 1956 medizinische und historische Themen, gleichsam beruflich und wissenschaftlich Erarbeitetes. Ab 1956 aber, mit seinem siebten Buch "Die Menschheit betet", fand er zu seiner eigenen Darstellungsform ethisch-religiöser Thematik, die vom Christentum ausgeht und breit und tolerant die Religionen der Welt einbezieht, Erlebtes und Gelesenes – oft als Zitat – verbindet. Gesondert stehen sechs autobiographische Werke, die 1961–1972 entstanden und 1985 um sein erstes, schon 1920 noch auf russisch geschriebenes autobiographisches Buch ergänzt wurden. Auch heben sich einige Bücher heraus, die sich an Krankenschwestern, Patienten oder Personen aus dem Rechtsbereich wie Staatsanwälte richten und in denen sich Berufserfahrung mit moralischem Anliegen verbinden. Da Wladimir Lindenberg sein inneres Erleben in all seinen 33 Büchern gestaltet hat, habe ich – in weitgehender Anpassung an den chronologischen Ablauf – die weitere Untergliederung nach diesen Büchern gewählt. Auf diese Weise möchte mein Buch, das von seinem Leben und seinen Büchern ausgeht, wieder zu seinen Büchern hinführen.

Als Quellen standen mir einmal die Bücher selbst zur Verfügung[5], ferner ein Tagebuch von 1920/21 mit dem Titel "De profundis", das die letzte Zeit in Remscheid und die erste Zeit in Bonn oder die Zeit von der Wiedervereinigung mit der Mutter bis zur ersten Vorlesung umfaßt. Eine wichtige, von ihm nur teilweise für seine Autobiographien verwendete Quelle war das Manuskript eines unveröffentlichten Buches über das Leben seiner Eltern, das etwa von 1900 bis 1934 reicht.[6] Lindenberg hat ein sehr offenes Verhältnis zu äußeren Fakten und Daten, ihm ist das Wesentliche, das Schicksalsmäßige wichtig. So findet man in Daten Abweichungen und Fehler. Der freie Umgang mit äußeren Fakten in den Büchern findet seine Berechtigung in der Form seiner Autobiographien. Er spricht von sich nicht als "Ich", nicht von sich aus, sondern über einen dritten – den "Bobik", wie er als Kind genannt wurde, und den "Wolodja", wie man in russischer Umwelt freundschaftlich jeden russischen "Wladimir" nennt. Der gewissen Inkonsequenz der Zahlen und literarischen Freiheit in Lindenbergs Büchern entspricht ein selektiver Umgang mit den jeweils behandelten oder erwähnten Fakten. Viele Elemente, die mir unter dem Gesichtspunkt des chronologischen Ganges durch sein Leben und des Blickes auf "Schicksal und Gestaltung" wichtig sind, habe ich aus den verschiedensten Büchern zusammengetragen. Schließlich bin ich ihm als Freund, als ihn verehrender Freund, nahe und lasse mehr als konkrete Informationen aus Gesprächen in Berlin und Ranerding, mehr als Fotos von Zeichnungen und Bildern aus seiner Hand, in dieses Buch einfließen.

Vor mir liegt auch ein dichterisches Notizbuch, in das er u.a. über Jahrzehnte hinweg Zitate und Gedanken für die meisten seiner Bücher und auch die Stichwörter eingetragen hat, nach denen er dann seine vielen Vorträge hielt – etwa vier bis sechs klein beschriebene Seiten für jeden Vortrag (siehe Seite 283). Viel hier Vermerktes findet seine Parallelen in den Büchern, viele Namen stehen hier und dort.

Jedes Porträt – der bildenden Kunst wie der Sprachkunst – ist ein doppeltes Porträt: das des Porträtierten und das des Porträtierenden. Aber ich trage – in Liebe zu Wladimir Lindenberg – gerne die Verantwortung der Auswahl, der Perspektive und der Interpretation bei der Darstellung dieses Lebens.

Vorfahren

Wladimir Lindenberg entstammt altem russischen Adel und war sich dieser Herkunft, sobald er sie erfahren hatte, bleibend bewußt. "Schon als Kind war ich stolz auf meine Familie und ihre Geschichte, die mit vielen Ländern verknüpft ist und die aus russischen, deutschen, polnischen, englischen und tatarischen Blutsquellen gespeist ist"[1], schreibt er 1959. Er sieht sich in der vielhundertjährigen Tradition seiner Vorfahren stehen, von denen viele eine bedeutende Rolle in der russischen Geschichte gespielt haben. Dieses Traditionsbewußtsein bewirkt aber nicht nur Stolz, sondern ist auch Quelle für Bescheidenheit. In einem anderen seiner Bücher lesen wir "Der in der Tradition der Vergangenheit und in der Verehrung der Ahnen erzogene Mensch kann niemals, wie der allein auf sich Gestellte, seine Individualität so stark hervorheben"[2].

Ende des 19. Jahrhunderts hat einer der Tschelischtschews die Materialien über die Stammesgeschichte der Tschelischtschew-Familie erarbeitet und in St. Petersburg 1893 veröffentlicht.[3] Auf diesem Werk basieren u.a. die Ausführungen über zwölf Tschelischtschews im Russischen biographischen Lexikon von 1905 und die Angaben in der alten russischen Enzyklopädie von Brockhaus und Efron.[4] In vielen seiner Bücher berichtet Wladimir Lindenberg von berühmten Tschelischtschews, insbesondere von denen, die in direkter Linie zum ältesten Namensträger führen.

Im Jahre 1237 übersiedelte nach diesen Quellen ein Wilhelm von Lüneburg, Enkel Heinrichs des Löwen, nach Rußland und erhielt bei seinem Übertritt zum russischen orthodoxen Christentum den Namen Leonti. Er wurde von Alexander Newski mit dem Gebiet von Toropez beliehen.[5] Sein Sohn Karl, der ihn begleitet hatte, bekam den Taufnamen Andrej, erhielt den Beinamen Tschelyschtsch(e) und wurde somit zum Begründer des Bojarengeschlechts der Tschelischtschews. Karls bzw. Andrejs Enkel Andrej Fjodorowitsch heiratete die Enkelin des Großfürsten von Moskau Iwan Kalita (1328–1341), Maria von Uglitsch. Iwan Kalita, der direkte Vorfahre der russischen Zaren und Nachfahre des Begründers des Kiewer und damit Russischen Reiches, Rjurik, war bereits sein Taufpate gewesen. Auf diese Weise ist das Geschlecht der Tschelischtschews unmittelbar mit dem Herrscherhaus der Rjurikiden verwandt.

Der Sohn dieses Andrej Fjodorowitsch und der Maria von Uglitsch, Michail, spielt in der russischen Geschichte eine besondere Rolle. Im Jahre 1380 fand die entscheidende Schlacht zwischen den Russen und den Tataren statt, die Schlacht auf dem Kulikowo-Feld, bei der die Tataren geschlagen wurden. Die von Dschingis Chans Sieg herrührende Besetzung Rußlands erlitt einen wesentlichen Schlag. In dieser Schlacht nun, berichtet die Chronik, hatte der Moskauer Großfürst Dmitri Donskoi seinen Verwandten und Freund Michail Andrejewitsch Tschelischtschew – bekannt durch den Beinamen Brenko – gebeten, seine, des Großfürsten, Kleidung anzulegen und seine Standarte zu tragen, um die Tataren zu täuschen und durch seinen Opfertod den Sieg zu ermöglichen. Die List gelang, die Tataren richteten ihren Angriff gegen den vermeintlichen Großfürsten Dmitri, und nach Michail Brenko-Tschelischtschews Tod konnte der wahre Großfürst mit seinen Kriegern den Sieg über Chan Mamai erringen.[6]

Vor der Schlacht hatten der Großfürst Dmitri Donskoi und Michail

Stammbaum der Tschelitschtschews
Linie zu Wladimir Alexandrowitsch

Wilhelm	von Lüneburg, Taufname Leonti, kam im Jahre 1237 nach Rußland
Karl	Taufname Andrej, genannt Tschelischtsch(e), Stammvater der Tschelischtschews, kam im Jahre 1237 nach Rußland
Fjodor	
Andrej	(Brenko), Patenkind von Iwan Kalita, ∞ Maria Konstantinowna von Uglitsch, Enkelin von Iwan Kalita
Michail	(Brenko), Wojewode, Neffe von Dimitri Donskoi, † 8. September 1380 auf dem Kulikowo-Feld
Fjodor	
Fjodor	
Mikula	
Wassili	sein Bruder Ilja, Wojewode, war im Jahre 1517 unter Wassili III. als Gesandter bei Machmed-Girej
Gawriil	
Daniil	
Afanassi	
Gawriil	(Afinogen)
Alferi	am Moskauer Hof
Pjotr	
Iwan	Ordensmeister des Rosenkreuzerordens von Nordrußland, † 1779
Alexander	Generalleutnant, Chef des Artillerie-Departements im Militär-Kollegium, Ordensmeister des Rosenkreuzerordens von Nordrußland, † 1821
Nikolai	1783–1859, Mitglied des Staatsrates, wirklicher Geheimer Rat, ∞ Fürstin Maria Michailowna Chowanskaja, sein Bruder Alexander, 1779–1881, ∞ Natalja Alexejewna Puschkina
Michail	1818–1883, Hofmeister, ∞ Jekaterina Alexejewna Chomjakowa
Sergej	1850–1917
Alexander	1881(?)–1921, ∞ Jadwiga Studenska 1883–1934
Wladimir	1902, Dr. med. Lindenberg ∞ Dolina Gräfin von Roedern 1887–1966

От него у меня кольцо
с рюриковским гербом
св. Георгия.

Michail der Heilige Großfürst von Černigov und Kiew
∞ Maria Tochter Roman Mstislavovitch von Galič
1246 lebendig verbrannt von Tataren

Tochter Maria † 1271 des Michail von Chernigov
∞ Vasilko Konstantinovitch von Rostov

Boris * 1231 Rostov † 1277
277 ∞ Maria Jaroslavovna von Murom

Konstantin v Rostov
∞ Tochter eines Tatarenchans † 1309

Vasili 1291 – 1316 von Uglitch

Konstantin * 1312
∞ 1328 Maria Tochter Joann Kalitas v Moskau

Maria von Uglitch
∞ Andrei Brenko Tchelo

Michail Brenko Tchelo † Wojewode
† am Kulikowo Pole 8 Sept 1380 Urenkel v Joann Kalita
Neffe von Dimitri Donskoi

Aus dem Stammbaum der Tschelischtschews
aufgezeichnet von Wladimir Lindenberg am 21.7.1984

Brenko den Heiligen Sergej von Radonesch aufgesucht, um seinen Segen zu erbitten. Er gab jedem ein kupfernes Brustkreuz. Das Tschelischtschew-Kreuz wurde jeweils am Jahrestag der Schlacht, dem 8. September, dem Majoratssohn vom Vater weitergegeben, sobald er 16 Jahre alt geworden war.[7] Wladimir Lindenberg erhielt es von seinem Vater im Herbst 1918 in der Archangelski-Kathedrale in Moskau vor dem Sarg des Dmitri Donskoi[8] und wurde so unmittelbarer Teilhaber jener Ahnentradition, die jeder Tschelischtschew vor ihm gelebt hatte.

Auch die Standarte, die Michail Brenko getragen hatte, blieb erhalten. Sie wurde im Stammessitz der Tschelischtschews in Krasnoje selo bei Kosjolsk, Gouvernement Kaluga, aufbewahrt. Wladimir Lindenbergs Urgroßvater stiftete sie dann dem Historischen Museum am Roten Platz in Moskau.[9]

Verfolgt man den Stammbaum der Tschelischtschews in der russischen Linie vor Michail Brenko weiter rückwärts, findet man als dessen Urgroßvater Konstantin von Rostow, der mit der Tochter eines Tatarenchans verheiratet war (gestorben 1309). Konstantin nun war ein Urenkel des Fürsten Michail Wsewolodowitsch von Tschernigow, der in der Geschichte als Michail der Heilige bekannt geworden ist. Die Russische Orthodoxe Kirche und die Römisch-katholische Kirche haben ihn nämlich um seines gewaltsamen Todes 1246 willen (er war von den Tataren verbrannt worden) in den Kanon der Heiligen eingereiht. Fürst Michail von Tschernigow hatte einen Siegelring mit der Darstellung des Heiligen Georgs, des Drachentöters, getragen[10], und dieser Ring befindet sich heute im Besitz von Wladimir Lindenberg. Er gelangte in die Tschelischtschew Linie und wurde – dem Stammbaum nach – über 26 Generationen weitergereicht. Wladimir Lindenberg trägt ihn seit Jahrzehnten.

Zum tradierten Familienbewußtsein gehört auch der Stolz auf den Wojewoden Ilja Mikulitsch, der als Botschafter von Zar Wassili III. bei den Tataren auf der Krim 1517 und als Wojewode von Tula 1527 nachgewiesen ist. Ilja ist ein Urenkel von Michail Brenko, aber kein unmittelbarer Vorfahre Wladimir Lindenbergs. Von ferneren Familienzweigen stammen u.a. Alexej Bogdanowitsch Tschelischtschew († 1806), ein Oberzeremonienmeister der Kaiserin Katharina II., und Pjotr Iwanowitsch Tschelischtschew, der 1766 mit elf anderen russischen Aristokraten zum Studium nach Leipzig gesandt wurde. Zu diesen Studenten gehörte auch der berühmte Alexander Radischtschew (1749–1802)[11], Autor des sentimentalen Reiseromans "Reise von

Petersburg nach Moskau". Pjotr Tschelischtschew soll Koautor des 1790 anonym veröffentlichten Buches sein. In jedem Fall hat er ein paralleles Werk "Reise durch den Norden Rußlands im Jahre 1791" verfaßt, das 1889 veröffentlicht wurde.

Mit diesen und vielen anderen Vorfahren verbindet Wladimir Lindenberg ein grundsätzliches historisches Bewußtsein. Unmittelbar ist die Verbindung zu jenen Tschelischtschews, die im Stammessitz Krasnoje selo und dem Meditationszentrum "Eremitage" bei Rybinsk lebten. Der älteste dieser Vorfahren – Urgroßvater seines Urgroßvaters – war Iwan Petrowitsch Tschelischtschew († 1779). Er lebte zur Zeit der Kaiserin Katherina II. In jener Zeit kam westeuropäische Bildung über die Freimaurer und Rosenkreuzer nach Rußland. Die Rosenkreuzer bildeten zwei ihrer geheimen Orden in Rußland, einen im Norden, dessen Ordensmeister dieser Iwan Petrowitsch wurde, und einen im Süden. Um die fünfziger Jahre des achtzehnten Jahrhunderts baute Iwan Petrowitsch in den Wäldern bei Rybinsk ein Meditationsschloß – wohl etwas wie das Potsdamer Sanssouci – das den geheimen Mitgliedern des Ordens zur Stätte der inneren Besinnung, des Studiums philosophischer und religiöser Texte, esoterischer Übungen – also der geistigen Vervollkommnung – diente.

Sein Sohn Alexander Iwanowitsch wurde zweiter Ordensmeister des Rosenkreuzerordens. Weltlich hatte er eine hohe Stellung in St. Petersburg, er war als Generalleutnant und Inspekteur der Artillerie Chef des Artillerie-Departements im Militär-Kollegium. Er starb 1821. Beide waren in solchem Grade mit den Rosenkreuzern verbunden, daß sie sich in der Eremitage beisetzen ließen. [12]

Nikolaj Alexandrowitsch Tschelischtschew (1783–1859), Sohn des Ordensmeisters Alexander Iwanowitsch, ist bereits Wladimir Lindenbergs Ururgroßvater. Dieser hatte als Mitglied des Staatsrats eine angesehene Stellung bei Hofe und nahm den höchsten russischen Rang des Wirklichen Geheimen Rates ein. Durch seine Frau, Maria Michailowna, wurden die Tschelischtschews Verwandte des Fürstengeschlechts der Chowanskis.

Ihr Sohn Michail Nikolajewitsch (1818–1883) hatte den Rang des Hofmeisters und verband durch seine Ehe mit Jekaterina Alexejewna die Tschelischtschews mit dem russischen Slawophilen Alexej Chomjakow. Wladimir Lindenberg ist ihr, seiner Urgroßmutter, 1914 in Nizza begegnet, wohin sie mit dem ihr befreundeten Loris-Melikow unmittelbar nach der Ermordung des Zaren Alexander II. gezogen war und im Palazzo Cataldi an der Piazza Grimaldi wohnte. [13] Er legt der alten Dame folgende Worte in den Mund, die das vielfältige tradierte Verwandtschaftsbewußtsein veranschaulichen: "Wie heute erinnere ich mich, als 1852 meine geliebte Mutter, Jekaterina Michailowna Chomjakowa, geborene Jasykowa, die Schwester des Dichters, an Cholera starb. Sie war mit dem Dichter Gogol eng befreundet gewesen. Wir gingen hinter ihrem Sarg, Vater und Anna achtjährig, ich war damals sechzehn, und all das Gefolge. Es wehte ein eisiger Wind, und unsere Tränen froren auf unseren Wangen ein. Und im März des gleichen Jahres standen wir am Grabe des großen Dichters Gogol." [14] Sie verband ihre Herkunft mit dem tatarischen Chan Mursa Schidimir von der Blauen Horde, der um 1300 nach Twer floh und zum Christentum übertrat. [15]

Wladimir Lindenbergs Großvater, Sergej Michailowitsch Tschelischtschew (1850–1917) war General bei der Gardekavallerie in St. Petersburg. Er stand den Rosenkreuzern ferner, hat die Eremitage nie besucht und nach der Dienstzeit und dem frühen Tod seiner Frau viele Jahre zurückgezogen im Schloß Krasnoje selo gelebt. Er dürfte sich allerdings dort intensiv mit den Schriften seiner Rosenkreuzervorfahren beschäftigt haben. Mit seinem Sohn Alexander hatte er wenig Kontakt, er hatte ihn weitgehend Erziehern überlassen. Wladimir Lindenberg ist ihm in Krasnoje selo zweimal begegnet.

Eltern

Wladimir Lindenbergs Vater war als ältester Sohn der Erbe der riesigen Latifundien der Tschelischtschews in den Gouvernements Kaluga und Tula. Nach dem Tod der Mutter erhielt er mit 15 Jahren in Moskau eine Wohnung mit seinem Erzieher, einem jungen Doktor der Theologie, und Bedienungspersonal. Seine Studien galten der Philosophie, Theologie, Mathematik und – am Moskauer Konservatorium – der Musik. Bei einem Aufenthalt in Jessentuki im Kaukasus lernte er Jadwiga Studenska, seine spätere Frau, kennen. Er war damals 19 oder 20, sie 17 Jahre alt. Jadwigas Mutter sträubte sich als nationalstolze Polin gegen die bei der ersten Begegnung beschlossene Ehe mit dem Russen. Trotz der großen Liebe und der Überzeugung, füreinander bestimmt zu sein, die die jungen Menschen zur Heirat nach wenigen Monaten – wohl im Oktober 1900 – bewog, war die Ehe von kurzer Dauer. Hierbei spielte auch die feindliche Haltung von Jadwigas Mutter eine wesentliche Rolle. Ende September/An-

Alexander Sergejewitsch Tschelischtschew-Krasnoselski
Wladimir Lindenbergs Vater

fang Oktober 1901 verließ Alexander Tschelischtschew seine Frau.

In den Jahren bis zur Wiederbegegnung 1914 bestand kein Kontakt. Alexander Tschelischtschew studierte in Berlin zwei Jahre bei Humperdinck Musikwissenschaft, wurde Pianist und Komponist, zählte Rachmaninow zu seinen Freunden. [1] Außer längeren Europareisen – Deutschland, Frankreich, Schweiz, England – unternahm er eine Reise nach Indien und besuchte Palästina und Ägypten.

Die wichtigste Zeit für seine innere Entwicklung erlebte Alexander Tschelischtschew im Rosenkreuzerschloß seiner Familie, der Eremitage bei Rybinsk. Er verbrachte dort mehrere Jahre mit intensivem Studium philosophischer, theologischer und esoterischer Literatur und "fühlte sich von Stille und Glück umgeben" [2]. Unter Anleitung eines älteren Rosenkreuzers, dessen Vorfahren schon in dem Schloß gelebt hatten, widmete er sich ganz der geistigen Weiterentwicklung. Er erhielt die Einweihung als einer der geheimen 21 Rosenkreuzer Rußlands. [3] "Da, wo er vorher Willkür, Ohnmacht und Grausamkeit sah, tat sich ihm der Sinn des Geschehens auf wie die Lösung einer mathematischen Aufgabe. Der Kreislauf des Lebens, Werden und Vergehen, Schmerz und Lust, Liebe und Haß, keimende und sterbende Kulturen und Weltanschauungen bekamen einen tieferen Zusammenhang durch Erschließen der geistigen Hintergründe. Daraus ergab sich auch eine Selbsterkenntnis, die ihn Ruhe und Gelassenheit sich selber und seinem Schicksal gegenüber aufbringen ließ." [4]

Außer von diesem großen Erlebnis der Reifungsmöglichkeit und Reifungserfahrung hat Wladimir Lindenbergs Vater seinem Sohn in der kurzen Zeit ihres gemeinsamen (wenn auch oft unterbrochenen) Lebens 1914–1918 vor allem von zwei Erlebnissen berichtet: In Indien war er in Bombay einem Händler begegnet, der ihm drei Talismane übergab, einen für ihn, einen für seine Frau und einen für seinen Sohn. Er habe verwirrt ablehnen wollen, von der Frau sei er getrennt, einen Sohn habe er nicht, doch habe jener weise Mann sich lächelnd auf höheres Wissen berufen. Wie ihm, dem Händler, die Begegnung mit dem jungen Russen vorausgesagt worden sei, so wisse er von Frau und Sohn seines Gegenüber als dessen nächsten Menschen. Alexander Tschelischtschew hat jene Prophetie schwer annehmen können, später hat sie ihm sehr geholfen. [5] Mit ähnlicher Sicherheit hat der Starez Anatoli im Kloster Optina Pustyn, der heute zerstörten, einst so berühmten russischen Wallfahrtsstätte, die die

Jadwiga Tschelischtschewa-Lindenberg, geb. Studenska
Wladimir Lindenbergs Mutter

großen russischen Schriftsteller Gogol, Dostojewski und Tolstoi aufsuchten, zu Alexander Tschelischtschew aus sicherem Wissen gesagt "Sei getrost, du wirst deine andere Hälfte wiederfinden. Suche sie mit dem Herzen"[6]. Alexander Tschelischtschew wußte um die Gabe der Hellsichtigkeit des Starez und rüstete sich im tiefen Innern zur Wiedervereinigung mit Jadwiga.

Wladimir Lindenbergs Mutter Jadwiga (2.2.1883–1934) spielte in seinem Leben ebenfalls eine außerordentlich große Rolle. Sein erstes Buch "Drei Häuser" von 1920 trägt den Vorspruch "In Dankbarkeit und Liebe meinem Freunde – meiner Mutter – gewidmet". "Bobik im Feuerofen" (1964) trägt die Widmung "Dem Andenken meiner Mutter Jadwiga, † Berlin 1934, und all derer, die an dem bunten Teppich meines Lebens mitgewirkt haben, in tiefer Dankbarkeit gewidmet". Jadwiga Studenskas Mutter war Polin, ein selbstbewußter und herrischer Charakter, ihr Vater Staatsrat im Justizministerium. Die Mutter führte ihr eigenes Leben in einem großen Haus in St. Petersburg, einem Besitz in Jessentuki (Kaukasus) oder einem weiteren Anwesen in Terjoki (Finnland).

Aus dem Leben Jadwigas vor Wladimir Lindenbergs Geburt sind einige wenige Begebenheiten bekannt. Vom neunten Lebensjahr an wuchs sie nicht zu Hause, sondern im Smolny Institut, St. Petersburg, auf. Nach dem Schulabschluß 1900 kam sie in den Kaukasus zu Besuch, lernte Alexander Tschelischtschew kennen und heiratete ihn. Bei diesem Aufenthalt erlebte sie, wie bei einem Unwetter die Schienen der Eisenbahn so unterspült wurden, daß der nächste Zug entgleisen mußte. Unter Lebensgefahr ging sie dem Zug über eine schmale Brücke entgegen, sie kam rechtzeitig auf die andere Seite der Schlucht, und es gelang ihr, das Leben vieler Menschen zu retten.[7] Unter ihnen war der frühere Justizminister und Freund ihres Vaters.

Für das Verhältnis zu ihrer Mutter ist ein Vorfall kennzeichnend, der sich ereignete, als Jadwiga etwa 15 Jahre alt war, also 1898. Sie wurde Zeuge, wie ihre Mutter spöttisch aus dem Tagebuch ihrer Tochter, das sie heimlich weggenommen hatte, anderen vorlas. Ein anschließender Selbstmordversuch des verzweifelten Mädchens wurde von ihrem Bruder verhindert.[8]

Mit ihrem Mann Alexander Tschelischtschew zusammen war sie wohl Weihnachten 1900 bei Großfürst Sergej Alexandrowitsch im Kreml und bekam das Angebot der Patenschaft für ein Kind. Der Großfürst wurde 1905 Opfer eines Attentats. Seine Frau, die Großfürstin Jelisaweta Fjodorowna, die Schwester des Großherzogs

Ernst Ludwig von Hessen und bei Rhein, genannt "Tante Ella" bzw. "Tante Hella", spielte als Patin eine wesentliche Rolle in Wladimir Lindenbergs Leben.[9] Sie gehört zu den von den Bolschewiken 1918 ermordeten Mitgliedern der Zarenfamilie.

Auch Jadwigas Leben war von einer Weissagung begleitet. Eine Zigeunerin sagte ihr, kurz vor der Ehe, als sie 16 Jahre alt war, sie werde dreimal verheiratet sein, drei Kinder haben, reich sein, aber werde es nicht bleiben, in fremdem Land werde sie sterben. "Viel Leid wirst du erdulden (...) Gott schenke dir seine Gnade."[10]

Die Ehe mit Alexander Tschelischtschew wurde auf Betreiben ihrer Mutter für ungültig erklärt, da Jadwiga 1900 minderjährig gewesen sei. Die Mutter sorgte für den raschen Eheschluß mit Carl Lindenberg (1874–1962). Dieser stammte aus einer angesehenen Familie in Remscheid, hatte eine Kaufmannslehre und ein Ingenieurstudium absolviert, war 1897 von der Firma Orenstein und Koppel nach Finnland entsandt worden und hatte etwa ab 1900 in Moskau eine eigene Fabrik für Lokomotiven, Loren und Gleisbaumaterial aufgebaut. Wladimir Lindenberg wuchs zunächst in dem Bewußtsein auf, er sei sein leiblicher Vater. Seine Mutter hatte mit Carl Lindenberg zwei Kinder, Wera und Pawel. "In seiner vitalen, materialistischen, ganz aufs Praktische gerichteten Art konnte er der zarten und verträumten Seele dieser Frau nicht näher kommen. Alles, was Jadwiga interessierte: Kunst und Musik, Philosophie und Lyrik, religiöse Betrachtungen – alles das lehnte er als Mumpitz ab – manchmal in Wutanfällen, wenn er Jadwiga mit einem Buch oder vor dem Flügel fand."[11]

Lebensräume der Kindheit

Wladimir Lindenberg wurde am 16.5.1902 in Moskau geboren, wuchs aber etwas außerhalb in dem Dorf Girejewo auf. Dort hatte sein Stiefvater von einem entfernten Verwandten der Tschelischtschews, Iwan Torlezki, ein größeres Gelände gekauft, auf dem er eine herrschaftliche Villa bauen ließ. In Wladimir Lindenbergs späteren Büchern trägt sie den Namen "Das Weiße Haus". Der freundschaftliche Kontakt mit Iwan Torlezki, der Anlaß für Kauf und Übersiedlung an diese Stelle gewesen war, spielte später in Wladimir Lindenbergs Kindheit eine positive Rolle.

Girejewo war das Nachbardorf von Kuskowo. Es trug seinen Namen nach dem tatarischen Chan Girej, der an dieser Stelle im 14.

Jahrhundert vor den Toren Moskaus sein Lager aufgeschlagen haben soll.[1] Noch zu Beginn des 20. Jahrhunderts war dort eine Tatarensiedlung. Die herrschaftliche Villa, als Steinbau eine Seltenheit in jener Zeit, war 1905 bezugsfertig. "Das große weiße Haus inmitten des riesigen Parks von alten Eichen, Tannen, Fichten, Birken, Erlen, Linden und Akazien sah wie ein fremdländisches Märchen aus. Ein dichter Zaun umschloß das Besitztum, und das hohe schmiedeeiserne Gittertor gab den Blick auf die Villa frei (. . .) In der Tiefe des Parks lag das langgestreckte niedere Stallungsgebäude mit den vielen Pferdeboxen, Kuhställen, Remisen, Wohnungen der Kutscher und Gärtner, Schweine- und Hühnerställen und Hundezwingern (. . .) Das Haus war gegen die sonstigen Schlösser und Datschen komfortabel (. . .) Mit Wasserleitung, eigener Gasbeleuchtung und Telefon (. . .) In der Beletage schloß sich an den großen Salon im Rokokostil ein ebenso weitläufiger Musiksalon, daran der Eßraum mit Eichenholztäfelung und der Wintergarten mit Palmen, Lorbeerbäumen, Edeltannen und Orchideen und unzähligen blühenden Pflanzen. Nach der Straßenfront zu waren die Bibliothek und ein Arbeitsraum, beide mit blauem Tuch bespannt, mit Teppichen und Bärenfellen belegt und hochlehnigen Möbeln bestellt. In dem Stockwerk darüber lagen die Schlafzimmer, Jadjas Boudoir, die Zimmer für die Kinder und für die Gäste."[2] Bis der bolschewistische Umsturz dem Pöbel 1917 die Macht gab zu morden und zu plündern, als der Adel und alle Besitzenden für vogelfrei erklärt wurden, war dieses Anwesen der Lebensmittelpunkt von Wladimir Lindenberg.

Während sich die obige Beschreibung des Hauses mit seinen 12 Zimmern nur in Wladimir Lindenbergs unveröffentlichtem Manuskript befindet, steht die folgende Passage in einem Buch von 1948. Aus der Sicht des Dichters Sergej Jessenin, der eine Zeitlang Gast bei Lindenbergs gewesen ist, formuliert er: "So stelle ich mir eine wirklich heilige Stätte vor (. . .) wo alles strahlt und eine Spiegelung Gottes ist. Es liegt sicher daran, daß hier gute Menschen leben, die keine bösen Gedanken, keinen Haß und Neid um sich verbreiten. Ich bin ganz sicher, daß Pflanzen und Tiere das spüren, und darum ist wohl auch ihr Wachstum und ihre Entwicklung hier ungehemmter."[3]

Man hatte gern und viele Gäste in diesem Haus. Neben den Freunden aus der Umgebung und nahestehenden Moskauer Aristokraten waren orthodoxe Mönche, wandernde Starzen, katholische Priester, Theosophen, indische Yogis, persische Sufis, Medizinmänner aus Nordrußland und tibetische Lamas gern gesehene Gäste.[4] Ein

Hofarzt des Zaren, der tibetische Oberlama Badmajew, nahm bei seinen Reisen nach Moskau im Weißen Haus Quartier.[5] Er gehörte zu den besonders verehrten Gästen. Die auf Erinnerungen zurückgehende Liste zeigt die religiöse Aufgeschlossenheit der Hausfrau und den Geist, in dem Wladimir Lindenberg aufwuchs.

Neben dem "Weißen Haus" spielte das "Alte Haus", das Familienschloß der Torlezkis, eine große Rolle in Wladimir Lindenbergs Kindheit. Er sagt, es habe 36 offizielle und ebensoviele inoffizielle Räume gehabt[6], war geheimnisumwoben und von dem Geist des verschwenderisch und stolz zugrunde gehenden russischen Adels bestimmt. Der alte Kosaken-Oberst (oder General) Iwan Torlezki war für den heranwachsenden Bobik ein Vaterersatz, er nahm den kleinen Jungen auf den Schoß, ließ sich geduldig erzählen und beglückte das Kind mit Geschichten aus seinem langen Leben.[7] Er war es auch, an den der Größerwerdende sich mit seinem Freund Aljoscha wenden (und von dem er vernünftige Antworten erhalten) konnte, als Fragen der Sexualität die beiden bedrängten, und auf seinem Gelände konnten die Jungen abenteuerliche Entdeckungszüge unternehmen, was darin gipfelte, daß eines Tages im alten Turm mehrere Dutzend alter Ikonen zum Vorschein kamen.[8]

In Staroje Girejewo, also dem ursprünglichen Sitz der Torlezkis, befand sich auch die Kirche. Dort erlebte Bobik allsonntäglich die Gottesdienste, dort feierte er alljährlich das größte Fest der orthodoxen Christen: Ostern. "Und jedem ist, als ob die volle Kirche noch voller wäre, als ob alle, die seit Chan Girejs Zeiten hier standen und knieten und beteten und das Auferstehungsfest feierten, als ob sie alle neben den im Fleisch Lebenden in ihrem geistigen Gewand dabei stünden."[9] Gelegentlich durfte Bobik in den Kirchturm steigen, wenn die Glocken geläutet wurden. "Ich konnte ganz nahe an die große und an manche kleineren Glocken herangehen und legte vorsichtig die Hände gegen den bronzenen Leib. Ich wurde von Schwingungen wie von einem elektrischen Strom erfaßt, es war wonnig und angstvoll zugleich, und lange konnte man es nicht aushalten, es geschah etwas Befremdliches mit einem. Man war nicht mehr »ich«, man war Teil dieses ungeheuerlichen Geschehens, daß sich ein Klang in eine körperlich fühlbare Schwingung verwandelte."[10] Die Lebensräume des Weißen Hauses und des Alten Hauses, der Lindenbergs und der Torlezkis, berührten sich nicht nur, sie ergänzten und überschnitten sich. Der junge Bobik holte sich aus beiden Teilen das, was er für seine geistige Entwicklung benötigte.

Moskau, die Stadt, trat demgegenüber zurück. Den ersten Unterricht erhielt er von Privatlehrern. Vom sechsten Lebensjahr an hatte er deutsche, also in Rußland baltische, und französische Gouvernanten[11], mit seinen Lehrern verband ihn kein näheres Verhältnis.[12] In Moskau besuchte er von 1912 bis 1917 das schweizerische reformierte Gymnasium. Wichtig blieb ihm Moskau durch die Begegnung mit der Kunst. "Mit offenem Mund vor Staunen konnte ich in Moskau auf dem Sucharew Markt vor einem blinden, leprakranken Bettler stehen und Stunden zuhören, wie er die alten russischen Bylinen sang"[13], berichtet er 1978. Seine Mutter nahm ihn öfter mit ins Theater, insbesondere ins Moskauer Künstlertheater, das gerade unter Stanislawski seine Weltbedeutung erlangte. "Manchmal durften Jadwiga und Wolodja vom Zuschauersaal aus den Proben beiwohnen. Stanislawskis Regie war faszinierend, man wohnte einem Akt der Zauberei bei."[14] Er erlebte die moderne Theaterkunst seiner Zeit, also die Tschechow-Stücke mit dessen Witwe Olga Knipper-Tschechowa, "L'Aiglon" von Edmond Rostand und das mystische Märchen vom "Blauen Vogel" von Maurice Maeterlinck, das er rückblickend als "die Wonne meiner Kindheit"[15] bezeichnet.

Das Theaterleben war nicht auf Moskau beschränkt. In der Tradition der alten russischen Adligen fanden auch zu Hause in Girejewo Aufführungen statt, wohl ähnlich wie Tschechow sie in der "Möwe" andeutet. Unter der Leitung der Mutter traten Wladimir und seine Schwester Wera, Nachbarn und junge Nachwuchsschauspieler vom Studio des Moskauer Künstlertheaters dabei auf.[16]

Das Weiße Haus in Girejewo war der Hort für eine glückliche Kindheit, wurde zur stabilen Basis, um die Gefahren und das Leid, das 1917 auch in das Leben von Wladimir Lindenberg einbrach, zu bestehen. Der Lebensraum von Girejewo bekam erst in der letzten Phase, als Carl Lindenberg nicht mehr Hausherr war, seine Erweiterung durch Krasnoje selo, den Stammsitz der Tschelischtschews, und die Eremitage bei Rybinsk, das Rosenkreuzerschloß der Familie.

Mitmenschen in Rußland

Wie in vielen russischen Adelshäusern hatte auch das Weiße Haus von Girejewo als zentrale Person die Kinderfrau, die Amme – man läßt wie Wladimir Lindenberg das Wort gern unübersetzt: die Njanja.

Puschkin hat seiner Liebe zu seiner Njanja in Gedichten Ausdruck gegeben. Für Wladimir Lindenberg war sie die entscheidende Bezugsperson, der er in ähnlicher Weise die Sprache des Volkes, die Bauernweisheit und die Aufgeschlossenheit für jene Menschenschichten verdankt, deren Kraft weniger aus dem Kopf als aus dem Herzen herrührt.

Njanja Fcona Ponomarjowa war von Alexander Tschelischtschew unmittelbar nach der Hochzeit in den Moskauer Haushalt der jungen Familie eingeführt worden. Sie hatte Jadwiga, die Siebzehnjährige, die gegen den Willen ihrer Mutter geheiratet hatte, unter ihre Fittiche genommen. Mit Alexander war sie von klein auf vertraut, sie war schon seine Amme gewesen. Ihre Mutter, Großmutter und Urgroßmutter waren bereits Njanjas bei den Tschelischtschews auf Krasnoje selo gewesen. [1]

Nach der Trennung der Jungverheirateten blieb sie bei Jadwiga und wurde so 1902 die Kinderfrau des kleinen Bobik. "Sie nährte mich, sie bewahrte mich vor Gefahren, sie heilte mich von Krankheiten, von ihr erlernte ich ihre Philosophie des Lebens" [2], schreibt Wladimir Lindenberg 1974 rückblickend. Sie war eine tief-gläubige Frau und verband in sich nahtlos orthodoxes Christentum mit unmittelbarer Beziehung zur vorchristlichen Geisterwelt. Der »Domowoi«, der Hausgeist, und die helfenden »Karliki«, bei uns Heinzelmännchen genannt, waren für sie ebensolche Realitäten wie Christus, die Mutter Maria und die Heiligen. Sie erzählte dem kleinen Bobik von seinem Schutzengel: "Er ist hell und leuchtend, er bewacht dich auf Schritt und Tritt" [3], und sie machte ihn mit der Verbindung der Kakerlaken zum Domowoi vertraut: "Was ist ein Haus ohne Domowoi, da ist alles tot, da ist keine Gemütlichkeit und kein Friede mehr darin, da zieht Krankheit und Unglück ein." [4]

Als die erste französische Gouvernante ins Haus kam, also als ihr Schützling sechs Jahre war, brach für die Njanja eine Welt zusammen. Sie tat Schmierseife auf die Treppe zu deren Zimmer (das junge Mädchen verletzte sich glücklicherweise nicht ernsthaft) und wurde von Carl Lindenberg entlassen. Bobik ging allein auf die Suche, fand sie bei Nachbarn und wurde krank von ihr zurückgebracht. Jadwiga begriff, daß ihr Kind nicht ohne diese Njanja leben konnte, und nahm sie wieder auf. Als die Familie 1917 Girejewo verlassen hatte und 1918 in größter Not in Moskau vegetierte, brachte die alte Njanja, die nun bei neuen Herren von der bolschewistischen Führerschicht zu arbeiten hatte, ihrer alten Herrschaft etwas zu essen: "errettete mich in der Hungerszeit vom Hungertode" [5].

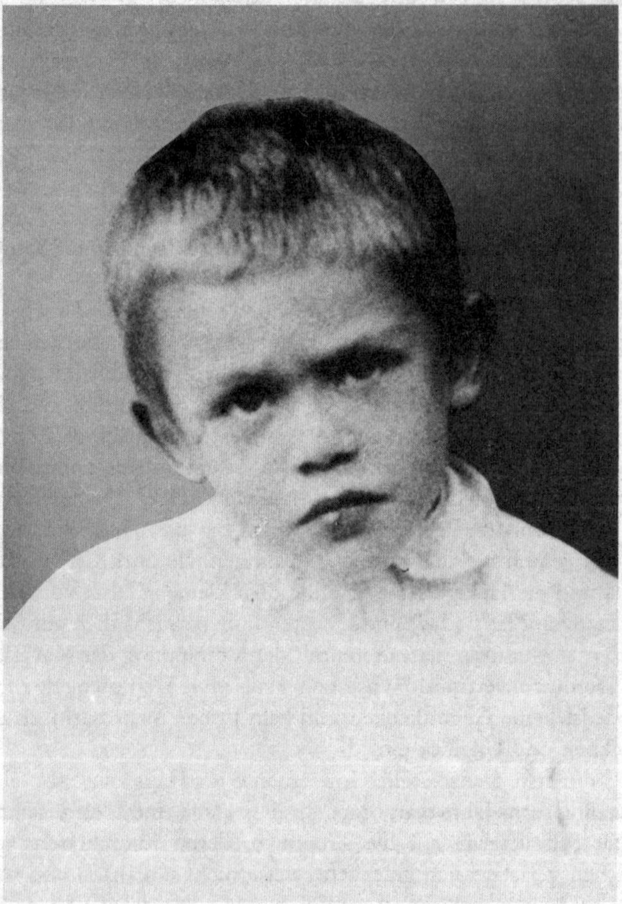

Wladimir Lindenberg (um 1906)

Die Beziehung zur Mutter entwickelte sich erst allmählich, "doch gehörten die kurzen Stunden, die Jadwiga den Kindern widmete, zu den schönsten Erlebnissen. Sie erzählte ihnen Märchen oder Geschichten vom lieben Gott, oder einfach andere Geschichten, die große Männer geschrieben hatten"[6]. Sie hatte die geistige und geistliche Erziehung in ihrer Hand. Sie führte ihre Kinder ebenso in die Bibel wie in die Bhagavadgita ein[7], sie machte mit dem größeren Jungen Yogaübungen[8] und trainierte wechselseitig Telepathie und Gedankenlesen. "Wir schrieben uns zunächst einige Worte auf einen Zettel und steckten ihn in einen Umschlag. Dann versuchten wir, den aufgeschriebenen Namen zu nennen. Es gelang zunächst fehlerhaft, dann immer besser (. . .) Es ging schließlich so weit, daß wir immer das gleiche dachten oder zu gleicher Zeit die gleichen Sätze aussprachen (. . .) Und immer öfter geschah uns, daß wir Dinge, die aus der Ferne auf uns zukamen, innerlich wußten."[9]

An der Seelenverwandtschaft und Liebe mit der Njanja und der Mutter, die einander wohltuend ergänzten, konnte der Stiefvater Carl Lindenberg nicht teilhaben. Ihm fehlten die Organe für die musische und die geistige Welt. Er war der gefürchtete Herr, dessen berufliche Abwesenheit vom frühen Morgen an von allen Hausbewohnern – auch seiner Frau und seinen Kindern – als angenehm empfunden wurde. Seine außerordentliche berufliche Fähigkeit, sein soziales Bewußtsein, aus dem heraus er für seine Arbeiter und das Personal in Girejewo hervorragend sorgte, wurde von seinen Nächsten nicht wahrgenommen. Ihn umgab keine Liebe. Der einzige Mensch im Weißen Haus, der keine Angst vor ihm hatte, war die Njanja.[10] Die wechselseitige Fremdheit der Eheleute führte dazu, daß er nach etwa zehn Jahren ein Verhältnis zu der Frau des Verwalters der Torlezki-Güter einging[11], das dann, da Jadwiga Beweise hatte, 1914 zur Scheidung führte. Damit war der Weg zu ihrer "dritten" Ehe, der Wiederverheiratung mit Alexander Tschelischtschew, geebnet. Sie wußte zur Zeit der Scheidung aber noch immer nichts von ihm, dem Vater ihres ältesten Sohnes. Nach dem bolschewistischen Umsturz verdankten Jadwiga und ihre drei Kinder Lindenberg als Deutschem die Möglichkeit zur gefahrlosen Ausreise.

Unter dem zahlreichen Personal spielte für Bobik noch der Kutscher Alexander, ein Hüne, eine wichtige Rolle. Er nennt ihn seinen "ersten Vertrauten". "Wenn er nicht ausfuhr oder die Pferde bewegte, war er immer erreichbar."[12] Er war derjenige, mit dem er seine "Flucht" als Sechsjähriger besprach, als er sich aufmachte, seine

Njanja wiederzufinden. Später führte das Schicksal sie so zusammen, daß Alexander seinem früheren jungen Herrn das Leben rettete.

Bobik gewann in Aljoscha, dem Sohn benachbarter Adliger, der Golizyns, einen nahen Freund. In der Freundschaft zu ihm begriff er die Isoliertheit von anderen Jungen, die durch ihre Zugehörigkeit zu der Klasse der Adligen bedingt war. "Wenn ich dann durchs Dorf reite und sehe die Jungens spielen, dann beneide ich sie alle – die müssen doch glücklich sein! Aber dann stehen sie oft an unserem Tor und pressen die Gesichter gegen die Stangen und schauen mit so sehnsüchtigen Augen in den Park, auf das Schloß und zu mir hin, daß ich irre werde, ob sie wirklich glücklich sind."[13] Auch Aljoscha hatte wenig Kontakt zu seinem Vater ("Ich sehe ihn wenig"[14]), so fanden die beiden in Iwan Torlezki den väterlich-großväterlichen Freund.

Eine wichtige Rolle unter den Mitmenschen spielte für den jungen Wladimir Lindenberg noch seine kaiserliche Patin, die Großfürstin Jelisaweta Fjodorowna, seine Tante Ella. Alle zwei bis drei Monate ließ sie ihren Patensohn nach Moskau kommen, lebte als Deutsche die in der russischen orthodoxen Tradition wurzelnde christliche Verantwortung des Taufpaten. Sie ließ sich berichten, gab Ratschläge, mahnte und war nach Carl Lindenbergs Auszug aus Girejewo über den zusammenbrechenden Haushalt ziemlich verzweifelt.[15]

Diesen regelmäßigen Begegnungen steht eine einzige mit Lew Tolstoi, als er einmal Jadwiga in Girejewo besuchte, gegenüber und wohl einige wenige mit dem Starez Anatoli im Kloster Optina Pustyn. Beide aber gehören zu den schicksalsmäßig prägenden Menschen, denen Bobik als Kind begegnen durfte. Tolstoi hatten Alexander und Jadwiga Tschelischtschew im Jahr ihrer ersten Ehe aufgesucht.[16] Als er dann, den häuslichen Schwierigkeiten entfliehend, einige Jahre später nach Girejewo kam – Bobik war in dem Alter, daß er bei ihm auf dem Schoß sitzen durfte – da spürte der kleine Junge die Ausstrahlung des alten Mannes.[17] Zum Starez Anatoli ist Jadwiga mehrfach gefahren, um seinen Segen zu erbitten; er wußte um das Leid der Familie und die bevorstehende Wiedervereinigung. "Was aber blieb, war der Ausdruck von Güte, Verzeihen und Verstehen in den Augen des heiligen Starez."[18]

Wladimir Lindenberg hat 1969 einmal eine Liste derer zusammengestellt, die er besonders verehrte: "In dankbarer Verehrung vor jenen, die mein Leben geformt haben." Zu ihnen gehören aus dieser frühen Zeit neben der Mutter, der Njanja, Tante Ella und Aljoscha Golizyn, Lew Tolstoi und der Starez Anatoli von Optina Pustyn.[19]

Erfahrungen in Girejewo

Einige der Erfahrungen, die Wladimir Lindenberg als Bobik in seiner Kindheit bis 1914, ehe er seinen eigentlichen Vater kennenlernte, gemacht hat, blieben im Gedächtnis haften. Es sind im allgemeinen Grenzerfahrungen, Erlebnisse an der Grenze zwischen der materiellen und der geistigen Welt, zwischen Leben und Tod.

Als Sechsjähriger erlebte er wiederholt im Schlaf, wie er fliegt. "Ich flog über eine Moorlandschaft, ziemlich niedrig, mit angezogenen Beinen und in einer gewissen körperlich-seelischen Spannung, ganz sicher dahin." [1] Das war mehr als ein Traum. Es war ein Austreten des Astralleibes aus dem physischen Leib, vom Kind als materielle Wirklichkeit erlebt. Als die Njanja nicht glaubte, ihr Bobik könne fliegen, ließ er sich kurzentschlossen vom ersten Stockwerk fallen. Die Enttäuschung war mehr verwirrend als schmerzhaft, denn da stand ein Rhododendronbusch. Noch nach über fünfzig Jahren kommentiert Wladimir Lindenberg: "Ich weiß jetzt mit dem Verstand, daß ich nicht fliegen kann, aber bis heute ist das Erlebnis der Wirklichkeit des Fliegens noch so nachhaltig in mir, daß ich es doch nicht ganz glauben kann, es nicht zu vermögen." [2] Vor ein paar Jahren hat der bedeutendste russische Prosaiker, der in der Sowjetunion lebende Valentin Rasputin, ein gewöhnliches Traumerlebnis in der Erzählung "Natascha" gestaltet (1981). Hier begegnet der Erzähler in der Gestalt einer Krankenschwester jener Frau, mit der er im Traum das Erlebnis des Fliegens, sogar des gemeinsamen Fliegens hatte. [3]

Bobik war noch klein, als seine Mutter mit Wera schwanger war. Eines Morgens war er dabei, wie neue Kleidung anprobiert wurde, als sie plötzlich ohnmächtig neben ihm zu Boden glitt. An den Anblick von Toten in der Kirche gewohnt, da ja Tote in der orthodoxen Kirche offen aufgebahrt werden, hielt er sie für tot. Er schrie und hatte Angst, man würde seine Mami nun forttragen. Aber man trug sie nur in ihr Bett. "Er lief in sein Zimmer, er kniete vor den Ikonen nieder" [4] und betete. Schließlich kam die Mutter selbst, er konnte sie wieder umarmen. Aber von diesem Erlebnis blieb nicht allein die Angst, allein zurückzubleiben, sondern auch das Glück, das Jadwiga in ihrem todesgleichen Zustand erfahren hat: "Ich mußte mit Gewalt zurückkehren, denn es war wunderbar dort drüben. Aber als du so schriest, da wußte ich, ich konnte dich nicht zurücklassen." [5] Ein von all denen bestätigtes Wissen, die nach klinischem Tod in unsere Welt zurückgekehrt sind, sprach aus Jadwiga, für Wladimir Lindenberg ein erster Baustein seiner Fähigkeit, den Tod in das Leben einzubeziehen und anderen zu dieser Gestaltung des Lebens zu helfen.

Das Schicksal hatte ihm auch bestimmt, selbst in die Nähe des Todes zu geraten. Bei einem ausgelassenen Karnevalsfest fand eine tosende Schlittenfahrt statt. Bobik war als Bär verkleidet worden, seine Mutter hatte ihn in zwei Felle – das eine mit ausgestopftem Kopf – eingenäht, man hatte vorher damit Zigeuner mit Tanzbär gespielt. Niemand merkte, daß der "Bär" in einer Kurve vom Schlitten in den weichen Schnee gefallen war. Bobik aber konnte sich selbst nicht befreien, allmählich drang die Kälte durch das Fell, er konnte nichts sehen, das Schreien erstickte das Fell; als eine andere Karnevalsgesellschaft des Weges kam, hielt sie ihn für einen echten Bären und raste fort, bei einer zweiten – wohl nach einigen Stunden – scheuten die Pferde, der Schlitten stürzte um, und die fröhlichen Menschen begriffen schnell, daß hier Hilfe not tat. Bobik war schon im Einschlafen gewesen: "Die Gedanken waren ganz weit weg, und es kamen keine neuen, eine süße Gleichgültigkeit nahm von ihm Besitz."[6] Die Retter waren aus dem Hause des Fürsten Golizyn. Bobik lernte Aljoscha, den etwa gleichaltrigen Sohn, kennen und gewann den Freund seiner Kindheit.[7] Auch für seine Mutter und die Golizyns erwies sich die Begegnung schicksalsträchtig.

Krankheiten scheinen im Weißen Haus keine Rolle gespielt zu haben. Die einzige ernsthafte Krankheit Bobiks, an die Wladimir Lindenberg sich später erinnert, trat ein, als man ihm seine Njanja nahm. Aber einmal (wohl 1913) erkrankte seine Mutter an Gürtelrose, und das Erlebnis der vergeblichen Heilungsversuche der Ärzte prägte sich dem Jungen ein. Der geliebte Hausarzt, der im Nachbardorf lebte, kam in diesem Fall nicht weiter, Tante Ella beorderte zwei Professoren aus Moskau, doch deren Medikamente verbesserten den Zustand auch nicht. Da griff die Njanja, die Analphabetin mit dem ungebrochenen Verhältnis zur Natur und ihren ungeschriebenen Gesetzen ein, verabredete sich mit Iwan Torlezki, dem Nachbarn, der den parapsychologischen Gegebenheiten aufgeschlossen geblieben war, und sie beorderten aus Staroje Girejewo die alte Awdotja, ein Kräuterweib, "die die Njanja und Mami mit ihren Freundinnen zum Zwecke des Wahrsagens oder zur Anfertigung von Heilmitteln, kosmetischen Salben, Liebestränken oder Amuletten aufzusuchen pflegten"[8]. Sie besprach die Rose, und die Heilung setzte ein. Wladimir Lindenberg sah die Berechtigung jenes Zweiges der Medizin bestätigt, den man heute als "alternative Heilweisen" zusammenfaßt, den viele Heilpraktiker ausüben. Auch als er später zum Schulmediziner geworden war, verlor er nie die Achtung vor anderen Wegen und das Wissen, daß die wahre Heilung nicht vom Menschen, sondern von Gott kommt.

Im alten Hause des Kosakengenerals Iwan Torlezki hatte Bobik auch unmittelbare Erfahrungen mit Spuk und anderen paranormalen Erscheinungen. Eine der Vorfahren, Tamara mit Namen, war eine nicht nur herrische, ja despotische, sondern auch böse Frau gewesen. Die Wahrscheinlichkeit, daß sie ihren Mann umgebracht hat, ist groß. Alle im Hause wußten, daß sie noch als Spukgeist an das Haus, die Stätte ihrer Untaten, gefesselt war, und schrieben nun alles nicht sofort Erklärliche ihr zu. Albernheit bewahrte vor dem Ernstnehmen der Erscheinung. Aber wenn ein neuer Gast das gleiche unheimliche Erleben hatte, vergingen wieder einmal Spott und Lachen.[9] Auch Iwan Torlezkis zweite Frau, Marja Iwanowna, wurde als Geistererscheinung gesehen. "Aber ihr Spuken war harmlos und unauffällig, sie erschreckte niemanden, und sie war nie so dramatisch wie die Ahnfrau Tamara."[10] Doch Zweifel, die bei Spuk ja immer auftreten, wurden aufgehoben, als eine entfernte Cousine aus England erstmals das Schloß besuchte und aus dem ihr angewiesenen Zimmer, dem ehemaligen Boudoir der Marja Iwanowna zurückschreckte, da sie dort schon eine Frau sah. Ihre Beschreibung bestätigte den Hausbewohnern, wer es gewesen war.[11]

Iwan Torlezki war parapsychologisch begabt. Dem elfjährigen Bobik hat sich besonders eingeprägt, wie Iwan Torlezki den Tod seiner weit entfernt lebenden Schwägerin während der Silvesterfeier 1913 plötzlich aufnahm, wie er ihn den Anwesenden zögernd und ergriffen mitteilte, aber keiner ihm Glauben schenkte. Das Telegramm am nächsten Tag bewies die Begrenztheit der naturwissenschaftlichen Kenntnisse und die Wirklichkeit solcher geistigen Phänomene.[12] Sie haben Wladimir Lindenberg sein Leben lang begleitet, und er behielt dafür ein waches Organ.

Wie die Njanja, doch in anderer Weise verband auch Jadwiga mit ihrem Christentum eine Beziehung zu parapsychologischen Erscheinungen. "Mami glaubte an Zauberei, an Hellsehen und übernatürliche Kräfte."[13] Nachdem sie schon vor ihrer ersten Ehe einer Wahrsagerin begegnet war, suchte sie auch von Girejewo aus eine Wahrsagerin auf, doch man versuchte, das ganze als Scherz abzutun. Die Worte aber "Du wirst das finden, was du verloren hast. Du wirst es wieder verlieren und wiederfinden, aber nur, um es zu verlieren"[14], ließen sie in ihrer Rätselhaftigkeit und ihrem Ernst aufhorchen – später spiegelt sich in ihnen ihre erneute wechselvolle Wiederbegegnung mit Alexander Tschelischtschew, ihrem Sascha. Auch in den Stunden, ehe sie ihm 1914 wiederbegegnete, ahnte sie das Außergewöhnliche dieses Tages. [15] Am Abend, auf dem Wege vom eigenen Haus zu dem Schloß der Torlezkis, erlebte sie mit Bobik das Herabfallen und Aufschlagen einer Sternschnuppe in unmittelbarer Nähe. "Ein Meteorit", rief Jadja voller Bewunderung, "ein Sendling von einem anderen Planeten! Ob er uns gute Botschaft bringt?" [16] Sie fanden den Meteoriten und bewahrten ihn auf.

Schicksalsträchtig war auch ein Erlebnis des Fünfjährigen, das keineswegs solch ungewöhnlichen Charakter trägt. Der kleine Bobik hatte es anderen kleinen Russen gleichgetan und einen Tatarenjungen aus der Tatarensiedlung von Girejewo verspottet. "Schweineohr" schimpfte man sie und zeigte ihnen dazu einen schmutzigen Taschentuchzipfel, eben das "Schweineohr". Für die orthodoxen Christen waren die Tataren "Unchristen, und man mied sie" [17]. Manche waren Lumpenhändler und machten auf sich mit dem Ruf "Schuruuum Buruuum" aufmerksam. Bei solchen Gelegenheiten hänselten die Russen die Tataren, die Christen die Mohammedaner. Bobiks Tatarenjunge sprach ihn an: "Habe ich dir etwas Böses getan?" Es kam zum Gespräch, zum Erkennen des Unrechts, zum Besuch in der Tatarensiedlung und – für ein ganzes Leben – zur Toleranz dieses Christen gegenüber allen anderen Gläubigen, welcher Weg zu dem einen Gott für sie auch immer der richtige sein mag.

Für sein christlich orthodoxes Leben blieben die Feste prägend. An erster Stelle das Osterfest, das Fest der Auferstehung des Herrn, dem bei den Orthodoxen nicht nur das große Fasten, sondern auch das große gegenseitige Verzeihen vorangeht. "Für Bobik waren das schreckliche Minuten, wenn seine Mutter sich tief vor ihm verbeugte und ihn um Verzeihung bat. Ein großes Schluchzen kam über ihn. Er hatte ihr nichts zu verzeihen, denn sie war immer gut und gerecht zu ihm. Aber wenn sie sich so vor den anderen demütigte, dann mußte er ebenfalls diesen Canossagang gehen." [18] Dem Fest in der Kirche folgte das Festmahl mit "Pas'cha, der köstlichsten Osterspeise, die aus einer Mischung von Quark, Sahne, Butter, Zucker und Vanille bestand" [19]. Man feierte nicht nur Ostern als Hauptfest der orthodoxen Kirche, man feierte natürlich auch Weihnachten, Christi Geburt. Doch dazu trat am 6. Januar das Fest der Taufe des Herrn. "Priester in herrlichen hellen Gewändern" gingen mit vielen Menschen zum nächsten russischen Bach oder Fluß, "der sich für diese Augenblicke in den Jordanfluß verwandelte"[20]. Auch aus der russischen Literatur kennen wir Schilderungen dieses Festes. Auch die Epiphanie, der Tag von Christi Erscheinung, wurde zum Fest, bei dem die orthodoxen Priester gottesdienstliche Handlungen auch außerhalb der Kirche vollzogen. Bobiks Leben in Girejewo war mit täglichem Gebet, dem Kirchgang und den Festen eingebettet in äußere Praxis und inneres Erleben des christlichen Glaubens. Dieser wurde zur Kraftquelle seines Lebens.

Erfahrungen in China und Japan

Jadwiga unternahm mit ihren Kindern zwar regelmäßig Reisen nach Finnland, wo ihre Familie einen Besitz in Terjoki hatte, aber eine Reise nach Ostasien stand nicht auf dem Programm. Den Geschichten der russischen Literatur ist auch nicht zu entnehmen, daß irgendeiner der bekannten russischen Schriftsteller in seiner Jugend – oder wie in Wladimir Lindenbergs Fall Kindheit – die Gelegenheit bekommen hätte, China und Japan zu besuchen. Man reiste innerhalb Rußlands in den Kaukasus oder auf der Wolga – beides sind auch Erlebnisse des kleinen Bobik – doch wenn man Rußland verließ, lag das Interesse in Westeuropa, als der zweiten Ursprungsstätte der russischen Kultur, an die man sich seit Peter dem Großen zunehmend hielt.

Andrej Bely, der große russische religiöse Symbolist, war es, der in das Haus der Lindenbergs einen chinesischen Studenten einführte.[1] Dieser Student Li wurde regelmäßiger und gern gesehener Gast, Iwan Torlezki erfaßte sein Wesen als "feste Sanftmut"[2]. Dieser nun übermittelte eines Tages Jadwiga die Einladung seines Vaters, einen Sommer auf dem Familienlandsitz in Südchina zu verbringen. Gegen den Widerstand vieler Freunde nahm sie die Einladung für sich und Bobik an und ließ sich nur noch von einer Zofe begleiten. Bei einer Wolgareise hatte man noch einen Lehrer für Bobik einbezogen.

Lindenbergs reisten im eigenen Salonwagen – ein Lebensstil, der von keinem russischen Schriftsteller oder seinen Eltern bekannt ist. Das Erstaunliche bei diesem Reichtum ist die spätere Anpassungsfähigkeit aller Familienmitglieder an die Armut und Not, die durch den bolschewistischen Umsturz über alle, die nicht – wie z.B. Maxim Gorki – zu den Günstlingen der Partei gehörten, kam. Vor der Reise hielt der Geistliche aus Staroje Girejewo im Weißen Haus einen kleinen

Abschiedsgottesdienst, bat um Gottes Segen für die Fahrt. Im Sommer 1913 fand die China-Unternehmung statt, Li reiste im selben Zug, nach 16 Tagen war man in Peking.

Zu den tiefsten Erfahrungen des elfjährigen Bobik gehört die chinesische Ahnenverehrung. Er war in dem Bewußtsein großgeworden, Abkömmling vieler russischer Fürsten und Großfürsten zu sein, wußte um seinen berühmten Ahnen Michail Brenko und dessen Opfertod auf dem Kulikowo-Feld 1380, er war stolz, seine russischen Vorfahren bis zu den Heiligen Boris und Gleb oder Michail von Tschernigow zurückführen zu können, hatte von tatarischen Chanen und dem Deutschen Heinrich dem Löwen gehört, mit denen allen er irgendwie verwandt war. Immerhin waren das historische Persönlichkeiten, die vor 700 oder 1000 Jahren gelebt hatten. Hier in China aber stand er vor einem steinernen Familienaltar und hörte, daß die eingemeißelten Namen Ahnen betrafen, "die ganze zweitausend Jahre älter waren als die seinen"[3]. An der vergleichbaren Ahnenverehrung erspürte der Junge die um Jahrtausende ältere Kultur der Chinesen, die relative Unwichtigkeit der eigenen Familie und des eigenen Landes. Er erhielt neue Maßstäbe. Seine Weltvorstellung weitete sich. "Li erzählte Bobik mit leiser Stimme von dem Leben dieses oder jenes Ahnen, und Bobik hörte nicht auf zu staunen; es waren Männer, die vor zweitausend und mehr Jahren gelebt hatten, und dennoch erzählte Li die Geschichten so, als ob sie sich erst unlängst zugetragen hätten."[4]

Zu den bleibenden Erfahrungen gehörte auch die Begegnung mit der chinesischen Kunst. Im eigenen Erblicken und im Gespräch mit Li wurde ihm der religiöse Hintergrund jeder wahren Kunst offenbart: "Der Maler sammelt sich, ehe er es malt, er konzentriert seine geistigen Kräfte darauf, er meditiert und ruft die Geister der Ahnen und die Götter herbei, ihm bei diesem Tun zu helfen, und was dann entsteht, ist ein Lebendiges, ein Beseeltes, ein von sich aus Weiterwirkendes."[5] Wladimir Lindenberg hat diesen Satz Lis erst fünfzig Jahre später aufgeschrieben, so wird weiteres Erleben mit eingeflossen sein. Aber an seiner Erschütterung durch die chinesische Kunst in ihrer religiösen Inspiriertheit, die er in China 1913 erfuhr, ist nicht zu zweifeln. Er sah von nun an den Drachen auf Porzellan, Bildern und Teppichen nicht mehr als schönes Ornament, sondern als Symbol des "Herrn des Himmels"[6], wußte, daß er nicht wie auf der Ikone des Heiligen Georg die Kraft des Bösen, den Teufel, sondern die Kraft des Guten und der Gerechtigkeit verkörpert.

Als die Wochen des chinesischen Gastaufenthaltes ihrem Ende zugingen, machte Lis Vater, ein weiser älterer Mann, dem russischen Jungen ein Geschenk aus seiner Gabe, mit I Ging, dem uralten chinesischen Weissagungsbuch, umzugehen. Er warf ihm die Schafgarbenstäbchen und deutete sie ihm. In der langen Deutung anhand des I Ging heißt es unter anderem: "Du trittst auf des Tigers Schwanz! Vorsicht und Behutsamkeit führt zum Ziel. Es handelt sich um eine gefährliche Unternehmung. Es ist die innere Kraft vorhanden, sie zu bestehen. Aber die innere Kraft verbindet sich nach außen hin mit zögernder Vorsicht, die innerlich schwach ist, aber nach außen hin vorandrängt. So ist der schließliche Erfolg sicher, der darin besteht, daß man seinen Willen erreicht, nämlich durch Weiterschreiten die Gefahr überwindet (. . .) Entschlossenes Auftreten. Beharrlichkeit bei Bewußtsein der Gefahr." [7]

Hier hatte Bobik einen Blick in sein Schicksal tun dürfen, aber zugleich die Aufforderung erhalten, die Gestaltung seines Schicksals furchtlos und fest in seine Hand zu nehmen. In vielen Gefahrensituationen – nicht zuletzt beim Verhör durch die nationalsozialistische Pseudojustiz und in der Dunkelhaft der Gestapo, die seinen Willen brechen sollte – konnte er aus dieser chinesischen Prophetie Kraft schöpfen. Seine Mutter eröffnete ihm weitere Interpretationen des Orakel-Spruches. Das "Treten auf den Schwanz des Tigers" bedeute, da Tiger ja das Symbol der Erde seien, er solle "mit Leib, Seele und Geist auf der Erde stehen und diese Erde achten, lieben und hegen" [8].

Jadwiga beschloß, die Gelegenheit wahrzunehmen, auch Japan zu besuchen. Mit Li fuhren sie nach Schanghai, von dort mit dem Schiff weiter. Eines der größten Erlebnisse erfolgte auf dem Schiff. Bobik hatte einen jungen japanischen Arzt und seine Frau kennengelernt. Das Französische war die gemeinsame Sprache. Nach einigen freundschaftlich verbrachten Tagen an Bord wurde die Japanerin krank und starb innerhalb von 24 Stunden.

Die lebensprägende Erfahrung bestand nun darin, die Gelassenheit, ja Heiterkeit dieses Mannes angesichts des Todes seines liebsten Menschen zu erleben. Dieser Mann hatte in seiner buddhistischen Erziehung eine so vollkommene Fähigkeit gewonnen, den Tod in das Leben zu integrieren und sogar seine Plötzlichkeit annehmen zu können, wie es Bobik noch nie erlebt hatte. Auch er war vom orthodoxen Christentum her in dem Bewußtsein großgeworden, daß das Leben mit dem physischen Tode nicht beendet ist, daß Auferstehung und die göttliche Welt des Lichtes auf den Verstorbenen warten, aber er wußte um die lautschreiende russische Totenklage und verband die Farbe Schwarz mit dem Tod. Hier aber standen die Chinesen und Japaner in weißen, zumindest in hellen Kleidern an Bord, als der Leichnam auf offener See versenkt wurde. Das Licht der geistigen Welt prägte die Abschiednehmenden, nicht das Dunkel der materiellen Welt und der egoistische Schmerz des Zurückbleibenden.

Der japanische Arzt nahm sich den russischen Jungen vor und sprach zu ihm über die Gesetze von Leben und Sterben, so wie Wladimir Lindenberg sie später in seinen Büchern zu verbreiten suchte. "Sieh, wir erfüllen hier gut oder schlecht eine Aufgabe, ungezählte Male kommen wir in verschiedensten Erscheinungsformen auf diese Erde, immer behaftet mit den Schicksalen, die wir für uns und um uns geschaffen haben, und immer mit dem unausgesprochenen, aber deutlich fühlbaren Drang, uns selbst und unsere Umgebung zu verfeinern, zu kultivieren, zu veredeln. Das ist ein langer Weg. Wir werden nicht eher von hier hinweggenommen, bis nicht ein gewisser, uns nicht bewußter Abschnitt unserer Erdenwanderung abgeschlossen ist."[9] Bobik erlebte, wie dieser Japaner das Wissen um die Reinkarnationen und die im körperfreien Zustand zu bewältigenden Aufgaben in sein Leben einbezog. Diese glückhafte Erfahrung hat ihn geprägt. In ihr lag der schicksalhafte Sinn der Japanreise.

Die Reise brachte noch eine andere Erfahrung, und zwar das Erleben der chinesischen Medizin. Ärztliche Hilfe durch Pulsregulierung[10] und durch Akupunktur hatte er noch nicht erlebt. Über den Puls half der Arzt dem Jungen gegen Seekrankheit, mit Akupunktur half er Jadwiga. Natürlich führte er den Jungen bei dieser Gelegenheit auch in die jahrtausendealte chinesische Medizinphilosophie ein, in das Wissen um Krankheit als Störung der Harmonie zwischen den Yin- und den Yangkräften. Sein Weltbild formte sich, er bekam die Anstöße, die er später als Arzt und Philosoph brauchte.

Im übrigen führte der Aufenthalt von einigen Tagen in Nagasaki, wo die Eltern des Arztes wohnten, zum ersten allgemeinen Eindruck von diesem Land, aus dem sich einiges abhob: Die Gabe, auf engem Raum beglückende Schönheit zu schaffen; die Verbindung von Architektur mit behutsam kultivierter Natur; das wohltuende, Menschen verändernde Schweigen; die Einfachheit von Räumen und Lebensgewohnheiten; die Freiheit von Besitzdenken.[11]

Als Bobik wieder zu Hause war, setzte er seine Asienerfahrung praktisch um. Er erbat eine Mansarde des Weißen Hauses für sich und richtete diese als Meditationsraum ein. Ein mitgebrachtes Drachenkakemono kam an die Wand, von Iwan Torlezki erbat er eine vergoldete Buddhastatue[12], Jadwiga gab ihm eine schöne Cloissonné-Vase und chinesisches Geschirr, dazu kamen Ikonen. Hier verband Wladimir Lindenberg erstmals von sich aus die geistigen Welten Rußlands und Asiens, des Christentums und des Buddhismus und schuf sich das erste eigene Meditations- und Gebetszentrum, wo er Kraft schöpfen und Gäste empfangen konnte.

Erfahrungen in Westeuropa

Im Frühjahr 1914 unternahm Jadwiga Lindenberg mit ihrem Sohn eine Reise in den Westen. Der Salonwagen wurde zunächst für einige Tage in Polen abgehängt, wo man ihre Verwandtschaft besuchte. Ein Abstecher nach Minsk brachte für beide eine positive Überraschung: Eine kleine jüdische Menschenansammlung vor einem Haus fiel ihnen auf, sie erfuhren, daß hier der Rabbi Mosche, ein Chassid, eine Kranke besuche und man warte auf seinen Segen. Er habe heilende, habe wundertätige Kräfte. Noch am selben Tag waren sie bei eben diesem Rabbi zu Gast, und Bobik erlebte, wie dieser verehrungswürdige Zaddik seine Gedanken aufnehmen konnte, ihm auf Gedanken antwortete, die er gar nicht auszusprechen gewagt hatte[1]. Jahre später in der Emigration führte dieses erste Kennenlernen der Chassidim und ihrer lebensbejahenden Haltung in Gottesfurcht zum Besuch bei Martin Buber und zur regelmäßigen Einbeziehung von Zitaten aus dessen chassidischen Erzählungen in die eigenen Bücher. "Freude erleben und Freude schenken“, forderte der Rabbi sie auf, "denn Freude, das ist die Herrlichkeit Gottes“[2].

In Westeuropa waren Deutschland, Italien und Frankreich auf dem Reiseplan. Schon die Grenze nach Deutschland, wo sie wegen der anderen Spurweite der Eisenbahn ihren Salonwagen verlassen mußten, machte ihnen bewußt, wie sehr anders doch ihre russischen Lebensgewohnheiten waren. Dieses Vergleichen und Werten wurde zu einer ständigen Begleiterscheinung der Reise, die Aufnahme des anderen und damit das Neu-Sehen des eigenen Lebensstils zum Haupterlebnis dieser Reise. Nichts aber hob sich so heraus, wurde so prägend wie die Eindrücke bei den Begegnungen mit China und Japan im Jahr davor.

Schon die Wälder, die nichts Natürliches hatten, sondern wie die Soldaten ausgerichtet dastanden, verwunderten Bobik. Die Ordnung und Sauberkeit auf den Straßen wirkten nicht nur gut. Das russische Bauernmädchen, das Jadwiga als Zofe schon nach China mitgenommen hatte, brach an der engen deutschen Prinzipienwelt zusammen. Jadwiga mußte sie schon von Berlin aus mit Russen aus der Botschaft zurückschicken. In Sanssouci erschreckte Bobik zwar die Kleinheit[3], aber er fühlte sich inmitten dieser Möbel wohl, setzte sich in den Sterbesessel von Friedrich dem Großen und fand keinen Glauben, als er den erzürnten Wächtern erzählte, bei ihnen zu Hause hätten sie auch solche Möbel, aber zum Benutzen.

Auch in Darmstadt, wo sie die Verwandtschaft der Großfürstin Jelisaweta Fjodorowna, also der Tante Ella, besuchten, die vor der Abreise versucht hatte, Jadwiga auf die Besonderheit deutscher Lebensart vorzubereiten, war Bobik von der Enge und den geringen Ausmaßen betroffen. Aber noch mehr erschreckte ihn die Geplantheit des Besuches, die eingeschränkte Gastfreundschaft, oft nur äußerliche Höflichkeit. In Rußland hatte man Zeit, ließ die Geschäfte und Pflichten außer acht, hatte dafür irgendwelche Verwalter und gab sich stundenlang dem Essen und Trinken und Reden hin. In Deutschland hingegen "fehlte die behäbige Gemütlichkeit“[4].

Dafür entschädigten ihn in Köln die Besuche der alten Kirchen. Hier war er entweder in Gebäuden, die er mit seinem eigenen deutschen Vorfahren – Heinrich dem Löwen – verbinden konnte, oder die, wie die römischen Bauten, noch viel weiter zurückreichten. Aber es fiel natürlich auf, daß sich dieser russische Junge zu inbrünstigem Gebet auf die Erde warf.[5] Katholisches Beten ist weniger stürmisch. Jadwiga mußte Kirchenbesucher abhalten, den Liegenden aufzuheben oder einen Arzt zu rufen. Es entschädigte ihn auch der Blick auf die vielen alten deutschen Burgen, denn so etwas kennt Rußland nicht. Der Rhein mußte ihn in seinem Widerspruch mehr als verwundern: so berühmt und dabei so schmal.[6] Sein letztes Flußerlebnis war die Wolga gewesen, mehrere Kilometer breit – bei diesigem Wetter kann man oft das andere Ufer gar nicht mehr sehen. Entschädigt hat ihn auch ein Besuch in der Ruine Heisterbach. Nicht die Gebäude, aber der noch unverfälschte Buchenwald und die unmittelbare Begegnung mit den geschichtsträchtigen, das Irdische mit dem Göttlichen verbindenden Steinen, am meisten wohl das Erspüren der Heiligkeit dieses Ortes ließ Mutter und Sohn den Besuch der Ruine Heisterbach zu einem Lichtpunkt ihrer Deutschlandtage werden. Hier kam auch das Gespräch auf Reinkarnation, Jadwiga erzählte von ihrer ihr anders nicht erklärlichen Bindung an das alte

Ägypten.[7] Besuche bei Franziska Baronin Loe in Bonn, bei Königin Elisabeth von Rumänien, Carmen Silva in Neuwied in Gesellschaft von Baronin Didi Loe brachten im Augenblick nur neue Gesichter und neue Eindrücke in halbwegs vertrauter Atmosphäre.[8] Sieben Jahre später, zur Emigration gezwungen, konnte der Student des ersten Semesters der Bonner Universität an diese Besuche anknüpfen. Baronin Didi Loe wurde ihm zur deutschen Pflegemutter.

Zu einem menschlichen Erlebnis für Bobik weitete sich eine Kur Jadwigas in Bad Münster am Stein. Bobik lernte ein an den Rollstuhl gebundenes Mädchen kennen, befreundete sich, schob ihren Rollstuhl zu gemeinsamen Spazierwegen: eine beglückende Kinderfreundschaft.[9]

Der Italienbesuch war auf Verona und Rom beschränkt. St. Zeno überwältigte Bobik wie jeden, dem der Geist der Romanik nahe ist. Er betrachtete die Figuren des berühmten Tors nicht nur, er befühlte sie. "Die Meister, die diese Tür gehämmert und gegossen haben, haben sie mit ihren Händen gemacht, und ich mit meinen Händen spüre, daß sie sie angerührt haben, dann geht etwas von ihrer Emanation auf mich über“[10] – so formuliert Lindenberg 55 Jahre später sein damaliges Denken und Handeln. Er dürfte die Sophienkathedrale in Nowgorod nicht gekannt haben, sonst hätte sich ihm die Verbindung aufgedrängt.

Das Erleben Roms war durch den Besuch in Köln vorbereitet: Monumente von Geschichte und Kunst über Jahrtausende, wie er sie aus seiner Heimat mit nur 1000jähriger Geschichte und einem nur einige hundert Jahre alten Kreml in Moskau und dem gerade zweihundertjährigen St. Petersburg nicht gewohnt war. Am Kolosseum überlegte er, "ob er in seiner Heimat etwas Ähnliches, etwas so Großartiges kannte, er wußte nichts. Er war von Bewunderung und Ehrfurcht vor der Leistung eines untergegangenen Volkes und Staates erfüllt.“[11]

"Die zwei letzten und nachhaltigsten Eindrücke in Rom waren der Besuch der Katakomben und der protestantische Friedhof.“[12] In den Katakomben begegnete er dem frühesten Christentum, farbigen Fresken, die ihn in jene Zeit versetzten, als noch keine Spaltung in Ost- und Westkirche vorlag. Von den Ikonen an das Lesen der Symbole gewohnt, nahm Bobik die geistige Wirklichkeit des Urchristentums beglückt auf. "Mitten in den Grabgewölben waren es heitere, beschwingte, begeisterte Szenen, und Bobik begriff, in welch gehobener Geistesverfassung, in welcher Freude und Himmelsnähe die Christen jener Zeit gelebt haben mußten.“[13]

Auf dem evangelischen Friedhof war es die Begegnung mit Shelleys Grab, die ihn zutiefst aufrührte. Sie wurde ihm vom gesamten Romaufenthalt ”das wichtigste Erlebnis“ [14]. Die Erklärung lag nicht im Künstlerischen, sie lag eher in lang vorbereiteter Beschäftigung mit seinem Werk, war aber nun unmittelbar. ”Wenn es wirklich so etwas gibt wie Reinkarnation, woran ich fest glaube, wenn auch unsere Kirche mit dieser Lehre nicht einverstanden ist, dann möchte ich meinen, daß ich früher er gewesen sei. Alles, was er erlebt hat, alle Orte, Fieldplace in Sussex, Eton, Oxford, London, Dublin, Lucca, Pisa, Spezia sind mir vertraut.“ [15] Er war auch, ohne zu suchen, auf das Grab zugegangen. Vierzig Jahre später, als Wladimir Lindenberg gegen Ende des Zweiten Weltkrieges zum Schriftsteller wurde, galt

Wladimir Lindenberg: Das Fischsymbol

eine seiner ersten Arbeiten der Aufzeichnung von Shelleys Leben, sie ist die längste innerhalb von sieben analogen Porträts.[16]

In Frankreich fuhren sie nach Nizza, allein um Bobiks Urgroßmutter Jekaterina Alexejewna Tschelischtschewa zu besuchen. Hier war man zu Hause, genoß die Gemütlichkeit des Samowars, die Vertrautheit der Ikonen, die Gespräche über die Vergangenheit. Bobik, der ja im Hause Lindenberg großgeworden war, erlebte in ihr den ältesten Angehörigen seines Adelsgeschlechts, einen lebenden Zeugen der russischen Geschichte: Tochter des großen Kirchenphilosophen Alexej Chomjakow[17], Lebensgefährtin von Loris-Melikow und bewußtes Familienmitglied der Tschelischtschews. "Ich werde dich nie vergessen, du bist meine liebste, meine allerliebste Urgroßmutter"[18], gibt er seine Abschiedsworte später wieder. Sie sagte den beiden Moskauern den baldigen Krieg voraus, der dann auch ihnen die Emigration, allerdings keineswegs in solchem Reichtum, bescherte.

Rosenkreuzerexerzitien mit dem Vater

Anfang 1914 fiel die Entscheidung Jadwigas, sich von Karl Lindenberg zu trennen. Die innere Entfremdung hatte zugenommen, er hatte ein Verhältnis mit einer anderen Frau – die Ehe existierte nicht mehr. Sie wurden wohl im Frühjahr geschieden.

Der Kriegsbeginn im Frühherbst 1914 brachte Alexander Tschelischtschew nach Moskau, wo er als Offizier in der Militärversorgung eingesetzt wurde. Iwan Torlezki wußte darum und arrangierte ein Konzert in seinem Haus, um zu einer Wiederbegegnung der beiden beizutragen. Wahrscheinlich hat dieses Konzert am 1. Oktober oder 1. November 1914 stattgefunden.[1]

Die beiden geweissagte Wiedervereinigung ließ sie unmittelbar begreifen, daß ihre Ehe vor vierzehn Jahren schicksalsmäßig bestimmt, daß sie auf göttlicher Ebene beschlossen war. Nur hatten die beiden jungen Menschen die Aufgabe ihrer Gemeinsamkeit damals nicht bewältigen können und noch weitere Erfahrungen sammeln müssen. Bei Sascha, wie Wladimir Lindenberg seinen Vater nannte, war die wesentlichste Erfahrung mit dem Aufenthalt im Rosenkreuzerschloß seiner Familie, der Eremitage bei Rybinsk, verbunden, wo er wohl von 1901–1905 gelebt hat. Nachdem er nun seinen inzwischen 13jährigen Sohn kennengelernt und erfahren hatte, daß dieser u.a. durch Jadwigas religiöse Erziehung und durch die

Erfahrungen in China und Japan in geistiger und esoterischer Hinsicht wohl gerüstet war, beschloß er, gemeinsam mit ihm für einige Zeit in die Eremitage zu fahren.

Wie die Jahre bei Sascha, so wurden die Wochen der Rosenkreuzerexerzitien im Frühsommer 1915 bei Bobik Tschelischtschew zur größten Kraftquelle für das ganze weitere Leben.

Die Einführung in die geistlichen Übungen übernahm bei Bobik der im Hause lebende Rosenkreuzer Nikolai Buturlin, der auch Sascha ein Jahrzehnt vorher angeleitet hatte und dessen Vorfahren bis zum Gründer des Meditationszentrums Iwan Petrowitsch Tschelischtschew hin Freunde der Tschelischtschews gewesen waren.

Bobik erhielt die Räume, die Iwan Petrowitsch im 18. Jahrhundert selbst bewohnt hatte – genau wie seinerzeit sein Vater. Das Bett, die Möbel, Aufzeichnungen, selbst Kleidung aus jener Zeit verbanden ihn unmittelbar mit dem Geist seines Urvaters, aber – durch die späteren Bewohner – auch mit dessen Nachfolgern. "Offenbar war alles unangerührt geblieben seit dem Tod von Iwan Petrowitsch."[2] Als er den Rosenkranz von Iwan Petrowitsch für das abendliche Gebet verwendete, spürte er dessen unmittelbare Nähe. Er wußte um die Kraft von Gegenständen, die Heilige verwendet oder getragen haben, erinnerte sich an Beispiele aus der Geschichte der orthodoxen Kirche. "Hier haben wir das Mysterium der geistigen Natur."[3]

In der Nacht hatte er vielfältige Erscheinungen: Er sah die strahlende Lichtgestalt eines Engels, vernahm "eine herrliche Musik, die anders war als die Musik der Komponisten"[4] (er assoziierte sofort die Sphärenmusik damit, wie sie Keppler für die einzelnen Planeten beschrieb), und er erfuhr ein beglückendes Gefühl der Schwerelosigkeit und Unabhängigkeit: "der Zustand eines vollkommenen Glücks und einer vollkommenen Harmonie"[5].

Bobik sprach am nächsten Tag nicht darüber. Buturlin und Sascha erkannten, daß der Junge gleiche Erfahrung durchlebt hatte wie sie und andere, die zur Einweihung in die Eremitage gekommen waren. Sie wußten um den Engel, den Ton, die außerkörperliche Schwerelosigkeit und bestätigten Bobik das Wiederholte der Phänomene bei verschiedenen Personen, informierten ihn über das Einmalige bei jedem einzelnen.

Die Eremitage besaß eine wunderbare Bibliothek. Sie nahm ihren größten Raum ein und enthielt nicht nur eine Fülle "astrologischer, kabbalistischer und alchymistischer Werke"[6], sondern auch Sammlungen von Steinen und Kristallen, Versteinerungen und mancherlei

Gerät. Dort befand sich auch ein ägyptischer Sarkophag mit einer weiblichen Mumie aus dem zwölften vorchristlichen Jahrhundert mit einem Mumienporträt. Iwan Petrowitsch hatte sie 1780 aus Ägypten mitgebracht, Sascha hatte bei seinem Aufenthalt ab 1901 eine verblüffende Ähnlichkeit mit Jadwiga festgestellt.[7] Buturlin hatte einen Sinn in diesem Ortswechsel geahnt: "Im allgemeinen bringen Mumien sehr viel Unglück, da man sie aus ihrer ewigen Ruhe stört, und der Fluch, der die Ausgrabenden trifft, verfolgt sie überall hin. Aber sie, diese hier, sie lächelt, und es ist in ihrem Gesicht etwas Wartendes, wie wenn sie hier auf die endgültige Erfüllung ihres Schicksals hoffe."[8] Buturlin wird Bobik genau wie früher seinem Vater am Beispiel dieser Ähnlichkeit mit Jadwiga die Einbettung der einzelnen Inkarnation in sein jahrtausendealtes Schicksal nahegebracht haben: "Wir sehen immer nur den Ausschnitt, den uns die Gegenwart zeigt; wir leben immer im Augenblick des Daseins und vergessen ganz, daß wir ein durch Jahrtausende gebildetes Kunstwerk sind, an dem wir weiterzubilden haben."[9]

Von Buturlin und dem Vater wurde Bobik in die Krypta geführt. Sie war einer romanischen Krypta nachgebaut. Dort befand sich in ägyptischer und anderer Tradition der Einweihungsraum der Rosenkreuzer, dort standen die Särge, und dort war ein Dunkelraum für Exerzitien in völliger Finsternis. Die nächtliche Erscheinung des Engels gab dem Älteren das Recht, Bobik in den heiligsten Raum mitzunehmen, dessen Eingang durch ein Fresko in seiner geistigen Bedeutung verstärkt war: zwei Engel mit gezückten Schwertern. "Du darfst, du bist in meiner Begleitung", sagte Buturlin, "du bist der legitime Nachkomme der beiden Magier, und woher weißt du, daß du nicht ein Eingeweihter bist, vielleicht hast du in einem früheren Dasein Weihen empfangen? In einem einzigen Leben schafft man es sowieso nicht. Und ist dir nicht heute der »Hüter der Schwelle« erschienen, der dich schweigend ansah?"[10]

Vor dem Altar in jenem Raum war ein zwei mal zwei Meter großes Viereck, wo die ursprüngliche Erde nicht vom Steinfußboden bedeckt war. Bobik legte sich dort auf die Erde, der alte Buturlin neben ihn, und sie ließen die Kraft der heiligen Stelle unmittelbar in sich einströmen. "Der Herzschlag der Erde, sein eigener Herzschlag, war wie ein dumpfes lautes Trommeln; zuerst war er schnell und hektisch, dann aber wurde er rhythmisch, tief und langsam."[11]

Bobik hat dort sein Tagesbewußtsein verloren, "das Bewußtsein seiner Person und der Zeit", er erlebte den leiblichen Tod als "beglückende Vereinigung mit der Erde"[12]. Schmerzlich – wie die bekannten Rückholungen nach klinischem Tod – war der von Buturlin bestimmte Augenblick der Rückkehr.

Im Rahmen der Exerzitien wurde Bobik auch in den Dunkelraum geleitet, wo er nach längerer Meditationszeit Gegenstände ertastete und mit verschiedenen Gerüchen konfrontiert wurde. Seine Sinne wurden geschärft, er lernte, wie unterschiedlich die Blätter verschiedener Rosen duften[13], wie unterschiedlich Metalle und Hölzer sich anfühlen, erwärmen, erkalten. Er erkannte, wie ein Blinder die Topographie eines Raumes allmählich begreift. Er schlief dort, er aß eine mit Geruch- und Tastsinn wahrgenommene Mahlzeit und geriet in einen Zustand der Freude über das Erlernte. Aus der Rückschau auf das über achtzigjährige Leben Wladimir Lindenbergs erhält jene Dunkelraum-Übung einen spezifischen Sinn in seinem Lebensschicksal: Sie gab ihm die Leichtigkeit, mit der er gut zwanzig Jahre später die als Folter gedachte Dunkelhaft des nationalsozialistischen Staatsanwalts in eine beglückende und stärkende Meditationsübung umwandelte.[14]

Großen Wert messen auch die Rosenkreuzer dem Schweigen bei. So wurde Bobik wiederholt zu längeren Schweigeübungen angehalten. "Wenn du alle Werke des Lebens in eine Schale legst, das Schweigen aber in eine andere, dann wirst du sehen, daß die Wagschale des Schweigens mehr Gewicht hat (. . .) Schweige zuerst nur, wenn es in dir ganz still geworden ist; dann beginne zu lauschen, zu horchen, und du wirst erleben, daß es keine absolute Stille gibt, daß alles voll von Geräuschen ist, die in ihrer Sprache zu dir reden."[15]

Bobik wurde auch in Übungen mit dem inneren Licht eingeführt und kam in immer höhere Schwingungen. "Er hörte den permanenten melodischen Ton, und er war eingebettet in ein Meer von mildem Licht, dessen Farbe er nicht zu definieren vermochte; es wechselte zwischen einem hellen, lachsfarbenen Rot und einem bläulichen Grün, aber er war überzeugt, daß es noch viele andere Farbqualitäten hatte."[16]

Mehrere Wochen dauerten die praktischen Übungen, das Studium der Bücher und die Gespräche mit Buturlin und dem Vater an. Die weiten Parkanlagen gaben Gelegenheit zu vielen Spaziergängen, wohl auch ausgelassenem Spiel.

Bobik erlebte: "Das einzige, was ewig ist, ist der Kosmos, ist die Seele und der Geist des Menschen."[17] Er begreift aber auch den irdischen Sinn seines Aufenthaltes in der Eremitage: "All das hat nur dann Sinn, wenn diese Fähigkeiten nicht Selbstzweck sind, sondern der Menschheit oder besser der Welt, in der du lebst, zugute kommen.“ [18]

Er wußte, als er Abschied nahm, ”er würde diesen Ort nie wieder betreten“ [19]. Fünf Jahre später fiel er der Barbarei des Bolschewismus zum Opfer. Immerhin ist das Schloß nicht einfach niedergebrannt worden, denn eines der Gemälde – ein Porträt Alexander Alexandrowitsch Tschelischtschews (1779–1881) von Orest Kiprenski tauchte später in der Tretjakow-Galerie auf. [20] Die geistige Erfahrung blieb unzerstörbar. Sie begleitete Wladimir Lindenberg sein Leben lang.

Auszug aus dem Weißen Haus

Der gemeinsame Besuch von Bobik und seinem Vater Sascha in der Eremitage und das Eintauchen in die geistig-religiöse Familientradition der Tschelischtschews war das große positive Erlebnis in der kurzen Zeit, die Wladimir Lindenberg mit seinem Vater hat zusammenleben dürfen. Infolge seines Dienstes bei der Armeeverwaltung in Moskau konnte Alexander Tschelischtschew oft in Girejewo leben, aber der Krieg brachte zunehmende Not, die Zeichen der Zeit standen auf Sturm.

Carl Lindenberg war bald nach Kriegsbeginn interniert worden. Jadwiga unterstützte ihn geistig und materiell, besuchte ihn in Moskau im Gefängnis und dann in Mittelasien im Lager. Seine Fabrik wurde eine Zeitlang von Jadwigas Mutter geleitet. Aber das Ende zeichnete sich ab.

Im Weißen Haus richtete Jadwiga ein privates Lazarett ein. 1915, als Sascha wieder zur Familie kam, hatte man dort 22 Personen Personal [1] und 23 verwundete Soldaten, zuzüglich Schwestern und Pfleger. Alle diese Menschen lebten von dem vorhandenen Vermögen, denn die Einnahmen gingen rapide zurück. Schließlich, wohl 1917, löste man das Lazarett auf. [2]

Der durch den Krieg entflammte Haß gegen die Deutschen enthemmte die unguten Kräfte. Es kam in Moskau zu Pogromen, schließlich – wohl durch persönliche Neider gelenkt – wandte sich eine zerstörende Menschenmenge auch gegen das Weiße Haus, obwohl der Hausherr keineswegs mehr ein Deutscher war. Bobik erlebte die Brüchigkeit der Existenz und das Ausgeliefertsein an die Kräfte des Schicksals. Noch einmal gewannen – mit Hilfe von Iwan Torlezki –

die guten Kräfte die Oberhand. Aber zunächst sah Bobik die Hilflosigkeit, das Gelähmtsein der Erwachsenen. Da kamen Nachbarn und stahlen unter der Vorspiegelung, etwas "zu retten". Jadwiga und Bobik verpackten einige Bücher und einen wertvollen Buddha. Um das Leben zu retten, verließen sie das Haus, erlebten in Moskau Brände und Zerstörung. Unvergeßlich blieb, wie der Mob in der Mjasnizkaja Klaviere und Flügel aus dem ersten Stock eines deutschen Geschäftes auf die Straße warf. Am Abend kehrten sie noch einmal zurück. Das Ganze erwies sich als Vorbereitung auf die endgültige Aufgabe des Weißen Hauses zwei Jahre später, im Spätsommer 1917.[3]

Ein paar Erlebnisse während der verbliebenen Frist heben sich heraus. Dabei war Jadwiga und ihren Lieben durchaus bewußt, daß es die letzte Frist des unabhängigen, dem Schönen und dem Helfen gewidmeten Lebens war, daß das alte Rußland zusammenbrach, daß – wie Mereschkowski es später nannte – das "Reich des Antichrist" heraufkam.

Einmal begegnete Bobik 1916 in der Moskauer Straßenbahn Grigori Rasputin. Mit Hilfe seiner Njanja kam es zu einem kurzen Gespräch. Für diese war er ein einfacher Bauernsohn mit von Gott verliehenen übernatürlichen Kräften. Sascha war über die Begegnung entsetzt: "Du weißt, Bobik, wie sehr ich die Starzen verehre, aber dieser Mann ist kein Starez. Er hat dämonische Kräfte, und ich glaube, daß er sie in Verblendung ausnutzt und Unglück heraufbeschwört."[4] Im nächsten Jahr wurde Rasputin ermordet. Viele sahen darin das Zeichen für das Ende des russischen Zarentums, der Monarchie. Die bösen Kräfte wurden weiter entfesselt.

Um so lichter war eine Begegnung mit dem Dichter Sergej Jessenin im Frühherbst 1916. Andrej Bely, der große religiöse Symbolist, hatte ihn in das Weiße Haus eingeführt, und der damals Zwanzigjährige fühlte sich überaus glücklich. Für Bobik, den Vierzehnjährigen, wurde er für einige Wochen ein großer Freund. Das Bäuerliche Jessenins, nicht zuletzt seine schlechten Tischmanieren, wirkten recht befremdlich in der vornehmen Umgebung. Das Unmittelbare, seine Nähe zu Pflanzen und Tieren, gab einen lebendigen, gesunden Impuls. Er spürte die Heiligkeit des Ortes, an dem er noch einmal leben durfte, ehe er von der ihn bewundernden Moskauer und Petrograder Gesellschaft verschlissen wurde.[5]

Ein Gedicht Bobiks von 1916 in deutscher Sprache zeigt vielleicht ein wenig von der Begegnung mit Jessenin und seiner Dichtung, von der Jadwiga einiges ins Deutsche übertragen hat:[6]

Ein Windstoß – der böse Herbstgefährte
Riß wild mein Fenster auf, und ein
Paar kecke gelbe Blätter tanzten hinein,
Und zogen bunt Erinnerungen nach sich . . .

Liest man in diesem Gedicht "Aus nebliger Ferne" weiter, wird die Nähe zu Alexander Blok, dem Idol der damaligen russischen Jugend, deutlicher: [7]

Ein kaltes Licht strömt von den Ladenscheiben . . .
Und freundlich schaut der blaue Abendhimmel
Auf das Gewirr geschäftger Menschen nieder . . .

Das Gedicht entstand zu der Zeit, als Wladimir Lindenberg anfing zu schreiben. Nach der Revolution ist er Jessenin noch einmal flüchtig in Moskau begegnet.

Bobik suchte Erfahrungen. So ist er einmal, um zu erfahren, was "Hunger" ist, ohne etwas zu essen von Girejewo nach Moskau gefahren und bekam natürlich im Laufe des Tages großen Appetit. Der kleine physische Schmerz, der nichts mit wirklichem Hunger zu tun hatte, führte ihn zu Kirchenbesuch und Gebet. Schon nach der Rückkehr brach er seine freiwillige "Askese" beschämt ab. [8] Offenbar bestand das Fasten während der religiösen Fastenzeit nur in einem behutsamen Verzicht auf gewisse Nahrungsmittel. Bobik lernte nie, anscheinend nicht einmal in der Eremitage, die psychisch und physisch heilsame Wirkung des Fastens im Sinne eines längeren vollständigen Nahrungsverzichts kennen. Trotz der objektiven Unerheblichkeit dieses "Hungertages" war das Erleben nachhaltig, die Erfahrung bleibend.

Bobiks geliebte Njanja, die "auf du und du mit den Haus-, Wald-, Feld-, Baum- und Flußgeistern" [9] war, hatte Bobik auch in die alten Mythen von der Johannisnacht eingeweiht, wie sie auch Nikolai Gogol beschreibt. Von ihr wußte er um die blaue Blume, die Blume der Romantik, die man nur am 24. Juni um Mitternacht sehen könne. 1915 wollte er sich der unmittelbaren Begegnung mit den Geistern des Waldes aussetzen, erfuhr, er habe "mit einem in Weihwasser getauchten Stab um ein Farnkraut einen magischen Ring zu ziehen" [10]. Der nächtliche Wald mit seinem Tier- und Pflanzenleben, auch seiner nicht sichtbaren Wirklichkeit wurde zum nachhaltigen Erlebnis: "Ich hatte das Gefühl, als ob ungezählte Dämonen oder Tiere um den Kreis herumständen (. . .) Jemand atmete laut an meinem Ohr. Es war mein eigener schneller und aufgeregter Atem, aber alle diese Laute hörte ich nicht in mir, sondern außer mir."[11] Zu Hause empfingen ihn Vater, Mutter und die Njanja, die ihm "eine Chance geben wollten", seinen Mut vor sich selbst zu beweisen, die in diesem Ereignis einen "Abstieg zu den »Müttern«, zu der »Weisen Frau« der Kelten"[12] sahen. Mit seinem Freund Aljoscha nahm er im weiteren Verlauf der Nacht am Springen der Jugend über das herabgebrannte Sommernachtsfeuer teil. Er überwand seine Angst mit Hilfe dieses Freundes.[13] Bobik hatte seine letzten großen Erlebnisse vom sicheren Hort des Weißen Hauses aus.

Die Februar-Revolution 1917, die das Zarentum stürzte, zog kurzfristig auch Bobik in ihren Bann. Zu verlockend klangen die Losungen von Brüderlichkeit und Freiheit. "Der Schnee taut, die Stadt lächelt mit ihren roten Fahnen, überall offene Gesichter, alles Heilige, keine Verbrecher, keine Droschkenkutscher, keine Soldaten, keine Polizisten, keine Metzger, alle alle sind Brüder . . . alle Menschen . . . nur Menschen . . . Wir sind glücklich"[14], so erinnert sich Bobik drei Jahre später. Doch Jadwiga und Sascha warnten, sie erinnerten an die Schrecken der Französischen Revolution. Sie mahnten: "Bis jetzt hast du das Leben genossen und in den Tag hineingelebt, mit vielen Rechten und fast ohne Pflichten. Wer hat dich dazu ermächtigt? Der Zufall deiner Geburt, der bevorzugten Stellung, des Reichtums? Nichts davon hast du dir selbst erarbeitet oder erworben."[15] Bobik ging dem großen Umbruch nicht unvorbereitet entgegen.

Schnell erfuhr er die Schwäche des auf Gewalt beruhenden Glücks: "Die Begeisterung und Verbrüderung dauerten nur wenige Tage."[16] An die Stelle der Polizei trat zivile, willkürliche Miliz. Die Kraft des Stärkeren begann das Recht abzulösen. Das Plündern nahm zu.

In dieser Zeit – es war wohl im Juni 1917 – traf in Girejewo ein Hilferuf des Personals vom alten Tschelischtschew-Anwesen in Krasnoje selo ein. Jadwiga und Bobik machten sich auf die beschwerliche Reise in der Zeit des zusammenbrechenden Transportwesens. Die jungen Bauern waren eingezogen worden, dem Anwesen drohten Plünderung und Verfall. Der Hausherr, Sergej Michailowitsch Tschelischtschew, Bobiks Großvater, hatte als General von Kriegsbeginn an im Kampf an der Front gestanden und war verwundet heimgekehrt. Bobik traf ihn tief niedergeschlagen: "Das Schlimmste ist, daß ich den völligen Zusammenbruch meines Vaterlandes erleben muß. Die Auflösung der Front, die Morde an den Offizieren, das Abreißen der Achselstücke, die Verhöhnung, die

Mißhandlungen, die Gehorsamsverweigerungen, die Desertionen. Und doch ist das alles nur ein Anfang. Es wird noch viel furchtbarer werden.“ [17]

Auf Jadwiga und Bobik wirkte es gespenstisch, wie Sergej Michailowitsch allein und verzweifelt in den riesigen, vereinsamten Gemächern des Schlosses lebte. "Sie gaben sich dem Zauber der Landschaft, des Parks, des Sees und des Schlosses hin.“ [18] Jadwiga zwang den Schwiegervater zu Spaziergängen im Park. Ein fast zwei Meter breiter Holzschnitt aus dem 16. Jahrhundert mit einer Darstellung des Sieges über die Tataren von 1380 gab dem Großvater Gelegenheit, dem Enkel von seinem berühmten Vorfahren Michail Brenko zu erzählen, vom Segen des Heiligen Sergej von Radonesch und vom Opfertod für den Großfürsten Dmitri Donskoi und für Rußland. [19]

Ende Juli fiel das Schloß einer der damals um sich greifenden Brandstiftungen zum Opfer. Jadwiga und Bobik wachten vom Lärm des Feuers auf und konnten ihr nacktes Leben retten, der General erstickte und verbrannte auf seinem Besitz. Es war der würdigste Tod, den der letzte Tschelischtschew, der das jahrhundertealte Anwesen noch bewohnt, wenn auch nicht mit Leben angefüllt hatte, finden konnte. Gleichzeitig mit dem Zusammenbruch des Staates, dem er und seine Vorfahren treu gedient hatten, endete sein eigenes Leben. [20]

Bobik lief noch in die Hauskirche, kurz ehe auch sie niederbrannte. Er nahm den schweren Wojewodenstab des Michail Brenko und brach den edelsteinbesetzten silbernen Griff ab, er rettete auch eine kleine Ikone der Muttergottes, die in der Zeit Iwans des Schrecklichen eine wichtige Rolle in der Familie gespielt hatte[21], und er ergriff den Ring mit der Darstellung des Heiligen Georg, der seit Fürst Michail von Tschernigow im Familienbesitz war[22]. Den Ring bewahrte er bis in die Berliner Zeit, er trägt ihn in dem Augenblick, in dem ich dies schreibe.

In der Hütte eines der Bauern fanden Jadwiga und Bobik Unterkunft, sie wurden Gäste jener, die ihrem Geschlecht seit Jahrhunderten gedient hatten. Sie schieden in Liebe voneinander – auf immer.

Am 17. September 1917 war es so weit, daß sie auch im Weißen Haus nicht länger bleiben konnten. Die Keller hatten lange Zeit unter Wasser gestanden, das Haus konnte nicht mehr beheizt werden, das Personal ließ sich nicht ernähren. So folgten Sascha und Jadwiga der dringenden Aufforderung von Jadwigas Mutter, in ihr Palais am Arbat zu übersiedeln. Das Personal, auch die Njanja, mußte entlassen werden, aber die weitläufigen Beziehungen ermöglichten es, jedem eine neue Stellung zu verschaffen. Jadwiga beschenkte jeden reichlich – sie gab so viel weg, als wäre ihr bewußt gewesen, daß sie das Weiße Haus endgültig verließen. Tatsächlich kam es dann so, daß zurückgebliebenes Personal das gesamte Inventar hinter dem Rücken der abwesenden Herrschaft in Moskau veräußerte. Bobik entdeckte einmal in einem Antiquitätengeschäft Möbel, die den eigenen in Girejewo vollkommen glichen. Es fiel ihm schwer zu begreifen, daß es dieselben waren.

Der Abschied erfolgte bewußt. Der Geistliche von Staroje Girejewo wurde eingeladen und hielt einen Abschiedsgottesdienst.[23] Man setzte sich nach alter russischer Sitte eine Minute lang schweigend nieder, ließ das Gute und Böse, was das Haus erlebt hatte, an sich vorüberziehen. Jadwiga segnete ihr ehemaliges Gesinde und fuhr mit ihren drei Kindern nach Moskau. Die Großzügigkeit des Weißen Hauses war beendet, aber noch einmal gelangte die Familie in eine aristokratische Umgebung. Die Zerstörung der alten Welt geschah Schritt um Schritt.

Bolschewistischer Umsturz

Die Zeit vom Herbst 1917 bis Herbst 1918 brachte den größten Umbruch im Leben Wladimir Lindenbergs – wie auch den größten in der Geschichte Rußlands im 20. Jahrhundert. Er teilte das Schicksal mit Millionen seiner Zeitgenossen. Unter der Losung der Schaffung eines "Paradieses auf Erden“, eines "neuen Menschen“ und der "Gleichheit“ wurde eine Hölle geschaffen, in der unter Terror und Mord Millionen in den Lagern des Gulag, bei Deportationen und in Willkürjustiz ihr Leben ließen, und in der eine kleine Schicht von Parteifunktionären die Macht über die Masse innehat.

Als die Familie Lindenberg-Tschelischtschew im September 1917 von Girejewo nach Moskau übersiedelt war, war das alte Rußland weitgehend zusammengebrochen. Lenin konnte die Gelegenheit der schwachen Demokratie nutzen, um auf undemokratische Weise die Macht an sich zu reißen. Für die Bevölkerung war der bolschewistische Umsturz Ende Oktober bzw. nach dem Julianischen Kalender Anfang November 1918 nur eine Fortsetzung des Chaos mit Schießereien, Plündereien, Macht des Pöbels und Vernichtung des Adels und aller, die es zu Stellung und Ansehen gebracht hatten.

Das Palais am Arbat, wo die Familie einige Zimmer bei Jadwigas Mutter erhielt, ein nach dem Napoleonischen Brand von 1812 entstandenes großes Gebäude, wirkte auf Bobik und seine Schwester Wera kalt. An Gemälde ihrer russischen Vorfahren gewohnt, blickten sie nun beziehungslos auf Bilder ihrer polnischen, spanischen und portugiesischen Ahnen. Es war für sie ein "totes Haus" mit einem "toten Park" (sie fühlten, sie waren die ersten Kinder, die dort spielten) und "toten Leuten".

Es dauerte keine zwei Monate, da nahm Bobik mit Schul- und Straßenkameraden am Kampf gegen die Bolschewiken teil, war Zeuge von Tod und Verwundung im Kampf. Sascha, sein Vater, war untergetaucht. Nachdem die Roten seinen Wohnbezirk erobert hatten, waren Haussuchungen an der Tagesordnung. "Sie stachen mit Bajonetten in die Polstermöbel, sie rissen die Gegenstände, die in den Schränken, Regalen und Kommoden waren, heraus und warfen sie zu Boden. Sie waren trunken vor Macht, und es bereitete ihnen Freude, Dinge zu zerstören." [1] Bobik wurde verhaftet.

An Ehrlichkeit gewohnt, begriff der Sechzehnjährige zunächst nicht, warum seine Kameraden, mit denen er gekämpft hatte, leugneten, ihn zu kennen. Erst mit deutlicher werdender persönlicher Gefährdung erkannte er die Notwendigkeit, in dieser Situation einander nicht zu verraten. Um so mehr traf ihn, als einer der Seinen ihn dann verriet – er habe gekämpft – und dann vom Kommissar keineswegs in die versprochene Freiheit entlassen wurde. [2]

Einige wurden sofort erschossen, die anderen später. Bobik geriet in die zweite Gruppe. "Es wurden einige Menschen aufgerufen. Sie standen auf und gingen schwankend hinaus, ohne Abschied, ohne sich umzusehen, wie Schemen. Sie kamen nie wieder. Wo blieben sie? Wurden sie alle erschossen? Man konnte sich nicht vorstellen, daß einer aus diesem Ort die Freiheit wieder erlangte. Freiheit wozu, Freiheit wovon?" [3] Man hörte Schüsse, man hörte Menschen schreien. "Wir sterben mit jedem mit, und vielleicht werden wir unseren eigenen Tod weniger erleben als den der anderen." [4]

Aus rückblickender Sicht wissen wir, daß Bobik diesem Inferno entkommen ist. Der Tod war ihm vom Schicksal zu dieser Stunde nicht bestimmt. Was er tun konnte war nur, an seiner Haltung zum Tode arbeiten, um Gelassenheit ringen, beten, sich sein Wissen um die Unauslöschlichkeit der Person, die unmittelbare Fortsetzung der individuellen Existenz nach der Erschießung bewußt machen. Er konnte seine Schicksalsgenossen betrachten, wie sie angesichts des

Todes aussahen. Einer der Wachsoldaten, wohl auch der Henker, kam Bobik bekannt vor, sah ganz wie der geliebte, hünenhafte Kutscher Alexander von Girejewo aus. Alexander erkannte ihn und war klug genug, dies sofort zu vertuschen. Er war es nun, der seinem Bobik das Leben retten durfte. Er holte ihn in der Nacht gleichsam zur Erschießung und verstand es, seine Mit-Soldaten, die auch freiwillig oder unfreiwillig im Henkerdienst der Roten standen, fortzuschicken. Die Bobik bewahrende göttliche Kraft, sein Schutzengel, war so stark, daß dieses Täuschungsmanöver gelang.

Alexander führte, ohne sich Bobik gegenüber zu erkennen zu geben, den Jungen an einem Lastwagen voller Leichen vorbei in die Nähe eines Ausgangs des Hofes, der zeitweiligen Stätte des Mordens, schoß in die Luft und öffnete seinem geliebten Bobik die Tür. Nach den Schüssen wußte Bobik nicht, ob er noch lebe. Aber der Griff in den Nacken und die vertraute Stimme "Verschwinde, aber schnell!"[5] machten ihm das Wunder klar.

Es ist schwer, sich in eine solche Situation zu versetzen. Das großartigste Stück Literatur, das den Leser in mögliches Empfinden vor einer Hinrichtung versetzt, stammt von Fjodor Dostojewski, der auch aus eigenem Erleben berichtet. Immer wird ein Leser, der eine gleiche Situation durchlebt hat, das literarisch Nachgestaltete besser verstehen können. Mein Vater, der Schriftsteller Hermann Kasack, gehört ebenso dazu wie ich selbst. Mein Vater wurde Ende April 1945 mit meiner Mutter und vier weiteren Personen unseres Hauses in Potsdam von sowjetischen Besatzungssoldaten zu dem breiten Rasenstück, das dem Hause gegenüber lag, geführt. Dort sahen sie sechs ausgehobene Gräber und mußten sich davorstellen. Ein Maschinengewehrschütze lag zwölf Meter entfernt – schußbereit. Sie nahmen Abschied. Aber der Offizier, der den Befehl hätte geben müssen, war inzwischen abgerufen worden. Mein Vater betonte später immer wieder, ihm sei danach das Wesen der irdischen Existenz als Frist bzw. als neue Frist und neue Aufgabe unauslöschlich bewußt geworden. Auf mich wurde bei meiner Gefangennahme am 30.4.1945 aus drei Meter Entfernung ein Schuß abgegeben, er streifte die Schläfe nur leicht. Damals war ich nur zwei Jahre älter als Bobik, und ich kann mich nur an meine Verwunderung darüber erinnern, daß ich noch lebte. Dann bemühte ich mich, daß die Soldaten, die mich aufgestöbert hatten, in mir den Menschen und nicht den Feind sahen und kein zweites Mal schossen.

Das Nächstliegende für Bobik war ziellose Flucht im stockfinsteren, nächtlichen Moskau. Er wurde zu einer Kirche geführt, die Tür stand offen. "Vor der Ikone der Muttergottes brannte noch das ewige Licht."[6] Bobik dankte im Gebet. Er reflektierte das Geschehene. "Schrecklich war, daß er, der durch das Sterben hindurchgegangen war, darin eine völlig passive Rolle gespielt hatte. Keine einzige Entscheidung war ihm überlassen worden."[7] Er schlief ein. Nach dem Aufwachen hatte er Hunger. So fügte er in sein erneutes Gebet die Bitte um ein Stückchen Brot ein. Da drängte es ihn, in der zugigen Kirche einen geschützten Platz aufzusuchen. Und dort fiel sein Blick auf ein Stück trockenes Brot. Irgendjemand hatte die Hälfte seiner Prosphore, des geweihten Brotes, dort liegengelassen. Das Erlebnis der helfenden Kraft Gottes und das Erkennen der unmittelbaren Wirkung des Gebetes verflossen mit dem Bewußtsein, erneut das erlebt zu haben, was wir Wunder zu nennen gewohnt sind. Solche "Wunder" werden von denen, die noch im materiellen Denken verhaftet sind, gern geleugnet. Für Wladimir Lindenberg gehörte diese Erfahrung in die Kette der Zeichen, die ihn später als Schriftsteller zum Verkünder solcher Alltagserfahrungen des Göttlichen werden ließen.

In den Tagen seiner Haft war die Familie aus dem Haus am Arbat geworfen worden. Der Hausmeister der Großmutter, Nikifor, hatte, als Bauer verkleidet, in der Nähe auf ihn gewartet. Er brachte ihn in die neue Behausung: ein entsetzliches Mietshaus, wo sie mit anderen Familien – insgesamt 19 Personen – eine Wohnung teilten. Bobik erlebte das Wohnschicksal seiner Mitmenschen, das als Ergebnis der "Großen Oktoberrevolution" über Millionen kommen sollte: Enge, Gestank, Neid, Diebstahl.[8]

Der Hunger war entsetzlich, die damit verbundene menschliche Veränderung nicht weniger. So entdeckte er seine Großmutter, die ehemals reiche, vornehme Dame beim Marmeladendiebstahl. Die Nähe zu Volksschichten, von denen sie sonst nur aus der Literatur wußten, erweiterte das Wissen um den Menschen. Die Prostituierte Pascha hatte gar nicht mitbekommen, wie die Lindenbergfamilie Hunger litt. Als sie es erkannte, versorgte sie Bobik und dessen Leute liebevoll mit Weißbrot und Butter. Sie bekam es ja von ihren kommunistischen Galanen.[9] Auch die Njanja tauchte irgendwann in dem grauenhaften Quartier auf und brachte ihrer notleidenden ehemaligen Herrschaft etwas zu essen.[10]

56 Wohnungen gab es in diesem entsetzlichen "roten Haus" in der

Wladimir Lindenberg:
"Die Speisung der Fünftausend" (1935)

Ulanski-Gasse, jede Woche gab es Haussuchungen, Verhaftungen. Lindenbergs lebten inmitten von Schmutz, Ratten und Angst. Einmal, als Bobik von der Großmutter im Dunklen geschickt wurde, den Mülleimer auszuleeren, verharrte er an der Tür und wurde Zeuge eines Alltagsschicksals jener Jahre: "Ich höre das Stampfen von Stiefeln ... Da lösen sich vier Schatten ab ... Einen Schatten stellt man an die Wand: »Bleib stehn! Keine Bewegung!« Die drei treten zurück: »Bete, wenn du willst, oder laß es: Fertig? Eins, zwei, drei!« Drei Schüsse, der Schatten an der Wand verschwindet, ich höre etwas fallen ... Die übrigen Schatten machen mit ihren Bajonetten ein Loch in der Abfallgrube und verscharren den vierten Schatten ... Ich gehe den Müll ausleeren ..."[11]

Es ist gleichgültig geworden, ob sie früher reich oder arm, ob Herrschaft oder Gesinde waren – alle teilen in diesem Moskau unter der roten Flagge das gleiche Schicksal des Elends, der Entwürdigung, der Entwertung des Lebens.

Abschied von Rußland

Alexander Tschelischtschews Leben war durch die bolschewistische Machtergreifung in höchster Gefahr. Sowohl als Angehöriger des uralten, mit dem Zarenhaus verwandten Adels, als auch als hoher Offizier gehörte er zu der Bevölkerungsschicht, auf die sich – neben der Geistlichkeit – die Mordlust besonders richtete. Er lebte, als Bauer verkleidet, in Moskau versteckt. Aber das war nur eine Lösung für Tage, er mußte in das noch von den Roten freie Gebiet der Ukraine fliehen.

Er gestaltete den Abschied von seinem Sohn zu einem Ereignis, das Wladimir Lindenberg zutiefst geprägt hat. Mir ist aus der Geschichtsschreibung und Literatur dieser Jahre kein so bewußter Abschied bekannt. Es war nicht nur die Trennung von Vater und Sohn in der Vorahnung, daß es die endgültige Trennung ist, es war auch die Lösung von der jahrhundertealten Tradition der Familie.[1]

Die beiden trafen sich am Wladimirtor. Jeder trug einen Schafspelz wie die Bauern, altes lumpiges Zeug, so daß sie nicht auffielen. Sascha ging mit Bobik zum Kreml. Sie gingen durch das Tor, das seinen Namen nach Nikolaus dem Wundertäter trägt. "Inmitten der zerschossenen Mauern war die in das Tor eingelassene Ikone des Heiligen Nikolaus unversehrt geblieben. Sogar das Glas, das die Ikone bedeckte, war nicht gesprungen.“[2] Später wurden diese Ikonen an den Toren systematisch zerstört. Auch das Tschudow-Kloster im Kreml wurde ein Opfer der Wahnvorstellung, Religion auslöschen und sich über Gott erheben zu können. Heute sind die wenigen erhaltenen Kremlkirchen zu Museen herabgewürdigt und ihres Geistes fast beraubt. Aber die Stätten, die die beiden aufsuchten, gibt es noch. Sie nahmen die Bewahrung der Nikolaus-Ikone als Wunder und als Zeichen. Sie bekreuzigten sich und beteten stumm. Der Weg zum Kathedralplatz führte an einem gestürzten und geschändeten Kruzifix vorüber, das am Tschudow-Kloster gehangen hatte.

Als erstes traten sie in die Uspenski-(Maria Himmelfahrts-) Kathedrale – Krönungskirche der Zaren. Dort hing noch die Ikone der Muttergottes von Wladimir. Sie wollten von ihr als ”der Mutter der russischen Erde“ gemeinsam Abschied nehmen. ”Beide knieten vor dem schwarzen Antlitz, aus dem undeutlich das Weiß der Augen auf sie herabschaute.“[3] Es war der Abschied vom alten Rußland. Seit den sechziger Jahren des 20. Jahrhunderts bemühen sich die besten russischen Schriftsteller der sogenannten ”Dorfliteratur“ wie Rasputin, Below, Solouchin, Schukschin oder Astafjew, an diese Tradition wieder anzuknüpfen. Nachdem die Ideologie sich als hohl erwiesen hatte, suchte man – und sucht noch heute – den Anschluß an jenes alte Rußland.

Bobik und Sascha wußten, ”seit achthundert Jahren hatten ihre Ahnen und Verwandten und Millionen von Russen vor diesem wundertätigen Heiligtum gekniet“[4]. Sie beteten: ”Heilige Mutter Gottes, gib uns die Kraft, all das unendlich Schwere zu überstehen. Gib uns die Kraft zum Kampf und Sieg über die Zerstörer alles Guten und Heiligen. Steh uns bei, Mutter Gottes.“[5] Zwar brannte keine Kerze davor, zwar war die Lampade erloschen, aber die beiden verließen die Uspenski-Kathedrale erfüllt vom geistigen Licht der Ikone und lenkten ihre Schritte zur Archangelski-(Erzengel-)Kathedrale, der Stätte, wo viele russische Zaren und Großfürsten beigesetzt sind. Sascha führte seinen Sohn zum Sarg von Dmitri Donskoi, mit dem das Geschlecht der Tschelischtschews verwandt war. Sie dachten an ihren Ahnen Michail Brenko, dessen Opfertod in der Tatarenschlacht von 1380 Dmitri Donskoi den Sieg ermöglicht hatte. ”Sascha legte seine Stirn auf die kupferne Grabplatte. Dann löste er von seinem Hals ein kleines kupfernes Kreuz, dasjenige, mit dem der Heilige Sergius von Radonesch 1380 den Wojewoden Michail Brenko gesegnet hatte, und hing es Bobik um.“[6] ”Ich gebe es dir in der schrecklichsten und schmachvollsten Zeit, die Rußland je erlebt hat. Damals waren es die Tataren, die als Fremde das Land verwüsteten – jetzt wird es von dem eigenen Volk zerstört! Eine größere Schande und Schmach gibt es nicht!"[7]

Seit Generationen war dieses Kreuz stets dem ältesten Sohn weitergegeben worden. Nun war es zum letzten Mal geschehen. Der Vater segnete seinen Sohn, erbat Gottes Hilfe für ihn und für sein Land.

Sascha traf sich noch einmal mit Jadwiga in einem Hotel, dann schlug er sich in die Ukraine durch.

Jadwiga und Bobik begaben sich in diesen Tagen in die Leichenhäuser, wo Tausende erschossener Männer, Frauen und Kinder lagen und Verwandte und Freunde nach den Ihren suchten. "Eine Mutter kniete vor ihrem Sohn und kämmte sein unordentliches Haar. Eine wischte das Blut aus dem Gesicht ihres Mannes. Eine andere versuchte, die Hände ihres Sohnes zusammenzufalten, was ihr nicht gelang."[8]

Jadwiga warnte Bobik vor Bitternis und Haß. Sein Gedanke war: "Es wäre dumm, die Rotarmisten zu hassen, die die Exekutionen durchführten, nicht einmal den Kommissar könnte ich richtig hassen. Aber ich hasse all die Initiatoren, die diese furchtbare Vernichtung entfesselt haben."[9] Sie aber erinnerte ihn, daß seine Klasse, der russische Adel, viel Schuld auf sich geladen habe und daß er als Christ überhaupt nicht hassen dürfe. Sie erkannte die ungeheure Prüfung, die Gott einem Volk und jedem einzelnen auferlegte, sah hinter dem Tod die Auferstehung.

Sie erlebte mit Bobik noch ein Zeichen des Untergangs, wie sie mit ihm den Brand in Krasnoje selo erlebt hatte. Sie besuchten Iwan Torlezki in Staroje Girejewo, es war wohl im Dezember 1917.[10] Sie verbrachten den Abend in vertrauter Weise im gemeinsamen Gespräch und blieben, da das Weiße Haus in Girejewo nicht mehr ihr Domizil war, über Nacht. In dieser Nacht gab es ein gewaltiges Gewitter. Ein überlauter Donnerschlag ließ alle Bewohner des Hauses zusammenschrecken. Es krachte, als habe der Blitz in das alte Schloß eingeschlagen. Aber ein Blick vor das Haus zeigte, was geschehen war: Die uralte, aus der Tatarenzeit der Gründung des Ortes stammende Eiche, um die man das Schloß gebaut hatte, war geborsten. Der Blitz hatte sie nach 557 Jahren zerstört. "Eine uralte Sage berichtet", sagte Iwan Torlezki, "daß unser Geschlecht so lange bestehen wird wie diese Eiche."[11] Der alte Kosakenoffizier begriff, daß die Zeit auch für ihn persönlich gekommen war. Die Urgewalt des göttlichen Zeichens traf

Jadwiga, Bobik und ihn zutiefst. Hier war mehr geschehen, als daß ein Blitz einschlug, eine Eiche fiel, ein einzelner Tod sich ankündigte. Hier fügte sich das Feuerzeichen von Krasnoje selo zum Blitzzeichen von Staroje Girejewo, hier wurden uralte russische Adelsgeschlechter, die Erbauer und Träger dieses Staates, ausgelöscht, hier wurden die Bolschewiken zu Vollziehern eines höheren Schicksals, das das russische Volk betraf.

Ein Jahr hausten sie noch gemeinsam in der ekelerregenden Gemeinschaftswohnung in der Ulanski-Gasse. Aljoscha, der Freund, tauchte auf, berichtete vom Tod seiner Eltern, der Zerstörung von Golizyno und seinem Plan, sich den Weißen Truppen in der Ukraine anzuschließen.[12] Carl Lindenberg, aus der Internierung entlassen, kam eines Nachts. Während der vierwöchigen Odyssee von der Wolgasteppe nach Moskau sei er in Nischni-Nowgorod auf der Straße Nikifor, als Bauer verkleidet, begegnet. Bei ihm sei ein anderer, groß gewachsener Mann, der auch wie ein Bauer ausgesehen habe, gewesen. Von diesem habe er die Adresse erhalten. Er solle das Lebenszeichen übermitteln und herzlich grüßen. Carl Lindenberg dürfte das Ereignis wohl mit dem Begriff des "Zufalls" abgetan haben, für das Erkennen eines gütig waltenden Schicksals fehlte ihm das Organ. Ein wenig mag er davon gespürt haben, obwohl er ja nicht wußte, wer jener andere "Bauer" gewesen war. Jadwiga und Bobik waren überglücklich, aber kaum in der Lage zu begreifen, was es bedeutete, daß gerade der ungeliebte Carl Lindenberg als Bote der Lebensnachricht von Sascha Tschelischtschew auserwählt worden war.[13]

Lindenberg bereitete seine Ausreise vor und wollte seine frühere Familie mitnehmen. Jadwiga stimmte für Bobik und Wera zu, sie selbst wollte mit Pawlik, dem kleinsten Sohn, bleiben. Aber Bobik sträubte sich, er sah in der Emigration Verrat an Vater und Mutter.

Jadwiga hatte inzwischen Arbeit bei einer amerikanischen Firma als Korrespondentin gefunden. Bobik, der schon im Kriege oft nicht zur Schule gegangen war und statt dessen das Leben in Moskau aufgenommen hatte, war nach dem Zusammenbruch ohne Schule und ohne konkrete Aufgabe.[14] Manchmal erlebten Jadwiga und Bobik im Polytechnikum eine Dichterlesung mit Majakowski, Jessenin, Pasternak. Einmal gingen sie zu einer politischen Veranstaltung dort mit Trotzki. Am Präsidiumstisch entdeckte er jenen Kommissar, der ihn zum Tode verurteilt hatte. Neben ihm saß ein Bekannter aus Girejewo, der sich offenbar bereits den neuen Machthabern angepaßt hatte. Die Blicke trafen sich, man sprach oben über die beiden. "Jadwiga und

Bobik verfolgten das Gespräch fasziniert, regungslos wie Kaninchen, die vor dem Anblick einer Schlange erstarren.“ [15]

Die Warnung war deutlich. Jadwiga und Bobik beugten sich dem Schicksal. Im Juni 1918 besorgte Carl Lindenberg die Ausreisepapiere. ”Ich gehe sterben . . .“, gibt Wladimir Lindenberg seine Gedanken zwei Jahre später wieder, ”und möchte doch so gerne leben! möchte hier bleiben in Moskau bei den lieben, nahen Menschen . . .“ [16]

Am Bahnhof geschah etwas Seltsames, das Carl Lindenberg aus der Fassung brachte. In den von ihm für die Reise vorgesehenen Zug wurde er ohne Begründung nicht gelassen. Sein Zornesausbruch nutzte nichts. Aber es gab einen anderen Zug, einen Zug mit Güterwagen, einige Stunden später, in den sie gewiesen wurden. Tagelang reisten sie, auf Koffern sitzend oder auf dem Boden liegend. Plötzlich gab es einen unvorhergesehenen Halt. Nach längerer Zeit drang die Information durch, weshalb man nicht weiterfahren konnte. Ein vorausgegangener Zug, jener mit Kriegsgefangenen, in dem Carl Lindenberg ursprünglich hatte fahren wollen, war mit einem Munitionszug zusammengestoßen. Die Zahl der Toten sei hoch. [17]

Bobik erkannte die Gnade des Schicksals und den unbekannten Auftrag, den diese Emigration für ihn bedeuten mußte.

Mitmenschen in Remscheid

Im Unterschied zu der Masse der Emigranten kam Wladimir Lindenberg nach seiner Ankunft in Deutschland Anfang Juli 1918 nicht in Flüchtlingslager, Notunterkunft und materielle Unsicherheit, sondern in die gepflegte Villa des Großindustriellen Lindenberg, des Besitzers der Glockenstahlwerke, dessen Vorfahren seit dem 16. Jahrhundert freie Fabrikanten waren. (Polizeilich gemeldet war er ab 10.7.1918 in der Eberhardstraße 37, ab 7.8.1918 in der Ottostraße 12, ab 27.1.1919 in der Hohenbirkerstraße 52.) [1] Carl Lindenberg wurde von seinem Vater als Abteilungsleiter im eigenen Betrieb übernommen. [2] Dem russischen Jungen von 16 Jahren, den Carl Lindenberg aus dem bolschewistischen Rußland mitgebracht hatte, wollte man sein Russischsein austreiben, er erhielt die Vornamen Woldemar Ernst – die Zeit des Bobik sollte vorüber sein. Seine Russenhemden durfte er nicht mehr tragen, stattdessen wurde ihm erstmals ein Anzug gekauft. [3] Im Rückblick sagt er: ”Es wurde einfach über ihn verfügt. Ein manipuliertes Leben.“ [4]

Für sich selbst blieb er Bobik, und er blieb bei dieser kindlichen Koseform länger als üblich. Erst in der späteren Bonner Studentenzeit ging er für sich und seine Freunde zu der angemesseneren Form Wolodja über, wie sie ein Russe für Wladimir verwendet. Bobik mußte also allein und mit seiner Schwester Wera den inneren Zufluchtsort seines Russischseins finden. Er bekam in dem Hause Schüttendelle 19 ein eigenes Zimmer. Dort stellte er die in Krasnoje selo 1917 beim Brand geretteten Familienheiligtümer auf: die Ikone der Gottesmutter, den Knauf des Wojewodenstabs des Michail Brenko und den Ring mit dem Heiligen Georg, dem Drachentöter, von Fürst Michail von Tschernigow. Dazu kamen Fotos von der Mutter Jadwiga, vom Vater Sascha und von den vertrauten Stätten: dem Weißen Haus in Girejewo, der Eremitage bei Rybinsk, vom Familienschloß Krasnoje selo und vom Alten Haus Iwan Torlezkis in Staroje Girejewo.[5]

Die Gegenstände erleichterten ihm, sich in jenes Rußland zu versetzen, das ihm sein Wesen ausmachte. Die esoterischen Übungen in der Eremitage von 1915 ermöglichten es ihm nun, sich nicht nur gedanklich, sondern mit seinem ganzen Bewußtsein an diese Orte zu versetzen. "Er war also Herr, darüber zu bestimmen, wo er sein und sich aufhalten wollte, und der gegenwärtige materielle Ort und die Umstände waren völlig irrelevant."[6] Diese außergewöhnliche Gabe hatte ihr Gutes, sie hatte aber auch ihr Schlechtes. Das Gute war, daß Bobik, der ungeheuer darunter litt, in dieser deutschen Familie nicht geliebt zu werden, einfach gar keine Liebe geben zu können und zu empfangen, geistig bei Mutter, Vater und der Njanja sein konnte, daß er all die Schrecken der bolschewistischen Umbruchszeit ausklammern konnte, das Schlechte war, daß diese Fluchtmöglichkeit ihm beinahe die Möglichkeit nahm, sich in die neue Welt einzugewöhnen und sich seinen eigenen Platz innerhalb dieser und nicht außerhalb zu suchen.

Eine Folge war, daß er bald einen Fluchtversuch unternahm. Ohne jegliche Vorbereitung, fast ohne Geld, floh er nach Berlin, wollte dort zu einer der Russinnen, bei der er fünf Jahre vorher mit seiner Mutter gewesen war. Sie war abwesend. Mit Hilfe der Polizei war er schnell gefunden, und Carl Lindenberg holte seinen Stiefsohn zurück.[7]

Die Schule, die er ab 12.9.1918 wieder besuchen konnte und mußte (Oberrealschule Remscheid, heute Leibniz-Gymnasium) half am ehesten bei der Integrierung. Dem Französischlehrer fiel er dadurch auf, daß er fließend Französisch sprach, allerdings keine Grammatik konnte[8], für den Physiklehrer war er ein verabscheuungswürdiger Bolschewik.[9]

Ein Schüler, der dem Tod so unmittelbar ins Auge geschaut hat, der mehrfach im Leben bewußt das Eingreifen göttlicher Kraft erfuhr, der durch Familientradition und Schulung eine hohe spirituelle Fähigkeit erlangt hat, ist schon unter Landsleuten eine Ausnahme. Bei einem Ausländer potenziert sich die Ausnahmesituation. Da ist mancher Lehrer überfordert. Aber Bobik fand in einem seiner Lehrer einen Freund. Dieser half ihm, wurde zum Gegengewicht gegen die Lindenbergfamilie und war vor allem um einen Ausgleich zwischen den beiden Kulturbereichen – dem russischen und dem deutschen – bemüht. Nach der mißglückten Flucht machte er ihm klar, daß die Entwurzelung bereits durch die Bolschewiken stattgefunden habe, nicht erst durch die Emigration, doch mahnte er ihn, diese Wurzeln zu hüten. "Ich sah bisher noch keinen Menschen, der seine geistige Nahrung und seine Lebenskraft so intensiv aus dem Erbe seiner Ahnen, aus dem Glauben und aus der Heimaterde bezieht (. . .) Du wirst nie ein Deutscher werden, und das sollst du auch nicht. Aber du wirst als der, der du bist, als Russe uralten Geschlechts und orthodoxen Glaubens und Kraft deiner Vitalität denen, in deren Land oder Umkreis du bist, von deinem Erbe viel schenken können. Betrachte dieses Ausgerissensein mit Wurzeln als einen Auftrag Gottes.“ [10] Es ist nicht wichtig, wie nah diese etwa 1970 aufgeschriebene Formulierung derjenigen steht, die jener Lehrer, Dr. Lipps, 1918 oder 1919 wählte. Sie stimmt dem Geist nach, und sie spiegelt das Verhalten Wladimir Lindenbergs während der folgenden 65 Jahre. Dr. Lipps wurde ihm eine Autorität, unter seinem Einfluß schloß er sich den Wandervögeln an [11], was ihm bei der Integrierung neben der Schule weiterhalf. Aber auch innerhalb solcher Wandervogelunternehmungen konnte es geschehen, daß Bobik geistig in sein Rußland floh. Einmal verband er sich innerlich mit der alten russischen Legende von der auf dem Grunde eines Sees liegenden, geheimnisumwitterten Stadt Kitesch, "in der Gerechtigkeit, Güte und ewiger Friede herrschen. Dort herrscht der Heilige Fürst Georg mit seiner Familie, seinem Gefolge und mit der gerechten und friedfertigen Bevölkerung. Als die Tataren die Stadt Kitesch berennen wollten, versenkte Gott sie, um sie vor ihnen zu retten, auf den Boden des Sees.“ [12] Dr. Lipps hatte Wolodja von seiner Flucht in diese alte russische heile Welt, in seine Wirklichkeit und in seine Lebensaufgabe zurückgeholt, indem er ihn die Geschichte erzählen ließ. Das Gebet, das Wolodja vorher in seinem Unglück gesprochen hatte, war erfüllt: "Durchdringe mich, o himmlisches Licht, tritt in mich ein, und erleuchte meine Finsternis!

Tritt ein, o mein Leben, und belebe meine müde, flügellose Seele. Tritt ein, o Heiler, und heile meine Plagen!"[13]

Der Weg in die deutsche Kultur beraubte ihn nicht seiner russischen. Er wurde für ihn ein Weg zu sich selbst, und es war ein schmerzvoller, langwieriger Weg.

Zu den seltsamen Ereignissen der ersten Remscheider Zeit gehört eine mehrwöchige Bekanntschaft mit dem bekannten Spion Richard Sorge. Sorge, damals offenes Mitglied der Kommunistischen Partei, suchte den jungen Russen auf, um Russisch zu lernen. Politische Diskussionen blieben nicht aus, und die Gemeinsamkeit zerbrach an Sorges Verhältnis zum Terror. Sorge faszinierte ihn als Mensch, er mochte ihn, aber die gottesfeindliche Hybris, sich das Recht zum Mord zu nehmen, um ein angeblich gutes Ziel zu erreichen, stieß ihn ab. "Wenn etwas mit Vernichtung und Lüge beginnt, dann kann es niemals bei der Achtung vor dem Eigensein jedes Menschen, bei der Achtung vor dem Leben enden."[14] Hier traf Bobik die Entscheidung allein und richtig: er trennte sich.

Wohl im April 1919 war es Jadwiga gelungen, mit ihrem jüngsten Sohn Pawlik, genannt Passenka, ebenfalls mit einem deutschen Paß, dem bolschewistischen Rußland zu entfliehen. Etwa ein Jahr nach ihrem früheren Mann konnte sie nicht mehr einen der Kriegsgefangenentransporte benutzen, ein Teil der Ausreise war eine lebensgefährliche Flucht. Aber sie gelangte auch bis Remscheid. Sie bekam bei einer russischen Freundin, die sich schon um Wera und Bobik gekümmert hatte[15], ein Zimmer und blieb bis Ende 1920 in Remscheid. Passenka wurde als Sohn Lindenbergs in die Lindenbergfamilie übernommen. Er war restlos sowjetisiert und hatte erhebliche, aber ganz andere Umstellungsschwierigkeiten als sein älterer Halbbruder. Seine Welt in Moskau hatte aus dem Kampf ums Überleben bestanden, aus Schwarzmarkt, Diebstahl, Mißtrauen, Rücksichtslosigkeit, Erfolg durch Gewalt.[16]

Bobik konnte nun seine über alles geliebte Mutter täglich sehen, endlich bekam er wieder die Liebe, die er zum Leben so dringend brauchte. Aber er lehnte sich so stark an sie an, der Nachholbedarf war so groß, daß ein zu großes Entgegenkommen der Mutter seiner Entwicklung nicht gutgetan hätte. In ihrer klugen Liebe tat sie nichts, was seiner eigentlichen Aufgabe in dieser Zeit – der Ablösung von ihr und der Eingliederung in das deutsche Leben – im Wege stand.

Bobik entschloß sich, ein Jahr freiwillig bei der deutschen Reichswehr zu dienen. Äußerer Anlaß war sein Entsetzen, wie wenig

Wladimir Lindenberg, Dezember 1985

Wladimir Lindenberg:
"Jünglinge mit Mond" (1942)

Wladimir Lindenberg:
"Vogelbaum" (1950)

Wladimir Lindenberg:
"Tröstung" (um 1946)

die Menschen taten, um etwas gegen eine Machtübernahme der Kommunisten zu unternehmen: "Hier ist alles rot, und die Bürgerlichen stöhnen und jammern und lassen die Köpfe hängen und tun nichts. Es ist genau, wie es damals bei uns anfing. Wir haben es doch erlebt, und ich möchte mir nicht den Vorwurf machen, daß ich diesmal geschlafen habe." [17] Er diente vom 1.6.1919 bis 23.2.1920 im Ersten Westfälischen Artillerieregiment, 2. Batterie IV in Münster. [18]

Aus der Militärzeit ist nur ein einziges Erlebnis bekannt, und dieses hat nichts mit dem Militär zu tun. Nach seiner Rückkehr nach Remscheid Anfang März 1920 (Hohenbirkerstraße 52) erwähnt er in seiner ersten Tagebucheintragung am 21.5.1920 rückblickend, der Dienst habe eine große Rolle bei seiner Auseinandersetzung mit sich selbst gespielt. "Ich lernte das Volk kennen, das Leben, einfache Männer und andere Städte." [19] Das eine besondere Ereignis aber ist ein Glied in der Reihe spiritueller Ereignisse.

In Girejewo hatten sie das Buch von Edward Georg Bulwer "Zanoni" besessen, das das Leben eines Rosenkreuzers, eben jenes Eingeweihten Zanoni schildert. Als der endgültige Aufbruch aus dem Weißen Haus über sie kam, waren sie gerade dabei, es gemeinsam zu lesen. Als Soldat nun hatte er kurz vor Weihnachten 1919 einen visionären Traum. "Sascha war in Münster bei mir, ganz lebendig und natürlich. Er forderte mich auf, mit ihm in einen Buchladen auf dem Prinzipalmarkt zu gehen. Er wolle dort das Buch Zanoni für meine Mutter als Weihnachtsgeschenk kaufen." [20] Bobik folgte der visionären Weisung zögernd und begab sich zum angegebenen Geschäft. Der Buchhändler erklärte, das Buch nicht zu haben, und war nur mühsam dazu zu bewegen, an einer von Bobik genau beschriebenen Stelle von einer Leiter aus das Buch zu suchen. Dort stand die Originalausgabe von 1842. Es bedarf schon einer gewissen Vertrautheit mit esoterischen Fakten, um ein solches Ereignis einordnen zu können. Dem Buchhändler und dem Stubengenossen Bobiks verschlug es den Atem, obwohl gerade letzterer notwendig gewesen war, Bobik zu überreden, dem Traum Folge zu leisten. Bobik dürfte sich geschämt haben, daß er der Traumweisung nicht ohne zu zögern Glauben geschenkt hatte, aber die Scheu, Gottes Boten (so der Titel des Buches, in dem er das Erlebnis berichtet) mit eigener Täuschung zu verwechseln, ist gerade für jemanden, bei dem sich solche Gesichte wiederholen, notwendig. Zu dieser Zeit wußte Bobik bereits, daß sein Vater am Leben war, seine Mutter hatte ja bereits Post von ihm. Die Umstände waren noch ungewöhnlicher als die mit dem "Zanoni".

Als Jadwiga im April 1919 aus Rußland ankam, bestätigte sie Bobik die Richtigkeit eines anderen Traums und seiner Deutung. Ihm war Iwan Torlezki erschienen (in "Mütterchen Rußland" auf den 19.3.1919 datiert[21]), und er hatte dies für das Zeichen seines Übergangs in die nicht körperliche Welt aufgefaßt. Es stimmte. Iwan Torlezki, der väterliche Freund seiner Kindheit, der Nachfahre des Tatarenchans Girej, dem das Ende seines Geschlechts durch die Blitz-Zerstörung seiner Eiche mitgeteilt worden war, hatte das Zeitliche gesegnet. Von Sascha aber fehlte zu jenem Zeitpunkt noch jede Spur. Seit dem Gruß, den Carl Lindenberg vor der Ausreise, ohne zu wissen von wem, überbracht hatte, waren die Fäden abgerissen. Er hatte auch nicht erfahren können, daß Jadwiga mit Hilfe eines alten, seltsamerweise geretteten Passes als Frau eines Deutschen ihre Ausreise hatte einleiten dürfen. Da traf, wahrscheinlich relativ bald nach Jadwigas Ankunft in Remscheid, ein Brief von ihm ein. Die genaue Adresse hatte ihm ein hellsichtiger Jude in Kiew eröffnet. Sascha war unter Hetman Skoropatski Kulturminister geworden. Bei einem überraschenden Judenpogrom konnte er die Polizei mobilisieren und die verhetzte Menge auflösen lassen. Viele Juden verdankten ihm ihr Leben. Einer nun erkannte ihn später auf dem Markt und bot ihm als Dankgeschenk die Antwort auf eine lebenswichtige Frage an. Sascha wollte wissen, ob Frau und Sohn leben. Er bekam die exakte Adresse.

Wladimir Lindenberg berichtet von dem Brief und leitet ihn mit dem von seinem Vater geschriebenen Gedanken ein, in dem sich die beiden einig waren: "Ich habe so viele Dinge zwischen Himmel und Erde erlebt, von denen ich später erfuhr, daß sie Sendungen sind, daß ich es für vermessen hielte, jenem seltsamen Wink nicht zu gehorchen. Gott strafte immer die Menschen, die seine Botschaft nicht annahmen."[22]

Jadwiga und Bobik antworteten sofort. Im Tagebuch findet sich am 9.3.1921 der Hinweis auf Träume, in denen Bobik Sascha immer wieder sah. Sie gaben die Bestätigung, daß sein Vater die Post erhalten hatte. Er zögerte, mit seiner Mutter darüber zu sprechen, um der geistigen Beziehung seiner Mutter zu seinem Vater nicht zu schaden. "Aber ich tat es trotzdem und tat gut daran, denn auch sie hat ihn mehrfach gesehen."[23] Mit diesem Bericht endet sein Tagebuch in Remscheid, er setzte es in Bonn fort.

In jene Zeit fiel auch der Abschluß der Schule, die er ab Ostern 1920 wieder besuchte, das Abitur. Auch hier liefen die Dinge keineswegs in der üblichen Weise. Die Information darüber entstammt ebenfalls nur dem Tagebuch, ist vom selben Tage. Er hat nie in seinen autobiographischen Werken davon Gebrauch gemacht.

"Freitag, der 5. März war ein wichtiger Tag für mich. Ich bestand das mündliche Examen. Jetzt erst, nachdem die ganze Geschichte vorüber ist, muß ich gestehen, daß ich nicht ganz sauber bei dieser Sache gehandelt habe und nur deshalb keine Strafe erhalten werde, weil der ganze Vorfall keine müde Mark wert ist. Ich habe sowohl während des schriftlichen wie während des mündlichen Examens meinen Intellekt vollständig ausgeschaltet und automatisch über den Astralkörper mit Hilfe eines Talismans gehandelt. An sich ist das ein Mißbrauch des Astralkörpers, wenn auch ein verzeihlicher, da er keinem Nächsten Schaden bringt."[24] Hier werden die wohl bei den Rosenkreuzern erworbenen oder wachgerufenen Fähigkeiten einmal mit letzter Überzeugungskraft veranschaulicht – sowohl was die Verbindung zwischen materieller und geistiger Existenz anbetrifft, als vor allem auch hinsichtlich des subtilen ethischen Gewissens, das eine solche Gabe hervorbringt, bedingt und verlangt.

Geistiges Suchen

Wladimir Lindenberg litt in Remscheid unter der Fremdheit seiner Umgebung. Für seine geistigen, künstlerischen und religiösen Bedürfnisse hatte man im Hause Lindenberg keinen Sinn, glaubte eher, sie könnten ihm bei der Eingliederung schaden. Der Stiefvater hatte ihm deutlich gemacht, daß der Beruf des Ingenieurs oder des Architekten für ihn wohl das Richtige sein werde.

So vertraute sich Bobik seinem Tagebuch an. Eines, geführt vom 21.5.1920 bis 3.5.1921, blieb erhalten. Es umfaßt 59 Oktavheftseiten und ist russisch geschrieben. "Das Tagebuch sollte mir die Seele erleichtern. Ich bin ein Mensch, der mit einer belasteten Seele nicht leben kann – das ist das rein Slawische in mir . . ."[1], so schrieb er schon auf der ersten Seite, aber der Passus steht in dem Kontext, daß durch die Anwesenheit der Mutter das Tagebuchschreiben weniger wichtig geworden sei. (Äußere Dinge erwähnt er fast gar nicht, nicht einmal den Umzug von der Hohenbirkerstraße 52 in die Schüttendelle 19 im August 1920.)

In diesem Tagebuch, am 10. Januar 1921, berichtet Wladimir, er habe in den letzten beiden Monaten viel geschrieben: Eine Reihe einzelner Erzählungen, die er unter dem Titel "Die drei Häuser" zusammengefaßt habe, ferner sein erstes Drama "Agni" und ein paar Gedichte. "Die drei Häuser" ist wohl das einzige russische Buch, das Wladimir Lindenberg geschrieben hat, autobiographische Erzählungen aus dem "Weißen Haus", dem Haus seiner Kindheit in Girejewo, dem "Alten Haus", dem benachbarten Haus von Iwan Torlezki, und dem "Roten Haus", der qualvollen Mietskaserne, wo er mit Mutter, Großmutter und Geschwistern 1917–1918 zu hausen genötigt war. Er hoffte damals auf eine Veröffentlichung in Englisch, ein wenig auch in Deutsch, aber das Buch liegt erst seit 1985 gedruckt in der russischen Fassung (Tri doma) vor.

Einzelne Teile dieses Buches hat er damals auch in deutscher Sprache geschrieben, wobei es für seine Natur bezeichnend ist, daß er nicht das russische Original übersetzte, sondern denselben Vorfall neu, oft ein wenig abweichend, in der anderen Sprache erzählte. Dieses zweite Heft trägt den Titel "Erlebtes und Erträumtes" und enthält die Abschnitte "Junge Dichtungen. 1913–1916", "Dichtung. 1917–1918" und "Novellen aus meinem Leben. 1919–1920. Fragmente". Dem schließen sich ein Gedicht in Französisch "Anima vagans", ein Essay "Expressionismus" und das kurze Stück "»Agni« oder das Feuer. Drama" an. Den Rest des Heftes hat er während des Studiums für naturwissenschaftliche Notizen verwendet. Die kleinen Prosastücke der "Jungen Dichtungen" hat er später datiert, aber mit solchen Jahresangaben ist Wladimir Lindenberg sein Leben lang großzügig umgegangen. Zu den frühesten Texten (1913) gehört "Lacht und jubelt!":[2]

Tanzet und jubelt, ihr sonnengebräunten Jungfrauen in bunten Sarafanen! Lachet und dreht euch im Reigen, ihr Töchter der Natur! Oh, daß euer Lachen heller erklinge wie die Töne der Morgenglocken! Versäumet den Augenblick nicht, bevor die Sonne sich neigt, tanzet, oh, tanzet bevor die Hexe – die Leben sich nennt, so fest euch mit ihren giftigen Krallen umschlingt! Schaut um euch, ihr Mädchen, wie alles euch noch zulacht und winkt! Die Blumen, die euer Fuß sorglos streift, schütteln fröhlich die Köpfchen, der alte, blaue Forst nickt euch wohlwollend zu, der Himmel strahlt in lauter blauer Freude, und die Sonne – sie ist wie eine einzige Liebkosung... Und nur das gierige, neidische Leben späht eifersüchtig aus matten, verregneten Fenstern einer dunklen Hütte – und grinst. Es weiß gar wohl, oh, ihr Mädchen in bunten Gewändern, früh oder spät werdet ihr seine Beute! Drum eilt und

III.

Novellen
aus
meinem
Leben.

1919 - 1920.

Fragmente.

Titelblatt aus einem Manuskript Wladimir Lindenbergs
von 1920

> tanzt und jubelt und lacht, ihr sonnengebräunten Mädchen, in bunten Sarafanen. Lachet und tanzt, oh, ihr, die noch nicht vom Leben Vergifteten!

Wladimir Lindenberg, oder – wie er sich damals als Dichter nannte – Wladimir Agaton, dürfte Naturgeister vor Augen gehabt haben, als er diesen Text schrieb, aber der Übergang zum kindlichen, jungen Mädchen ist nahtlos. Er hat eine kosmische Einheit unberührter Natur und unberührter Menschen erfahren.

Nicht weniger erstaunlich ist seine dichterische Prosa ”Das Kind“, auf 1916 datiert. Hier der Anfang: [3]

> Nur in der Einfalt liegt die Weisheit, und ich beuge mich vor dem Kinde, – dem weisesten aller Weisen. Es ist es ja, das jene Welt verließ, nach der wir uns so flammend ewig sehnen – die Heimat unserer Seele . . . Mit fremden, weitentrückten Augen blickt es verwundert um sich, und staunt, und staunt – so seltsam sind die Formen dieser Welt. Noch hat der Schleier der Vergessenheit es nicht getrennt von jenem Wunderland, wo goldbeschwingte Engel es umspielten. Es kennt sie noch, die stumme Weltallsprache, in der es Wanderwölkchen fröhlich grüßte . . .

Dieser Text könnte ein Geschenk für alle werdenden Mütter und Väter sein, wenn sie sich der dahinterliegenden Wahrheit nicht verschließen, daß der Mensch vor seiner Zeugung und Geburt als Individuum bereits da war, daß er auf dieser Erde wiederholt weilt, jeweils als Gast, um zu gehen und – sich immer weiter vervollkommnend – wiederzukommen. Wladimir Lindenbergs Bücher, die er von den fünfziger Jahren an veröffentlichte, basieren auf diesem Wissen. Seine Mutter mit ihrem Interesse für Yoga und ägyptische Weisheit und sein Vater, der Rosenkreuzer, haben eine feste Grundlage dafür gelegt, bei der China-Japan-Reise wurde sie gefestigt. 1919 hat er sein eigenes Menschwerden dichterisch gestaltet. Der Vorspruch des ”Meine Kindheit“ genannten Zyklus endet mit den Zeilen: [4]

> Ich war: Licht, Laut, Lichtempfindung!
> Zeugende Kräfte zogen mich hin – hinab –
> zum Trichter, zum Wirbel der irdischen Zone . . .
> ich entschälte mich schnell – und im rhythmischen Tempo
> verlor mich im Raume und stürzte hinab – zur Materie!

Licht

Die ersten Empfindungen meines Fleischwerdens: ich wurde zur Wirklichkeit: ich – der leicht und hell und subtil war – verdichtete mich zu einem plumpen, empfindlichen Klumpen ... Um mich: – kalt, dunkel, dumpf, seltsam unbekannte Schwingen: die Welt in sich selbst abgeschlossen, fremd, verengt ... Bin unzufrieden, höre mich selber schreien, will zurück – ins aetherische Sein – mich entkörpern, entwerden ... Etwas sträubt sich dagegen. Lange, schlangenförmige – weichharte Taster ergreifen mich, fassen, fesseln, binden, schnüren ... Etwas Brennendes – eine Kerze hält man vor mein verschrumpftes Gesicht – Licht! Eine grelle Erinnerung durchzuckt mein halbwaches Bewußtsein, flammt auf! Ich höre auf zu weinen ... Es gibt doch noch in der neuen Welt etwas – das von »drüben« kommt ... Gottlob – ich bin nicht mehr verlassen!

Zu viel Persönliches, zu viel Unmittelbares enthält dieser Text, um als Nachdichtung einer gehörten Auffassung abgetan zu werden. Wladimir Lindenberg dürfte es mit Hilfe der Rosenkreuzer-Exerzitien vermocht haben, sein Bewußtsein bis in den pränatalen Zustand zurückzuversetzen. Im späteren Werk hat er keinen Gebrauch von diesem Wissen mehr gemacht. Hier aber überwältigt nicht nur das Inhaltliche, sondern auch die Sprache. Als er mir 1984 das Heft übergab, glaubte er selbst nicht, damals schon so gut die deutsche Sprache beherrscht zu haben.

Die neue literarische Richtung des Expressionismus überwältigte ihn. Sein kurzer Essay von 1920 darüber beginnt mit den Sätzen:[5]

Stürzen Städte; Häuser fallen, wälzen in den Schoß der Fundamente und begraben unter ihren Trümmern die Sklaven ihres Eigentums – die schweren, grauen Würmer – Bürger genannt ...
Neue, himmelwärts strebende, ewigkeitstürmende, schreiende, schwingende, ringende Türme-Titanen werden erbaut! Sie sollen uns führen – da oben – in die Ewigkeit – wo wir einander verstehen werden, ohne Reden – ohne Blicke – einander verstehen! – Menschen! –
Der Expressionismus ist – er – ist – da! Graue dickschädlige, stumpfe Würmer-Leute stemmen sich mit Füßen und Händen – Zungen und Hirnen – gegen ihn – schreien, toben. – »Er ist nicht!«

Ist denn das möglich, daß man sich gegen – Nichts – sträubt?! Er ist schon deshalb da – weil er bekämpft wird!
Der Expressionismus ist nicht unzeitgemäß – nein! Mit seinen Füßen steht er fest auf Erden.

"Agni" – ist ein expressionistisches Kurzdrama über dieses göttliche Wesen: "den Gott des Feuers, den Sohn der Sonne"[6]. Das Stück beginnt im Dunkel der Nacht, die Sonne – der Rote Gott – ist versunken. Gestalten sehnen sich nach dem Sohn der Sonne, nach Agni, dem Licht und Wärme spendenden Sohn des Feuers. Einem wird die Erkenntnis gegeben, wo Agni ist, nämlich im Suchenden selbst: Agni als das geistige Licht, das Göttliche im Menschen. Das Finden von Agni bedeutet den Tod für den, der Agni fand, bedeutet das Leben für Agni selbst.

Solcher Dichtung liegen religiöse Urerlebnisse zugrunde, sie verdankt ihre Ordnung kaum der Ratio. Aller Wahrscheinlichkeit nach ist Lindenberg später zu dieser Form künstlerischen Schaffens nicht mehr zurückgekehrt. Aber sie macht für den damaligen Zeitpunkt die mehrfache glückliche Tagebuchnotiz des sich selbst Beobachtenden verständlich: "Die Seele wächst"[7].

Ein paar weitere Auszüge mögen das Bild von Wladimir Lindenberg im Jahre 1920 ergänzen. 22.5.1920: "Ich bin ein Kind der Natur, und bei schönem Wetter und Sonne freut sich mein Herz und jubelt und möchte sich losreißen, und ich drücke meine Freude in hellen Farben aus. Aber wenn es regnet, möchte ich weinen."[8] "Schon zwei Jahre lang lebe ich ausschließlich von meinem inneren Leben, und, mein Gott, wieviele Jahre soll ich denn noch so leben? Wann kann Rußland nach diesem Schlag erneut entstehen?"[9]

Wladimir Lindenberg reflektiert über seine und seiner Mutter völlige Gleichgültigkeit gegenüber äußeren Dingen, erinnert sich, wie sie 1916 monatelang Wasser im Keller hatten, von Heilquellen redeten, darin Boot fuhren, bis die Großfürstin Tante Ella befahl, den Rohrbruch von einem Klempner reparieren zu lassen. Im Tagebuch schildert er ein Ereignis, das diese Unfähigkeit im Alltag veranschaulicht.

"Etwas ganz Seltsames geschah, als die Bolschewiken im Hause herrschten und Mama in das fast leergeräumte Haus kam. Da übergab ihr ein junger Mann ihr Diplom, das man unter einem Bücherschrank gefunden hatte. Vor Glück schenkte Mama ihm den Flügel. Der Mann verlor schier die Fassung vor solcher Freigiebigkeit. Später faßte er sich und verkaufte den Flügel für 30.000 Rubel. Mama verdiente damals 500 Rubel im Monat, Oma wollte unser Haus für 25.000 Rubel verkaufen . . ." [10] In der Nähe dieser Geschichte, mit der er nicht nur die Art seiner Mutter schildern will, steht eine kleine Abstraktion über sich selbst (10.1.1921): "Ich bin überhaupt nicht fähig, methodisch zu arbeiten. Logik steckt keine in mir . . ." [11]

Wladimir Lindenberg hat in dieser Zeit seinen Schaffensdrang nicht nur im Bereich der Wortkunst ausgelebt. Er hat auch handwerklich gearbeitet – gestickt, sicher gezeichnet und plastisch gearbeitet. Am 20.5.1920 heißt es: "Gott sei Dank, endlich habe ich mich gefunden. Ich habe begonnen plastisch zu arbeiten, und die Skulptur bereitet mir gewaltige Erleichterung und Entspannung. Ich gestalte nicht wie andere . . . Ich mache das nur mit dem Gefühl." [12] Einen Mephisto-Kopf brachte er seiner Mutter, sie konnte ihn nachts im Raum nicht ertragen, aber als sie ihn hinausbringen wollte, spürte sie den Widerstand der Figur. Im Schlaf erlebte sie dann ihren Bobik bei einem Selbstmordversuch. Wladimir Lindenberg berichtet auch von einem schönen griechischen Jüngling, von Johannes dem Täufer und einigen anderen positiven Gestalten, die er geschaffen hat. Etwa fünfundzwanzig Jahre später wurde eine Bildhauerin, Dolina Gräfin von Roedern, seine Frau. Er selbst verband mit seinem Arztberuf zunächst die Bildwirkerei, später das Zeichnen und Malen.

Natürlich hat Bobik in diesen Jahren viel gelesen. Zum tiefsten Eindruck gehört Hermann Hesses "Demian". "In seltsamer Weise bezog Bobik die Gestalt des jungen Sinclair auf sich selbst." [13] Vieles, was er selbst erlebt und bei niemandem sonst vermutet hatte, fand er in Hesses Gestalt erklärt und eingeordnet. Er wurde von inneren Zweifeln erlöst. [14] Zwar war es für Bobik nichts Neues, sein Leben unter göttlicher Fügung zu sehen, aber die parallele Sicht in Hesses Buch tat ihm wohl. "Hier, in diesen Zufällen, war mehr als nur Glaube, man konnte sie beweisen. Auch einer, der nicht an dergleichen glaubte, konnte überzeugt werden, oder zumindest konnte er sich der Logik solcher Geschehnisse nicht entziehen." [15]

Was ihm das Lindenberghaus nicht geben konnte, gab ihm das Hessebuch: Es wurde zur Brücke zwischen den Kulturen. "Wenn es aber hier in einem fremden Lande einen Dichter wie Hermann Hesse gab, und einen Knaben Sinclair und einen Jüngling Demian, der bereits ein Eingeweihter war, dann konnte dieses Land für ihn, Bobik, kein fremdes Land sein." [16]

Fünfzehn Jahre später, vom 21.–23. September 1935 nahm sich

Wladimir Lindenberg den "Demian" wieder vor und schuf dazu Illustrationen – 19 Bleistift-, z.T. Buntstiftzeichnungen. Weitere 35 Jahre später wählte er dasselbe Zitat, das er dem Heft mit den "Demian"-Zeichnungen vorangestellt hatte, als Motto für sein Buch "Bobik in der Fremde". Es faßt sein Ringen um künstlerische Gestaltung, sein geistiges Suchen zusammen: "Ich wollte ja nichts als das zu leben versuchen, was von selber aus mir heraus wollte. Warum war das so schwer."[17]

Neuorientierung in Bonn

Am 15. April 1921 reiste Wolodja nach Bonn. Er hatte sich in einem Gespräch mit Carl Lindenberg geeinigt, daß er dort Medizin studieren durfte. Dieses Gespräch gab Wolodja größere Selbständigkeit gegenüber seinem ungeliebten Stiefvater, führte zu einer gewissen Partnerschaft. Vor allem löste sich wohl in Wolodja die Angst vor diesem willensbetonten, erfolgreichen und ihm daher zutiefst fremden Deutschen.[1] Lindenberg versorgte ihn während des Studiums finanziell, wenn auch Wolodja selbst die einhundertfünfzig Mark monatlich als wenig empfand. Das erste Studentenzimmer (Breite Straße 55 a) gab er bald auf (16.4. bis 31.5.1921), längere Zeit (Juni 1921 bis Ende September 1922) lebte er im Bonner Talweg 53, von dort übersiedelte er schließlich in die Kurfürstenstraße 9.[2]

In Bonn verstärkte Wolodja sein Russentum. Er trug nicht mehr die Remscheider Anzüge, sondern seine Russenkittel, ohne überhaupt wahrzunehmen, wie er die Aufmerksamkeit seiner Umwelt auf sich zog.[3] Seine Studentenbude richtete er als eine Art russischen sakralen Raum ein. Schon in Girejewo hatte er sich nach der Ostasienreise sein eigenes Meditationszimmer geschaffen, in Remscheid die mitgebrachten Familienheiligtümer in seinem Zimmer aufgebaut, nun war er in Bonn erstmals sein eigener Herr und konnte diese geistige Brücke zu seiner Heimat, zu seiner jahrhundertealten Tschelischtschewschen Familientradition und zu seiner geistig-spirituellen Welt zum dominierenden Element seines Raumes machen. Im Tagebuch findet sich schon am 17.4.1921 die Notiz, daß er beim ersten Erkundungsgang durch Bonn in einem Antiquitätengeschäft auf drei russische Ikonen stieß, zwei aus Holz, eine aus Metall. "Mein Herz freute sich und wird nicht zur Ruhe kommen, ehe ich sie nicht erworben habe."[4]

Der erste Besuch im Bonner Münster führte ihn auch zu der

Wladimir Lindenberg mit zwanzig Jahren

dortigen Ikone, aber es war die geistige Ausstrahlung dieses alten Heiligtums als Ganzem, die ihn in der Bonner Studentenzeit immer wieder in diese Kirche führte. Sie wurde einer der drei Punkte, um die sein Leben dort kreiste: sein Zimmer, das Münster, die Universitätsinstitute in Poppelsdorf.[5] Dabei lag die Zweckbestimmung von Münster und Instituten in Gebet und Lehre fest, dem eigenen Zimmer gab er einen vielfältigen Sinn. Dort war sein geistiges Zentrum, er nannte es später einmal Elfenbeinturm.[6] Es war nicht nur die Stätte des eigenen Medizinstudiums und des Gebets, es war auch die Stätte seiner außermedizinischen Studien, z.B. einer intensiven Beschäftigung mit der Kabbala oder den Ausführungen von Johannes Keppler über die Sphärenmusik im Sinne der Urtöne der Planeten.[7] Er zog sich dorthin zurück, weil er einsam war, bis er neue Menschen gefunden hatte. Er begann dort auch wieder künstlerisch tätig zu werden, und zwar im Bereich der Bildwirkerei – so lange, daß es sich lohnt, gesondert darauf einzugehen.

Jahre später berichtete ihm ein Kollege, wie er als beginnender Student gewirkt habe: "Sie schauten damals niemanden an, als ob Sie kein Mensch etwas anginge. Es war ein Geheimnis um Sie, und jeder wollte es ergründen, und man machte noch mehr Geheimnisse dazu."[8] Im Tagebuch sagt er, die Leute würden ihn anstarren, als sei er ein "Krokodil vom Nil, dem Zoo entsprungen"[9]. Das Pentagramm, das er wohl an einer Kette trug, hielt man für einen Sowjetstern.[10]

Im eigenen Zimmer hingen u.a. "die geliebte Ikone der Muttergottes von Wladimir"[11], das Kreuz, das vom Heiligen Sergius von Radonesch aus dem Jahre 1380 stammte[12], und ein von der Großfürstin Jelisaweta Fjodorowna (seiner Patentante Ella) gesticktes Handtuch, das ihm, seitdem sie 1918 mit dem russischen Kaiser und dessen Familie in Jekaterinodar von den Bolschewiken ermordet worden war, besonders heilig war. Die Russische Orthodoxe Kirche im Ausland hat viele Jahre später (1961) jenen Märtyrertod geehrt, indem sie alle die Opfer der Bolschewiken als Heilige verehrt, so wie die Serbische Orthodoxe Kirche die Türkenopfer.

Zum Münster als außerhäuslicher Gebetsstätte traten im Laufe der Jahre die Kirche in Schwarzrheindorf auf der anderen Seite des Rheins und das Kloster Maria Laach. "Keiner Zeit fühlte er sich mehr verwandt und vertraut als der Romanik. Es war ihm, als ob sein Geist und seine Seele dort zu Hause wären."[13] Von der Schwarzrheindorfer Doppelkirche sagt er: "Wolodja verbrachte oft ganze Stunden in Meditation in diesem sakralen Raum aus jener Epoche einer tiefen

Gläubigkeit, einer direkten Verbindung von Mensch zu Gott, und er fühlte sich dort ebenso geborgen und beheimatet wie in seiner Kirche in Staroje Girejewo oder in der Uspenski-Kathedrale im Kreml." [14]

Im Kreml hatte er von seinem Vater Abschied genommen. In Remscheid hatten seine Mutter und er die erste Nachricht von ihm erhalten, nachdem er auf parapsychologischem Wege ihre Adresse erfahren hatte. In Münster und Remscheid hatte Alexander Tschelischtschew beide telepathisch erreicht. Einige Zeit später erhielt Jadwiga, die inzwischen in Berlin lebte, die Nachricht, daß Alexander verhaftet sei. Nach seiner Entlassung kam ein Bericht über grauenvolle Verhöre in der Haft und die Hilfe durch ein altes Priesterehepaar nach der Entlassung. [15] Schließlich kündete er seine Ausreise an. Aber ein plötzliches Fleckfieber raffte ihn hin. Er starb an demselben Tag, an dem er sein Land hatte verlassen wollen. Jadwiga und Wolodja erfuhren von seinem Tod in Berlin und konnten in der dortigen orthodoxen Kirche die Totenmesse lesen lassen. [16] Jadwiga reiste dann mit ihrem Sohn zunächst nach Bonn, wo sie in der Kreuzbergkapelle für Sascha beteten. [17] "Die Sonne beleuchtete die Kapelle hell, und in freudigen Farben türmte sich der Hochaltar in seinem Barock. Jadwiga schaute sich voller Erstaunen um und erfaßte Bobiks Hand: »Du, diese Kapelle ist ganz wie die unsrige in Krasnoje selo!«" [18]

Wolodja war glücklich, daß sein Vater nicht zu den von den Bolschewiken Getöteten gehörte, und sah einen höheren Sinn darin, daß sich das Leben dieses letzten Namensträgers seiner Tschelischtschew-Linie in Rußland vollendete. Die geistige und briefliche Verbindung der Zeit vor dem Tod verlieh ihm Kraft für sein ganzes Leben.

Ein zweites Ereignis, ebenso mit dem Tod und mit seiner Kindheit in Rußland verbunden, ließ ihn das Walten göttlicher Fügung über sein Leben erneut in tiefstem Ausmaß spüren. Der Kontakt mit dem besten Freund seiner Girejewo-Jahre, Aljoscha Golizyn, war nach dessen Abschiedsbesuch im Roten Haus, der entsetzlichen Mietskaserne, wo die Lindenbergs das Jahr vor der Ausreise hatten hausen müssen, abgebrochen. Die beiden hatten einmal nach alter russischer Sitte ihre Verbrüderung dadurch besiegelt, daß sie ihre goldenen Taufkreuze tauschten. Nun kam eines Tages in Bonn eine entfernte russische Verwandte, zu der Wolodja lockere Beziehungen hielt, auf ihn zu und gab ihm den Ausschnitt aus einer russischen Emigrantenzeitung, wo ein Soldat der Fremdenlegion einen Briefpartner suchte. Wolodja ergriff die Gelegenheit, auch um nach Aljoscha zu fragen, aber der Briefpartner, mit dem er bald regelmäßig korrespondierte, kannte ihn nicht. Einige Zeit später fand er den Tod, aber sein Kommandeur übersandte Wolodja den Nachlaß, also das Wenige, was man bei ihm gefunden hatte. Dazu gehörte ein Briefumschlag, in dem jener russische Brieffreund den "Nachlaß eines gefallenen russischen Soldaten" aufbewahrt hatte. Wolodja entdeckte in diesem Umschlag ein Taufkreuz, entdeckte die Initialen seines eigenen Namens. "Ich betrachtete das Kreuz genauer (. . .) Ich hielt mein Taufkreuz in den Händen."[19] Wladimir Lindenberg hat dieses Ereignis zweimal dargestellt, jedes Mal endet es mit dem heiligen Ergriffensein vor dem "Sichtbarwerden der Einwirkung Gottes in die Schicksale der Menschen, das er schon oft erlebt hatte, das er manchmal erschauernd erkannte und an dem er sicherlich noch öfter achtlos vorübergegangen war."[20] "Ich verneigte mich tief und in Demut vor Gottes unerforschlichen Ratschlüssen und vor seinen wunderbaren Botschaften."[21] Wie vieler Fügungen, die blinde Menschen Zufälle nennen, hatte es bedurft, um ihm die Nachricht vom Tode seines Freundes und das eigene Taufkreuz zukommen zu lassen.

Einmal erschien Wolodja auch seine Njanja im Traum. Er hatte einen wertvollen Ring seiner Urgroßmutter, die zu der ungeliebten polnischen Verwandtschaft gehörte, versetzt, um sich Geld zu verschaffen, und mit diesem Geld ein Motorrad gekauft. Bei diesem Kauf mußte Wolodja mehrere Hindernisse und Betrugsversuche überwinden, aber er erkannte die Schicksalswarnungen nicht. Nach der ersten Probefahrt mit dem neuen Motorrad lieh es sich ein Kommilitone aus und verursachte einen schweren Unfall. Die Njanja im Traum drohte ihm wie einst dem Kind, wenn es falsch gehandelt hatte.[22]

Die hohe Konzentrationsfähigkeit, die Wolodja besaß und durch Meditationen förderte, hat ihn in der Bonner Zeit einmal fast das Leben gekostet. Er war so auf seine Arbeit konzentriert, daß er nicht wahrnahm, wie das Haus, in dem er wohnte, angefangen hatte zu brennen. Weder die Gas-Explosion im Keller noch das Heranfahren der Feuerwehr, noch den Brand- und Rauchgeruch hatte er aufgenommen.[23] Dann: "In einer Pause zwischen zwei Gedanken hörte ich großen Lärm von vielen Menschen, sah die Feuerwehr und Rauch."[24] Er rettet sich durch einen Sprung aus dem Fenster, sein Zimmer wurde aber nicht zerstört. Wladimir Lindenberg hat diese Geschichte als Beispiel für die Yogaform des "Pratyahara" erzählt – wenn sich jemand im schöpferischen Tun außerhalb von Zeit und Raum befindet "und nur mit dem Ding eins ist, das er gerade gestaltet"[25]. Es handelt sich, wie Wladimir Lindenberg in diesem Zusammenhang erklärt, "um die Erweckung einer dem Abendländer verlorengegangenen Seinsschicht, einer schöpferischen Kraft, die etwa eine Mischung zwischen dem wachen Bewußtsein und dem Unbewußten bildet"[26]. Wladimir Lindenberg erinnert sich, in diesem Augenblick geschrieben zu haben. Sein schöpferischer Schwerpunkt in Bonn aber lag in der bildenden Kunst.

Bildwirken in Bonn

Ohne schöpferisches Tun ist das Leben von Wladimir Lindenberg nicht denkbar. Dieses schöpferische Tun muß bei ihm religiösen Charakter haben, nicht nur, weil jede Kreativität göttlichen Ursprungs ist, sondern weil sie Teil seines als Einheit, als eine Ganzheit gelebten Lebens ist, und dieses als gottgegeben und gottgeführt wahrgenommen wird.

Dieses schöpferische Tun läßt sich konkret nicht an seinen Ursprung zurückverfolgen. Wir wissen nichts von seinen Spielen als kleines Kind in Girejewo. Später verbanden sich Wortkunst und bildende Kunst. Eine der wohl einmaligen Besonderheiten dieses begnadeten Mannes sind seine in Bonn gestickten Bilder, sein "Bildwirken".

Am liebsten hätte er – so berichtet er 1971 – "wie die Malermönche in den Klöstern, Ikonen gemalt"[1]. Aber dafür fehlten wesentliche Voraussetzungen. Er war zwar ein gläubiger, aus religiöser Überzeugung heraus schaffender und lebender Mensch, war ein Christ, der seine Wurzeln in der Russischen Orthodoxen Kirche hatte, aber er war seiner Kirche nicht so ausschließlich verbunden, wie es für das Malen von Ikonen unbedingte Voraussetzung ist. Auch war der Anlaß für seine Bonner künstlerische Tätigkeit der Wunsch, sein eigenes Zimmer zu gestalten. Die Ikone aber ist kein Wandschmuck, kein Bild, sondern die bildhafte Vergegenwärtigung des Dargestellten, das dann im Gebet anwesend ist. Sie ist das Fenster in die geistige Welt. Nach beiden Seiten geöffnet, gibt sie dem Menschen Zugang zum göttlichen Bereich und Gott und seinen Kräften Zugang zum Menschen.

Einen so hohen und so ausschließlichen Anspruch wollte Wolodja an seine Kunst nicht stellen, aber ohne eine Auseinandersetzung mit dem göttlichen Bereich war ihm Kunst nicht denkbar. Er erinnerte

Lindenbergs Schreibtisch in der Berliner Wohnung
mit Abendmahl-Wandbehang aus den zwanziger Jahren

sich an die alten russischen Bildwirkereien, die ihrerseits in byzantinischer Tradition standen, und beschloß, aus diesem Geist, in ähnlicher Technik, aber in seiner künstlerischen Auffassung tätig zu werden. "Der beglückendste Teil des Tages gehörte der Bildwirkerei."[2]

Er wählte hierfür Themen der Heilsgeschichte. Noch heute hängt neben seinem Schreibtisch ein "gewirktes Bild", ein gestickter Wandteppich mit dem Abendmahl. Immer wählte er schwarzen Stoff, so daß sich die Figuren mit ihren vielfarbigen Gewändern, ihren ausdrucksvollen Gesichtern und – bei göttlichen oder heiligen Gestalten – leuchtenden Aureolen deutlich davon abheben. Er zeichnete die Figuren mit Schneiderkreide auf das schwarze Leinen und stickte dann die Flächen mit Wollfäden aus, wählte für ein Kleidungsstück eine, manchmal zwei Farben, so daß eine Flächigkeit der Farbgebung wie bei russischen Ikonen entstand. Durch wechselnde Stichrichtung beim Sticken gab er den Wandteppichen innerhalb derselben Farbe Schattierungen und damit ein unvorhersehbares, vom späteren Lichteinfall abhängiges Leben. Ausdrucksstärkster Teil der Gesichter wurden die Augen, die Spiegel der Seele, immer vergrößert dargestellt – nicht naturalistisch –, wie auch deren Stellung im Gesicht und die Kopfhaltung selbst mehr dem geistig Gemeinten als dem der Natur Abgeschauten entsprachen. Anklänge an jahrtausendealte ägyptische Kunst drängen sich auf.

Die Inhalte entstammen der Bibel. Die Bildkomposition ist eigen oder zumindest erneut durchlebt. Sein Christus auf seinem Abendmahl ist auch äußerlich größer als die Jünger, ist – wie alle seine Christusdarstellungen – urchristlich bartlos, hat auf diesem Bild als einziger einen strahlenden Lichtkreis um sein Haupt und hält den Becher mit Wein. Aus diesem Becher, der zum sakralen Symbol der Christen werden sollte, steigen Strahlen auf: rötliche Strahlen, das Blut Christi versinnbildlichend. "Christus als Heiland und König wurde natürlich nach der Tradition des byzantinischen Kaiserhofs in Purpur gekleidet."[3] Auf dem Tisch steht keine Schüssel, liegt kein Brot, sondern dort ist ein Fisch, das Symbol des neuen Zeitalters. Unter den Jüngern ist die Unruhe des Augenblicks zu erkennen, soeben haben sie die Ankündigung von Verrat und baldigem Tod gehört. Judas aber hat das Brot in der Hand, um es mit dem Herrn einzutauchen. Für Wladimir Lindenberg war er derjenige, der mit dieser Tat erreichen wollte, "daß nun endlich der Stein ins Rollen käme, daß Israel seinen angestammten, von den Propheten verheißenen König bekäme".[4]

Das Sticken der Bilder versetzte Wolodja in das dargestellte

Geschehen. "Die Verknüpfung des stillen besinnlichen Aneinanderreihens von farbigen Fäden, die sich zu Flächen ausbreiteten, mit den immer sich vertiefenden, hin und her gehenden Gedanken, die beunruhigend und zugleich beglückend waren, war ein faszinierendes Sein und Tun." [5]

Zu Wolodjas Werken gehörte ein Triptychon mit der Kreuzabnahme, mit der Szene, wie Maria Magdalena dem Auferstandenen begegnet, und der Szene, wie der Auferstandene dem ungläubigen Thomas die Berührung seines Körpers mit der Stichwunde gestattet. Die Komposition der drei Teile ist ungewöhnlich und zeigt die Auseinandersetzung Wladimir Lindenbergs mit der Frage der Auferstehung. Neben dem Christus am Kreuz stehen außer Maria und Johannes Joseph von Arimathia, der sein eigenes Grab zur Verfügung stellte, und Nikodemus, das Mitglied des Hohen Rates, der sich Jesus vorher in einer Nacht eröffnet hatte. In der Kommentierung seines Bildes verweist Wladimir Lindenberg darauf, daß beide Essener waren, also Mitglieder jener esoterischen Gruppe von Juden, zu der wohl auch Johannes der Täufer gehört hat. Er berichtet von der Aufregung seines Vaters nach der Rückkehr zu seiner Familie 1915 über ein Schriftstück, das er von einem seiner Freunde im esoterischen Bereich erhalten hatte. Es war die Abschrift eines Briefes eines Esseners über die letzten Tage Jesu, das der Auferstehung Christi eine materielle Erklärung gab – Kreuzabnahme nach klinischem, nicht vollständigem Tod durch die Essener Joseph von Arimathia und Nikodemus, kurzfristige Verbringung in das Grab, Wiederbelebung und daher physische Auferstehung. Nicht zufällig enthalte das Nicänische Glaubensbekenntnis vom Jahre 325 zwischen den Verba "gekreuzigt", "gelitten" und "begraben" nicht das Verb "gestorben". [6]

Wladimir Lindenberg hat diese Sicht nie wieder losgelassen. Er berichtet von der Diskussion zwischen Vater und Mutter und zitiert den Satz Jadwigas: "Für mich ist es nur eine Haarspalterei. Die Vorstellung, daß er nach all dem Leid wieder leiblich da war, ist mir vertrauter als die eines Lichtleibs." [7] Wladimir Lindenberg hat sich in diesem Punkt nie ganz der Auffassung seiner orthodoxen Kirche anschließen können. "Obwohl er seine Kirche innig liebte, wollte er seine eigene Meinung über manche Dinge und Anschauungen behalten." [8] Seine bedingungslose Toleranz gegenüber anderen Religionen, auch den anderen Zweigen der christlichen Kirche gegenüber, und diese, am Beispiel der Auferstehungslehre besonders deutlich werdende Freiheit haben dazu geführt, daß sein Verhältnis zur orthodoxen Geistlichkeit nie spannungsfrei geworden ist. Das begann in Girejewo und endete nie. Dabei war er als russischer Schriftsteller und russisch orthodoxer Christ dazu berufen, seinen Lesern und Hörern im Westen jahrzehntelang die trotz bolschewistischer Bekämpfung unzerstörbare Kraft des traditionellen russischen Christentums nahezubringen.

Die beiden Auferstehungsszenen, die Wladimir Lindenberg in seinem Triptychon neben die Kreuzabnahme gestellt hat, sind in ihrer Handlung einander konfrontiert. In der Begegnung der Maria Magdalena betont er, daß Maria den Auferstandenen nicht berühren durfte – sie sehnt sich nach der Berührung, er weicht aus, und die Verbindung entsteht durch die Strahlen, die von dem Augenbereich innerhalb der Aureole ausgehen. In der Begegnung des Thomas mit dem Auferstandenen betont er die körperliche Nähe: Christus leitet nicht nur die Hand des Zweiflers in seine Wunde, er legt dem Thomas seinen anderen Arm um die Schulter. In jenem frühen Wandbehang schauen sie einander an, in einem späteren Bild (von 1934) hat Christus den Kopf gesenkt, die Augen geschlossen, ist mit Thomas mehr geistig verbunden. Im frühen Wandbehang berühren sich die Aureolen an einer Stelle, der geistige Strom beginnt gerade zu fließen, in dem Bild, das ein Jahrzehnt später entstand, überlappen sich die Aureolen weitgehend, sie sind schon ineinander geflossen.

Wladimir Lindenberg hat auch eine Anbetung der Hirten gestickt. Groß leuchtet die Aureole der Maria, kleiner die des Jesuskindes. Sie sind in einem angedeuteten Stall, nicht in der Höhle, wie die russischen Ikonen die Geburt darstellen. Maria sitzt in westlicher Tradition, liegt nicht wie in der byzantinischen. Die Hirten wirken wie russische Bauern in Steppjacken mit gefütterten Wintermützen, deren Ohrenklappen herabgelassen sind. Hier sind die beiden Kulturen, die östliche und die westliche, miteinander verwoben.

Außerordentlich ausdrucksstark ist auch eine Begegnung zwischen Christus und Judas in Wladimir Lindenbergs künstlerischer Sicht. Die beiden umarmen sich, aber Christus hat eine Hand auf der Brust des Judas: Er wahrt einen Abstand. Christus steht aufrecht, Judas leicht gebückt, untergeordnet, hoffend. Die großen, ägyptisch mandelförmigen Augen blicken einander an, aber die göttliche Strahlung, die, in drei Linien gezeichnet, aus Christi Aureole ausgeht, trifft nicht Judas' Körper, sie bleibt darüber.

Auch Wladimir Lindenbergs Teppich mit dem Gethsemane-Bild hat etwas sehr Eigenes. Groß im Vordergrund die drei Jünger in tiefem

Schlaf. Christus aber genau in der Achse des Bildes, ganz klein, weit entfernt, vom Schmerz etwas gekrümmt auf dem Gipfel eines flachen Hügels, so daß die Begrenzungen des Hügels auf ihn hinleiten. Er hebt sich vor dem Horizont ab. Bildgewordene Einsamkeit.

Nicht nur Wolodjas Gäste haben diese Bildwirkereien gesehen, von denen einige erhalten blieben und im Berliner Haus hängen. Wenn er aufgefordert wurde, hat er Wandteppiche auch auf Ausstellungen gezeigt, aber nie verkauft. "Für ihn waren sie sichtbar gewordene Meditationen. Mit jedem Faden waren Gedanken, Gebete, Besinnungen hingestickt."[9]

Mitmenschen in Bonn

Der Anfang in Bonn war vom Alleinsein bestimmt. Wolodja zog sich in seine Studentenbude zurück und gab sich der täglichen Meditation mit ihrer Rückversetzung in die russische Heimat, dem Gebet, dem künstlerischen Schaffen – vor allem der religiösen Bildwirkerei – und seinem Medizinstudium hin. Er brauchte die Einsamkeit, um sich selbst zu finden. Von diesem ersten eigenen Reich aus, in dem er sich auch selbst bekochte, schuf er sich seine Welt – lernte Menschen kennen und unternahm Wanderungen und Reisen. Selbst seine Mutter trat langsam an Bedeutung in seinem Leben zurück.

Einer der wichtigsten Bonner Menschen vom zweiten Jahr an war Lene Müller. Diese Frau war einige Jahre älter als Wolodja und hatte Botanik studiert, als Assistentin und wissenschaftliche Mitarbeiterin im In- und Ausland gearbeitet, als sie ihn kennenlernte.[1] Die Art, wie sie sich kennenlernten, zeigt wieder einmal die schützende Hand des Schicksals, die über Wolodja lag. Er war zum ersten Mal in die Anatomie gekommen und hatte dort nicht nur die vielen Leichen erblickt, sondern auch die zynische Art, mit der viele Menschen ihre Scheu vor dem Umgang mit toten Menschenkörpern unterdrücken. Über Wolodja brach in diesem Augenblick das Bild herein, wie er in Moskau die Reihen von Leichen der Männer, Frauen und Kinder gesehen hatte, die in den ersten Tagen nach dem bolschewistischen Umsturz getötet worden waren – gefallen oder ermordet. Es war der Beginn des Grauens, das er als Sechzehnjähriger hatte durchstehen müssen. Zur nächsten Lehrveranstaltung in der Anatomie konnte er nicht erscheinen. Lene Müller hatte das Besondere dieses jungen Russen erkannt und die Tiefe der Gründe seines Fernbleibens erspürt.

Sie erkundete die Adresse und drang zu ihm in sein russisch-religiöses Reich vor.[2] Sie war ergriffen von seinem "wunderbaren, märchenhaften Land"[3] und verstand es, ihn zum Sprechen zu bringen. Er selbst sagt: "Sie hatte eine faszinierende Art zuzuhören."[4] Sie hatte eine verwandte Wellenlänge in religiöser Grundhaltung und Liebe zur Kunst. Täglich begegneten sie sich in der Anatomie, hörten gemeinsam Vorlesungen, gingen in Konzerte, besuchten andere Menschen. Bis Wladimir Lindenberg in Berlin nach der Entlassung aus dem KZ seine spätere Frau Dolina von Roedern kennenlernte, hat er keine Frau so verehrt und geliebt wie Lene Müller.

Zweieinhalb Jahre wurde die Gemeinschaft gelebt, dann mußten sie sich trennen, da Lene zusammen mit einem anderen Mann, den sie sehr liebte, einen längeren Forschungsaufenthalt in Buitenzorg auf Java antrat. "Zwei Jahre der Gemeinsamkeit, der wunderbaren Gespräche, der gegenseitigen Anregungen hatten sich tief in beider Leben eingeprägt."[5] Wolodja entschloß sich, ihr zum Abschied – dem endgültigen Abschied – einen der kostbaren Gegenstände zu schenken, die er noch besaß. Er gab ihr ein orthodoxes Kreuz, nicht jenes, das ihm sein Vater im Kreml zum Abschied gegeben hatte, aber auch wohl eines aus Rußland.[6]

Jahrzehntelang sollte die Freundschaft mit Baronin Didi von Loe dauern, die nach einigen Studienjahren in Bonn begann. Er hatte sie schon bei seinem ersten Deutschlandaufenthalt kennengelernt, als er mit seiner Mutter die rumänische Königin Elisabeth (Carmen Silva) bei deren Mutter, der Fürstin Maria Wied, auf Schloß Segenhaus besucht hatte. Baronin Didi von Loe, von klein auf mit einem Nervenleiden behaftet und weitgehend an Bett oder Sofa gebunden, war die Pflegetochter der Fürstin Maria Wied. Für Wolodja wurde sie zur "Vizemutter" und machte ihm "Deutschland zur Heimat".

Die Umstände, unter denen sie im Bonner Raum zueinandergeführt wurden, gehören zu den Fügungen des Schicksals, an die Wladimir Lindenberg sein Leben lang dankbar gedacht hat. Er war in der Bahn, fuhr von Rüdesheim nach Bonn zurück. In Neuwied stiegen zwei Damen ein, die ihn einige Zeit nachdenklich, doch wohlwollend betrachteten. Dann prüften sie ihr Gedächtnis, fragten, ob er nicht jener russische Junge sei, der 1914 auf Schloß Segenhaus war und nach einem festlichen, aber nicht russisch überreichlichen Essen gefragt habe, wo nun weitergegessen werde. Die Erinnerung an sein Benehmen mit zwölf Jahren war Wolodja peinlich, aber die herzliche Verbindung war hergestellt.[7] Er fuhr einige Zeit regelmäßig mit seinem Motorrad von Bonn zum Schloß Segenhaus und lernte dort weitere Vertreter des deutschen Adels, vor allem aber die russische Pianistin Ella von Adajewski kennen. Die Freundschaft mit allen festigte sich.

Als es dann – wohl 1925 – in dem Haus in der Kurfürstenstraße, wo seine Studentenbude lag, gebrannt hatte, luden ihn die Damen ein, zu ihnen in die Poppelsdorfer Allee Nr. 42 umzuziehen.[8] Sie hatten einige Zeit vorher Schloß Segenhaus aufgeben müssen und waren nach Bonn übersiedelt. In der neuen Wohnstätte war genügend freier Raum. Er wurde in die Familie integriert, lernte sehr viele Menschen, darunter Pianisten wie Elly Ney, kennen und wuchs in Deutschland hinein. In zwei Dingen manifestiert sich seine Verehrung für Baronin Didi von Loe. Das eine ist ihre gelegentliche Mahnung an Wolodja und an Ella von Adajewskis Nichte Lia. "Nehmt euch nicht so wichtig!"[9] oder "denkt, ihr seid nebensächlich, und denkt, daß die anderen mit ihren Sorgen wichtiger sind als ihr!"[10] oder "Versucht, jeden Menschen, gleich wer er ist, mindestens ebenso wichtig zu nehmen wie euch selbst, dann steht ihr auf dem rechten Platz."[11] Das andere ist der Begriff der "Filiation", unter dem sie "geistige Sohnschaft" verstand, die ehrfurchtsvolle, kindgleiche Unterordnung unter große Meister der Geschichte, unter Heilige, Philosophen, Künstler, die hunderte, ja tausende von Jahren vor einem gelebt haben. Sie verband mit "Filiation" eine Nähe zu diesen geistigen Verwandten, die die Zeit auslöschte, die sie zu gleichzeitig Lebenden machte.[12] "Wir sind die Söhne von Michelangelo und vom heiligen Franz von Assisi, von Goethe und von jedwedem, dessen Werk uns erfreut, dessen Gedanken uns belehren und trösten. Und wenn wir den Begriff dieser Filiation in uns aufgenommen und verarbeitet haben, dann werden wir unermeßlich reich; denn es entsteht eine ganz neue innige Beziehung zwischen uns und jenen längst Vergangenen, die unsere Meister sind!"[13] Wladimir Lindenberg hat dieses Denken seit der Bonner Zeit gelebt, und es bestimmt auch seine späteren Bücher. Es fußt auf seinem Bewußtsein, aus altem russischen Adel zu stammen, einem Traditionsbewußtsein im familiären Bereich, und ergänzt dieses Denken.

Große Bereicherung erfuhr er auch durch die Freundschaft zu der Pianistin Ella von Adajewski. Einerseits war sie mit der Generation seiner Großeltern vertraut gewesen und konnte ihm manches aus jener Zeit erzählen, andererseits war sie geistigen, auch esoterischen Fragen im weitesten Sinn aufgeschlossen. Von ihr erfuhr Wolodja, als er sich mit der Sphärenmusik, den Tönen der Planeten im Sinne von Johannes Keppler befaßte, daß hier Parallelen zum "Gesang" der Salamander bestanden, daß sie selbst einen Salamander hatte "singen" hören und Naturwissenschaftler davon überzeugt hatte. Gemeinsam suchten sie nach der Brücke zu Salamandern in Wappenschildern von Schlössern, wo man sich einst mit okkulten Wissenschaften befaßt hatte. Ella von Adajewskis Tod in Bonn am 29.7.1926 bestätigte ihm uraltes Wissen um das Sterben, nämlich daß der Sterbende von ihm besonders nahen Menschen, die vor ihm in die andere Welt übergewechselt sind, abgeholt wird und daß er diese wie körperlich sieht, wenn er selbst noch ein wenig in seinem Körper ist. Didi Loe und Lia waren Zeuge, wie sie ganz kurz vor dem Tode jemanden vor sich sah und ihn ansprach: "Marco, Marco!" Es war der Name ihres als junger Mann verstorbenen liebsten Neffen Marco Geiger.

Zu den bleibenden Freunden der Bonner Zeit gehört auch Elisabeth Macke-Erdmann, die Witwe des Malers August Macke. Er hatte sie über Lene Müller bei einem Konzert von Elly Ney noch vor seiner Übersiedlung zu Baronin Didi Loe kennengelernt. Die ungezwungene Herzlichkeit von Frau Macke-Erdmann, bei der er nun häufig Gast im Hause war, tat ihm wohl. "Für Bobik war es eine wiedergewonnene Heimat, sicherlich war es ganz anders als im Weißen Haus, aber Lisbeths Art zu leben war sehr ähnlich." [14] Sie hatte ein Haus mit viel Kunst und vielen Gästen und großer Bereitschaft für andere Menschen.

Zu den Bonner Studienfreunden gehörte der Flame Lu Timmermans. Mit ihm ist ein Erlebnis verbunden, das die hohen spirituellen Gaben Wladimir Lindenbergs wieder einmal beweist. Einige Tage nachdem er ihn vor einer Fahrt nach Brüssel verabschiedet hatte, wollte er die Remigiusstraße in Bonn überqueren. Wolodja war – wie oft – in Gedanken versunken und nahm den Verkehr um sich nicht auf. Da erblickte er plötzlich auf der anderen Straßenseite Lu Timmermans, wie er ihm erschreckte Zeichen gibt, auf den Bürgersteig zurückzutreten. Instinktiv folgte Wolodja, und unmittelbar vor ihm rast ein Auto vorbei: Als er sich von dem Schreck erholt hat und zu Lu über die Straße geht, ist dieser weit und breit nicht zu sehen. Ein Telefonanruf bestätigte, daß er noch in Brüssel war. Dieses okkulte Phänomen fand dann seine Vertiefung in einem Brief des Freundes, der eben zu dieser Zeit in seinem Brüsseler Zimmer urplötzlich von Angst um Wolodja gepackt wurde und für dieses sekundenhafte Erleben keine Erklärung wußte. [15] Für Wolodja, der nicht zuletzt dank seiner Rosenkreuzer-Schulung und seiner täglichen Meditationen im parapsychologischen Bereich zu Hause war, ordnete sich das Ereignis in das Wissen um die verschiedenen Körper des Menschen ein. Vor allem aber war es ihm eine erneute Bestätigung von der Kraft seines Schutzengels.

Reisen und Wanderungen zur Studienzeit

Mit der Ankunft in Bonn war zunächst die Konzentration auf sich selbst verbunden, die Beschränkung auf den eigenen Raum, den ersten, der Wolodja allein gehörte, die Versenkung ins Innere. Allmählich weiteten sich die Kreise. Bonn bestand aus der Universität und dem Münster, dann kam über andere Menschen mehr dazu. Köln als religiöses und geschichtsträchtiges Zentrum lockte ihn schon, weil er 1914 dort gewesen war, Fahrten am Rhein knüpften genauso an jene Reise mit der Mutter an, Schloß Segenhaus, dem er bei einer solchen Fahrt zugeführt worden war, wurde zur häufigen Erweiterung seines Horizonts, nicht zuletzt durch das eigene Motorrad. Die Situation war sehr anders als in den siebziger Jahren mit der Dritten Emigrationswelle. Die Russen, die seit 1972 ausreisen dürfen oder müssen, versuchen bald in verschiedene Länder zu kommen und den Westen näher kennenzulernen. Sie waren über Jahrzehnte in ihr Land gleichsam eingesperrt, Auslandsreisen waren ein Privileg für ganz wenige, und ihre Durchführung stand unter strenger Kontrolle. Hier mußte die neue Freiheit genossen werden. Die Emigranten der zwanziger Jahre aber waren vorher nicht durch sozialistische Ausreisebestimmungen behindert worden. Von vielen der damals emigrierten Schriftsteller sind Reisen nach Westeuropa bekannt. Wladimir Lindenberg bildet lediglich die Ausnahme als einer, der China und Japan hatte besuchen dürfen. Wann er nach 1918 wieder nach Italien und Frankreich kam, ist nicht bekannt, diese Reisen waren zu selbstverständlich, verliefen zu alltäglich, als daß er darüber berichtet hätte. Bis zu seinen Reisen nach Afrika und Südamerika verging noch ein Jahrzehnt.

Berlin hingegen war ein verständliches Ziel für den Bonner Studenten. Dorthin war seine Mutter von Remscheid übersiedelt. Berlin war das wichtigste westeuropäische Zentrum der Ersten Emigration bis 1924, dann verlagerte es sich aus politischen und wirtschaftlichen Gründen allmählich nach Paris. Der Weg führte die emigrierenden Russen teils über das Baltikum und Polen, zu einem großen Teil über die Krim und Konstantinopel nach Deutschland oder von da weiter nach Paris, z.T. auch nach Prag und Belgrad. In den ersten Semesterferien, also im Sommer 1920, fuhr Wolodja zum ersten Mal für längere Zeit nach Berlin. Er lernte dort das von dem normalen Leben der Deutschen in Berlin recht isoliert verlaufende Leben seiner Landsleute kennen. Er besuchte die russischen Restaurants, er war Gast verschiedener Gruppen, dabei eher der Moskauer als der Petersburger, eher der monarchistischen als der sozialistischen, eher der von Künstlern und Dichtern als von Politikern.

Mit Andrej Bely traf er einen Schriftsteller wieder, der regelmäßig Gast im Weißen Haus von Girejewo gewesen war[1], aber Bely war damals von seiner Verzweiflung über die Trennung von seiner Frau Assja niedergedrückt. Lindenberg erlebte Natalja Gontscharowa und freute sich an dem russischen, traditionellen Element in ihren expressionistischen, modernen Gemälden. Er begegnete Graf Tolstoi, der bald dem mühsamen Leben des Emigranten die Bequemlichkeit des parteihörigen, parteiumschmeichelten Sowjetmillionärs vorzog und sich in seinen Werken gefügig und charakterlos den sich wandelnden Standpunkten der kommunistischen Macht anpaßte. "Man spürte, wie sehr er von der Wichtigkeit seiner eigenen Person durchdrungen war"[2], bestätigen die Erinnerungen an die Berliner Begegnungen Wladimir Lindenbergs das vertraute, betrübliche Bild.

Tief war der Eindruck, den Alexej Remisow bei Wolodja hinterlassen hat. Dieser geniale Dichter mit seiner nahen Beziehung zur russischen Folklore und Geschichte, seiner Liebe zur Mystik, seiner Verwurzelung im Religiösen, für den die Grenze zwischen Traum und Wirklichkeit zeitlebens fließend war, mußte Wolodja nahe sein. Die gleiche Grundhaltung wird dadurch ergänzt, daß Remisow wie Wladimir Lindenberg die Gabe des Schreibens mit der des Malens verband und in sein Verhältnis zum Christentum seinen Hang zum Apokryphen und zu anderen Religionen einbeziehen konnte. Wladimir Lindenberg nennt ihn "wunderbaren Zauberer", "Magier" und schildert im Zusammenhang mit den Berliner Erinnerungen seinen späteren Besuch bei Remisow in Paris.[3]

Der Rationalist Ilja Ehrenburg lag ihm natürlich wenig. Wladimir Lindenbergs rückblickender Kommentar ist dem über Graf Alexej Tolstoi parallel und zeigt den Einfluß der Denkweise von Didi Baronin Loe: "Bobik versuchte, ihm aus dem Weg zu gehen, er fand, er nehme sich zu wichtig, und das war ihm, Bobik, zuwider."[4]

Die gesellschaftliche Welt der Emigration in Berlin war ihm fremd. Man deutete ihm an, daß er mit homosexueller Bereitschaft gegenüber mächtigen Deutschen seinen Bildwirkereien breite Anerkennung verschaffen könne. ”Man muß lügen und betrügen, schlau sein und sich selbst zu Markt tragen, um zu überleben.“ [5] Solche Versuchungen des Teufels glitten an ihm ab. Er kam sich wie ein Provinzler in der Hauptstadt vor, die seine Mutter mit Babel verglich. [6]

Einen bleibend positiven Eindruck hat wohl nur das jüdische Habimah-Theater hinterlassen, und zwar durch die Aufführung von An Skis Stück ”Der Dybuk“. ”Das erschütterndste war der »Dybuk«, ein dämonisches Stück. Ein Bräutigam, der stirbt, bemächtigt sich als Geist der Seele seiner Braut und drangsaliert sie, die sich von nun an wie eine Irrsinnige gebärdet. Die Gestalten der ehrwürdigen Rabbis, die die Austreibungsrituale vornahmen, waren von zwingender Mächtigkeit.“ [7] Ein solches Stück, in dem materielle und geistige Welt ineinanderfließen, in dem das Okkulte auf einer frommen Gläubigkeit basiert, mußte ihn packen. Er kam ins Gespräch mit dem ”Darsteller des Bräutigams, der später zum Dybuk, zum Geist, wurde.“ [8] Sie trafen sich häufig und ”wälzten Probleme mit einer Inbrunst, als würde das Wohl und Wehe der Welt von ihren Gesprächen abhängen“. [9] Wolodja begriff bei ihm die Gefährdung eines Schauspielers, der sich in zu großem Ausmaß in seine Rolle versetzt. Es schieben sich die Wirklichkeitsebenen ineinander, es spaltet sich das Bewußtsein, die schauspielerische Verwandlungsfähigkeit – nicht mehr beherrscht – wird zur Gefahr.

In der Remscheider Schulzeit war Bobik den Wandervögeln nahegebracht worden. Auch als Student schloß er sich ihnen gelegentlich an. Tiefen Eindruck hinterließ eine mehrtägige Wanderung mit einem Freund zur Burg Kerpen in der Eifel. [10] Sie erlebten den Dom in Altenahr, wobei aber die Erinnerung nicht durch das Kunsterlebnis allein haften geblieben ist, sondern durch die Verbindung mit einem psychologischen Schock: Wolodja glaubte sich allein gegenüber der Macht der Farbe, des Lichts und des Glaubens, da entdeckte er einen Priester, der ihn beobachtet hatte. ”Es liegt etwas unerhört Grauenvolles darin, zu glauben, allein zu sein und doch beobachtet zu werden.“ [11]

Ähnlich haftend war ein ”déjà vu“-Erlebnis auf dem weiteren Weg. [12] Wolodja kannte das Phänomen. Hier nun sagte er zu seinem Freund einmal, da müsse ein altes Kloster liegen. Sein Gespür oder sein nicht aus dieser Existenz herrührendes Wissen bestätigte sich natürlich entgegen der vermeintlichen Ortskenntnis des Freundes. Sie erkannten bald "die Ruinen einer romanischen Kirche und eines Klosters"[13]. Die schulmedizinische Ausbildung zwang Wladimir Lindenberg zu jenem Zeitpunkt, nach rationalen Erklärungen zu suchen. Später kamen solche Anfechtungen kaum noch über ihn, aber der naturwissenschaftlich und psychologisch geschärfte Verstand ermöglichte es ihm immer, gegenüber den parapsychologischen oder überhaupt vernunftmäßig unerklärlichen Phänomenen kritisch zu sein und sich vor Selbsttäuschung zu bewahren.

Auf der Burg selbst verbrachten sie einen gemütlichen Abend in der Familie seines Freundes. Für die Nacht bekam er ein Bett im Turmzimmer, dem Prachtzimmer der Burg, in dem Karl V. einst genächtigt haben soll. Es wurde eine Nacht voller Alpträume. Wolodja sah sich ins Mittelalter versetzt, "dunkle, krumme Gassen", "Scheiterhaufen", "seraphische Gesänge schwarzer Geistlicher". Der Burgherr wußte, daß es in diesem Turm spukte, er hatte dem Mediziner einen Einblick in okkulte Wirklichkeiten geben wollen. Für Wolodja war es das Erleben unguter, auch bedauernswerter Geistkräfte, deren Unleugbarkeit ihm schon im Schloß von Iwan Torlezki in Staroje Girejewo vor Augen geführt worden war.

Der Weg führte ihn weiter nach Münstereifel, in eine Stadt, die in keinem Land so bekannt ist wie in Rußland. Aus Münstereifel stammt jener Doktor Haass, der als Arzt im alten Rußland viele Erleichterungen für die Strafgefangenen durchsetzte. Noch heute legen Russen Blumen auf sein Grab, dokumentieren ihre Liebe zu dem, der sein Leben in den Dienst der Gefangenen, auch der Verbrecher gestellt hat. Wolodja drang bis in das Geburtshaus vor – seinem Freund war das peinlich, die Bewohner des Hauses waren mißtrauisch, aber geduldig. Wolodja war dankbar und bewegt.[14]

"Die Seele wächst" war eine mehrfache Selbstbeobachtung Wladimir Lindenbergs, die sich in seinem Tagebuch "De profundis" von 1920/21 finden ließ. In diesen Zusammenhang des Wachsens der Seele, der religiös und philosophisch fundierten Weiterentwicklung seines Wesens gehört eine Teilnahme an einer Tagung von Hermann Graf Keyserlingk in Darmstadt. Er war von dessen "Reisetagebuch eines Philosophen" hoch begeistert, hatte einen Vortrag in Bonn gehört und wollte ihn nun als einen verehrten Meister kennenlernen.

Die persönliche Begegnung mit Graf Keyserlingk war eher enttäuschend. Zwar gehörte der junge russische Student zu den Auserwählten, die an einem der Tagungsabende mit den Dozenten in einem Lokal zusammensitzen durften, aber er erlebte in Keyserlingk einen den materiellen Genüssen hingegebenen oberflächlichen Unterhalter. Diese Enttäuschung machte ihm bewußt, daß er – wie bei jeder Enttäuschung – falsche Erwartungen gehegt hatte. In solcher Umgebung bedarf ein Mensch der Maske, auch wer in die Tiefen der geistigen, der kosmischen Zusammenhänge vordringt, kann als Mensch unserer Welt nicht nur auf einer hohen Schwingung existieren.

Um so glücklicher war er über die Vorträge: Erwin Rousselle sprach über das "Mysterium der Wandlung, den Weg zur Vollendung in den Weltreligionen", Oskar A.H. Schmitz als Astrologe über "Psychoanalyse und Yoga" u.ä., Richard Wilhelm, als Kenner des I Ging, über chinesische Lebensweisheit[15], Leopold Ziegler über die vier Unterweisungen Buddhas.[16] Im Gespräch mit Rousselle wurde Wolodja das Besondere seines Zugangs als Russe zu geistigen Fragen deutlich. Er gibt dessen Worte später so wieder: "Du bist noch ein Naiver, ein Schauender. Du bedarfst keiner Gottesbeweise, keiner Philosophie, keiner Apologetik, du erlebst Ihn, und deine Art zu denken vollzieht sich mehr im Herzen als im Gehirn."[17] So führte auch diese Reise nach Darmstadt ihn wieder zu sich selbst, stärkte ihn in seinem Weg zu seiner Lebensaufgabe.

Übergang ins Berufsleben

Am 11. Januar 1927 hatte Wladimir Lindenberg sein medizinisches Staatsexamen bestanden. Die drei folgenden Jahre waren von der Auseinandersetzung mit dem gewählten Beruf des Arztes bestimmt. Er mußte zunächst einige Zeit als Assistenzarzt tätig sein, um sich später selbständig machen zu können. Die ärztliche Approbation erhielt er am 16.3.1928. Die Promotion war abzulegen (19. Dezember 1928), die Unsicherheitsphase einer neugegründeten Privatpraxis durchzustehen. Rein äußerlich scheiterte Wladimir Lindenberg bei diesem Versuch. Er erlebte so viele Enttäuschungen, vor allem mit der beginnenden Privatpraxis, daß er die Praxis wieder aufgab und 1930 als Schiffsarzt auf Weltreisen ging. Für seine Entwicklung erhielten gerade diese Begegnungen mit Afrika und Südamerika bleibendes Gewicht.

Größtes Ereignis dieser drei Bonner Nachstudienjahre war eine lebensgefährliche Erkrankung, bei der auch der ihn betreuende

Chefarzt der Universitätspoliklinik ihm kaum Überlebenschancen bot. Ende 1927 wurde vom Bonner Stadttheater die Aufführung von Alexander Ostrowskis Stück "Der Wald" vorbereitet. Der Intendant, den Wladimir Lindenberg vorher kennengelernt hatte, wandte sich an ihn mit der Bitte, das russische Element, wie die Aussprache der Namen, zu überwachen. Bei den Proben kam es dazu, daß man ihn schließlich bat, einen echten russischen Tanz, den 'Gopak', aufzuführen, da er schon in der Kindheit geübt hatte, "aus dem Hocksitz die Beine sehr schnell vorwärts und seitwärts"[1] zu werfen. Die Premiere am 19.11.1927 war ein großer Erfolg, aber als er nach Hause kam, erbrach er Blut.

Ein Magengeschwür, bis dahin nicht erkannt, war – wohl durch die Anstrengung und Aufregung – aufgebrochen. "Er wußte, daß eine Peritonitis eine tödliche und qualvolle Krankheit sei, und er bereitete sich auf den Tod vor."[2]

Aber er nahm nun sein Schicksal in die Hand. Er ergab sich nicht in die Wahrscheinlichkeit des Endes, sondern er gestaltete sein Leben so, daß es würdig blieb – mit vollem Einsatz zum Überleben und mit voller Bereitschaft zum Überwechseln in die andere Welt. Er lehnte eine Krankenhausaufnahme ab. Seine Erfahrungen über den Umgang mit Patienten waren zu schlimm gewesen. Er wandte sich an seine Mutter, die in Berlin von nun an täglich um seine Gesundheit betete. Denn beide wußten um die Kraft des Gebets. Er wählte "eine uralte Kundalini-Yogapraxis"[3], eine Atemtechnik zur Aufnahme geistiger, heilender Energien, und wandte sie Tag um Tag an. Er hielt Diät, lehnte aber die Medikamente ab. Eine Gefährdung für seine Gesundheit bildeten die vielen Freunde, die ihn stundenlang besuchten, rauchten, redeten, sein Kranksein vergaßen. Hier griff sein Klinikchef Professor Siebeck scharf ein und verschaffte ihm die notwendige Ruhe, die Wolodja nicht zuletzt für den eigenen, seinem Professor unbekannten Weg der geistigen Heilweise dringend benötigte. "Danach wurde es die nächsten Wochen ruhiger. Das Fieber ging herunter, und Wolodja genoß die Einsamkeit und Stille. Er schaute in sich hinein und bereitete sich voller Freude auf den Tod vor im Glauben, sein kurzer, aber inhaltsreicher Lebensweg sei vollendet; doch ein Gefühl sagte ihm, daß der Zeitpunkt noch nicht gekommen sei."[4]

Als er zum Genesenden geworden war, erklärte er seinem Chef das schulmedizinische Wunder: "Ich bin der Meinung, daß die Menschen sich im Abendland schon so weit von jeglicher Natur und von den natürlichen Dingen entfernt haben, daß der blinde Glaube an die Wissenschaft bereits ein Aberglaube geworden ist. Ich weiß einfach um die Kräfte der Natur, des Gebets, der guten und der bösen Gedanken, des Verzaubertwerdens; um die hemmenden Kräfte des Unglaubens, des Zweifels, des Mißtrauens und um die befreiende Kraft des guten Wünschens, des Segnens, des Gebets, des richtig angewandten Atems."[5]

Die Grundlage für sein ganzheitliches, im Geistigen wurzelndes medizinisches Denken hatte er in der Kindheit erhalten, als nicht nur die Njanja mit ihrer Kenntnis von heilenden Kräutern für die Familie sorgte, sondern auch die Mutter ihn immer wieder anhielt, den Menschen in seiner Geist-Seele-Körper-Einheit als Ganzes zu erfassen. Mehrfach war ihm der göttliche, über sein Schicksal wachende Schutz bewußt geworden. Während er angesichts seiner Erschießung durch die Bolschewiken oder des sonst tödlichen Unfalls in der Remigiusstraße in Bonn von sich aus nichts hatte tun können, um sein Leben zu bewahren, und nur die schützende Kraft hatte dankbar erkennen dürfen, war er diesmal gefordert gewesen, ein rechtes Maß zwischen eigenem Handeln und bereitem Geschehenlassen zu finden.

Es ist unbekannt, ob er über den Grund seines Magengeschwürs nachgedacht hat. Der psychosomatische medizinische Ansatz hätte ihn eigentlich dazu bringen müssen. Der Grund dürfte akut in dem Tief liegen, das er nach dem Studium durchzustehen hatte. Ein Studienabschluß ist für jeden jungen Menschen eine harte Aufgabe, da das Lebensziel – das Examen – nun erreicht ist und man wie bei dem Übergang vom Abiturienten zum Erstsemestler – plötzlich wieder ein Anfänger ist. Wladimir Lindenberg berichtet, wie ihn bei der Feier seines Examens, die Baronin Didi Loe im Königshof veranstaltete, eine schwere Depression überkam.[6]

Die Praktikanten- und Volontär-Assistentenzeit war nicht geeignet, ihn positiv anzufüllen. Ihn quälte alles Unpersönliche in der Klinik. Er spürte, wie sehr die Patienten die persönliche Ansprache brauchten, ein Zuhören. Er litt unter der Essensabfertigung und dem groben Ton von Schwestern. Er bäumte sich gegen die Lüge auf, mit der Patienten und Angehörige in hoffnungslosen Fällen abgespeist wurden. Aber er erfuhr auch die Grenzen der Wahrheit. Als er einmal in seinem Wahrheitsdrang einer Frau sagte, daß ihr Mann Krebs habe und sich im ganzen Körper Metastasen gebildet hätten, erlebte er den Wutausbruch der Verzweifelten gegen die Klinik, sah den Aufruhr, ja Schaden, den seine unvermittelte Wahrheit ausgelöst hatte.

Zutiefst traf ihn der Tod eines Zigeunerjungen. Die Familie war gewohnt, immer zusammenzuleben. Die Klinikordnung aber zwang zur Trennung – der Schmerz war für die Familie und den Kranken ebenso schlimm wie die Erkrankung selbst. Wolodja nahm sich in seiner Liebe des Jungen an.[7] Seine Fürsorge fand wenig Verständnis, denn viele Menschen haben Vorurteile gegenüber Zigeunern. Die Eltern haben ihr Kind erst als Toten in der Leichenhalle sehen dürfen und ihre Verzweiflung im Zorn gegen Wolodja gerichtet, der dem Kind vor dem Tod seelisch geholfen hatte und beim Tod dabeigewesen war. Solche letztlich tragischen Situationen sind unvermeidbar, Wolodja war ihnen nicht gewachsen – warum sollen sie sich nicht auch auf seinen Magen geschlagen haben? "Ordnung ist hier alles, und sie darf nicht gestört werden. Es ist furchtbar, daß hier die Ordnung über der Liebe steht!"[8]

Von der Poliklinik aus hatte Wolodja auch Krankenbesuche zu machen. Bei seinem ersten Krankenbesuch stieß er auf einen Toten, aber seine Frau wollte den plötzlichen Tod nicht wahrhaben. Einmal kam er zu einem Alkoholiker im Delirium tremens, der "kleine Kerlchens und allerlei Tiere"[9] sah. Was ihn vor allem erschütterte war die Wirklichkeit, mit der für den Kranken diese anderen, den Menschen nicht sichtbaren Wesen existierten.[10] Was war hier Wirklichkeit? Er erinnerte sich an seine Njanja, die Geistwesen, "Karliki", die russischen Heinzelmännchen, ohne jeglichen Krankheitszustand sehen konnte. Wolodja war auch bei der Betreuung des Gefängnisses eingesetzt, hatte mit sehr unterschiedlichen Insassen zu tun und suchte Verständnis für ihr Verhalten. Er begegnete einem letztlich unzurechnungsfähigen Mörder, der bald danach hingerichtet wurde.[11] Er staunte über einen Tippelbruder, der sein kleines "Eigentumsdelikt" genau geplant hatte, um den Winter über im warmen Gefängnis sitzen zu können.[12] Er lernte viele Menschen kennen.

Als er dann seine eigene Praxis eröffnete, erinnerte er sich gern jener Patienten aus einfachen Kreisen, denn nun hatte er häufig – als Arzt ohne Kassenzulassung – mit Patienten aus gehobenen Schichten zu tun, die ihn schamlos ausnutzten, ohne zu bezahlen.[13] Es gab auch positive Erlebnisse. So berichtet er im unveröffentlichten Romanmanuskript von einem sechsjährigen Mädchen, das an Lungenentzündung erkrankt war. Ihr Vater war Lumpenhändler. "Werde ich ein Engel, wenn ich nun sterbe, Onkel Doktor? Du kannst es mir ruhig sagen, ich bin nicht bang!"[14] Wolodja appellierte an die Liebe des

Kindes zu seiner Mutter und stärkte so seinen Überlebenswillen. Er führte es zum Gebet und verwirklichte an diesem Kind seine Haltung zu Krankheit, Leben und Sterben. Er stärkte vor allem den Selbstheilungswillen des Kindes – und er hatte Erfolg.[15]

Die beginnende berufliche Tätigkeit ließ weniger Zeit für Reisen, Wandern, Begegnungen. Wolodja schloß sich dem Nerother-Bund als einer Gruppe der Wandervögel an und unternahm mit ihnen manche Wanderungen in der Bonner Umgebung.[16] Zu seinen Freunden in diesem Kreis gehörte auch der älteste Sohn Hans seines späteren Chefs Walter Poppelreuter.

Wolodja reiste in dieser Zeit auch zu Martin Buber nach Heppenheim. Nach der Begegnung mit den Chassidim in Polen hatte er Bubers Schriften in diesem Bereich mit besonderer Aufgeschlossenheit gelesen. Bubers "»Legenden des Baal schem Tow«, »Die Chassidischen Bücher« und »Gog und Magog« begleiteten Wolodja, seit sie erschienen waren, und waren ihm eine unversiegliche Quelle der Begeisterung."[17] Er verehrte ihn, wie er in Rußland Starzen verehrt hatte, und suchte ihn in gleicher Erwartung auf. Wolodja wurde enttäuscht. Er wurde nicht von Buber enttäuscht, sondern von sich selbst. Er war dem Gespräch nicht gewachsen. Ich selbst habe Buber durch meine erste Frau und ihren Onkel Lambert Schneider mehrere Jahre regelmäßig erlebt. Er wurde unser Trauzeuge. Ich habe keinen Menschen kennengelernt, der so verpflichtend zuhören konnte, wie Martin Buber. Man wagte nicht, in Bubers Gegenwart überflüssige Worte zu sprechen. So wie er die Dauer eines Gespräches im voraus begrenzte (Wladimir Lindenberg berichtet von einer halben Stunde), weil seine Verantwortung vor der Lebenszeit so hoch war, begrenzte er die aufzunehmenden Informationen durch die Konzentration des Hörens. Wladimir Lindenberg hat gespürt, was Martin Buber von seinem Gegenüber forderte. Er konnte es damals noch nicht geben und blieb nicht die zugemessene Zeit. Seine Verehrung hat darunter nicht gelitten. Durch alle seine Bücher ziehen sich Buber-Zitate.

Die geringe ärztliche Praxis gab Wolodja Zeit zum Lesen. Allmählich nahm hier die deutsche Literatur einen größeren Raum ein. Er nennt aus dem Zeitraum 1927/30 die Autoren Hermann Hesse, Rainer Maria Rilke, Stefan George, Thomas Mann, Stefan Zweig, Walter Benjamin und Franz Werfel.[18] Aber Wandern, Gespräche mit Freunden und Lektüre konnten seine beruflichen Probleme nicht ausgleichen, konnten ihn von seinen Depressionen nicht befreien.

Er schüttete seiner Mutter sein Herz aus. Sie war es, die ihm den Rat gab, sich als Schiffsarzt zu bewerben. Baronin Didi von Loe hatte die notwendigen Beziehungen. Er nahm das Angebot der Woerman-Linie (Deutsche Ost-Afrika-Linie) vom 11.1.1930 an. Das Bonner Leben wurde unterbrochen.

Als Schiffsarzt nach Afrika und Südamerika

Die "Sultan", das Frachtschiff, mit dem Dr. Wladimir Lindenberg als Arzt am 1.2.1930 zur See ging, fuhr entlang der afrikanischen Westküste. Es war relativ klein und für Seegang dementsprechend empfindlich. Der Arzt, der seine Schiffspatienten bei Seekrankheit behandeln mußte, litt selbst nicht wenig darunter. Aber er hatte einen meereserfahrenen Heilgehilfen, der ihm die notwendigen Ratschläge und auch praktische Hilfe gab.[1]

Das Neue, was diese Reise bot, war vielfältig. Zunächst einmal stand Lindenberg vor der Aufgabe, sich in die Besatzung einzupassen, was ihm angesichts der Beschränkung der Interessen auf Skat, Essen und Alkohol recht schwerfiel. Ebenso schwierig war die Gewöhnung an die Passagiere, mit denen er, je mehr ihre Interessen im Materiellen und Geselligen lagen, desto schwerer eine gemeinsame Sprache finden konnte. Beglückend waren für ihn zwei Begegnungen – in beiden Fällen waren es Männer, die seit vielen Jahren Afrika bereisten, die das Land und seine schwarzen Menschen achteten, frei von jedem weißen Überlegenheitsgefühl waren und sich mit ihrem Beruf identifizierten. Der eine war ein Schriftsteller namens Freyberg[2], "der einzige, der die Neger als Menschen ansah, der ihre Bräuche und Kultur erforschte und würdigte"[3], der andere ein Missionar, Pater Sean O'Bryan, "ein katholischer Ire von zwei Meter Höhe, mit Schultern wie ein Boxer und einem Gemüt wie ein Kind".[4] Von beiden konnte er viel über Afrika und seine Menschen lernen.

Seine eigenen Erfahrungen machte er weniger in den verschiedenen Häfen, wo er letztlich wie ein Tourist handeln mußte, als mit Negern an Bord. Etwa fünfzig Neger wurden für Ladearbeiten eine Zeitlang mitgenommen. Für sie war der Schiffarzt eine Art weißer Medizinmann, von dem sie wahre Wunder erwarteten. Tag für Tag kamen sie in Scharen in seinen Behandlungsraum, teils aus Neid auf Behandelte. Bei einer Zahnextraktion und einer Blinddarmoperation (seiner ersten) lernte er zunächst ihre große Fähigkeit kennen, Schmerzen zu ertragen, dann aber ihre hohe Achtung vor den abgetrennten Teilen des Körpers. "Jeder Teil sei ein Fetisch, er gehöre zur Ganzheit seines Herrn und habe Emanationen von ihm. Wegwerfen oder Verschenken an einen anderen würde ungeheuren Verlust von vitaler Energie für dessen Eigentümer bedeuten und Tor und Tür öffnen für unheilvolle magische Beeinflussung."[5]

Auch vom Land kamen Patienten in Massen. Das interne Informationssystem sorgte für Besuche von Stammeshäuptlingen und afrikanischen Königen. Lindenberg zog sich Ärger bei weißen Ärzten zu, die solche Reisen als Gelegenheit zur schnellen Bereicherung ansahen, während er die Neger umsonst behandelte und höchstens freiwillige Spenden duldete.[6]

In Lagos wurde er Zeuge einer Beschwörungsszene eines Medizinmannes, erlebte das Schlagen der Trommeln, den Tanz und das allmähliche In-Trance-Geraten des Zauberers. Freyberg erklärte Lindenberg, es ginge darum, einen Dieb zu töten, und man müsse damit rechnen, wenn der Dieb über die Zeremonie Bescheid wisse, daß er schon tot sei.[7] Später gab Wladimir Lindenberg Freybergs Gedanken wieder, die seinem eigenen Wissen um Okkultes sehr nahe stehen: "Es gibt in Afrika heilige Bäume, Steine, Pflanzen, Tiere oder Fetische, die niemand außer dem Priester anfassen darf, ähnlich wie die von Moses errichtete Bundeslade. Wer willentlich oder auch nur zufällig einen solchen Gegenstand berührt, der stirbt. Wohlverstanden, er wird von niemandem getötet. Die Berührung allein mit dem tabuierten Gegenstand tötet ihn, ob da nun wirklich magnetische Kräfte vorhanden sind oder nicht. Und kein Neger wird einen solchen Toten anfassen oder versuchen, ihn zum Leben zu erwecken, weil er sonst selbst dem gleichen Fluch verfallen würde. Das sind sehr seltsame Dinge, die wir mit unserem Gehirn nicht zu verstehen vermögen. Wir lachen darüber. Aber in diesem Lande ist, wie bei uns im Mittelalter, die Magie noch eine Wirklichkeit."[8]

Mit O'Bryan sprach er über die Gefahren, die die europäische Zivilisation, auch die Missionierung, über Afrika bringt. O'Bryan sah die Entfremdung der Neger, die in europäischen Hochschulen studiert hatten, warnte vor ihrer Anfälligkeit für den Marxismus, erkannte die Gefährdung durch eigene Macht nach plötzlichem Wegfall der Kolonialen.[9]

In Tiko, Kamerun, bat ihn ein seit etwa zwanzig Jahren dort im Urwald praktizierender Arzt, ihn etwa zwei Monate lang zu vertreten. Lindenberg hatte schon früher einmal bei Albert Schweitzer in

Lambarene arbeiten wollen, hatte aber keinen Erfolg gehabt, so nahm er die Gelegenheit gerne wahr. [10] Die Vorstellung, daß dreizehn Bedienstete allein für ihn zur Verfügung standen, ortsüblich und notwendig waren, gehörte zu den vielen Dingen, an die er sich gewöhnen mußte. Das eigentliche Erlebnis aber lag im Eindringen in die geistige Wesensart der Neger. Lindenberg erlebte die Wahrheit der Belehrungen des Mannes, dem er einen Europaaufenthalt ermöglichte: "Sie haben eine andere Einstellung zum Tod als wir, auch da sind sie nicht zimperlich. Leben und Leben nach dem Tod ist für sie eins, sie wissen, daß sie weiterleben. Sie stehen in Verbindung mit ihren Toten, darum sollten Sie das Sterben und den Tod nicht dramatisieren. Eigentlich muß man hier alles, was man in Europa gelernt hat, zunächst über Bord werfen und ganz neu und unvoreingenommen anfangen.“ [11] Lindenberg brachte für eine solche geistige Haltung gute Voraussetzungen mit. Gefährlich war ihm höchstens seine Naivität, z.B. als er einmal allein zu weit in den Urwald ging. [12] Aber als er sich dem Denken anpaßte und eine Heilsalbe selbst anfertigte, hatte er den größten Erfolg, denn nun hatte seine Medizin das "magische Omen“, "unmittelbar aus der Hand des Medizinmannes“ [13] zu stammen.

Lindenbergs Interesse lag auch stark in afrikanischer Kunst, damals in Europa als "Kunst der Primitiven“ kaum entdeckt. Für ihn war der religiöse Zusammenhang des Tanzes und der Tanzmasken, der kultischen Stühle, der Figuren eine Selbstverständlichkeit, ja er war ihm zu seinem Entsetzen weit mehr bewußt als den Negern selbst. Kaum war sein Interesse an diesen Dingen bekannt geworden, bekam er solche Mengen, daß er ihrer nicht Herr werden konnte. Nur einen Teil konnte er auf dem Schiff mit nach Hause nehmen. [14] Diese im Grunde heiligen Gegenstände symbolisierten ihm das ursprüngliche, heile Afrika, eine nicht von der Ratio bestimmte, dem Jenseitigen verbundene Welt.

Er erlebte auch einen deutschen Plantagenbesitzer in Afrika, mit dem er sich gut verstand. Bei diesem – Fritz Rave – war es nicht die geistig-religiöse gleiche Schwingung, sondern seine enge Verbindung mit der Natur, die Lindenberg liebte. "Seine Vertrautheit mit der schwarzen Erde und dem Klima war überwältigend. Er hatte die Beobachtungsgabe eines Wilden, er konnte über die Eigenarten der Tiere und Pflanzen faszinierend erzählen (. . .) Fritz Rave war die vollendete Einheit der ihn umgebenden Wildnis mit seiner Person.“ [15] Lindenberg verdankte ihm einmalige Tierbeobachtungen in der freien Wildbahn.

Nach Hamburg zurückgekehrt, wurde er gebeten, im Sommer 1930 eine größere Gruppe Mennoniten, die ihre Ausreise aus der Sowjetunion erkämpft hatten, nach Südamerika zu begleiten. Unter Katharina II. waren ihre Vorfahren nach Rußland ausgewandert, sie hatten Glauben, Sprache und Gebräuche bewahrt. Das Zarenreich hatte die Garantie respektiert, daß sie nicht zum Kriegsdienst eingezogen wurden. Den Bolschewiken aber war solcher Pazifismus zuwider, ihr Imperialismus brauchte den Krieg. Der Kampf um die Ausreise führte zu zerrissenen Familien, machte die in der Zarenzeit wohlhabenden Familien ganz arm. Deutschland konnte die emigrierenden Mennoniten nicht alle aufnehmen. Der größte Teil der Flüchtlinge mußte nach Paraguay weiterreisen, wo ihnen deutsche Maschinen, Land und Häuser versprochen waren. "Die Flüchtlinge trugen ihr Los mit einer bewundernswerten Haltung."[16]

Die ärztliche Betreuung war vor allem wegen des aus der Ukraine mitgebrachten Trachoms notwendig. Lindenberg behandelte also vor allem die Augen. Vor der Landung wurde er später zum Impfarzt. Zunächst aber mußte er die Mennoniten in einem Lager in Mölln aufsuchen, was ihn in die eigene Flüchtlingssituation von 1918 zurückversetzte. "Wie grauenvoll und entwürdigend war das alles! (. . .) Die Individualität der Menschen war ausgelöscht, sie wirkten wie geduckte graue Ameisen."[17] Viele von den Lagerinsassen, die hofften, ihre Nächsten in einem weiteren Transport aus der UdSSR zu finden, hörten nie wieder etwas oder erfuhren, daß sie "mit unbekanntem Ziel deportiert worden seien"[18].

Natürlich nahm Lindenberg vor allem das auf, was ihm nahe war. So wurde es für ihn zu einer bleibenden Freude, wie der Älteste an Bord als erstes alle seine Leute versammelte und einen Gottesdienst abhielt. "Er dankte Gott, daß Er sie wohlbehalten bis hierher gebracht habe, und er bat Ihn, sie in ihre neue Heimat zu geleiten und ihnen den Segen für einen neuen Anfang zu erteilen. Er bat, Gott möge den Peinigern und Verfolgern verzeihen."[19] Diese erste und die regelmäßigen Andachten an Bord führten den Arzt mit seinen Schutzbefohlenen zusammen, räumten die letzte Scheu vor ihm aus, daß er Russisch sprechen konnte. Denn diese im Grunde notwendige Sprachhilfe machte die Mennoniten zunächst äußerst mißtrauisch. Sie fürchteten, erneut in sowjetische Kontrolle geraten zu sein.

Rio de Janeiro und Montevideo erweiterten Wladimir Lindenbergs Kenntnis von der Welt, bleibende Gültigkeit aber behielt allein die menschliche Begegnung mit den Flüchtlingen, die er bis an den –

natürlich sehr schlecht vorbereiteten – Bestimmungsort geleitete.[20]

Als er nach ein oder zwei weiteren Reisen mit der Hamburg-Südamerika-Linie wieder in Hamburg war, hatte er eine kleine Pause bis zur nächsten Schiffsreise, so fuhr er nach Berlin, um seine Mutter zu sehen. Er wußte, daß sie an Leberkrebs litt.[21] Da bekam er das telegraphische Angebot von Professor Walter Poppelreuter aus Bonn, in seinem Institut für klinische Psychologie Assistenzarzt zu werden, sich also bei dem "Vater der Hirnverletzten" auf dessen Spezialgebiet einzuarbeiten. Er nahm an und wurde zu einem der bedeutenden Spezialisten auf diesem Gebiet. Das Buch, das den Lebensabschnitt vom Studienabschluß bis zum Ende der Tätigkeit als Schiffsarzt umfaßt – "Wolodja" – endet mit dem neuen Entschluß und dem Satz: "Er gehorchte seinem Schicksal . . ."[22]

Klinikarzt in Bonn

Das Angebot von Professor Dr. Walter Poppelreuter (1885–1939), an seinem im Januar 1930 gegründeten Institut für klinische Psychologie in Bonn (Humboldtstraße 28, angeschlossen an das Malteser-Krankenhaus) Assistenzarzt zu werden, lenkte Wladimir Lindenbergs Leben in seine bleibende berufliche Bahn. Poppelreuters seltenes Spezialgebiet – er war seit 1914 der Bahnbrecher in der Behandlung und Betreuung von Hirnverletzten – wurde zu dem seinen. Es handelte sich auch 1931 unverändert um die Betreuung der Männer, die im Ersten Weltkrieg eine Kopfverletzung überstanden hatten und nun unter verschiedenen Formen von Nachfolgeschäden litten. "Die körperlichen, seelisch-geistigen und vegetativen Folgen nach Hirnverletzungen waren in der medizinischen Wissenschaft bis dahin weitgehend unbekannt."[1] Die Aufgabe war auch menschlich-sozialer Art, da die Zusammenhänge zwischen verändertem sozialen Verhalten, sogar Arbeitsunfähigkeit, und einer nicht mehr sichtbaren Kopfverletzung noch weitgehend unbekannt waren.

Die Zusammenarbeit zwischen Poppelreuter und Lindenberg hatte ihre anfänglichen Schwierigkeiten, entwickelte sich dann aber fruchtbar, dauerhaft und positiv. Lindenberg war durch die Schiffsarzttätigkeit gereift und sicher geworden. Er fand das rechte Maß zwischen Behauptung der Eigenständigkeit und notwendiger Anpassung. Beispielsweise war er ein Frühaufsteher mit aktiver Phase am Morgen, Poppelreuter das Gegenteil mit langen abendlichen Arbeitszeiten. Die

Gemeinsamkeit der Arbeit war so stark, daß sie auch die politischen Differenzen überstand. Poppelreuter war schon vor 1933 dem Wahn der nationalsozialistischen Ideologie verfallen und glaubte an die Parolen Hitlers. Lindenberg hingegen erkannte das Verbrecherische des Systems und übertrug zu Recht seine Erfahrungen aus dem bolschewistischen Machtumsturz auf den nationalsozialistischen. Es packte ihn 1933 "die Verzweiflung, daß in diesem Land nun der Stiefel regiert, nicht mehr der Geist, der von Gott ist, der Stiefel, der im martialischen Gleichschritt alles unter sich zertrampelt"[2]. Wie nahe diese Formulierung, die er Anfang der siebziger Jahre niederschrieb, dem wahren Denken und Reden von 1933 unter diesen Kreisen, die Hitler durchschauten, war, zeigt ein Blick in das Tagebuch meines Vaters, Hermann Kasack. "Mittags eben die Nachricht, daß der geborene Österreicher Hitler deutscher Reichskanzler geworden ist. Regierungsfusion von Nazis, Stahlhelm und Deutschnationalen . . . Unangenehmes Gefühl: Dilettanten der Macht ausgeliefert zu sein. Armes, unglückseliges Deutschland. Welch Kultur-Rückgang wird uns erwarten . . . wie ich innerlich bei dieser Situation arbeiten soll, ist unerfindlich. Mir ist innerlich all und jede Politik so zuwider – aber daß wieder eine Zeit kommen kann, in der der Feldwebel über geistige Güter entscheidet –".[3] Lindenberg hätte in sein Tagebuch wörtlich dasselbe schreiben können, hätte nur noch ergänzt "wie in der Sowjetunion". Er sagte Hitler voraus, er werde ein gelehriger Schüler Stalins werden. Intoleranz, Mord, Denunziationen, Ausnutzung des straffreien Rechtsbruchs zum persönlichen Vorteil – das war es, was nun begann.

1931, als Lindenberg bei Poppelreuter seinen Dienst antrat, zeichnete sich das Unglück erst ab. Zunächst war Lindenberg froh, einen Arbeitsplatz zu haben, erst als Assistenzarzt, zuletzt als Oberarzt, erst in der Humboldtstraße, dann in dem Gebäude, in dem das Institut bis 1925 untergebracht war und das Poppelreuter ihm 1934 zurückerkämpft hatte, im Kaiser-Karl-Ring 22.[4] Lindenberg wohnte wieder bei seiner Pflegemutter Baronin Didi von Loe (bis Oktober 1933, ab 1.11. Rosental 15, ab 8.2.1935 Rosental 13[5]) und erweiterte seinen Freundes- und Bekanntenkreis. Bald war es die politische Erkenntnis, die die Trennung innerhalb der Freundeskreise ausmachte. "Unter den wenigen Standhaften befanden sich Hermann Kraus und seine junge Frau."[6] Für einen Preis von 2000 Mark konnte dieser die ehemalige Schmiede der Wildenburg erwerben und sich dorthin zurückziehen. Seine Liebe gehörte der religiösen mittelalterlichen

Malerei, von der er einzelne Stücke anhand von Drucken kopierte. Wladimir Lindenberg hatte eine innere Beziehung zu seinem Schaffen, das ihn mit dem Entstehen russischer Ikonen verband. Das Eigene des Künstlers trat zurück, der Dienst am Göttlichen, am religiösen Inhalt war entscheidend. Eine Zeitlang war Lindenberg jedes Wochenende bei Kraus und genoß die Atmosphäre des Hauses und die Freundschaft der Menschen. "Wir brauchen nicht aus Deutschland herauszugehen, wir emigrieren nach rückwärts in eine Zeit, die uns adäquat ist."[7]

"Durch Hermanns Belehrung wurde ein Bild für Wolodja wie eine Tür, er ging in das Bild hinein, er war dort im Raum bei den Menschen, bei den ihnen gewohnten Dingen, er erlebte das Spezifische ihres Verhaltens, ihrer Bewegungen. Er war unsichtbar

Wladimir Lindenberg:
"Der auferstandene Christus bietet den Jüngern Fisch und Brot an"
(1934, vermutlich Entwurf für die Wandbemalung in Niederölfen)

mit ihnen in ihrer Zeit. Diese Betrachtungsweise führte dazu, daß er, anders als ein Kunsthistoriker, auf meditativem Wege das Bild, die dargestellten Menschen, die Zeit und den Künstler mit seiner Seele erfaßte.“[8]

Wladimir Lindenberg schuf sich nach einiger Zeit seine eigene Zufluchtsstätte. Er fand in Niederölfen (bei Neitersen) im Westerwald ein kleines Haus, das er sich ausbaute. Einen Raum gestaltete er sich als geistiges Zentrum, so wie er in Girejewo nach der Ostasienreise sein Meditationszimmer gestaltet hatte. Hier nutzte er die Einteilung der Wände durch die senkrechten Balken, um die Felder dazwischen auszumalen. Wieder war es sein ureigenstes Thema, das er darstellen mußte: Christi Auferstehung. ”In die Felder malte er in lazurenen, fast durchsichtigen Farben die Szenen der Auferstehung Christi. Maria vor den zwei Engeln, die vor der Graböffnung standen, Maria Magdalena vor dem vermeintlichen Gärtner, in dem sie den Heiland erkennt,

Wladimir Lindenberg:
”Engel und Johannes“ aus der Offenbarung

Thomas, der die Hand in die Wunde des Meisters legt, der Gang nach Emmaus, und Christus, der am Strand des Sees Genezareth steht, ein Feuer angefacht hat, um die Fische zu braten."[9] Lindenberg konnte in diesem Raum die Figuren so groß wie natürliche Menschen malen. Er hatte dort auch sein Bett. Es war eine Zuflucht in eine Traumrealität, in eine geistige Wirklichkeit, als die äußeren Gegebenheiten sich von den wahren Werten immer mehr entfernten.

Im Garten gab es Feuersalamander. Ella von Adajewski hatte Lindenberg in Bonn in das Spirituelle dieser Tiere eingeweiht, auch mit dem "Gesang" der Salamander vertraut gemacht. Hier erlebte er es selbst und befreundete sich mit den Tieren. Er nannte sie Molche und sein Haus aus Liebe zu ihnen "Klingemöll" – Klingelmolch. Lindenberg nutzte das Haus bis zu seiner Verhaftung. (Es wurde nach dem Kriege umgebaut.)[10]

Wladimir Lindenberg:
Aus den Illustrationen zu Rainer Maria Rilkes
"Aufzeichnungen des Malte Laurids Brigge" (1935)

Aus dem Bereich der Literatur, die im Klingemöll allein oder mit Freunden gelesen wurde, erwähnt Lindenberg später Rilke, Meyrink und Wassermann.[11] 1935 schuf er zu Rilkes "Aufzeichnungen des Malte Laurids Brigge" Zeichnungen. Es handelt sich um den achten Zyklus solcher Federzeichnungen, der siebte war Hesses "Demian" gewidmet. Die vorangegangenen gehen von der Bibel aus. In siebzehn Federzeichnungen hat er das zwischenmenschliche Geschehen des esoterischen Textes von Rilke veranschaulicht. Zitate machen den jeweiligen Bezug deutlich. "Ich habe die Heilige gesehen im Pantheon" ist eine Wladimir Lindenberg wegen seiner nahen Beziehung zur geistigen Welt besonders gut gelungene Zeichnung.

Vor mir liegt auch das unmittelbar danach entstandene Heft mit Zeichnungen zum "Evangelium des Markus". Die Widmung "Meinem lieben Freund Jürgen Krause. Wolodja Tschelischtscheff. Weihnachten 1935" zeigt, daß Lindenberg mindestens als bildender Künstler seinen überkommenen Namen "Tschelischtschew" führte. Auch das Signet hier, wie auf allen bekannten Bildern, verbindet T und S. In der oberen rechten Ecke des Titelblatts ist ein Stempelabdruck jenes Siegelrings, der von Michail dem Heiligen auf ihn überkommen ist, des Ringes mit der Darstellung des Heiligen Georg. Die Taufe Jesu, die Versuchung, Berufungen von Jüngern und viele Heilungen bilden Themen der Zeichnungen. Der Zyklus endet mit einigen Darstellungen des Auferstandenen, wie er seinen Vertrauten erscheint.

Mehrere weitere Hefte – alle im DIN-A5-Format – sind dem Alten Testament gewidmet. Alle sind auf den Herbst 1935 datiert, sie bezeugen eine reiche künstlerische Aktivität und einen tiefen geistigen Bezug zum nachgeschaffenen religiösen Inhalt.

Das Schicksal spielte Wladimir Lindenberg im Klingemöll eine große Anzahl afrikanischer Masken zu. Ein Schornsteinfeger, der eigentlich Verstöße gegen die Bestimmungen ahnden wollte, brachte ihm Kamerunmasken, hölzerne Musikinstrumente, Hocker und andere afrikanische Kunst, die sein Vater vom Dienst bei der Kameruntruppe mitgebracht hatte. Die Leute waren ohne jeden inneren Bezug zu den Gegenständen, waren aber glücklich, damit dem neuen Bewohner des kleinen Fleckens eine Freude zu machen. "Durch diese Begegnung wurde das Klingemöllhaus zu einem afrikanischen Museum."[12]

Unter den Menschen aus Lindenbergs Nähe galt es Abschied von Jadwiga, der Mutter, zu nehmen. Sie wußte um ihren sich anbahnenden Tod. "Der Tod bedeutete für sie den Übergang in eine andere, lichtere Region, sie sah ihm offen entgegen, und sie erwartete von ihren Kindern und Freunden, daß sie ihre Anschauung teilten." [13] Lindenberg beschloß mit seiner Schwester Wera und deren Mann, die beide in Berlin lebten, ihr das anonyme Sterben im Krankenhaus zu ersparen. Eine Zeitlang nahm Wolodja sie nach Bonn, sie starb 1934 in Berlin. "Sie freuten sich für die Mutter (. . .) Traurig waren sie für sich (. . .) aber diese Traurigkeit galt es zu überwinden." [14] Wladimir Lindenberg blieb mit seiner Mutter nicht nur in Erinnerung verbunden, sie wurde ihm aus ihrer geistigen Existenz heraus für lange Zeit eine konkrete Hilfe, vor allem in der Haftzeit.

Lisbeth Macke-Erdmann war inzwischen nach Berlin übersiedelt [15], der Kontakt brach aber nicht ab und wurde später im Kriege, nach der KZ-Zeit Wladimir Lindenbergs, wieder intensiviert. Neu und schicksalsmäßig sehr wichtig wurde eine Begegnung mit Sven Hedin, der

Wladimir Lindenberg:
"Die Erschaffung der Tiere", Genesis 1, 24 (1935)

damals in vielen Städten Deutschlands Vorträge hielt.[16] Als kleiner Junge war Wladimir Lindenberg ihm in Girejewo einmal vorgestellt worden, nun kam es zu einer ernsthaften Begegnung, die auch die politische Problematik – Sven Hedin war Stalin und Hitler persönlich begegnet – nicht aussparte.[17] In "Himmel in der Hölle", dem vierzig Jahre später geschriebenen Buch über diese Zeit, sagt Wladimir Lindenberg über das Zusammentreffen mit Sven Hedin: "Es war eines der markantesten Ereignisse in Wolodjas Leben, das, obwohl nichts Dramatisches geschah, sich in seine Schicksalslinie einprägte."[18]

Ein paar Zusammenstöße mit SA-Leuten waren für Wladimir Lindenberg nicht nur Warnung, sie zwangen auch zur Entscheidung, ob er in Deutschland bleiben oder emigrieren solle. Es war nicht so, daß sein Leben letztlich wie gewohnt weiterging, in der Spannung mit seinem nationalsozialistisch eingestellten, aber ihn duldenden Chef, mit der Fluchtmöglichkeit in sein Klingemöllhaus im Westerwald, im freundschaftlichen Kontakt mit Menschen wie Baronin Didi von Loe oder Hermann Kraus und in uneingeschränktem Wissen um die zunehmende totalitäre Erfassung des Lebens, die Gleichschaltung, um die anwachsenden Verbrechen – Wladimir Lindenberg war auch persönlich betroffen. Am Tage des Röhmputsches geriet er mit einem Auto in eine Kontrolle. Wladimir Lindenberg wählte einen noch schärferen Ton als die SS-Männer, konnte diesen Angst und Schrecken einjagen und kam unbehelligt davon. Ein anderes Mal war er nachts Zeuge, wie ein junger SA-Mann sich in einer Parkanlage am Rhein das Leben nahm. Den Brief, der den Eltern und ihm Aufklärung brachte, nahm er aus der Tasche des Toten, ehe die Polizei eintraf. Es war ein Arbeitsloser, den man zum KZ-Wachmann bestimmt hatte. "Das einzige, was die SA ihm zu bieten hatte, war ein Posten als Menschenschinder und Bewacher von Gefangenen in einem Lager im Emsland."[19] Dort, im Lager Papenburg, seinem Bestimmungsplatz, war sein geliebter Onkel inhaftiert. Von der KZ-Realität erfährt man in totalitären Staaten offiziell nichts, die böse Macht wird insgeheim ausgeübt. Wladimir Lindenberg wurde sie hier bewußt gemacht.

Erst später, als er selbst im KZ war, begriff Wladimir Lindenberg, was es schicksalsmäßig zu bedeuten hatte, daß ihn in jenen ersten Nazijahren einmal ein SA-Mann nachts um Hilfe bat. Dessen Frau hatte eine akute Blinddarmentzündung, und andere Ärzte hatten die nächtliche Hilfe abgelehnt. Wladimir Lindenberg, der inzwischen wieder eine Privatpraxis neben der Poppelreuter-Klinik aufgemacht hatte, spürte die Notwendigkeit der Hilfe. Er fuhr mit seinem Wagen nach Endenich, holte die Frau, brachte sie ins Krankenhaus und half bei der Operation. "Es war eine seiner wenigen menschlichen Begegnungen mit einem SA-Mann."[20] Als dieser einige Jahre später als KZ-Wachmann vor ihm stand, ihn erkannte und sich zum Positiven wandelte, wußte Wladimir Lindenberg um die göttliche Fügung.

Es gehört zu den Besonderheiten von Wladimir Lindenbergs Schicksal, daß er am Vortage seiner Verhaftung selbst entscheiden mußte, wie er sich nun verhalten solle. Die Gelegenheit zur Emigration war gegeben. Ein Kriminalbeamter, dessen Tochter er behandelt hatte, kam und warnte ihn, drängte ihn, noch am selben Tage "den Abendzug nach Paris"[21] zu nehmen.

Wladimir Lindenberg dankte, entschied sich aber zu bleiben. Für ihn lag das Schicksal nun in Deutschland, er empfand, daß er 1918 gegen eigenen Willen seine Heimat verlassen habe, und wollte sich diesen Vorwurf kein zweites Mal machen müssen. Er war sich, gerade durch eine solche Warnung, bewußt, er werde die Kraft erhalten, sein "Schicksal zu bestehen"[22]. Wladimir Lindenberg schließt in seinem autobiographischen Buch über diese Zeit das Kapitel vor der Verhaftung mit dem Gebetszitat "Dein Wille geschehe".[23] Hier lag die Gestaltung des eigenen Schicksals in der Hinnahme, in der Bereitschaft zum Leid und im Wissen um die göttliche Gnade.

Im Konzentrationslager

Die Wirklichkeit der Verhaftung war viel schlimmer als das vorausgegangene Wissen um die Gefährdung. Die im christlichen Glauben wurzelnde Bereitschaft, Leid zu übernehmen, das Wissen um die Unvermeidbarkeit auferlegten Schicksals konnten den Schock, als das Erahnte wahr wurde, kaum mildern. Es geschah, wie in vielen solchen Fällen, ganz harmlos. Im Herbst 1936, nach der Sprechstunde kam ein Polizist vorbei und bat Lindenberg, er möge wegen einiger Fragen kurz zur Polizei mitkommen. Er glaubte also, es ginge um irgendwelche Patienten, jedenfalls um etwas Belangloses. Aber es war der Übergang aus der Freiheit, aus dem Beruf im Dienst am Nächsten, aus dem Gespräch mit den Freunden, aus dem Erleben von Kunst, aus der Achtung als ärztliche und menschliche Autorität in die Unfreiheit, Erniedrigung, Überflüssigkeit, Kulturlosigkeit, Entwürdigung, in ein Leben physischer und psychischer Qual.

Lindenberg wußte von Freunden um nationalsozialistische Haft, um Konzentrationslager, hatte von Folter, Hunger und Willkür gehört. Aber vorstellen kann sich das Nichterfahrene niemand, auch nicht, wie sich solches Leid ertragen läßt.

Zunächst hielt er die Verhaftung für einen Irrtum, dann für eine Angelegenheit von Tagen, immer für einen Einzelfall. In Wirklichkeit war das Regime dabei, unter den Angehörigen des Wandervogels, dabei auch des Nerother Bundes, aufzuräumen. Ein Teil der Anhänger dieser Jugendbewegungen war begeistert zur Hitlerjugend übergegangen, fielen doch einige Ideale durchaus zusammen. Nur, wer nach den geistigen Grundlagen der Pflege jugendlicher Gemeinsamkeit fragte, der erkannte die Unvereinbarkeit. Wie beim Kampf der Nazis gegen die Kirche und ihre Klöster wählte sie auch bei den Mitgliedern von Jugendverbänden, die sich der Gleichschaltung widersetzten, die Anschuldigung der Homosexualität. So wurde auch Wladimir Lindenberg bereits bei dem ersten Verhör einem unbekannten jungen Mann gegenübergestellt, der behauptete, von ihm unsittlich berührt worden zu sein. Selbstverständlich brauchte der angebliche Zeuge die Frage, wie es denn in seinem Hause im Westerwald aussähe, nicht zu beantworten. Später zeigte sich, daß außer der schematischen Abwicklung über den Unzuchtparagraphen auch konkretes politisches Material gegen Lindenberg eingesetzt wurde, vor allem abgefangene Briefe, in denen er kein Hehl über seine Ablehnung des Hitlerregimes gemacht hatte.

Die Verhöre waren dadurch etwas erträglicher, daß er die Tochter eines der Kriminalbeamten länger behandelt hatte, die Haft war nicht ganz so schlimm, weil ihn mancher im Gefängnis als Gefangenenarzt schätzen gelernt hatte. Aber das Qualvolle war die totale Veränderung des Lebens, die geplante Zerstörung der Individualität.

Die immer wieder seltsame Mischung von Rechtlosigkeit und formalem Recht, die die Gerichtsverfahren in totalitären Staaten kennzeichnet, mußte auch Lindenberg spüren. Einerseits setzte man einen bezahlten oder erpreßten falschen Zeugen ein, andererseits brauchte man das Geständnis der angeblichen Schuld. Was hat man in der Sowjetunion alles unschuldigen Menschen an Qualen zugefügt, damit sie juristisch einwandfrei gestanden und durch Unterschrift bestätigten, irgendwelche erfundenen Vergehen oder Verbrechen begangen zu haben. Später hat dann derselbe Staat, der sich diese Legitimationen der Rechtmäßigkeit seiner Willkür geben ließ, die Unrechtmäßigkeit eingestanden. Die Situation in Nazideutschland war nicht anders. Die Rechtsgläubigkeit ist übrigens so stark, daß meines Wissens solche Verurteilungen nach dem Ende der Naziherrschaft nur auf Antrag als rechtsungültig erklärt wurden.

Lindenberg verweigerte die Unterschrift unter das Protokoll, gab auch keine Namen preis. Da setzte der Staatsanwalt sein stärkstes Mittel ein – die Dunkelhaft.[1] Schon der erste Augenblick, als er allein in dem völlig dunklen Raum war, versetzte Wladimir Lindenberg in die Eremitage, das Rosenkreuzerschloß, wo er 1915 mit seinem Vater einige Wochen zu Exerzitien gewesen war und wo zu den esoterischen Übungen der meditative Aufenthalt im Dunkelraum der Krypta gehört hatte. Mit einem Schlage war er aus dem Bonner Gefängnis dorthin versetzt. Was kann ein im Geistigen beheimateter Gefangener Besseres tun als meditieren? Für Wolodja begann nicht die Phase der schlimmsten Folter, die sich seine Wachmänner denken konnten, die viele Menschen vor ihm zerbrochen hatte, weil sie sich dagegen auflehnten, sondern für ihn begann eine der beglückendsten Phasen seines Lebens überhaupt. Er versetzte sich in immer höhere Schwingungen, kam der geistigen, der lichten, der göttlichen Welt näher denn je. Er wunderte sich, daß er die Augen schloß, aber er war das so gewohnt. Um so weiter öffnete sich ihm sein drittes, sein geistiges Auge. Er ging alle die geliebten Räume seiner Kindheit in Rußland durch, jedes Zimmer in der Eremitage, jedes im Weißen Haus in Girejewo, viele beim Onkel Iwan Torlezki, einige im Stammsitz der Tschelischtschews. Er begegnete seiner Mutter, seinem Vater, seiner Njanja, seinem Freund Aljoscha, allen ihm lieben und vertrauten Menschen, und dabei eher den Verstorbenen als den Lebenden, da er sich ja in der geistigen Welt fast wie ein Verstorbener bewegte.[2]

Er betete. Im Übermaß an Zeit konnte er alle Gebete seiner russischen orthodoxen Kirche, die er auswendig wußte, in aller Ruhe – "jedes Wort und ihren Sinn geistig auskostend"[3] – sprechen, singend sprechend wie ein Geistlicher in der Kirche, konnte eigene Gebete einfließen lassen, konnte in alter russischer Tradition das Herzensgebet "Herr erbarme dich" hunderte und tausende Male sprechen.

"Es fielen ihm all die Übungen ein, die er in der Eremitage erlernt hatte."[4] Er führte viele Yogaübungen durch und trainierte die Gelenkigkeit seines Körpers, festigte die Beharrlichkeit der Konzentration, kräftigte das Bewußtsein über die Körperfunktionen. "Was blieb, war die beglückende Gegenwart des Geistes und das Gespür, daß andere helfende Mächte deutlich um ihn waren."[5] Die Zeit wäre ganz entschwunden, wenn nicht dreimal am Tage das Wachpersonal gekommen wäre, um ihm Essen und Trinken zu bringen und um ihm gut zuzureden. Die Männer waren ihm wohlgesonnen, waren gegenüber "seinem Gleichmut erschreckt und ratlos"[6], sie verursachten höchstens eine kleine äußere Störung, nicht eine innere, die sich gegen die Geborgenheit richtete. Sie achteten ihn.

Lindenberg dankte Gott, als er den Befehl bekam, die Zelle zu verlassen. "Ohne diese Dunkelkammer wäre er zeit seines Lebens um eine bezaubernde Erfahrung ärmer gewesen."[7]

Die Verurteilung war relativ milde. Wladimir Lindenberg wurde von der 2. Großen Strafkammer in Bonn am 11.5.1937 "wegen Unzucht in drei Fällen" zu vier Jahren Gefängnis verurteilt. Die Universität wurde von der Staatsanwaltschaft genötigt, ihm das Doktordiplom abzuerkennen.[8] Die Aberkennung erfolgte nach Mahnung am 4.11.1939. Unter den frisch Verurteilten entdeckte er manchen, der ihm von den Nerothern und aus anderen Jugendbünden als politisch anständiger Mann bekannt war. Im Sommer 1937 wurde er in das Konzentrationslager Neusustrum verbracht.

Dort nun war er einer der Namenlosen. Es begann damit, daß sich alle nackt vor die SA-Männer stellen mußten, die nun untersuchten, was ihnen gerade kam, daß sie kahlgeschoren und geschlagen wurden. "Sie waren für das KZ zurecht gedrechselt." "Man war eine Nummer in der Verbrecherkartei, und weiter nichts." Sie hatten im Moor Schachtarbeiten zu leisten. Die physische Anstrengung war gewaltig, doch konnte Lindenberg sein Pensum schaffen. Entsetzlich war vor allem das Ausgeliefertsein an sadistische SA-Wachmänner. Sie schlugen, sie quälten, sie töteten. Plötzlich geschah ein Wunder. Vor Wladimir Lindenberg stand jener SA-Mann aus Bonn, dem er einmal geholfen hatte, als sich seine Frau vor Schmerzen wegen einer Blinddarmentzündung wand. "Was machen Sie denn hier unter den Verbrechern?"[9] Für den SA-Mann brach ein Weltbild zusammen. Jene, die er schulungsgemäß für Untermenschen, für bösartige, aufsässige, faule Kreaturen gehalten hatte, waren einfach Menschen. Es kam zum Gespräch. Es kam zu kleinen Hilfeleistungen. Es kam zum totalen Wandel dieses Wachmanns gegenüber allem. "Dieses und andere Erlebnisse gaben Wolodja die Kraft, das Dasein in der Hölle zu bestehen."[10]

Eine Zeitlang führte Lindenberg im KZ "ein seltsames Doppelleben". Am Tage schuftete er mit den anderen im Moor, nachts schrieb er "in mikroskopisch kleiner Schrift"[11] sein Leben auf. "Er lebte nochmals Schritt für Schritt, Tag für Tag, Leiden und Freuden,

Erregungen, Entsagungen, Verliebtheiten, Enttäuschungen und Verzückungen durch.“ [12] Es war wieder eine meditative Versetzung in die Vergangenheit, die ihm dies ermöglichte. Ein Mensch des Geistes kann nicht ohne geistiges Tun existieren; im schöpferischen Prozeß wächst ihm die Nahrung zu.

Zu den umwälzenden Erlebnissen Wladimir Lindenbergs im KZ gehört die Begegnung mit einem anderen Gefangenen, einem brutalen und gefährlichen Mann. Er erinnerte sich, wo und wann er diesen Mann schon einmal gesehen hatte. Er kannte ihn aus dem Traum, nicht aus der Wirklichkeit. Seit seiner Kindheit verfolgte ihn ein entsetzlicher Traum, der mit seiner Ermordung endete. Er lag im Bett, das schreckliche Gesicht dieses Mannes tauchte am Fenster auf, er sah ihn nahen und wachte „angstbebend und schweißüberströmt“ [13] nach dem tödlichen Stoß ins Herz auf. Für Wladimir Lindenberg in seinem Wissen um Reinkarnation war kein Zweifel, daß er hier und jetzt seinem Mörder eines vergangenen Jahrhunderts erneut begegnete. Sein prüfendes Betrachten des erinnerten Gesichts löste einen Wutausbruch aus. Das Schicksal drohte sich zu wiederholen. Aber Lindenbergs Kameraden waren nicht nur politische Gefangene. Einige Mitgefangene mit ähnlicher Körperstatur griffen schützend ein und schlugen den Neuankömmling zusammen. In der Nacht wusch ihm Lindenberg die Wunden und machte ihn wieder arbeitsfähig, so daß der Zwischenfall keinem schadete. Er wußte geistig und lebte praktisch, daß Schuld nur durch Liebe ausgeglichen werden kann. Sein Gegner, den nur der prüfende Blick gestört hatte und der sich nur in der neuen Zwangsgemeinschaft hatte durchsetzen wollen, begriff kaum, was da geschah. Hilfe durch den Feind? Vielleicht half die Erklärung, daß sonst alle hätten schlimm leiden müssen, sicher waren auch bei diesem Mann jene Kräfte am Werk, die diese Begegnung gefügt hatten. Nie wieder wurde Wladimir Lindenberg von dem Alptraum geplagt. Eine karmische Last war getilgt.

Das Positive der gut drei Jahre KZ-Haft wurde Wladimir Lindenberg vor allem bewußt, als er aus dem KZ verlegt worden war. Dabei verdankte er die Verlegung einflußreichen Freunden wie Sven Hedin, die sich für ihn eingesetzt hatten. Vom KZ Neusustrum kam er in den Klingelpütz nach Köln, von der Baracke in eine Einzelzelle, von schwerer Moorarbeit zu berufsnaher Labortätigkeit. Aber hier waren nicht mehr die Menschen um ihn, für die er dasein konnte. Die feste Kameradschaft, die sich in Not bildet, fehlte. [14]

Wladimir Lindenberg hatte im Kölner Gefängnis eine neue

Aufgabe zu bestehen. Dieses Gefängnis war eine der nationalsozialistischen Hinrichtungsstätten. "Zweimal in der Woche wurde im Gefängnishof staatlich getötet. Wenn einer geköpft wurde, starben tausend Mann mit ihm innerlich den qualvollen gewaltsamen Tod." [15] Durch die eisige morgendliche Stille hörte man die Schritte, das Schlüsselklappern, das Türfallen, das Glöckchenläuten, das Schreien, das Verstummen. Jeder Schritt, der zu dem entsetzlichen Verbrechen der Menschen, der Todesstrafe, führt, war den Gefängnisinsassen bekannt. Ich glaube nicht, daß jeder so mitgelitten hat wie Wladimir Lindenberg. Seine Sensibilität ist höher, vielleicht vergleichbar jener von Fjodor Dostojewski, der wohl am besten in der Weltliteratur das psychische Leid eines Menschen vor der Hinrichtung aus eigener Erfahrung dargestellt hat. Wie stark wieder dieses Leid von dem gestörten Verhältnis des säkularisierten Menschen gegenüber dem Tod abhängt, macht ein Erlebnis Lindenbergs in Afrika deutlich, wo drei Neger vor dem Erhängen fröhlich zu den Umstehenden sprachen, ja sogar dankbar für die Ehre waren, die man ihnen durch Teilnahme an ihrem Tod erweise. [16] In Köln half sich Lindenberg durch Gebete für die Todgeweihten und die Seelen der Getöteten. [17]

Vor seiner Entlassung hatte Wladimir Lindenberg einmal Besuch von seinem Stiefvater Carl Lindenberg. Es tat ihm wohl, daß zwischen ihnen keine Spannung mehr herrschte. Die Entlassung selbst erfolgte erst nach der rechtmäßigen Frist, sie war eine Folge seiner mächtigen Fürsprecher – aber sie erfolgte. Viele Gleichgesinnte hat das nationalsozialistische Haft- und Vernichtungssystem nicht mehr aus seinen Klauen gelassen. Wladimir Lindenberg trat physisch geschwächt, aber geistig nicht nur ungebrochen, sondern sogar bereichert im Herbst 1941 in die zweifelhafte Freiheit.

In Berlin

Nach der KZ-Entlassung blieb Lindenberg nicht in Bonn. An eine Wiederaufnahme der Arbeit dort war nicht zu denken, weder bei Poppelreuter noch als freier Arzt. Er ging nach Berlin und fand bei seiner Schwester Wera und deren Mann Unterschlupf, war dankbar für deren mitfühlendes Verständnis: Sie ließen ihn schweigen, fragten nicht nach dem, was er im KZ gesehen und erlebt hatte. [1]

Berlin wurde ab 1941 zu seinem Lebensraum. Zunächst fand er eine eigene Wohnung, dann lernte er bei Freunden seine künftige Frau,

Dolina Gräfin von Roedern (12.8.1887–2.2.1966), kennen und war oft in deren Wohnung am Kurfürstendamm.[2] Im August 1943 wurde seine eigene Wohnung, in der er inzwischen mit seinem Freund Jürgen Eggert wohnte, ausgebombt, so zogen sie beide mit dem letzten geretteten Hab und Gut in Dolinas Wohnung, während sie selbst meist in Schlesien lebte.[3] Am 14. Februar 1944 ging auch das Haus am Kurfürstendamm in Flammen auf.

Aus dieser Not heraus schuf sich Wladimir Lindenberg das Haus, in dem er die nächsten Jahrzehnte lebte und bis heute lebt. In Schulzendorf bei Tegel wurde ihm ein Gelände für ein Behelfsheim unter der Bedingung angeboten, daß er zehn ebenfalls ausgebombte Bekannte hätte, die ebenfalls bereit seien, sich dort Behelfsheime zu errichten. Lindenberg hatte inzwischen viele neue Freunde gewonnen, einige alte wiedergefunden. Unter Mithilfe von zwei russischen Zwangsarbeitern machten sie sich gemeinsam an die Arbeit. Es muß ein großartiger Gemeinschaftsgeist unter dieser Gruppe von Intellektuellen und Künstlern geherrscht haben, in dem die Baracken erstellt wurden. Lindenberg baute die seine neben die von Frau von Roedern, später verbanden sie die zwei Teile zu dem einen, dem heutigen Haus: ein einstöckiges Holzhaus mit zwei großen und einem kleinen Zimmer, Flur, Küche, Dusch-Bad. Diese ehemalige Baracke lebt vom Geistigen. Als Gebäude ist sie armselig. Lindenberg, der in riesigen Schlössern großgeworden ist, hat sich seine materielle Anspruchslosigkeit seit der Flucht aus Rußland bewahrt. Bücher und viele eigene Bilder, auch eigene Bonner Wandteppiche bestimmen dieses Haus. Es gibt wenige Behausungen, die so viel eigenen, Liebe und Wärme ausstrahlenden Geist dem Besucher entgegenbringen.

Als Arzt konnte er nach der KZ-Entlassung nicht arbeiten. Einer seiner Freunde, Lutz Heuss, der Sohn des späteren Bundespräsidenten Theodor Heuss, riet ihm, in irgendeiner medizinischen Firma Laborarbeit zu tun, vor allem unauffällig das Ende der Naziherrschaft abzuwarten. Lindenberg wurde von den Pharmazeutischen Fabriken Diwag AG aufgenommen. "Man übertrug ihm den Kontakt zu den Ärzten der Kliniken, und später, als der Leiter der wissenschaftlichen Abteilung in den Krieg eingezogen worden war, übernahm er die Leitung des Forschungslaboratoriums."[4] Für die Jahre 1943–1945 gibt er in einem Lebenslauf von 1947 außerdem eine Chefarzttätigkeit am Krankenhaus Heiligensee an. Er hat in der Autobiographie aber nicht darüber berichtet.

Neben der medizinischen Berufsarbeit war Lindenberg wieder als

Schriftsteller tätig. Er kehrte nicht zur Lyrik zurück, die er schon in Girejewo geschrieben hatte, sein Drama war eine einmalige Folge der Begeisterung am Expressionismus gewesen. Zum autobiographischen Schreiben, das ihm in der Einsamkeit des Beginns in Deutschland so wichtig gewesen war und auch im KZ geholfen hatte zu überleben, drängte es ihn auch nicht. Es kam zu einer in seinem Leben einmaligen Verbindung von personengebundener historischer Forschung und biographischer Darstellung. Er arbeitete an zwei Projekten, die beide nach dem Kriege abgeschlossen und veröffentlicht wurden: Lebensbilder von Schriftstellern, die in jungen Jahren gestorben waren, und Lebensbilder von Ärzten, die um die Durchsetzung ihrer geistig-medizinischen Vorstellungen hatten hart kämpfen müssen und an Unverstand und Neid ihrer Kollegen zugrunde gingen. Lindenberg ist beides – Schriftsteller und Arzt; er stand in beidem in Berlin vor einem neuen Anfang und legte sich mit dieser wissenschaftlich-schöpferischen Tätigkeit die innere Grundlage. Zu den Ärzten, über die er schrieb, gehören Paracelsus (1493–1541) und Semmelweis (1818–1865), zu den Dichtern François Villon (1431–1463?) und andere aus der Geschichte der Literatur sowie Sergej Jessenin (1895–1925) und Hans Jürgen Eggert (1915–1945?), mit denen er befreundet war. In jedem Arzt und in jedem Dichter sah er ein Stück seiner selbst.

Lindenberg hat in dieser Zeit auch gemalt. Von den ausschließlich biblischen Themen, die seine Wandteppiche bestimmten, löste er sich. Ein Ölbild "Liebespaar" von 1943/44 blieb erhalten. Es zeigt zwei nebeneinander sitzende Menschen, die Köpfe einander zugeneigt, die großen – für Lindenbergs Kunst typischen – Augen eher nach innen gerichtet. Der Beschauer ist Zeuge zarter, geistiger Gemeinsamkeit.

Dieses Bild ist kein Selbstporträt, aber es porträtiert im geistigen Sinne die Gemeinsamkeit, die Lindenberg mit Dolina von Roedern gefunden hatte, und die Liebe, die er zwischen Jürgen Eggert und Constanze Erdmann, einer Tochter seiner Bonner Freundin Lisbeth Erdmann-Macke, erlebte.[5] Lindenberg hat oft mit Jürgen Eggert gleichzeitig gemalt, "immer wieder erstaunt, daß aus den gleichen Farben so völlig verschiedene Bilder entstehen. Jürgen tendiert zum Gestaltlosen, Abstrakten."[6]

Jürgen Eggert war wie Wladimir Lindenberg Dichter und Maler, war für Lindenberg der nächste Freund in dieser Phase 1941–1945. Die Freundschaft war auch auf diese Phase beschränkt. Am 18. April 1945 mußte Jürgen Eggert "wie ein zum Tode Verurteilter"[7] einem sinnlosen Meldebefehl folgen. Die in Schulzendorf Zurückbleibenden

Wladimir Lindenberg:
Dolina Gräfin von Roedern-Lindenberg (1947)

– seine Frau und seine Freunde – spürten wie er selbst, daß sie sich nie wiedersehen würden. Lindenbergs Buch über die "Unvollendeten" oder, wie er später den Titel richtig änderte, die "Frühvollendeten" ist auch eine Freundesgabe für seinen Jürgen.

Alle die Menschen, mit denen Wladimir Lindenberg das Leben in der Zeit der vielfachen Gefährdung teilte, waren Menschen, die im Bereich von Dichtung, Kunst und Religion zu Hause waren. Von seiner späteren Frau sagt er: "Sie war schön und durchgeistigt, sie war Pianistin und begnadete Bildhauerin."[8] Zu ihrem Lebenskreis gehörten Maler, Bildhauer, Musiker, Wissenschaftler, Schauspieler. Lindenberg genoß es, nach den Jahren der zwangsweisen Trennung von der Kunst wieder viel Musik zu hören, so wie er es von seiner Mutter, seinem Vater und Ella von Adajewski gewöhnt war.

Zu den neuen Freunden gehörte auch Hugo Kückelhaus. Er lebte in Caputh und begeisterte seine Gäste durch seine "tiefen und wunderbaren Anschauungen über die Welt, die Menschen und die Lebewesen"[9]. Bei ihrem ersten Besuch erregten Dolina von Roedern und Wladimir Lindenberg das Mißtrauen einer Mitreisenden, die sich als die höchst gefährliche NS-Frauenschaftsleiterin von Caputh entpuppte. Nur durch rasche Flucht konnten sie sich retten.[10] Eine Anzeige zu dieser Zeit hätte tödlich ausgehen können. Alle die Freunde Lindenbergs gehörten zu den Gegnern des NS-Regimes. Manche wurden verhaftet und fanden den Tod, so auch der junge Pianist Karlrobert Kreiten.[11] Kückelhaus, nach einer Verwundung vom Kriegsdienst freigestellt, kam bei einem Bombenangriff um.[12]

Lindenberg ist auch dem bedeutenden schwedischen Pfarrer Birger Forell begegnet, der allein und mit unvorstellbarem Mut zahlreichen Juden das Leben rettete. Wochenlang versteckte er sie im Keller, irgendwie organisierte er schwedische Pässe, und irgendwie schaffte er sie über die Grenze. "Wolodja war von Dank erfüllt, daß es in jenem Deutschland noch solche Menschen gab."[13]

Die Zeit der Gefährdung durch politische Denunziation und durch Bomben, des mühseligen Kampfes um das tägliche Brot, des Verlustes fast allen materiellen Besitzes war für Lindenberg wie für viele im Geistigen beheimatete Menschen eine Zeit der verstärkten menschlichen Bindungen, der vertieften Aufnahme von Kunst und der bewußteren Erfahrung des Schicksalhaften im eigenen Leben. Jürgen Eggert schrieb, und Wladimir zitierte:[14]

Besinge die Spannung im Wechsel der Gegenwart
und ihre sichtbare Ordnung.

oder (aus demselben Gedicht): [15]

> Ich lehre dich, den eigenen Mut zu lieben
> und den Widerstand gegen die Gefahr.
> Das stille Lächeln und das klare, volle Lachen.
> Die Gelassenheit gegenüber dem Alltag und die Erfüllung
> seiner Gesetze.
> Die Göttlichkeit der Dinge und den unendlichen Jubel
> des immer lebendigen Atems.
> Das Schauen der Engel und das Berührtwerden vom Rhythmus
> ihrer gewaltigen Flüge.

Der Ungeist hatte zwar die Macht im Staat, aber den wahren Bereich der über ihn erhabenen Menschen konnte er weder zerstören noch überhaupt erreichen.

Im sowjetischen Machtbereich

Schulzendorf, wo Wladimir Lindenberg mit Dolina von Roedern und einigen Freunden nach der Zerstörung der Häuser im zentralen Berlin wohnte, wurde am 22.4.1945 von den Truppen der Roten Armee besetzt. Die Soldaten um Berlin und die Berliner Bevölkerung hatten gehofft, es würden sie die amerikanischen Truppen befreien. Sie wußten nichts von der Absprache zwischen den Alliierten, die Berlin den Sowjets zufallen ließ. Aus Berichten der Flüchtlinge aus den deutschen Ostgebieten wie Schlesien, Pommern und Ostpreußen war die Kunde von den Schrecken der Roten Armee bekannt geworden: Vergewaltigungen, sinnlose Erschießungen, Verschleppungen, Zerstörungen – meist mehr im Übermut als aus berechnender Rache.

Wladimir Lindenberg nahm alle jüngeren Frauen und Kinder der Siedlung in seine Baracke, um sie vor den ausgehungerten jungen Soldaten zu schützen.[1] Aber schon in der ersten Nacht gingen die sowjetischen Besatzer dagegen vor. Ein Sicherheitsoffizier in Zivil kam mit zwei Rotarmisten und verhaftete Wladimir Lindenberg und Hans Grumann, einen Baracken-Mitbesitzer. Der Grund, warum Lindenberg die vielen Frauen in sein Häuschen eingeladen hatte, erregte die Wut des Offiziers. "Die sowjetische Armee vergewaltige keine Frauen"[2]. Bei der Verhaftungsaktion hatten die Rotarmisten auch zwei der jungen Frauen gezwungen mitzukommen. Diesen war es, da die sowjetischen Soldaten unter Alkohol standen, gelungen wegzulaufen. So berichteten sie Dolina, wo Wladimir sei.

Wladimir Lindenberg und Hans Grumann waren inzwischen in ein Zimmer eingeschlossen worden. Lindenberg blieb nichts anderes, als sich dem Gebet hinzugeben. Zum dritten Mal in seinem Leben war er verhaftet und wußte, daß diese Art Verhaftung leicht mit dem Tode enden konnte. Aber er wußte auch um die Prophezeiung des weisen Chinesen von 1913. Er durfte dem Tiger auf den Schwanz treten. "Wenn ich jetzt in der Morgendämmerung wie so viele vor mir und nach mir erschossen werde, dann danke ich dir für das reiche Leben, das Du mir geschenkt hast, und wenn ich nach Sibirien verschleppt werde, gib mir die Kraft, in meine Heimat, die Heimat meiner Ahnen, als Geschändeter und Gedemütigter zurückzukehren."[3] Ihre Gedanken gingen zu den Freunden, die von den Nazis umgebracht worden waren, vor allem zu Lothar Erdmann, dem Vater von Constanze Eggert, auch zu ihrem Mann, Jürgen Eggert, der noch vor drei Tagen bei ihnen in Schulzendorf gewesen war. Was mochte mit ihm sein? Schließlich schliefen sie auf dem Boden ihres Gefängnisses ein.

Wer sie weckte, war Dolina. Wladimir Lindenberg erzählt diesen Vorfall auch in seinem Buch "Gottes Boten unter uns". Sie war ihm in diesem Augenblick Gottes Bote. Er kam sich vor wie Petrus, der vom Engel aus dem Gefängnis befreit wurde. Alle Russen schliefen im Rausch. Leise verließen sie das Haus. Dolina von Roedern war es, die beschloß, sie sollten nun weder fliehen – wohin auch? –, noch sich verstecken. Sie sollten einfach dableiben. Da kam zwar noch einmal ein wütender Rotarmist, aber der ließ sich in Schach halten. Dolina von Roederns Haltung war der von Wladimir Lindenberg gleich: Es war von ihnen genug gehandelt worden, um nicht einfach getötet zu werden, nun aber galt es, sich dem Schicksal zu beugen und das zu nehmen, was bestimmt war. Die Haltung erwies sich als richtig. Wie meist in den Apriltagen 1945 blieb die erste Kampftruppe nur wenige Stunden, dann folgten andere Einheiten, die erfahrener waren im Besetzen und Verwalten des eroberten Deutschland.

Die Not war entsetzlich. Die Lebensmittelversorgung, das Transportwesen, das Nachrichtenwesen – alles war zusammengebrochen. Dabei war die Primitivität der Baracke eher eine Hilfe. "Wir waren im Krieg bis auf den Zustand der Steinzeitmenschen zurückgesunken. Nach der Ausbombung hatten wir uns mühselig ein Behelfshaus zusammengezimmert. Es gab aber kein elektrisches Licht und keinen Ofen. Holz gab es im Walde. Wir hatten uns einen mit Lehm verputzten prähistorischen Herd aus Ziegeln gebaut, und darauf kochten wir die dürftigsten Gerichte. Wir benutzten statt Fett Paraffin, das als Abführmittel diente. Und es haben uns Roggenfladen, Kartoffeln und Gemüse aus Brennesseln so gut geschmeckt wie die erlesensten Gerichte aus guter alter Zeit. Die Sättigung war fragwürdig, aber der Dank war groß und offen, und ebenso groß waren die Bitten um das tägliche Brot."[4]

Wladimir Lindenberg wurde in den nächsten Monaten ein großer Helfer. Er organisierte für den überschaubaren Kreis der etwa 1600 Menschen in Schulzendorf und Heiligensee nicht nur das Gesundheitswesen, sondern auch die Lebensmittelbeschaffung, vor allem für die Kinder. Es war die Phase der sowjetischen Besatzung, als die Notwendigkeit, Dolmetscher und Organisatoren zu haben, die keine Nazis gewesen waren, größer war als der jahrzehntelang eingeimpfte Haß gegen die Emigranten. Das Glück der Deutschen, die dem nationalsozialistischen Wahn nicht erlegen waren, über das Ende des Krieges, der Bombennächte, des Mordens und der Naziherrschaft war so groß, daß man das Wissen um die kommenden Schrecken einer bolschewistischen Herrschaft verdrängte. Eine Zusammenarbeit mit den sowjetischen Besetzern war in der Anfangszeit kein Verrat, sondern eine Notwendigkeit, um über die Phase des Chaos hinwegzukommen.

Wladimir Lindenberg beschaffte von der sowjetischen Kommandantur einen LKW, Benzin fand man bei zerstörten Autos und konnte dank einem Laissez passer der Besatzungsmacht auf die Dörfer fahren und Lebensmittel organisieren. Seine Gegenleistung bestand in ärztlicher Hilfe. Plötzlich kam ein Befehl von oben, diese Eigenmächtigkeiten zu stoppen. Die Sorge um die ohne die Milch verhungernden 130 Kinder gab ihm Mut zum schärfsten Protest. Es stand auf des Messers Schneide – statt Genehmigung drohte Verhaftung oder Erschießung. Als er lediglich aus dem Hause der Kommandantur geworfen worden war und verzweifelt zu seinen Leuten zurückkehren wollte, brach das Menschliche in dem sowjetischen Offizier durch. Er lief ihm persönlich nach und nahm die Sondergenehmigung auf seine Kappe.[5]

Für die ärztliche Versorgung waren natürlich keine Medikamente vorhanden. So organisierte Lindenberg Gruppen von Lehrern und Schülern, um Kräuter zu sammeln und zu trocknen, und behandelte mit Tees und Umschlägen. "Wolodja besann sich all der uralten Behandlungsmethoden aus seiner Heimat, die er von seiner Njanja gelernt hatte."[6] Auch behandelte er mit Eigenurinspritzen, erlebte die gute Wirkung traditioneller, naturverbundener Medizin. Die Notsituation entfernte ihn vom Vertrauen auf die symptombekämpfenden chemischen Mittel, die er im Universitätsstudium erlernt hatte, und führte ihn zu den wahren Quellen der Heilung: der Stärkung des Selbstheilwillens des Patienten, der Bitte um die Heilkraft des Gebets und der naturnahen, der Natur entnommenen Mittel. "Es wirkte Wunder."[7]

Von der Sowjetischen Militäradministration wurde Wladimir Lindenberg aufgefordert, in der neugeschaffenen Zentralverwaltung für Gesundheitswesen in der SBZ, der Sowjetischen Besatzungszone Deutschlands, tätig zu werden. Er "erbat sich die Referate »Kriegsbeschädigte, orthopädische und medizinische und soziale Versorgung, Betreuung der Geisteskranken und der Gefängnisse«[8]." Er hat in dieser Funktion viele Reisen innerhalb der SBZ unternommen, wobei ihm die Besichtigungen von Gefängnissen besonders wichtig waren. Er unternahm diese Besichtigungen zusammen mit einem Vertreter der Zentralverwaltung der Justiz, Werner Gentz, und mit Dr. Harald Poelchau, dem Gefängnispfarrer der Hitlerzeit, der sich um die Todeskandidaten nach dem 20. Juli 1944 in großer Liebe gekümmert hat. "Tausende führte er den letzten Weg zum Schafott oder zum Galgen, jedem gab er Trost. Er gab noch mehr als Trost."[9] Bei den Gefängnisbesichtigungen konnten sie manche kleine und große Ungerechtigkeit bereinigen, konnten das menschliche Gewissen aufrütteln, sich gegen den toten Buchstaben aufzulehnen. Immer wieder stießen sie auf Beamte, die sich auf Vorschriften beriefen, die sie selbst nicht begriffen und deren quälende Auswirkungen sie sich einfach nicht bewußt gemacht hatten. In ähnlicher Weise inspizierte er Kliniken für körperlich und geistig Behinderte, war dankbar für jeden Einblick in liebende Selbsthilfe und versuchte im Rahmen der schwachen Möglichkeiten zu helfen.

Als eigene Initiative gründete er eine Aktion "Eltern für elternlose Söhne". Es gab so viele Eltern, die ihre Söhne im Krieg verloren hatten, gab manchen jungen Heimkehrer oder ehemaligen Luftwaffenhelfer, der seine Eltern nicht mehr unter den Lebenden fand. Diese Gruppen wollte er zusammenführen. Eine Weile hatte die Aktion Erfolg, einige hundert junge Menschen wurden untergebracht. Aber mit der ersten Konsolidierung der Lebensbedingungen wuchs auch der Egoismus. Auf die Dauer ließ sich diese Privataktion zur Vermittlung von Pflegeeltern und Adoptionen nicht aufrechterhalten.[10]

Befreit von der nationalsozialistischen Zensur entstand auch ein neues Verlagswesen. Auch hier wurde Wladimir Lindenberg herangezogen. 1947 wurde eine Zeitschrift "Medizinische Technik" gegründet, deren erste beiden Jahrgänge Wladimir Lindenberg zusammen mit Dr. Fritz Lettow herausgab. Allein 13 Artikel über das Gesundheitswesen in der sowjetischen Besatzungszone und zur Medizingeschichte (Material für sein Buch "Tragik und Triumph großer Ärzte") hat Wladimir Lindenberg in dieser Zeit beigesteuert. Um Mitarbeit in der Redaktion der Zeitschrift "Psychiatrie, Neurologie und medizinische Psychologie" hatte ihn Geheimrat Carl Bonhoeffer, der "Altmeister der Psychiatrie"[11], der Vater von Pfarrer Dietrich Bonhoeffer, gebeten. Er war in der Nazizeit aus allen Ämtern entfernt worden und erlebte nun ebenso wie Wladimir Lindenberg die "Psychopathologie des zweckmäßigen Vergessens" bei jenen ehemaligen Nazis, von deren charakterlosem Verhalten, auch Denunziationen, sie persönlich betroffen waren.[12] Wieweit es zu einer gemeinsamen Redaktionstätigkeit gekommen ist, läßt sich nicht feststellen. Geheimrat Bonhoeffer verstarb am 4.12.1948, in dem ersten Jahrgang 1949 der in Leipzig veröffentlichten Zeitschrift ist Wladimir Lindenberg zwar nicht als Redaktionsmitglied genannt, hat aber 3 Artikel aus seinem Fachgebiet veröffentlicht.

Das geistige Leben behielt seine Intensität. Wladimir Lindenberg beendete in dieser Zeit seine beiden Bücher, das über die frühverstorbenen Dichter und das über die großen Ärzte, die in tragischem Kampf gegen den Unverstand ihrer Zeitgenossen hatten ankämpfen müssen. Neu schrieb er ein kleines medizinisches Buch "Die ärztliche und soziale Betreuung des Hirnverletzten", das 1948 in Leipzig im Thieme-Verlag erschien. Gleichzeitig gab er seine beiden anderen Bücher zu Verlegern in Ulm und Hamburg. Bei J. Ebener erschien 1948 "Tragik und Triumph großer Ärzte" und bei Hans Dulk "Die Unvollendeten. Lebensläufe früh verstorbener Dichter". Aber zum Zeitpunkt der Veröffentlichung hatte sich Wladimir Lindenberg schon aus den Diensten der Behörden der SBZ zurückgezogen. Die Teilung Deutschlands wurde tiefer.

Einmal monatlich trafen sich Ärzte, Künstler und Juristen aus dem Berliner Freundeskreis derer, die wirklich Gegner der Nazis gewesen waren. Zu ihnen gehörten auch die Gräfin Marion York und Peter Jäger, der spätere Arzt auf der "Helgoland" im Vietnamkrieg, zwei Menschen, mit denen sich die Freundschaft immer mehr festigte. Man veranstaltete gemeinsame Lesungen, man freute sich an der bildenden

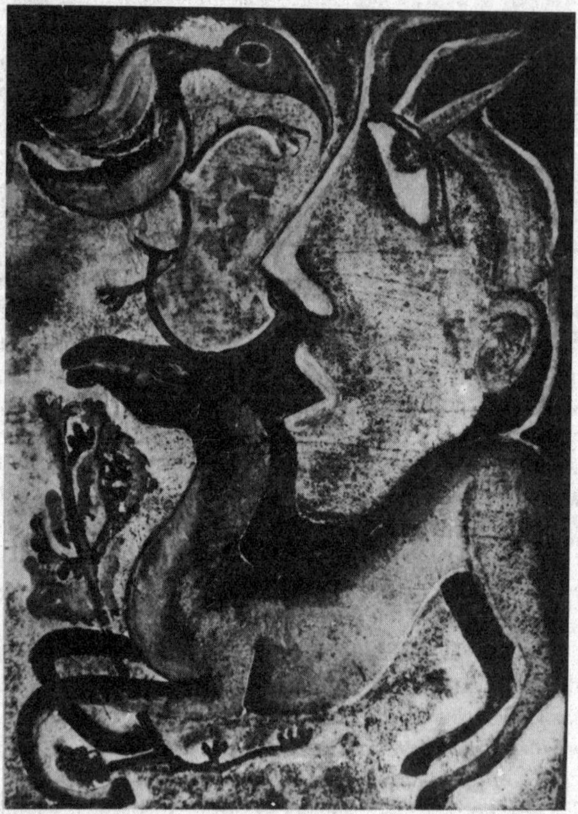

Wladimir Lindenberg:
"Brakteat" (1947)

Kunst – auch dem Selbstgeschaffenen – und lebte die Verbundenheit im Geiste.

Gert Rosen veranstaltete auf dem Kurfürstendamm "in einer leidlich erhaltenen Etage" eine Bilderausstellung mit Gemälden von Jürgen Eggert und Wladimir Lindenberg. Professor Edwin Redslob – später Freie Universität Berlin – hielt die Eröffnungsrede. Die Ausstellung wurde zur Freude derer, die sich wiedersahen, sie war vom Leid um die geprägt, die im Krieg ihr Leben verloren hatten oder die vermißt waren. [13] Mühsam ordnete sich das Chaos zu einem neuen Kosmos.

Wladimir Lindenberg nahm bald nach seinem Eheschluß am 19.3.1947 das Angebot an, ab 1. Mai 1947 in das neue Evangelische Waldkrankenhaus Berlin-Spandau einzutreten. [14]

TRAGIK UND TRIUMPH GROSSER ÄRZTE

Das Buch "Tragik und Triumph großer Ärzte" entstand im Kriege nach der Entlassung aus dem KZ, wurde in der ersten Nachkriegszeit in Schulzendorf abgeschlossen und in der Zeit druckfertig gemacht, als Wladimir Lindenberg seine Tätigkeit in der Verwaltung beendet hatte und im Evangelischen Waldkrankenhaus Berlin-Spandau die Station für Hirnverletzte übernahm. "Die ersten Hirnverletzten kamen, ehe es noch Matratzen gab, sie schliefen auf Eisenbetten, über die Decken gelegt wurden!" [1] Zwölf Jahre blieb er dort Chefarzt dieser Abteilung (bis 30.9.1959), inzwischen wuchs seine Privatpraxis an, auf die er sich dann zurückzog.

Das Buch "Tragik und Triumph großer Ärzte" zeigt an einigen Beispielen vom Mittelalter bis in das 19. Jahrhundert, wie geniale Entdeckungen jahrzehntelang nicht akzeptiert wurden, wie die mangelnde Bereitschaft der ärztlichen Kollegen, vor allem der etablierten älteren Ärzte, das Neue auch nur zu prüfen, auch nur aufmerksam hinzuhören, die Einführung des Neuen verhinderten. Tausende, oft Hunderttausende Menschen starben noch oder litten mehr als notwendig, weil eine neue Erkenntnis nicht angenommen wurde. Oft war auch der Neid der Grund für die Unterdrückung – die Richtigkeit des Neuen war erkannt, aber die Mißgunst wegen des Erfolgs boykottierte die Durchsetzung.

Solche Schicksale in der Geschichte europäischer Medizin waren es, die Wladimir Lindenberg fesselten. Wie er bewußt die Tradition seiner Adelsfamilie, der Tschelischtschews, lebte, so suchte er nun als Arzt auch die Tradition der großen Ärzte, auf denen seine Tätigkeit aufbaute. Sein Tun stand jener geistigen Filiation nahe, von der Didi von Loe zu ihm gesprochen hatte. Das Buch wurde 1963 von seinem späteren Hausverlag, dem Ernst Reinhardt Verlag in München, unter anderem Titel nachgedruckt: "Ärzte im Kampf gegen Krankheit und Dummheit". Auch dieser Titel ist nicht falsch, aber es fehlen zwei wesentliche Elemente: "groß", denn es geht allein um große, um geniale Ärzte, die begnadet waren, eine für die Menschheit wichtige Leistung zu vollbringen, und "Tragik", denn er hat nur solche Schicksale beschrieben, die tragisch endeten. (Da die Münchener Auflage leichter zugänglich ist, zitiere ich nach dieser.)

Die Einleitung ist auf jene geistigen Grundlagen mittelalterlichen Denkens konzentriert, die diese Epoche von der heutigen trennen und deren Kenntnis zum Verständnis der mittelalterlichen Kunst, Philosophie und Geschichte nötig ist.

"Ein jenseitiger Wirklichkeitssinn dominiert, es ist ein Wirklichkeitssinn, der unserem wachen Bewußtsein völlig fremd ist", des Menschen "Weltbild ist magisch, sein Denken und Wahrnehmen ist prälogisch."[2] Das Denken jener Zeit ist Wladimir Lindenberg nahe, er verteidigt seine in der Gegenwart gebliebenen oder wieder aufkeimenden Reste – aber er tut dies nicht in diesem Buch. Dieses Buch ist historisch, es zieht keine Lehren, keine Vergleiche zur Gegenwart oder zum persönlichen Leben des Autors.

"Für den Menschen des Mittelalters waren Gott und der Teufel Wirklichkeiten, die gesehen und erlebt wurden."[3] Wladimir Lindenberg verweist auf die "Ergebenheit in das Schicksal, in die Spannung des Kampfes zwischen Gott und Teufel, dessen Schauplatz der Mensch ist"[4], und macht damit letztlich ein von ihm selbst gelebtes Verhalten bewußt, dem allerdings an dieser Stelle das eigene Element, nämlich das "Gestalten", fehlt.

Auf der anderen Seite verweist er auf die tragischen Folgen der totalen Macht der Kirche. "Die Autorität der Kirche ist unbeschränkt. Sie hat die Menschheit in ihrer Hand."[5] "Der Begriff der Sünde wird übersteigert."[6] Der Begriff des "Ketzers" leitet zu seinem Thema über, denn Ärzte, die Neues erkannten, rüttelten damit an den Dogmen der Kirche. Es gab aber "keinen größeren Frevel als den, an die Dogmen der Kirche nicht zu glauben"[7].

Als erstes schreibt er über Roger Bacon (1214–1294), den er als "den ersten modernen Menschen des Mittelalters" bezeichnet, "dessen

Augen offen waren für die Wirklichkeiten der Natur und des Lebens, den seine Zeit in ihrem Aberglauben und ihrer Verblendung zu einem Magier und Zauberer stempelte"[8]. Er studierte u.a. Mathematik, Astronomie und Naturwissenschaften und erhielt einen Lehrstuhl an der Universität Oxford.[9] Er "errechnete den Lauf der Planeten, machte Vermessungen, entwickelte mathematische Formeln, experimentierte mit Metallen und Säuren, vertiefte sich in das natürliche Wesen des Tieres und der Pflanzen"[10]. Für viele Menschen war das, was er tat, Umgang mit dem Teufel. Er wurde bekämpft und verleumdet. Da er für seine wissenschaftliche Tätigkeit in den Orden der Franziskaner eingetreten war, befand er sich in Abhängigkeit von der Ordensleitung, die ihn schließlich 1257 in den Kerker sperren ließ. Nach zehn Jahren brachte ihm ein Papstwechsel Freiheit und Publikationsmöglichkeit. So wurden seine Vorschläge zur Kalenderreform von 1266 zwar bekannt, aber nicht befolgt, so kann man ihn als Begründer der Optik bezeichnen[11], als Entdecker der "Kreuzung der Sehnerven", als "Begründer der exakten und experimentellen Wissenschaft"[12].

1278 wird er erneut, und dieses Mal fast bis zu seinem Tode, in den Kerker verbannt. Die Mächtigen jener Zeit konnten seine Entdeckungen nur als Teufelswerk abstempeln. Zu weit war er seiner Zeit voraus.

Mit Theophrastus Bombastus von Hohenheim, genannt Paracelsus (1493–1541), hat Wladimir Lindenberg einen der genialen Schweizer ausgewählt. Ihm wurde nicht zuletzt seine Nähe zum einfachen Volk zum Verhängnis. "Er steht an Krankenbetten von Bauern, Gelehrten, Geistlichen, Rittern und Fürsten."[13] Sein Erfolg im Heilen ist den Kollegen Ärger, ihre Waffe die Unterstellung böser, magischer Kräfte. Nachdem er in Basel den berühmten Buchdrucker Frobenius vor einer Beinamputation bewahrt hat, beruft ihn die Stadt an ihre Universität. Nun kommt es zum Kampf der Professorenschaft gegen ihn. Nur durch Flucht entgeht er schließlich der Verhaftung.[14] Besonders gefährdete er sich durch eine Schrift über Geisteskrankheit "De morbu amentium", in der er Besessene und Geisteskranke unterscheidet und die Praxis der Hexenverfolgungen angreift.[15] In Wien, wo ihn der Kaiser empfängt und er die Genehmigung zum Druck seiner Bücher erwirkt, wird er wieder einmal Opfer des Unverstandes seiner Kollegen. Wladimir Lindenberg zitiert aus einem Buch von 1538: "Es ist etwas mehr denn spöttig, daß die Ärzte so gar nit wollen in die rechten Bücher der Arznei, sondern verzehren ihre Zeit unnützlich mit erdichteten Büchern, deren Buchstaben tot sind."[16] Jahrhunderte dauerte es, bis seine Größe erkannt werden konnte. Erst in unserer Gegenwart, die sich unter dem Einfluß von Ärzten wie Lindenberg Heilern und Heilpraktikern der naturverbundenen und ganzheitlichen Heilweise mehr zuwendet, wird Paracelsus große Beachtung zuteil. Das Grundgesetz seiner Lehre von der vorbeugenden und heilenden Auswirkung einer naturgemäßen Lebensweise zur Erhaltung der natürlichen Lebenskraft hat größte Bedeutung gerade durch die immer mehr erkannten Zivilisations- und Medikamentenschäden erhalten.

In Johannes Weyer (1515–1588) hatte Lindenberg einen Arzt ausgewählt, der sich vor allem dem Kampf gegen die Hexenverfolgungen zugewandt hat. Mit seinem Lehrer Agrippa von Nettersheim studierte er die magischen und philosophischen Abhandlungen seiner Zeit und versuchte, die Praxis, alle unerklärlichen und unheilbaren Krankheiten der Hexerei zuzuschieben, als dumm und bösartig bloßzustellen.[17] Nur im Machtbereich des Herzogs von Jülich-Kleve-Berg, dessen Leibarzt er lange Zeit war, hatte er vorübergehend Erfolg, die Hexenverfolgungen hörten auf. Seinem Sohn Heinrich hingegen, der im Sinne des Vaters an der Kölner Universität lehrte, wurde 1565 die venia legendi wegen der Lösung von der Tradition entzogen.[18]

Miguel Serveto (1511–1553), dem Lindenberg das vierte Kapitel widmete, starb unter aktiver Beihilfe von Calvin auf dem Scheiterhaufen. Als Arzt ist er derjenige, der als erster den kleinen und den großen Blutkreislauf beschrieben hat[19], dessen Entdeckung aber wegen der religiös bedingten Verfolgungen ohne Wirkung blieb. "Hundert Jahre später machte Harvey die Entdeckung Servetos noch einmal. Er bewies sie experimentell."[20] Seine Schriften im religiösen Bereich, zunächst sein Buch gegen die kirchliche Dreifaltigkeitslehre "De Trinitatis erroribus"[21] (1531), sodann vor allem "De restitutione Christianismi" (1553) führten zur Abstempelung als Ketzer, letztlich zum Tod.

Wegen seiner bahnbrechenden Arbeiten auf dem Gebiete der menschlichen Anatomie hat Lindenberg Andreas Vesal (1515–1564) in das Buch einbezogen. Er richtete sich gegen die größe Autorität, gegen Galen, den Arzt der Antike, und wurde pauschal abgelehnt.[22] Zwar wurde Vesal Leibarzt von Kaiser Karl V., doch fand er für seine eigentlichen Leistungen keine Anerkennung. "Krank von nutzlosen Disputen, Verfolgungen von Kollegen, vergeblich die Wahrheit verteidigend, warf Vesal in einem Anfall von Verzweiflung die Frucht langjähriger Arbeit, seine Manuskripte, ins Feuer. Es waren umfangreiche Arbeiten über Galen, über Drogen, eine Paraphrase über die Bücher von Rhazes."[23]

Neben den Begründer der modernen Anatomie hat Lindenberg einen bedeutenden Chirurgen gestellt: Ambroise Paré (1510–1590). Er war Chirurg im deutsch-französischen Krieg und wurde schicksalsmäßig zu der Entdeckung geführt, daß die qualvolle Behandlung bei Verwundungen und Amputationen mit siedendem Holunderöl medizinischer Unsinn war. Er widerlegte die Auffassung, Schußwunden seien vergiftet, und führte die Gefäßunterbindung wieder ein. Grundsätzlich mußte sich die Chirurgie innerhalb der Medizin damals noch durchsetzen. Paré als Vorkämpfer war erheblichen Angriffen ausgesetzt, wobei der Umstand, daß er Hugenotte war, seinem Gegner zustatten kam. Einen Vergiftungsanschlag erkannte er im letzten Augenblick[24], in der Bartholomäusnacht 1572 bewahrt ihn der König selbst vor der Ermordung[25].

Edward Jenner (1749–1823) hat die Grundlage für den Kampf gegen die Pocken gelegt. Seinem verzweifelten Kampf gegen die Londoner Ärzte, die seiner Entdeckung, der wirksamen Impfung mit Kuhpocken, keinen Glauben schenkten, ist Lindenbergs siebtes Kapitel gewidmet. Jenner wuchs auf dem Dorf auf und wollte, auch als er Anhänger gefunden hatte, seine Arbeit als Landarzt nicht aufgeben. Als seine Impfungen sich in Westeuropa durchgesetzt und auch in Rußland und Indien massenweise Erfolg hatten, gab er nach und übersiedelte nach London. Die Übersiedlung verstärkte den Neid und die offene Mißachtung seitens der etablierten Kollegen. "Die Gegnerschaft Jenners wuchs mehr und mehr"[26], andererseits wurden 1806 Jenner zwanzigtausend Pfund für seine Verdienste übergeben, wurde er zum Mitglied des Königlichen Kollegiums der Ärzte ernannt, so daß man seinen "Kampf gegen Krankheit und Dummheit" durchaus als erfolgreich und sein Leben nicht als tragisch bezeichnen kann.

Von Ignaz Semmelweis (1818–1865), der als "Retter der Mütter" in die Medizingeschichte einging, ist bekannt, daß Unverständnis und arrogante Ablehnung die allgemeine Anerkennung seiner Erkenntnisse hinauszögerten. Er hatte schon selbst sehr unter dem Bewußtsein gelitten, daß viele Frauen durch seine Schuld am Wochenbettfieber gestorben waren, weil er die Kontaktinfektion nicht früher als Ursache erkannt hatte. Lindenberg macht die – für den Arzt und die Mütter – tragische Situation deutlich, wie auch noch nach der Publikation seiner

Entdeckung durch die Ignoranz von Ärzten und Hebammen sehr viele Wöchnerinnen starben.[27] "So verrann ein Kämpferleben, von allen geschmäht und verspottet, weil in jener spekulativ eingestellten Zeit eine Lehre wie die von Semmelweis lächerlich wirken mußte."[28] Schließlich starb er als Geisteskranker in einer Anstalt an einer Blutinfektion, "starb an der Krankheit, gegen die er sein ganzes Leben eingesetzt hatte"[29].

Lindenberg schließt sein Buch mit einem Kapitel "Die Bekämpfung des Schmerzes", in dem er die Geschichte der Äther- und der Lachgasnarkose behandelt. Ein weiteres Mal hat er Beispiele zusammengestellt, wie sehr menschliche Schwäche solche Entdeckungen behindert hat.

Lindenberg hat keine wissenschaftliche Abhandlung vorgelegt. In der zweiten Auflage fehlen sogar Literaturverzeichnis und Register. Ihm geht es um Einzelporträts bedeutender Persönlichkeiten, in denen er das betont, was ihm wesentlich und im Grundsätzlichen zeitlos schien. Die Achtung vor den Menschen und ihrer Bereitschaft zu dienen, sich ganz in den Dienst des Nächsten zu stellen, ist es, was ihn fesselte und was er vermittelt.

FRÜHVOLLENDETE

Unter dem Titel "Frühvollendete" hat Wladimir Lindenberg das parallel zu seinem Ärztebuch im Kriege und danach geschriebene Buch über sieben Dichter erst 1963 in der zweiten Auflage herausgebracht. Die erste Auflage von 1948 hieß "Die Unvollendeten". Der zweite Titel ist der richtigere. Unvollendet wären höchstens die Schicksale derjenigen Dichter hier zu nennen, die ihrem Leben selbst ein Ende setzten, die aber, die eines natürlichen Todes starben – und sei es durch einen Unfall, wie Shelley – haben ihr Leben "vollendet", haben die ihnen von Gott zugemessene Frist gelebt. Es sind jung gestorbene Dichter, und da sie dichterische Werke hinterlassen haben, die in vollkommener Weise Wesentliches über menschliches Dasein aussagen, nannte Wladimir Lindenberg sie "Frühvollendete".

Wladimir Lindenberg beginnt mit François Villon (1431–1463). Seine Entscheidung, diesen gewählt zu haben, ist so subjektiv wie bei den anderen, sie "liegt an einer ganz besonderen Beziehung zu diesen Menschen, die mir früh oder spät begegneten"[1]. Dabei ist es bei allen sieben Dichtern eine Begegnung mit dem dichterischen Wort, bei zweien auch mit dem Menschen. Bei Villon fesselt ihn – wie bei allen Folgenden – in gleicher Weise das Werk und der Lebenslauf, das Schicksal. Einige Formulierungen über den Menschen und seine Lyrik machen die unmittelbare Beziehung Wladimir Lindenbergs deutlich.

"Villon lebte in der erregenden Epoche an der Schwelle der Neuzeit (. . .) Er ist der erste vollkommen subjektive Dichter, der mit hartem Spachtel die derben Figuren der fahrenden Scholaren, der losen Dirnen, der lüsternen Mönche, der Betrüger und der satten Bürger auf die Leinwand seiner Dichtung auftrug. Wir wollen es ihm verzeihen, daß er grob und drastisch war, daß er die Worte so prägte, wie er sie in seinem Kreise von Apachen, Räubern und Huren sprach."[2] Immer verbindet Lindenberg bei seinen Dichterporträts solche dichterischen, treffenden Kurzdefinitionen mit einem Gang durch das Leben und einigen Gedichten in der Originalsprache und in Übersetzung.

Zu Percy Bysshe Shelley (1792–1822) hatte Wladimir Lindenberg eine besonders nahe Beziehung, sie kommt aber nur im Umfang des Kapitels zum Ausdruck: mit 60 Seiten nimmt es das Doppelte anderer Kapitel ein, übertrifft sogar ein wenig das über seinen Freund der Kriegsjahre, Jürgen Eggert. Den Grund wissen wir aus seinem Bericht über die Reise von 1914 nach Rom. Wladimir Lindenberg hat sich dort am Grabe Shelleys als Reinkarnation des englischen Dichters erlebt. Für die Beurteilung von Lindenbergs Essays über Shelley ist es unwichtig, ob das jemand bezweifelt. Aber Wladimir Lindenbergs Erlebnis erklärt die außerordentlich starke Verbindung zu Shelley.

Manche Sätze über den jungen Shelley passen auf ihn wie auf den Engländer: „Er fühlte eine unendliche Verlassenheit, die unüberbrückbare Verschiedenheit zwischen sich und dieser groben stofflichen Welt, die instinktmäßig alles Höhergeartete ablehnte."[3] "Eine seltsame Neugier trieb ihn gewaltig dazu, das Jenseits dieser Wirklichkeit zu ergründen."[4] "Man müßte ihnen zeigen, daß alle Vorurteile, alle Staatsformen, alle Religionen falsch seien, daß (. . .) vor allem Liebe, Brüderlichkeit und Opferbereitschaft diese Welt des Hasses und des Leids in ein Gefilde des Glücks verwandeln könnten."[5] Vom Revolutionären Shelleys hat Wladimir Lindenberg wenig, eher von jener dichterischen Aussagekraft, die er unendlich bewundert: „Der Genius erblickt mit seinem geistigen Auge aus unermeßlicher Höhe die Harmonie der Welten und in sie eingefügt die kleine Erde mit dem Leid ihrer Kreaturen, der Hybris des Menschen und all dem Wirrwarr und Elend, das aus der Vergottung der entgotteten, machthungrigen Menschheit entstand."[6]

Wladimir Lindenbergs Definition des Wesens von Georg Büchner (1813–1837) beginnt mit den Worten: "Georg Büchner war kein billiger Volksbeglücker, kein Demagoge, kein Theoretiker" und gipfelt in dem dichterisch inspirierten Satz: "Er hatte soviel Chaos in sich, daß er sich erkühnen konnte, eine neue Welt, einen neuen Boden, auf dem ein freies Menschengeschlecht zu leben vermochte, aus seinem Herzen herauszuschleudern."[7] Lindenberg bewundert bei Büchner die Verbindung des Künstlerischen und Politischen mit dem exakt naturwissenschaftlich Forschenden, er leidet mit dem Dichter und seinen tragischen Lebensbedingungen: "Er aber verbrannte, loderte innerlich aus in einem Kreis von Ketten, die man sehr eng um ihn gelegt hatte, so daß er nicht frei atmen konnte."[8] Der Arzt, Philosoph und Dichter Lindenberg erklärt Büchners Tod: "Seine letzte Auflösung im Fieber ist symbolisch für dieses Leben, das sich immer in der Flut des inneren Feuers verzehrte und das, von Fiebern und von Wehen geschüttelt, uns tanzende Sterne aus dem Chaos seines Inneren gebar."[9]

An Arthur Rimbaud (1854–1891) scheint Wladimir Lindenberg das Frühe seiner Reife, die Gestaltung im Wort "in einem Alter, da andere Knaben Indianerspiele spielen" vor allem gefesselt zu haben. Für den, der im Bewußtsein unserer wiederholten Erdenleben großgeworden ist, der also darum weiß, daß jedes Kind die Erfahrung vieler Leben in sich birgt, ist die Erklärung solcher Frühbegabungen gegeben. Wladimir Lindenberg verschweigt in diesem Buch sein esoterisches Wissen. Von Rimbaud betont Lindenberg: "Er wurde in einen großen Traum hineingestellt, und war von ihm umhüllt wie von einer dichten Wolke, die ihm den Zugang zu der Welt der Wirklichkeit und zu der üblichen Gemeinschaft der Menschen verschleierte. Er blieb ein einmaliger, einsamer Seher."[10] Neben solcher Sicht steht dann Wladimir Lindenbergs Gang durch Rimbauds Leben, durch seine Niederungen und Höhen, Armut, Reichtum, Freundschaft, Enttäuschung. Ihn faszinieren bei allen Dichtern die Möglichkeiten von Schicksalen.

Auch Georg Trakl (1887–1914) hat Wladimir Lindenberg in seine Sieben einbezogen. "Mit schmerzlicher Liebe umfaßt er alle Kreatur; er fühlt ihre Hilflosigkeit und Angst und den ihr eingeborenen Tod und möchte jedem Wesen von dem Eigenen helfend geben. Er verschenkt sich ganz, so ganz, daß er seine Seele in aller Kreatur wieder suchen muß, und siehe, alle Kreatur ist in ihm, leidvoll und klagend, anklagend."[11]

Es ist schon ein Wunder, daß ein Russe, der erst mit 16 Jahren nach Deutschland kam, in solch hohem Grade der deutschen Sprache mächtig wurde. Aber Wladimir Lindenbergs eigenes expressionistisches Kurzdrama von 1920 war kein geringeres sprachliches Wunder. Manches mußte Wladimir Lindenberg an Trakl nahe sein: "Das häusliche Milieu war reizlos – Wohlstand, Bürgerlichkeit, Tradition"[12] – das erinnert an Lindenbergs Haus in Remscheid. "Inmitten der häuslichen Geborgenheit ist er einsam, so einsam wie ein verirrter Bergsteiger in der Eiswüste der Alpen"[13] – auch das versetzt nach Remscheid. In Girejewo aber lebte Wladimir Lindenberg im Licht seiner geliebten Mutter, umsorgt und geführt. Dort verband sich mit dem materiellen Reichtum auch geistiger Reichtum. "Trakl war durch und durch wund, zerrissen, seine seelischen Einzelorgane, Triebe, Leidenschaften, Süchte tobten sich in seinem zerquälten Herzen aus"[14] – von dieser Definition gilt nichts mehr für den Autor des Porträts. Lindenberg schildert die liebende Umsorgung Trakls durch Ludwig von Ficker, den Verleger des "Brenner", und die Unfähigkeit Trakls, des Rauschgiftsüchtigen, in dessen helfender Welt bleibenden Halt zu gewinnen. Lindenberg gibt Einblick in ein "Leben, in dem äußerlich so wenig geschah und das innen so turmhoch mit ungeheuerlichen Spannungen beladen war, aus denen die schönsten und zartesten Blüten der Dichtung erblühten"[15].

Sergej Jessenin (1895–1925) ist der einzige Russe, den Wladimir Lindenberg unter seine Frühvollendeten eingereiht hat. Puschkin, Lermontow und Blok hätten es in gleicher Weise verdient, aber es gibt manche Gründe, mit denen sich die Wahl erklären läßt. Jessenin hat einige Wochen in Girejewo gelebt. Da hat sich eine Freundschaft zwischen dem zwanzigjährigen Serjoscha und dem vierzehnjährigen Kunst, Dichtung und Philosophie aufgeschlossenen Bobik entwickelt. Bloks Petersburger Symbolismus war dem Moskauer Lindenberg von klein auf ferner als Jessenins naturverbundene, bauernnahe Dichtung. "Der letzte Sänger der Dörfer, der alle Freude und alles Weh der Kreatur in die Welt hinaussang, zerbrach unter dem eisernen Griff einer mechanisierten Neuzeit."[16] Unter diesem Thema steht Wladimir Lindenbergs Porträt, und in diesem Zusammenhang war der Aufenthalt in dem heilen, strahlenden Girejewo, umsorgt von Jadwiga und der Njanja, in gelegentlichen Begegnungen mit dem Vater Sascha im tragischen Leben Jessenins ein letzter Ruhepunkt. Wladimir Lindenbergs eigene Liebe zur Natur kommt weniger in seinen Werken als in den Stätten seines Lebens zum Ausdruck. Nicht in Moskau, sondern auf dem Landsitz in der Nähe wurde er groß, von Bonn aus schuf er sich die Zuflucht in Niederölfen, in Berlin blieb er zeitlebens am Stadtrand, in Schulzendorf, im Grünen, und außerdem kaufte er sich 1960 ein altes Bauernhaus in Bayern. Der Jessenin-Essay gibt dieser Naturnähe Sprache: "Sein Wort schenkte uns die verlorenen und verschütteten Paradiese der unverbogenen Natur – Farben, Düfte, Ekstasen des Keimens, die Wonne des Tieres im Walde und den zärtlichen Hauch des Frühlingswindes." [17] Wie bei den anderen Dichterporträts erhebt das Bild weder einen Anspruch auf Vollständigkeit noch auf Wissenschaftlichkeit. In diesem Falle vermittelt es unbekannte Episoden aus Lindenbergs eigenem Leben und Wesentliches aus dem Leben Jessenins – sein Zerriebenwerden an der Bohème der Stadt – und der Dichtung – sein religiöses Suchen und seinen Halt in der Natur.

Das Kapitel über Hans Jürgen Eggert (1915–1945?) beschließt Wladimir Lindenbergs Buch – das Kapitel über den Freund der letzten Phase der Nazizeit, der ersten Berliner Jahre mit ihren äußeren Gefahren der Bombennächte und Verhaftungsschergen und ihrem inneren Reichtum der Gemeinschaft gleichgesinnter Menschen, verbunden im vertieften Erleben an Musik, Dichtung und bildender Kunst.

"Er hatte nichts, er war arm, elend, krank an der furchtbaren Zeit, in die er hineingestellt war – aber er war reicher als alle, denn er ruhte in sich, in seinem Kern." [18] "Jürgen Eggert ist kein Revolutionär wie Villon, Rimbaud, Shelley, Büchner, Jessenin, er ist auch kein Müder, Vergehender wie Trakl. Er ist ein Phänomen – ein Träumender, inmitten der Hast des zwanzigsten Jahrhunderts. Inmitten der Explosion der Fliegerbomben schrieb er mit großer, breiter, malender Schrift seine zeitlose Dichtung, die nicht das Geschehen des Augenblicks widerspiegelt, die er aus den verborgenen Quellen seines Herzens schöpfte – uns, die wir verarmt waren, zum Geschenk." [19]

Wladimir Lindenbergs Essay enthält einiges Autobiographische, deutet behutsam die Liebe Eggerts zu Elisabeth Macke-Erdmanns Tochter Constanze an, erzählt von Eggert als Maler – aber sein Schönstes sind die Gedichtzitate und Wladimir Lindenbergs dichterische Aussprüche über ihn, den jungen Dichterfreund. "Er ist ein Weiser, ein Abgeklärter, alles, was den Durchschnittsmenschen bewegt, beunruhigt, erfreut – ist weit weit hinter ihm. Er ist wie ein Mensch, der auf dem Gipfel des Berges steht: nur die ganz großen Massive türmen sich um ihn und der gewaltige Sternenhimmel – der

Makrokosmos.“[20] ”Er, der fast nie über die Stadtgrenze Berlins gekommen war, innerlich erschaut er alle Landschaften der Erde, fühlt den warmen Atem und den Herzschlag des Rindes und erbebt im Flügelschlag des Schmetterlings, trinkt den Regen mit der Wollust des Blatts und ahnt alle Wonnen des Sonnenuntergangs.“[21]

Jedem seiner Dichterportrats, deren Wert nicht zuletzt in der ihm eigenen dichterischen Sprache liegt, hat Wladimir Lindenberg eine Abbildung – Zeichnung, Foto, Stich – beigegeben. Bei Jürgen Eggert ergänzen drei Abbildungen die Worte: ein Foto von ihm, eines von seiner Frau Constanze mit ihrem Kind und ein Bild von der Plastik, die Lindenbergs Frau Dolina Gräfin von Roedern geschaffen hat. Wladimir Lindenberg zitiert immer Gedichte, bei Jessenin u.a. in Nachdichtungen seiner Mutter, bei Jürgen Eggert sind es auch Gedichte ”für Wolodja“, ihm persönlich geschickte, gewidmete. Eines von Ende 1944 läßt in den Anfangszeilen viel vom Typischen der dichterischen Sprache Eggerts erkennen:

O dunkler Tod,
wie silbern lohnt
dein Lächeln
um meinen Traum.[22]

In der Lyrik eines jeden der ausgewählten ”Frühvollendeten“ erlebte Wladimir Lindenberg eigene geistige Erfahrung, eigene Schwingung. Bei Jürgen Eggert vollzog sich das sprachliche Gestalten gleichzeitig, und dies schwingt zum Leser hinüber.

Als bildender Künstler in Berlin

Die frühen Bonner Jahre Lindenbergs sind, was seine Tätigkeit als bildender Künstler anbetrifft, von seinen gewirkten Wandteppichen geprägt. Einige der großen schwarzen Tücher mit personenbezogenen, farbenfrohen Darstellungen aus dem Neuen Testament blieben erhalten.

1930, nach der Afrikareise, schuf Wladimir Lindenberg in der Poppelsdorfer Allee 42 ein Fresco mit Negern. Großblättrige Pflanzen fügen sich um die Gruppen der schwarzen, schlanken Menschen zu einem schönen Ornament. Eine sitzende Mutter hält ihr Kind im Arm, ein Vater steht daneben und gehört streichelnd zum Bild der liebenden Gemeinschaft. Ein Boot wird von acht Negern wie ein Kahn gefahren, aber es ist breiter, erinnert an die Fische, die man davor groß im

Wasser sieht. Die Wellen sind stilisiert, mehr notenschlüssel-ähnliches Ornament als naturalistisches Wasser. Blumen haben die Größe von Menschenköpfen, die Fische die von Menschenkörpern.

Ich habe das Fresco nicht gesehen, aber ein Foto blieb erhalten, schwarz/weiß, es vermittelt diesen Eindruck. Überhaupt ist schwer zu sagen, was Lindenberg alles gemalt hat, vieles ist auch nicht datiert, vieles verloren, verschenkt. Einen Œuvre-Katalog braucht man nicht zu erwarten. Immerhin gibt es ein Schulheft, in das Fotos von Wandteppichen und Bildern, dazu einige Drucke und ein paar kleine, abstrakte Zeichnungen eingeklebt sind, manches darin ist datiert, und daraus läßt sich ergänzend zum Gang durch seine Häuser einiges schließen.

Ende der zwanziger Jahre bis Mitte der dreißiger Jahre entstanden einige weitere biblische Darstellungen. Außer der Ausmalung des Hauses im Westerwald schuf er auch einige Gemälde – Auferstehungsszenen, den Heiligen Michael u.ä. Aus dieser Zeit stammen auch die Hefte mit den Zeichnungen zur Bibel und zur deutschen Literatur: Hesse und Rilke.

1949 nun bekam er einen neuen Schaffensimpuls. Er verwendete Ölfarben und malte viele Bilder, etwa in dem Format 60 x 80 cm. Sie sind den Menschen seiner Zeit gewidmet, nicht dem biblischen Geschehen. Sie erfassen den Schmerz, den der einzelne oder auch zwei Liebende in jener Zeit des Krieges und Nachkrieges, der Not und Verlassenheit zu erleiden hatten. Für die erste Seite seines persönlichen "Katalogs" mit eingeklebten Fotos wählte er das Bild "Abschied". Ein junger Mann steht leicht gekrümmt vor uns und schaut durch uns hindurch, über uns hinweg ins Leere. Die ihn liebende Frau steht halb hinter ihm, steckt ihren Arm unter dem seinen hindurch auf seine Brust, wo beider Hände vereint sind. Ihr Kopf liegt auf seiner Schulter. Sie blickt in sich selbst hinein. Da ist jener stumme, traumlose, entsetzliche Abschied vor uns, wie ihn Millionen Menschen im Kriege durchzustehen hatten, nicht wissend, ob sie sich wiedersehen, oft ahnend, daß es ein Abschied für immer ist. So trennten sich auch Jürgen Eggert und seine Frau.

Ein "Gefangener", ebenfalls 1949 gemalt, sitzt in seiner Zelle. An der Wand erkennt man als Zeichnung seine Gedanken – ein Häuschen, ein Boot, Wolken, Bäume und zwei glückliche Menschen, ein Mann und eine Frau, die sich die Hände geben. Im Fenster eine Taube. Aber eigentlich besteht das ganze Bild aus den großen, schicksalsergebenen und doch noch ein bißchen hoffenden Augen.

Wladimir Lindenberg:
"Abschied" (1949)

"Geschwister in Auschwitz" – schon als Thema aufregend. Zwei große, einander nahe Köpfe, die Frau hat den Kopf an die Schulter ihres Bruders gelehnt. Körperhaltung und Blicke zeigen nicht jene Gemeinschaft wie die beiden in "Abschied". Jeder ist mehr allein. Die Hände suchen sich, sie halten sich nicht. Wieder bestimmen die übergroßen Augen das Geschehen: Wissen um den unvermeidlichen Tod, das Ausgeliefertsein an die böse Macht.

Möglicherweise stammen einige Bilder, die in Berlin hängen, aus diesen Jahren. Da hat ein junger Mann seinen Kopf auf den Tisch gelegt. Das Buch, das er las, liegt vor ihm. Er hält mit den Fingern die Seite im Schlaf noch offen. Oliv ist der Grundton des Bildes, rötlich die Haare. Vielleicht schläft er auch nicht. Vielleicht bewegt ihn das, was er las.

Da sitzt ein Junge und hält einen Vogel auf der Hand. Die Hand ist in der Höhe seines Kopfes, der Vogel ein wenig höher als er. Schöne Blumen umgeben die beiden. Der Vogel ist bunt wie der Regenbogen. Ein glückstrahlendes Bild von der inneren Verbundenheit der göttlichen Geschöpfe: Mensch, Tier, Pflanze.

Der demütig sich Neigende, das ist eine typische Haltung auf Lindenbergs Bildern. Wir kennen sie aus den biblichen Darstellungen. Sie findet sich in den weltlichen Gemälden. Vor einem Kornfeld kniet ein Landmann und hält eine volle Garbe. Hinter ihm prangt das volle Feld. Wenn das Bild tatsächlich 1949 entstanden ist, dann zeigt es den Dank, daß nun die Felder wieder ohne Angst vor Kriegszerstörung bestellt und wieder abgeerntet werden konnten. Leuchtendes Gelb bestimmt dieses Bild des Dankes und der Demut.

Mit "Knabe mit Affe und Vogel" und "Subcorticale Familie" hat Wladimir Lindenberg den realistischen Boden stärker verlassen. Da liegt ein Junge mit angezogenen Knien auf dem Rücken, und ein menschenähnlicher Affe mit Hut spielt auf einer Gitarre. Der Junge schläft. Er träumt wohl dieses Glück. Die "Subcorticale Familie" besteht aus fünf Personen an einem Tisch, drei haben ihre Gesichter, ihre Masken abgenommen und zeigen das Nichts. Da hängen die schönen Haare, dort prangt der eitle Schnurrbart, die Masken sind ab. Eine liegt auf dem Tisch. Ein Gesichtsloser greift nach der Flasche. Eine Frau hat – wohl verzweifelt – ihren Kopf auf den Arm, der auf dem Tisch ruht, gelegt.

Irgendwie hat dieses Bild eine Nähe zu Picasso, ein anderes, das Kopf, geschwungenes gehörntes Pferd und einen Märchenvogel vereint, erinnert an Chagall. Das mag an dem geöffneten Mund, an dem nach oben gerichteten Auge liegen. Mensch, Tier, auch Pflanze verbinden sich im Ornament zu einem Kosmos. Es triumphiert die Phantasie.

Ganz abstrakt sind dann zwei Bilder "Bäuerischer Tanz" und "Stierkampf" gehalten. Das Großflächige überwiegt.

Einige Jahre später, wohl Mitte der fünfziger Jahre, hat Lindenberg einen Zyklus von vielleicht zwölf Zeichnungen zur Bibel ausgeführt und als Postkarten und Briefaufdruck verwendet: Moses, wie er Wasser aus dem Felsen schlägt, Jona unter dem Feigenbaum, Christus vor Pilatus oder ein Bild zu Johannes 7.38 "Wer an mich glaubt, von dessen Leibe werden Ströme lebendigen Wassers fließen", eine Zeichnung von unendlicher Ruhe, Durchgeistigung und Glaubenskraft. Er hat sie im nächsten Buch "Die Menschheit betet" 1956 abgedruckt.[1] Wie diese sparsamen Strichzeichnungen, so sind fast alle

Wladimir Lindenberg:
"Jona unter dem Feigenbaum", Jona 4, 6

Bilder Wladimir Lindenbergs mit einem Signet gezeichnet: Um ein T schlingt sich ein S, ragt dabei über den oberen Balken des T hinaus. TS als Transkription des Anfangs seines eigentlichen russischen Namens Tschelischtschew. Das T öffnet sich unten nach beiden Seiten und bildet so das W des Vornamens: Wladimir.

DIE MENSCHHEIT BETET

Das erste Buch im Ernst Reinhardt Verlag, das einzige, das auch ins Englische übersetzt worden ist, eines der auch im Niederländischen vorliegenden Bücher, das mit der Spitzenauflage von 35.000 (1984) ist "Die Menschheit betet". Wladimir Lindenberg hat es 1955/56 geschrieben, wie er selbst berichtet, in fünf Monaten. Aber die

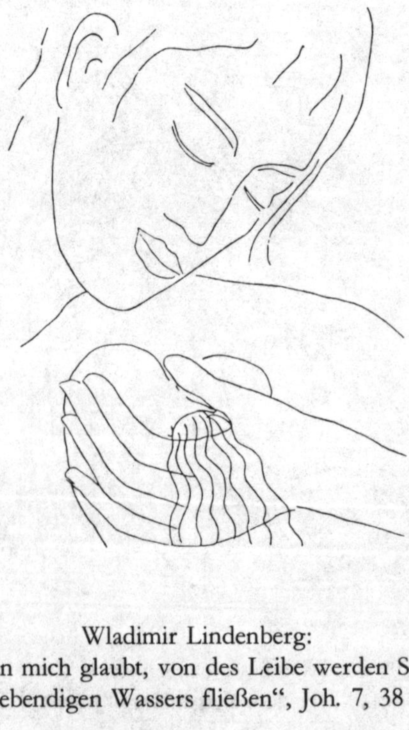

Wladimir Lindenberg:
"Wer an mich glaubt, von des Leibe werden Ströme lebendigen Wassers fließen", Joh. 7, 38

Reifezeit gibt er mit über vierzig Jahren an. Gedanken an solch ein Buch "über die Großartigkeit der Religionen", "nicht nur aus der Sicht meiner eigenen Religion, die ich liebe und verehre und zu der ich ganz und gar stehe"[1]. Er hat sich beim Lesen Zitate aus den Werken der großen Religionen und aus Büchern über sie in Hefte geschrieben. Diese Sammlungen geistiger Aussagen, die ihm nahe waren und blieben, wurden der Grundstock für das erste Buch dieser Art "Die Menschheit betet", sie blieben es auch für weitere.

Wladimir Lindenberg ist kein Philologe. Er belegt die Zitate nicht mit der genauen Quelle, nur in wenigen Büchern, wie in diesem, fügt er eine Bibliographie hinzu. Sie enthält nur einen Teil der Bücher, aus denen er zitiert, aber viele weiterführende Literatur. Er nennt die Autoren, die er zitiert, und er stellt seine Zitate in den Zusammenhang seiner Sicht. Er ordnet sie seiner Absicht unter, dem Menschen zu helfen:

"Vielleicht sollten sie ihn aber aus der Engigkeit, aus der Ausschließlichkeit und der Intoleranz seiner religiösen Bindung, seines Dogmas oder seiner parteipolitischen Prägung für einige Minuten herausführen und ihm zeigen, wie wunderbar immer der gleiche Gott uns unter verschiedenen Antlitzen vor Seinen Völkern erscheint, geliebt, angebetet und verehrt wird."[2]

Lindenbergs Schreiben ist inspirativ. Wenn das Material in ihm herangereift ist und ihn ganz erfüllt, dann zwingt es ihn zur Kreativität. "Plötzlich konnte ich den Drang, darüber zu schreiben, nicht mehr zurückhalten. Ich schrieb und schrieb, nach den anstrengenden Sprechstunden, zwischen den vielen Vorträgen, zwischen Gästen und Einladungen."[3] Dieses Zitat von 1974 veranschaulicht das Leben, in dem alle Bücher Wladimir Lindenbergs in den vier Jahrzehnten ab 1947 entstanden sind. Er war Arzt und Schriftsteller, sorgte für viele Patienten und hielt viele Vorträge, auch im Rundfunk, und in seinem Haus trafen sich viele, im Geistigen einander nahe Gäste.

Das Buch "Die Menschheit betet" verbindet Informationen mit Lebenshilfe. Wladimir Lindenberg vermittelt Kenntnis über viele Religionen und deren Gebetspraktiken und lenkt den Leser zur Besinnung auf die wahren, die göttlichen Quellen des Lebens und auf den Weg, der dahin führt: "Der Mensch muß lernen sich zu beruhigen, sich zu verinnerlichen, stille und schweigsam zu werden, aus seiner selbstgerechten Überheblichkeit zurückzuspringen in kindliche Demut und Gelassenheit. Er muß es lernen, sich wieder an erhabenen

Vorbildern zu orientieren, aus ihrem Leben, ihren Lehren und ihren Haltungen Kraft und Antrieb zu schöpfen." [4]

Dieser "Besinnung auf sich selbst" ist das erste Kapitel gewidmet, das von dem steten Wandel ausgeht, den der einzelne Mensch und den auch die Menschheit in der Geschichte durchmacht.

Wladimir Lindenberg kann nicht anders als das Wort "primitiv" in Anführungszeichen setzen, um sich vor der landläufigen Überheblichkeit gegenüber jenen Menschen lang vergangener Zeiten abzusetzen, deren Weltbild "animistisch", "magisch", "mythisch" war, für die der Mensch ganz in den Rhythmus des Kosmos eingebettet war. [5] Er führt durch das Mittelalter, in dem die "materielle Wirklichkeit keinen Realitätswert hatte" [6], über die Renaissance mit ihrer Entwicklung des Intellekts und der Suche nach Kausalität, über die Zeit der Aufklärung, in der "sich der Intellekt immer mehr vom endothymen Grund heraushebt" und der Mensch "alles, was er nicht sehen, tasten, schmecken kann, als nicht existent" [7] erklärt, über den Materialismus mit seiner "absoluten Abwendung von jeglicher »Metaphysik«" [8] bis hin in die Gegenwart, in der sich die geistigen Kräfte wieder stärker regen, in der er selbst – z.B. mit diesem Buch – zu deren Belebung beiträgt.

Als Arzt und Philosoph beginnt er mit einem kleinen Kapitel über "Das vegetative System". Der abendländischen medizinischen Wissenschaft entsprechend, ist es vom Willen unbeeinflußbar, der Osten – China, Japan, Indien – aber hat "seit Jahrhunderten differenzierteste Methoden der willentlichen und gedanklichen Beeinflussung des Vegetativums ausgearbeitet" [9]. Das Wissen um Yin und Yang, um das weibliche und das männliche Prinzip, in jedem von uns enthalten, ist die Grundlage der chinesischen Medizin, ihre Disharmonie letztlich Ursache der Krankheiten, ihre Harmonisierung stetes Ziel des Menschen. [10]

Wladimir Lindenberg führt einige Gebete aus verschiedenen Religionen und Kulturkreisen an, das des Heiligen Franziskus von Assisi "Herr, mache mich zum Werkzeug Deines Friedens" [11] ebenso wie Mahatma Gandhis "Ich will bei der Wahrheit bleiben" [12]. Er betont, daß "Gebet nicht nur eine Bitte, ein Flehen oder ein Danken" ist, sondern "oft auch eine Antwort. Der Gott in uns antwortet dem Fragenden in uns, und es wird uns Erleichterung und Kraft" [13]. Wladimir Lindenberg stellt das Übergreifende von Gebet und Meditation an den Anfang seines Buches. Er schließt auch damit, will helfen, "daß wir endlich mit mehr Ehrfurcht und mehr gegenseitigem

Verständnis einander in der Nähe und in der Fremde begegnen und daß wir den Anderen, nicht nur den Menschen, auch jegliche Kreatur und jedes Ding achten und lieben lernen als ein Geschöpf Gottes"[14].

"Altchinesische Lebensphilosophie" veranschaulicht Wladimir Lindenberg im ersten, einem regionalen religiösen Bereich gewidmeten Kapitel. Sie teile den Menschen in drei Gruppen ein: den "schwachen Menschen", "dem es nicht gegeben ist, Herr über sich selbst zu sein", der "am Schicksal zerbricht", der "dahintreibt ohne inneres Ziel", den "begabten Menschen", der die Gaben vom Himmel bekommen hat, sein Leben bewußt zu gestalten, der Unterscheidungsvermögen hat, der sein Schicksal gestalten kann, und den "weisen Menschen", das "Idealbild nicht nur Chinas, sondern des gesamten Ostens", "das letzte und höchste Ziel des Menschen; es ist der Mensch, der über sich selbst, über seine eigene Physis und seine Psyche, über das kleine Ich zu dem größeren kosmischen Ich hinausgewachsen ist"[15].

Wladimir Lindenberg beschreibt das I Ging, zitiert K'ung-Fu-Tse und Lao-Tse und zieht seine Parallelen zu russischen Starzen, Angelus Silesius und indischen Weisen.

Im nächsten, dem Buddhismus gewidmeten Kapitel geht er von der geistigen Bewältigung des Leidens in dieser "sanftesten religiösen Lehre der Welt"[16] aus. Die Entstehung des Leidens ist nach Gautamo Buddha "jener Durst, der von Wiedergeburt zu Wiedergeburt führende, von Freude und Leidenschaft begleitete, hier und dort seine Freude findende (der Durst nach Lust, der Durst nach Werden, der Durst nach Aufhören des Werdens). Dies ist die Entstehung des Leidens"[17]. Die Aufhebung dieses "Durstes", dieses Verlangens, das von Wiedergeburt zu Wiedergeburt führt, ist die Aufhebung des Leidens. Auch den Weg zur Aufhebung nennt Buddha. Er ist achtteilig:[18]

Rechtes Glauben,
rechtes Denken,
rechtes Reden,
rechtes Handeln,
rechtes Leben,
rechtes Streben,
rechtes Gedenken,
rechtes Sichversenken.

Das Kapitel ist reich an Zitaten, Zitaten, von denen jedes für den Leser bereichernd sein kann – jedes für sich und alle in ihrem Wechselklang. Es endet mit der Bewunderung des angestrebten und erreichbaren Zieles des Menschen, der "völligen Vergeistigung seines Lebens“ [19].

Den Zen-Buddhismus in Japan betrachtet Wladimir Lindenberg gesondert. Historische Informationen über die Verbreitung der Lehre Buddhas leiten das Kapitel ein. [20] Den Schwerpunkt aber legt er auf den Gipfelpunkt der irdisch möglichen Vereinigung mit dem Göttlichen, die Erleuchtung. "Letzter Sinn der Meditation des Zen ist das Erlebnis des »Satori«, der Erleuchtung, der Versenkung, des »Samahdi« der Inder. Sie ist das Erlebnis der höchsten Beglückung.“ [21] Wladimir Lindenberg bezieht in diese Höchstform des Gebets die christliche Unio mystica mit ein, erwähnt die verschiedenen Wege, die dahin führen, aber mahnt, dieses Erfahren des göttlichen Lichtes bliebe "trotz alles Strebens und alles Verdienstes eine Gnade“ [22].

Sein Blick geht auf die Konzentrationsübungen in Zen-Klöstern, auf die Furchtlosigkeit als Folge seelischen Gleichmuts, den Tod als "das Eingehen in das Nirwana, ein Hinüberwechseln in eine andere Wirklichkeit, die Wirklichkeit des Geistes“ [23]. Besonders wichtig ist ihm "die Liebe zum Schönen“, die der Zen-Buddhismus schuf, "die Kunst der gezielten und eleganten Körperhaltungen und -bewegungen“ [24], Judo, Bogenschießen, Teezeremonie, Blumenstellen – Durchgeistigung und Schönheit im Alltag. "Von allen religiösen Schulen der Persönlichkeitsvergeistigung ist Zen die freieste“ [25], abstrahiert er, um Zen abzuheben.

In die Zitate flicht er hier Zitate von Graf Dürckheim ein, aus dessen auf langer Erfahrung ruhenden Schriften Wladimir Lindenberg vieles – verehrend und lernend – aufgenommen hat. [26]

Mit der "Yoga-Lehre“ ist Wladimir Lindenberg von klein auf, insbesondere durch seine Mutter, vertraut gewesen. Für ihn "stellt sie die älteste und weiseste sowie psychologischste Form der Erziehung des Menschen zur Reifung, zur Selbstverwirklichung und zum Zusammenklingen im All dar“ [27]. 1960 hat er ihr ein eigenes Buch gewidmet.

Zu Anfang betont er als Eigenheit das, woran ihm im religiösen und alltäglichen Leben des Menschen am meisten gelegen ist: "grenzenlose Toleranz“, und erinnert daran, daß es "in der Geschichte des Hinduismus keine Religionskriege, keine Verfolgung Andersgläubiger, keine Verachtung oder auch nur Mißachtung fremder Religionen“ [28] gegeben habe.

"Höchster Sinn des Daseins ist, sich von den Knüpfungen des Karma zu lösen, keine Bindungen durch böse Gedanken, Kränkungen, böses Reden, böse Taten, Gewaltanwendung zu vollziehen"[29] – das ist für Wladimir Lindenberg, wie eigentlich jede Wiedergabe des Wesens einer der Religionen, sowohl Beschreibung der Auffassung des konkreten Objekts – hier der "Yoga-Lehre" – als auch persönliche Überzeugung. Die "Seelenwanderung", das Prinzip der wiederholten Erdenleben zur Entwicklung vom "schwachen" über den "begabten" zum "weisen" Menschen, zur Bewältigung des Karmas, zur Entwicklung des kosmischen Lichts in uns, ist ihm Selbstverständlichkeit. Seine persönlichen Erfahrungen hierin läßt er unerwähnt. Er zitiert drei Seiten lang aus der Bhagavadgita, dem "verehrtesten und beliebtesten Epos der Hindus"[30], der – nach Schopenhauer – "belehrendsten und erhabendsten Lektüre, die auf der Welt möglich ist"[31].

Des Sterbens Ende ist die Neugeburt; so heischt es das Gesetz; betrüb Dich nicht, da Du des ewigen Gesetzes Lauf nicht ändern kannst.
Veränderung ist das Los von allen Dingen.[32]

Wladimir Lindenberg geht auf verschiedene Formen des Yoga ein, auf Körperbeherrschung, Atemschulung, Nahrungsreinheit, Meditation (auch mit Hilfe von Mantram und Bildbetrachtung) oder Barmherzigkeit. Er stellt unter vielem anderem auch die Forderung heraus, nicht um etwas zu bitten, das nicht von selbst gegeben wird, also die Forderung nach Freisein von jeglicher Begehrlichkeit. "Dem, der nicht bittet und sich nicht selbst nimmt, strömen die Dinge zu."[33]

Was Wladimir Lindenberg an Yoga besonders liebt, ist der Umstand, daß Yoga jeder Art "in keinem Gegensatz zu irgendeinem religiösen Bekenntnis steht"[34]. Am Schluß zitiert er Sarami Siwananda Maharaj, einen Arzt und Yogi, der 1923 in die Einsamkeit des Himalaja ging. Seine Regeln lassen sich im praktischen Leben von heute verwirklichen. Manche klangen im oben Gesagten an, ergänzend sei – auch nur als Beispiel – zitiert: "Mache dich nicht abhängig von Bediensteten, sei selbständig. Überdenke alles Unrechte, das Du am Tage getan hast, bevor Du schlafen gehst. Bedenke, daß der Tod Dich jeden Augenblick erwartet."[35] Wladimir Lindenberg schließt das Kapitel mit den Worten: "Das sind die Grundsätze der Lehre. Sie führt zu Selbstverwirklichung, zum Einssein mit der Welt, mit Gott, zur Liebe zu aller Kreatur, zu Demut und Glückseligkeit."[36]

Wladimir Lindenbergs Liebe zum Chassidismus geht ebenso wie die zum orthodoxen Christentum, zu Yoga oder chinesischer Weisheit auf Kindheitserlebnisse zurück. Bei der Westeuropareise 1914 war er erstmals den Chassidim begegnet. Er vergleicht in "Die Menschheit betet" die Zaddikim, die Führer der chassidischen Bewegung, mit den russischen Starzen. Nicht ein Einfluß der Starzen auf die Zaddikim, wohl aber "nicht unähnlicher Volksgeist"[37] des gleichen geographischen und klimatischen Raums ist es, womit er die Nähe erklärt.

"Was an dem Chassidismus anders gegenüber dem orthodoxen Judentum ist, ist nicht die Lehre, es ist die Qualität der Liebe, der Demut und des Nähegefühls."[38] Für den Chassiden wohnt Gott "überall, in aller Kreatur, in Menschen, Tieren, Insekten, Pflanzen und Gesteinen, ja, in den vom Menschen bereiteten Gegenständen"[39]. Wladimir Lindenberg betont die Aufgabe des Menschen nach dieser Lehre, als Gottes Bote dank seiner freien Entscheidungskraft "die in der Kreatur und den Dingen eingefangenen Funken von Gottes Urseele zu erlösen"[40].

Martin Buber, der die Lehren der Chassidim wieder zu Leben erweckte und den Wladimir Lindenberg von Bonn aus besuchte, aber damals dessen gewaltiger Kraft des Zuhörens nicht standhalten konnte, gehört zu den meistzitierten Lehrern in seinen Büchern. Er zitiert ihn in vielen Zusammenhängen, nicht nur hier im ureigensten Buberschen Bereich, dem Chassidismus. Buber: "Die chassidische Botschaft hat das in geheimer und in offenbarer Lehre überlieferte Wissen um den Alltag der Erlösung ganz praktisch ausgesprochen."[41] Für die Chassidim ist eine wesentliche Haltung das Bewußtsein. "Nicht das »Später«, das ewige Leben, die übersinnliche Welt, das Leben nach dem Tode oder die Seelenwanderung sind das Ziel. Jetzt, hier und heute ist die entscheidende Minute und der Ort."[42]

Die Begegnung mit Gott und seinen Engeln erfolgt, wenn irgend möglich, nicht allein, nicht in der Zurückgezogenheit der Klosterzelle oder des Meditationsraums, sondern "in der Gemeinschaft". Dort wird des einzelnen "Stimme von den anderen mit gehoben und schwingt frei und hell zum Throne Gottes empor." Der einzelne hat "eine nur beschränkte Kraft im Tun und Glauben", in der Gemeinschaft wird die eine Kraft "gebündelt zu einer großen wirkenden Kraft"[43].

Beim Islam, dem Wladimir Lindenberg das nächste Kapitel widmet, betont er die Toleranz, die weiter ginge als bei Christen und Juden.[44] Er erinnert daran, daß die Moslems zwar eine Welt eroberten, es aber nirgendwo unternommen hätten, "die Menschen zum Islam zu bekehren, weder durch Gewalt noch durch Überredung"[45]. Wladimir Lindenberg stellt als die drei Grundlagen des Islams heraus:

"Gottesfurcht und Gehorchen seinen Geboten; rechtes Handeln; und als Ende des Wegs die erlösende Glückseligkeit"[46]. Besonders behandelt er die Sufis, die "Weisen und Heiligen unter den Moslems"[47], und zitiert aus den Werken vieler berühmter Sufis. Die Zitate fügen sich in das Gesamtgebäude der Weltsicht Wladimir Lindenbergs fugenlos ein, bestätigend oder ergänzend, z.B.:

"Zan Nun, der Ägypter, sagte: »Der Durchschnittsmensch hat seine Sünden zu sühnen, und der erwachte Mensch hat seine Nachlässigkeit zu sühnen, denn für diesen ist die Nachlässigkeit eine Sünde.«"[48]

Ungewöhnlich und darum besonders bereichernd ist die Einbeziehung eines Kapitels "Die geistige Welt der Indianer". Wladimir Lindenberg beginnt es mit einem großartigen Gebet der Sioux-Indianer, das er über viele Jahre hinweg als Sonderdruck seinen Freunden mit der Briefpost verschickt hat. Darin heißt es, "mögen meine Hände die Dinge achten, die Du geschaffen hast, und meine Ohren Deine Stimme hören!", später "Ich sehne mich nach Kraft, nicht um meinen Brüdern überlegen zu sein, sondern um meinen größten Feind – mich selbst – bekämpfen zu können"[49].

Wladimir Lindenberg betont das Ganzheitliche der indianischen Weltvorstellung, das Gefühl, der ältere Bruder der Tiere und der Pflanzen zu sein, nicht mehr, eng verbunden dem Himmel und der Erde. Gott war für die Indianer vor allem "Das große Geheimnis"[50]. Er war dem Indianer nicht personifiziert, sondern "geheimnisvolles All". "Gesinnung, Gesittung und Glaube prägen sein Dasein; es sind Stille, Ehrfurcht vor allem Seienden, Liebe, Mut, Rechtlichkeit und Einsamkeit. Er hat den Hang und den Mut zum Alleinsein. All sein Tun und Verhalten ist durchdrungen von Gebet. Er steht allein zu seinem Gott, ohne Vermittlung von Kirche oder Priestern."[51] "Sein Wesenszug ist Verschwiegenheit, Zuverlässigkeit, Mut und Ehrlichkeit."[52]

Wladimir Lindenberg vermittelt seine Freude, daß der Indianer, anders als die Menschen der Zivilisation, noch "das innere Wissen um die heilenden und verderblichen Kräfte in der Natur und ein unbewußtes Wissen um die eigene Körperlichkeit" habe, "eine innere Organschau – eine hellseherische Gabe"[53].

Wladimir Lindenberg beendet dieses Kapitel mit der Beschreibung eines Zustands, wie er ihn jedem Menschen wünscht: "Sein ganzes Leben steht in der Meditation, es steht in der Mitte des Daseins und ist noch nicht von den heilenden, heiligen, vitalen Kräften des Kosmos abgetrennt, entblößt und ausgelaugt."[54]

Die Darstellung des Christentums hat Wladimir Lindenberg in seinem Buch "Die Menschheit betet" aufgeteilt in mehrere Kapitel, hat Urchristentum, Ostkirche, Katholizismus und Reformation für sich behandelt. Er beginnt mit der Darstellung der Auferstehung nach Johannes als dem "zentralen Erlebnis" [55] und unterstreicht die "wirkliche Freude im Geiste, die das ganze frühe Christentum durchpulst" [56].

Vom Christentum der Ostkirche – Lindenberg vermeidet den Ausdruck "orthodox" – betont er den "Funken urchristlicher Freude" und das "permanente Auferstehungserlebnis" [57]. Größte Bedeutung hat für Lindenberg die "Hesyche", das Christentum der Stille und Reglosigkeit, wie es auf dem Berge Athos und später in anderen Klöstern gelebt wurde. Seine Darstellung entspricht nicht ganz der, wie sie ein orthodoxer Geistlicher geben würde, und diese subjektiven Abweichungen dürften für Wladimir Lindenbergs Darstellungen der anderen Religionsformen ebenso gelten. Zum einen wird er andere Schwerpunkte setzen, vor allem ist seine Art, die verschiedenen Religionen miteinander vergleichend zu verbinden, etwas, was dem Geist und Anspruch der Russischen Orthodoxen Kirche widerspricht.

Um so mehr trifft er sich mit jedem Priester und Bischof der Russischen Orthodoxen Kirche, wenn er auf die "Aufrichtigen Erzählungen eines Pilgers, seinem geistlichen Vater mitgeteilt", verweist, ein glaubensstarkes Buch des vorigen Jahrhunderts, mehrfach aufgelegt, übersetzt, "ein Kind der Hesyche" [58], ein Bekenntnis zum "immerwährenden Herzensgebet", dem "Jesusgebet" [59]. Wladimir Lindenberg erzählt von den Starzen, den heiligen Meistern der orthodoxen Kirche, von den "Jurodiwyje", den "Narren in Gott", den einfältigen, gottgelenkten, vom Volk verehrten Hellsichtigen. Er bekennt sich zu den Heiligen seiner Kirche, nennt Serafim von Sarow den "letzten Heiligen" [60], was zum Zeitpunkt der Niederschrift stimmte, aber bald durch die Aufnahme von Johannes von Kronstadt durch die Russische Orthodoxe Auslandskirche überholt war, dem später die "Neumärtyrer", also die Opfer der Bolschewiken – unter ihnen vor allem die vielen ermordeten Geistlichen – folgten.

Wladimir Lindenberg führt seine Leser duch die russische religiöse Geistesgeschichte – Kirejewski, Dostojewski, Starez Amwrossi von Optina Pustyn, Wladimir Solowjow – um die Verwurzelung des östlichen Christentums zu veranschaulichen.

Ein Abschnitt ist der Ikone gewidmet, die "als religiöses Objekt zwischen dem Gläubigen, dem Betenden und Meditierenden, und der geistigen Welt“[61] steht. Ausgangspunkt für die nahe Beziehung des Russen zur Ikone ist für Wladimir Lindenberg der Umstand, daß ”der noch naturgebundene östliche Mensch die diesseitige sowie die geistige Welt mit den Sinnen erlebt“[62]. Er veranschaulicht die lebenslange Beziehung des orthodoxen Gläubigen zur Ikone – von der Geburt bis zum Tod – und nennt abstrakt die Situationen, in denen der Ikone besondere Aufmerksamkeit geschenkt wird: Brand, Flucht, Reise, Krieg, Kummer, Freude. Als Kenner seines Lebenslaufes weiß man, wie er dabei an sich in Krasnoje selo, in Girejewo, im Kreml mit dem Vater, in Remscheid, in Bonn und nun in Berlin dachte. Er meint auch sich selbst, wenn er von dem orthodoxen Christen im Gebet vor der Ikone sagt, es ”vollzieht sich zwischen ihm, dem Holz der Ikone und den Heiligen eine mystische Einheit, die sich dem intellektuellen Verstehen entzieht“[63]. Neben solchen Versuchen, das Geistige der Ikone in Worte zu fassen, stehen bei Wladimir Lindenberg sachliche Berichte über das Malen von Ikonen und die Anonymität der Maler.[64]

Das Kapitel über ”Gebet und Meditation in der katholischen Kirche“ leitet Wladimir Lindenberg mit der Gegenüberstellung ein: ”Die Ostkirche ist in ihrem Wesen statisch, die Westkirche ist dynamisch.“[65] Großen Raum nehmen Zitate aus den Schriften des Heiligen Augustinus und des Heiligen Franz von Assisi ein. Sein Hinweis auf die große Bedeutung, die gerade Franz von Assisi dem Schweigen beimaß[66], mag auf seine eigene Erfahrung im Rosenkreuzerschloß seiner Tschelischtschew-Familie, von 1915 zurückgehen, aber sie hat ihre Parallelen auch in den anderen von ihm dargestellten religiösen Lehren.

Ausführlich berichtet Wladimir Lindenberg auch über die geistlichen Übungen, wie sie Ignatius von Loyola zu einer Schule der Meditation entwickelt hat. ”Seine geistlichen Übungen, die streng unter der Aufsicht und Führung von Meditationsmeistern durchgeführt werden, schaffen eine Elite des Geistes, wie sie in der Geschichte des Abendlandes beispiellos dasteht.“[67] Er veranschaulicht das Intellektuelle dieser Anweisungen und grenzt sie mit dem Satz persönlich ab: ”Sie ist allerdings typisch westlich.“[68]

Noch schwerer fällt es Wladimir Lindenberg, sich mit den Gebetsformen des Protestantismus zu identifizieren. An dieser Stelle behandelt er den Ikonoklasmus und vor allem die Wiedereinführung der Bilderverehrung.[69] Ein historischer Überblick setzt bei Roger Bacon, über den er im Ärztebuch geschrieben hatte, an[70], führt über Petrus de Valdès, Meister Ekkehart, John Wiclif, Johannes Hus bis zu

Martin Luther – jeweils unter Betonung der reformatorisch aufklärerischen Tätigkeit. Man spürt den Schmerz des orthodoxen Gläubigen, wenn er vom Protestantismus feststellen muß: "Die Fürbitte bei der Muttergottes und den Heiligen sowie die Bilderverehrung wurden eingestellt. Von den sieben Sakramenten bleiben nur drei: Taufe, Abendmahl und Buße (. . .) Statt der guten Werke postuliert er die Gnade, aus der der Christ allein lebe und die Erlösung empfange." [71] "Im überschießenden Schwung des erblühenden Intellekts wirft er uralte magisch-mythische Gebräuche, Rituale, Weihrauch, Symbolik von Bild, Zahl und Gebärde, Ohrenbeichte, Heiligenbild, Heiligenverehrung, den erhabenen Mutterkult, festgelegte Fastenzeiten, die Opfermesse von sich." [72]

Diesem Unglück über den Verlust, den die Reformation für die Gläubigen mit sich brachte, stellt er die positive Kraft entgegen, die von protestantischen Mystikern ausging. Er zitiert ausführlich Jacob Böhme[73], geht auf J. Treviranus, Domenicus Beern[74], Ephraim Praetorius[75] und Nikolaus Zinzendorf mit seiner Herrnhuter Gemeinde ein[76]. Aus Bischof Wilhelm Stählins "Regel des geistlichen Lebens" wählt er als Zitat die Passagen über die Stille und das Schweigen[77].

Wladimir Lindenberg schließt sein Buch mit dem Kapitel "Das innere Licht. Die Quäker". "Wenn es die Quäker nicht gäbe, könnte man im heutigen Abendlande an den Menschen und an der Menschheit verzweifeln." [78] Lindenberg ist den Quäkern im Nachkriegsberlin begegnet und wurde von ihrer selbstlosen Hilfsbereitschaft zutiefst berührt. Er nennt sie "Menschen, die ganz ohne Falsch, ohne Vorurteile, ohne Haß, ohne Hochmut, ohne Geiz, liebend, dienend, tolerant, uneingeengt durch irgendwelche politischen oder kirchlichen oder weltanschaulichen Dogmen sind" [79]. Er wirft einen Blick auf die leidensvolle Geschichte der Quäker und freut sich, daß "diese Lehre in den dreihundert Jahren ihres Bestehens bis heute nicht verdorben, nicht in neuen Dogmen erstarrt oder formalistisch geworden ist" [80].

Nach dem Kriege waren die Quäker "die ersten, die mit einer helfenden und versöhnenden Geste aus dem ehemaligen Feindesland nach Deutschland kamen" [81]. Wladimir Lindenberg wurde in den Vorstand des Berliner Nachbarschaftsheims gewählt. Diese eigene Begegnung mit den Quäkern läßt er ebenso wie die persönlichen Erfahrungen mit der Orthodoxie oder der Yoga-Lehre aus dem Buch fort. Aber sein Satz über die Quäker "Heute wie damals strahlt das »innere Licht« durch die Menschen, die sich freiwillig zu dieser Lehre bekennen"[82] gilt auch für Wladimir Lindenberg, dessen inneres Licht bei der persönlichen Begegnung und beim Lesen seiner Bücher erstrahlt.

TRAINING DER POSITIVEN LEBENSKRÄFTE

Dieses Buch erschien zunächst 1957 im "Lebenweiser-Verlag", einer wohl mehr idealistischen als kaufmännisch-fachgerechten Institution, von der sich Wladimir Lindenberg, da er – wie er sich erinnert – niemals eine Abrechnung erhielt, trennte. Aber wir verdanken wohl diesem Verlag die Anregung zu dem Buch. Im allgemeinen kamen die Anregungen zu Lindenbergs Büchern von außen. 1962 und 1968 erschienen Neuauflagen im Verlag von Richard Schikowski in Berlin, bei dem Lindenberg dann noch seine beiden Yoga-Bücher herausbrachte.

"Training der positiven Lebenskräfte" ist ein Buch, das unmittelbare Lebensberatung ausüben will. Es ist das einzige, in dem Wladimir Lindenberg seine Leser regelmäßig anredet, mit "Du" anredet. "Dieses Buch soll Dir Freund, Berater und Wegweiser sein."[1] Sein Ausgangspunkt ist nicht das Schicksalsmäßige, sondern die dem Menschen gegebene Kraft und Verantwortung der Gestaltung des Lebens. "Dieses Buch soll Dir die Möglichkeit geben, Dich mit Dir selbst, mit Deinen positiven und negativen Kräfte auseinandersetzen, sie zu ordnen, zu gestalten, das Gute vom Bösen zu trennen, und Dich zu einem harmonischen und lebensbejahenden Menschen zu machen."[2]

Das Buch ist sehr bewußt aufgebaut, 60 Kapitel von 3–4 Seiten behandeln Fragen wie Angst, Neid, Haß, Lüge, Ungeduld, Geschlechtstrieb, Ehrfurcht, Güte, Liebe, Heiterkeit, Freude, Ehrlichkeit, Höflichkeit, Selbstbeherrschung, Verzicht, Verzeihen, Reue, Bescheidenheit oder Humor, gehen dem "Training der positiven Kräfte der Gemeinschaft" nach, also den Beziehungen zu Menschen, Tieren, dem anderen Geschlecht, Familie, Kindern, Nachbarn, Freunden, Vorgesetzten, Untergebenen, aber auch dem Hausrat.

Wladimir Lindenberg schließt das Buch mit der Behandlung der "Lebensgestaltung" – dem "Lebensrhythmus", dem Verhältnis von "Spannung und Entspannung", den "Gezeiten" des Menschen: "Jugend, Reife, Alter". Er behandelt das "Alleinsein", das "Gebet", das "Gedächtnis", das "Leid", den "Tod".

Weniger als sonst fügt er Zitate der von ihm verehrten Meister ein, aber einige ihm besonders wichtige finden sich schon. Einmalig formuliert er selbst Sentenzen, die er auch durch kursiven Satz heraushebt. Einige Beispiele:

"Denke daran, daß an jedem Menschen etwas Liebenswertes ist und daß jeder Mensch, wenn er Dir auch unbedeutend erscheint, sich selbst sehr wichtig vorkommt, ebenso wichtig, wie Du Dir erscheinst."[3]

"Du kannst genau wie der Heitere heiter sein. Es geht hier weniger um die Anlage als um ein Bewußtsein und um eine Selbststeuerung."[4]

"Dein Körper und noch mehr Dein Geist sind in der Lage, Wunderbares zu vollbringen (. . .) Darin liegt aber das Geheimnis jeder Leistung und jedes Erfolges, – daß man sich immer mehr zumutet; wie eine wunderbare alte Frau einmal sagte: »Mehr tun als man kann.«"[5]

"Ein geduldiger Mensch ist gelassener, fröhlicher, er strömt auch in Gefahren Sicherheit und Ruhe aus. Er ist weniger Unfällen unterworfen, er geht behutsam mit den Dingen um und beschädigt sie nicht. Man bekommt Vertrauen zu ihm, weil man fühlt, daß er beherrscht ist."[6]

"Alles, was Du tust, tue mit Bewußtsein und mit Nachdruck."[7]

"Mitten im Danken wird es Dir dann bewußt, wie positiv im Grunde Dein Leben ist, wie reich du beschenkt wirst, und wie viele Deiner Wünsche eine Erfüllung finden."[8]

"Werden wir von dem Bewußtsein durchdrungen, daß wir dienen, so können wir nicht anders als bescheiden sein."[9]

"Jeder Mensch sollte seinen Tag beginnen und beenden mit einer kurzen, wenige Minuten dauernden Meditation, Versenkung, Innenschau, aus der er wie aus einem reinigenden, erfrischenden Tauchbad gesund, gekräftigt und mit guten Absichten beladen aufsteigen würde."[10]

Der Konjunktiv dieses Satzes macht den Realitätssinn Wladimir Lindenbergs deutlich. Er verweist zu Beginn des Buches auch auf seine "zwanzigjährige ärztliche Tätigkeit in Praxis und Klinik", auf die "Tausende von Einzelschicksalen", in die er hineingesehen habe. "Und immer wieder ist mir aufgefallen, wie innere Unordnung, Unbeherrschtheit, Unfähigkeit, die eigenen Spannungen zu regulieren, tiefe Unwissenheit über den eigenen Körper und die Seele – zu Krankheiten, Nervenleiden, Niedergeschlagenheit, Zerfall mit sich selbst, Zerfall mit der Gemeinschaft, Unglück und Elend verursachen."[11] Er weiß um die Kraft des Gebets, in denselben Jahren entstand sein bedeutendes Buch über das Beten der Menschheit, aber er weiß – und das deutet dieser Konjunktiv an – auch, wie sehr die säkularisierte Menschheit vom Gebet abgekommen ist. Die Menschen, die Wladimir Lindenberg mit diesem Buch, mit dem davor oder den vielen danach erreicht hat und die das von ihm ja nur erneuerte uralte Wissen um die Notwendigkeit der täglichen Verbindung mit Gott im Gebet haben annehmen und in ihrem Leben in die Praxis umsetzen können, wurden reich beschenkt.

Das Buch beginnt mit einem Kanon von zwölf Regeln, die dann ausführlich behandelt werden. Er mahnt, einem jeden Tun die volle Aufmerksamkeit zu schenken, dementsprechend in Pausen sich bewußt zu entspannen und dieses Entspannen zu üben. Beim Hinweis auf das tägliche morgendliche Gebet heißt es: "Nimm Dir ernstlich vor, heute geduldig, gütig, hilfsbereit, froh und tolerant zu sein."[12] Beim Hinweis auf das tägliche abendliche Gebet erinnert er an die Notwendigkeit, sich kritisch zu sehen, sich falsches Verhalten bewußt zu machen, gute Vorsätze in sich zu festigen und zu danken. In diesen zwölf Regeln findet sich auch die Verbindung mit der Natur: "Geh nicht zu Bett, ehe Du nicht einen kurzen Gang durch die Natur gemacht hast, oder, wenn das nicht möglich ist, fünf Minuten am offenen Fenster in das offene Firmament geschaut und versucht hast, Dich mit den kosmischen Kräften in Verbindung zu setzen."[13] Solche Naturbekenntnisse sind in Lindenbergs Werken relativ selten, auch dieses Buch enthält kein gesondertes Kapitel "Deine Beziehung zur Natur" oder neben dem Abschnitt "Hausrat" einen Abschnitt "Dein Garten" oder "Deine Grünpflanzen". Aber wenn Wladimir Lindenberg diesen Natur- und Pflanzenbereich erwähnt, dann ist er ganz in sein kosmisch-ganzheitliches Denken integriert.

Die Regeln mahnen zum Handeln "ohne Hast", zu Freundlichkeit und Besonnenheit. Ernsthaft mahnt Lindenberg, über einen anderen Menschen nichts Schlechtes zu sagen, nicht schlecht über ihn zu denken, Ungünstiges für sich zu behalten. Seine Regel "Versprich nichts, was Du nicht halten kannst"[14], scheint banal und gewinnt bei tieferem Nachdenken an Gewicht, denn das tröstende Versprechen an ein Kind, die gutgemeinte Ankündigung eines Handwerkers zu kommen und der sich selbst täuschende Vorsatz gehören auch in diesen Bereich.

Nicht zu üblichen ethischen Regeln gehört sein 10. Punkt: "Bemühe Dich, klar zu denken und klar zu sprechen, auch im Familienkreise, achte auf Deine Sprache, wie verwaschen und undifferenziert sie oft ist. Sie ist der Gradmesser Deiner Kultur.“ [15] Die Richtigkeit der ”Regel“ steht ebensowenig außer Zweifel wie die aller anderen. Aber sie ist weit weniger Allgemeingut als die Regeln der Freundlichkeit, Ehrlichkeit, Beherrschtheit usw. Lindenberg legt in diesem Buch viel Wert auf Kindererziehung, stellt Liebe, Ehrlichkeit und Vertrauen dem Kinde gegenüber in den Vordergrund. Gerade bei der Kindererziehung ist die Erziehung zum klaren Sprechen, klaren Denken ebenso wichtig wie bei der Selbsterziehung. Wladimir Lindenberg hat aus dem Buch sein Wissen um die Reinkarnation, das sehr entscheidend für das Verhältnis zu Kindern ist, ganz herausgelassen. In Westeuropa sieht man in einem Kleinkind nur das Unfertige, sieht das Produkt von Mutter und Vater sowie relative Ähnlichkeiten. Man weiß nicht, daß ein Individuum, das vielleicht auf einer geistig höheren Stufe steht, sich einem Elternpaar bewußt anvertraut, sich bei diesem als Kind inkarniert, sein Schicksal – auch ein sehr schweres Schicksal – in Grundzügen kennt und auf sich nimmt. Man weiß nicht, spürt aber wenigstens manchmal, daß ein kleines Kind der spirituellen Welt noch nahe ist, Geistwesen sehen kann, mit ihnen sprechen kann, sie vielleicht hört – also in einer dem Metaphysischen viel näheren Welt lebt als der Erwachsene. Diese Dinge, die Wladimir Lindenberg bekannt sind, die sich in anderen seiner Bücher auch finden, fehlen hier.

Auch das Kapitel über den Tod ist schwächer als spätere entsprechende Texte von ihm. Er berichtet wie ein Unbeteiligter über die ”älteste Religion der Inder“ und ”die christliche Religion“ und läßt sein eigenes tiefes Wissen um die Wahrheit heraus. Gerade am Todeskapitel läßt sich die Entwicklung Lindenbergs erkennen. So richtig dieses in seinen Äußerungen auch ist, in späteren Büchern, in denen er mehr Eigenes durchscheinen läßt, sind seine Aussagen tiefer.

Kein zweites Mal hat Wladimir Lindenberg so intensiv an die Verpflichtung des Menschen zur Gestaltung seines Lebens appelliert, an seine Verantwortung vor sich selbst – für sich und für seine Umwelt.

Zwischen den Großkapiteln sind sechs geistige Symbole der Menschheit abgedruckt – Symbole der Lebensauffassung und Lebensgestaltung, der Verbindung des materiellen und des geistigen Lebens: das chinesische Zeichen ”Immerdar großes Glück, Friede und langes Leben“ [16], das chinesische Zeichen der ineinander verschlungenen Zeichen Yin und Yang, also das der vollkommenen Harmonie [17], das Hexagramm, der Stern Davids, ägyptisch ”Harmonie der Welten und der Entsprechungen im Weltall“[18], das Pentagramm ”Sinnbild des Heiligen Geistes und des geistigen Menschen“[19], der Geist über den vier Elementen, das Kreuz, Symbol des Christentums, ”der Querbalken des Kreuzes, stellt die Trennung des Menschen in den oberen geistigen und den unteren triebhaften Anteil dar“, der Mensch in der ”Freiheit der Wahl, sich diesem oder jenem zuzuwenden“[20], das buddhistische, achtspeichige ”Rad des Schicksals“ analog zum ”achtfachen Pfad des Yoga, der Lehre der Selbstmeisterung und Selbstverwirklichung“[21].

MYSTERIUM DER BEGEGNUNG

Lindenbergs Haltung dem Schicksal gegenüber, sein Wissen um das göttlich Gefügte unseres Lebensablaufs – im Kleinen wie im Großen – hat ihn zu diesem Buch vom ”Mysterium der Begegnung“ geführt. Das im Laufe eines Jahres[1], wohl 1958, entstandene Buch, das 1959 erstmals und 1985 im 26. Tausend im Ernst Reinhardt Verlag erschien, gehört zu dem Wertvollsten seines Schaffens. Es kam auch in holländischer Übersetzung heraus.

Unter Begegnungen verstehen wir zunächst Begegnungen von Menschen untereinander. Diesen Bereich behandelt Lindenberg aber nur als einen unter anderen. Da legt er neben den Begegnungen im Verwandten-, Freundes-, auch Berufskreis vor allem Wert auf die Begegnungen mit den bedeutenden Persönlichkeiten, die er gern ”Meister“ nennt – prägende Begegnungen. Aber er gestaltet auch die Begegnung mit den Dingen – Alltagsgegenständen und Kunst –, mit der Arbeit und mit Erscheinungen, die wir Wunder nennen. Er veranschaulicht die Begegnung des Menschen mit Gott, aber er umgeht auch nicht die Begegnung mit den bösen Kräften, dem Dämon. In die Mitte des Buches hat er ein Kapitel der ”Begegnung mit dem Schicksal“ gestellt, also eigentlich die Kernfrage, wieweit ein Mensch in unserem säkularisierten Zeitalter in der Lage ist, das Schicksalhafte der mannigfachen Begegnungen zu erkennen und den landläufigen Begriff des Zufalls zu überwinden. Nach einem einleitenden und vor einem abschließenden Kapitel mit jeweils grundsätzlichen Gedanken stehen die Kapitel ”Begegnung mit dem eigenen Ich“, also die Frage nach der Verwirklichung des ”Erkenne dich selbst“, und ”Begegnung mit dem Tode“, das für das Leben so wesentliche ”memento mori“.

Wladimir Lindenberg:
"Franz von Assisi" (1962)

Historisches verbindet sich mit Zeitkritischem, Zitate erweitern und vertiefen Selbsterkanntes, Selbsterlebtes aus der Kindheit und der Arztpraxis lockern die ethisch-philosophischen Gedanken auf und tragen zum ausgewogenen Rhythmus des Buches bei.

"Der Mensch von heute weiß kaum noch, was eigentlich Begegnung ist, obwohl er täglich und stündlich Begegnungen unterworfen ist." Mit diesem Satz beginnt das Buch. Der folgende erläutert und zeigt die Richtung der Gedanken: "In seiner Schnellebigkeit und Ichbezogenheit ist sein Organ für die feinen und groben Dinge, die ihn umgeben, die auf ihn zukommen, die ihn berühren, ihn manchmal umstoßen oder von ihm wegstreben, verkümmert."[2]

Der Arzt Lindenberg will mit seinen Büchern heilen und helfen. Er will das Bewußtsein, "was eigentlich Begegnung ist", schaffen oder stärken. "Die Heilung", so heißt es im Vorwort später, "kommt allein durch die »Metanoia«, durch das Umdenken, die Umstellung, die Verrückung auf andere Bewußtseinsstufen."[3] 250 Buchseiten, reich an tiefen Gedanken, dienen solcher Umstellung, im Akt der Begegnung "immer etwas Schicksalhaftes, Zu-fallendes, Unentrinnbares" zu sehen und zu mahnen, "es mit unseren wachen Sinnen und mit unserem Herzen wahrzunehmen"[4].

Die "Begegnung mit dem eigenen Ich" wird zwar als notwendig und heute vernachlässigt angesehen, aber Lindenberg verbindet seine Forderung auch mit der Warnung davor, alles auf sich zu beziehen, "sich für den Mittelpunkt der Welt"[5] zu halten. Im Gegenteil, seine Lebensmaxime seit der Bonner Zeit ist es, sich selbst nicht zu wichtig zu nehmen und sich auf andere einzustellen. Sein Hinweis auf das alte chinesische Denken mit den drei Stufen vom "schwachen", "begabten" und "weisen" Menschen ist Ausgangspunkt für die Forderung, "Herr seines Schicksals" zu sein und das eigene Schicksal zu gestalten.[6]

Die Begegnungen "Von Mensch zu Mensch", wie Lindenberg das zweite Kapitel genannt hat, vergleicht er mit den kreisförmigen Wellen, die mehrere in ein stilles Wasser geworfene Steine auslösen. Sie treffen sich, sind verschieden hoch, gelangen "in den Wirkungsbereich der anderen", es kann auch geschehen, "daß der ganze Kreis von dem anderen, größeren umschlossen"[7] wird.

Der Blick auf alte Kunst – ägyptische Grabkammern, kretische Wandmalerei, Tuschmalerei der Chinesen, russische Ikonen – dient ihm dazu, "die Getragenheit des Zu-einander"[8] herauszustellen, die "geheiligten Gesten der Begegnung"[9] mit Menschen, Tieren, Natur und Dingen. Zu solcher Achtung des Gegenüber will er führen.

Demut, Ehrfurcht und Verehrung sind es, die er im Heute vermißt und deren Wert er zur Heilung belebt.

In seinem Gang durch die Geschichte erinnert er an die Abschaffung der Heiligenverehrung durch die Reformation[10], die Entpersönlichung des gegenwärtigen verwaltenden Zeitalters ("Nur der genormte Mensch hat noch Geltung"[11]). Am Verhalten gegenüber Kindern, die viel zu wenig als "eigene Wesen", als "Individuum" behandelt werden, denen gegenüber vielen Menschen der Begriff "Ehrfurcht" nicht einmal in den Sinn kommt, veranschaulicht Lindenberg die zwischenmenschliche Schwäche unserer Zeit. "Ehret das Kind, denn ihr könnt nicht ahnen, was alles in ihm verborgen ist und was Großes aus ihm werden kann, ehret in ihm schon seine Zukunft"[12], sagt Lindenberg mit den Worten von Kung fu Tse.

Behutsam die eigene, gleiche Überzeugung zurückstellend, beschreibt Lindenberg die Sicht der Hindus und Buddhisten, die, von unseren wiederholten Erdenleben ausgehend, "in jeder Begegnung zwischen Mensch und Mensch oder Tier oder Ding ein karmisches Geschehen, ein geheimnisvolles Binden und Lösen"[13] sehen, mag es nun ein "Wiederbegegnen nach früheren, vergessenen Begegnungen" sein, mag es eine spätere erneute Begegnung "in anderen Daseinsformen"[14] vorbereiten. Lindenberg abstrahiert ein Leben aus solchem Wissen: "Lebt der Mensch in dieser Gesinnung, so kann er nicht achtlos an einem Begegnenden vorbeigehen."[15] Viel von der Liebe, die Wladimir Lindenberg gibt und empfängt, resultiert aus dieser Haltung.

Im weiteren betont er die Wichtigkeit der Achtung vor alten Menschen[16] und der grundsätzlich liebenden Bereitschaft dem Nächsten gegenüber[17]. Neben vielen anderen zitiert er Martin Buber:[18]

»Wenn ich aber einen Menschen sehe, der vor Gott böse ist, wie kann ich den lieben?« »Weißt du nicht«, sagte der Rabbi, »daß die Urseele aus Gottes Wesen kam und jede Menschenseele ein Teil Gottes ist? Und wirst du dich seiner nicht erbarmen, wenn du siehst, wie einer seiner heiligen Funken sich verfangen hat und am Ersticken ist?«

Organisch fügt sich unter Lindenbergs Sicht das Kapitel "Der Mensch und die Arbeit" in die Reihe möglicher Begegnungen. Ausgangspunkt für seine Sicht ist die Erfahrung, "daß es nicht eigentlich die Art der Tätigkeit, sondern die mitmenschliche Atmosphäre ist, die Lust und Unlust bestimmt"[19]. Diese aber bestimmen wir weitgehend selbst. Für Lindenberg ist entscheidend, daß Arbeit als wesentlicher Teil unseres

Daseins aufgefaßt wird, keineswegs als ein notwendiges Übel. Arbeit hat schöpferischer Akt zu sein, Dienst am Nächsten. "Ein Sklave ist, wer nur auf den Lohn hin arbeitet." [20] Nicht das Ziel – der Weg ist entscheidend, das gilt für alles Tun. Lindenberg zitiert die Bhagavadgita: "Mit dem Werke hast du es zu tun, und nicht mit der Frucht der Werke." [21]

Lindenberg verdeutlicht, wie jede Arbeit "zu einer Besinnung, zu einer Meditation werden" [22] kann, betont, "daß es keine Arbeit gibt, die nicht Freuden, Geheimnisse, Anregungen in sich birgt" [23]. Unter seinen Beispielen und Zitaten richtiger Haltung zur Arbeit kann natürlich das Malen von Ikonen nicht fehlen, da sich hier der Maler ganz in göttlichen Dienst stellt und bewußt im Schöpferischen nicht die Eigenleistung sieht. [24]

Unter dem Gesichtspunkt der Schönheit sieht Lindenberg die Frage "Der Mensch und die Dinge" [25]. Auf der einen Seite veranschaulicht er die Versklavung der Menschen durch die Bindung an die Dinge und die innere Freiheit, die eine äußere Loslösung vom Besitz bedeutet, auf der anderen macht er bewußt, wie wertvoll es ist, sich mit schönen Gegenständen zu umgeben. Schönheit ist dabei nicht nur der jeweils (zu einer Zeit, in einer Kultur) gültige ästhetische Geschmack, sondern auch der Geistesgehalt, "die Beziehung zu Gott". "Jeder Gegenstand wird so zum Mahner an Gott und zu dessen Mittler." [26]

Lindenberg berichtet vom Schicksal einiger Gegenstände, von Verlust und Wiederfinden, von Hinlenkung zu Gegenständen, von der Schwingung, die die Dinge "unter der liebenden Hand des Besitzers" [27] erhalten. Denkt man an die Dinge, mit denen er selbst sich umgeben hat – in Berlin und in Ranerding –, dann wird der Begriff der "Beseeltheit aller Dinge" [28], den er in diesem Zusammenhang verwendet, fast greifbar. Auch wenn er so viel von seinem Besitz verloren hat, das Gebliebene schlägt die Brücke in die eigene Vergangenheit, nach Rußland, nach Bonn, in die eigene Kindheit und Jugend, in geistige und materielle Welten der Vergangenheit.

Ein sehr vielfältiges Kapitel hat den Titel "Das Wunder der allumfassenden Begegnung". Lindenberg geht von der Begegnung mit verschiedenen Kulturbereichen aus, wie er sie in Köln erfuhr, wo ihm Römisches und Frühmittelalterliches in denselben Gebäuden entgegentrat. Er macht dann einen Weg durch sakrale Gegenstände und Kulte des Christentums und deren vorchristliche Vorläufer: Krypten, denen die unterirdischen Einweihungsstätten der Ägypter und anderer Kulturen vorangehen [29], Glocken, die das Christentum erst

604 einführte[30], das Tetramorphon, die vier Sinnbilder der Evangelisten, in denen die ägyptische Sphinx weiterlebt: "Das Menschenantlitz bedeutet Wissen, die Löwenpranke Wagen, der Stierleib Wollen und die Engelsflügel Schweigen. Diese vier Tätigkeiten befähigen den Menschen, sich zu einem geistigen Wesen zu entfalten." [31] Er erwähnt die "uralten Methoden einer Persönlichkeitsbildung durch Askese, körperliche Übungen und feinst durchdachte und erprobte Exerzitien der Meditation und Konzentration" [32] und zieht überall Parallelen und Vergleiche zwischen den Kulten und Religionen der Welt.

Er behandelt das "Wunder", die als Wunder empfundenen technischen Erfindungen wie das Fliegen[33] oder die Dampfmaschine[34], die Entdeckungen der Erdteile zu Beginn der Neuzeit[35], geht dem oft langen Weg nach, den Dinge wie Kaffee, Tomaten, Tee u.ä. von einem Erdteil zum anderen benötigt haben[36]. Die Assoziationen führen ihn zur Begegnung mit den Gartenkulturen vieler Länder[37] und von da zum Erleben der Natur überhaupt, sie läßt ihn länger verharren bei der Haltung des Menschen zur Kunst – von der ursprünglichen religiösen Kunst bis hin zu geistloser, die keine Kunst mehr ist[38]. Darin findet sich eine Reflexion über die "Degeneration des Engels", vom mächtigen, erhabenen Boten Gottes zum spielerischen Puttchen. Jeder seiner Gedanken ließe sich erweitern, hier z.B. ins Positive eines Barlach-Engels unserer Zeit, aber das "Allumfassende" seiner Gedanken will ja gerade so anstoßen und weiterführen. Lindenberg nennt Marc Chagall als Beispiel unserer Gegenwart für "eine Fülle von echtem religiösen Gefühl, einer Versunkenheit in die Wesenheit der gestalteten Dinge, die uns zutiefst anrühren" [39].

Selbst die Bereiche der Sozialstruktur und des Verhältnisses zu Strafgefangenen und Rechtsbrechern, der Einsatz für Körperbehinderte und das Unvertretbare der Todesstrafe berührt Lindenberg in diesem Kapitel.

Besonders verdichtet ist das Kapitel "Begegnung mit dem Schicksal". Der erste Satz gilt, wie alles Positive dieses Kapitels und des Buches, für Lindenberg selbst und für das, was er vermitteln will: "Der religiöse Mensch lebt im Schicksal. Er empfindet sich als Beauftragter, als Sendling Gottes, und er weiß, daß er nur in beschränktem Maße Herr über sein Leben ist." [40] Wie meist stellt er die falsche Sicht der wahren gegenüber, hier dem Begriff Schicksal den Begriff Zufall, und zwar in dem Sinne, wie der entgeistigte Mensch ihn "bis zur Unkenntlichkeit banalisiert hat" [41]. Hinter dem negativen Satz "Für den säkularisierten Menschen bedeutet Schicksal immer Unglück, ein »zufälliges«, ein banalisiertes Unglück, ohne rechten Sinn und echten Zusammenhang mit dem eigenen Dasein"[42] steht der positive Umkehrschluß, die Feststellung, daß hinter jedem Geschehen, das dem Menschen zufällt, ein Sinn steht, den es zu ergründen gilt, der sich im nachhinein offenbart. Die eingeschränkte Sicht des Menschen eröffnet ihm nur in geringem Maße, "wie verzahnt die schicksalhaften Beziehungen"[43] sind.

Lindenberg zitiert Bischof Sergius von Prag (1881–1952), Martin Buber, die Bibel, Buddha und die Thora, greift auf Beispiele aus der Literatur – Stefan Zweig, R.M. Rilke, Dostojewski – zurück.

Wichtig ist ihm, dem Schicksal als Zufallendem das Eigenverantwortbare, das Gestalten gegenüberzustellen: "So ist es der Sinn des Daseins, sich verantwortlich zu wissen am eigenen Schicksal und an dem seiner Mitkreaturen, mit einem Wort: verantwortlich zu leben."[44] Hier wie auch in anderen Büchern erinnert er an das Bild des Bogenschützen. "Solange der Pfeil im Köcher ruht, ruht noch das Schicksal."[45] Die Absicht, die mit dem Schuß verbunden ist, mag noch in der Hand des Schützen liegen, so wie Bogen und Pfeil, aber ob er sein Ziel erreicht, ist nicht mehr allein in des Schützen Macht. In jedem Fall bewirkt er Schicksal, greift er ein, erzeugt eine Kettenreaktion eigener Gesetze.[46] Später erinnert Lindenberg in diesem Zusammenhang an die Bombenflieger im Zweiten Weltkrieg, deren Bomben – nie auf konkrete Menschen gezielt – in zahllose Schicksale eingriffen. "Im Hinblick auf Schicksal-Erleben und Schicksal-Erzeugen stehen wir alle in einem Bannkreis, den wir nicht zu durchdringen vermögen."[47]

"Alles Seiende steht in dieser Verhaftung mit dem anderen Wesen, sei es aus der Nähe oder der Ferne, und niemand kann sich ihr entziehen. Wie weit man dieses Verhaftetsein erlebt, ist eine Frage der Empfindlichkeit des Gewissens und der Gesinnung."[48]

In dem Kapitel "Begegnung mit dem Dämon" behandelt Lindenberg nicht nur mit historischem Blick den Teufelsglauben und die Hexenverfolgungen des Mittelalters, sondern auch das Wirken dämonischer Kräfte in der Gegenwart, wie Hitler und Stalin. Eine erschütternde Wahrheit liegt in dem Satz: "Immer war es der, welcher vom Teufel besessen war, der im anderen den Teufel witterte."[49] In diese Sicht lassen sich die Verfolgungen der Juden unter Hitler ebenso einordnen wie die Völkervernichtungen und Massenermordungen unter Stalin oder Inquisition und Hugenottenmord.

Der Blick auf unsere Gegenwart bringt Lindenberg zu der schrecklichen Erkenntnis "Einer späteren Zeit und Geschichtsschreibung wird es vorbehalten bleiben, unsere Zeit als eine der dämonischsten Zeiten zu kennzeichnen. In ungezählten Verkleidungen wirkt der scheinbar zu Tode getragene Teufel in der Menschheit weiter.“ [50] Leicht läßt sich sein Blick auf die Presse nachvollziehen und es mit ihm als dämonisch bezeichnen, wie sie ”meisterhaft auf dem Instrument der Angst“ [51] spielt. Der Blick des Nervenarztes führt zu seinen Kranken, zu den Süchtigen und Schizophrenen. Behutsam deutet er an, daß Stimmenhören keineswegs ein krankhafter Zustand sein muß, daß es im Gegenteil viel zu leicht als Krankheit abgetan wird und daß Besessenheit von der heutigen, dem Geistigen fernstehenden Medizin nicht als solche erkannt wird. [52]

Ein lichtes Kapitel, das diesem dunklen folgt, heißt: ”Begegnung mit den Meistern“. An mancher Stelle schildert Lindenberg, welchen Wert für jeden Menschen die Begegnung mit jenen hat, die in der geistigen Entwicklung höher stehen, zu denen er in Ehrfurcht aufschauen kann. Eltern, Priester, Vorfahren können diese Rolle spielen – manche ständig, andere zeitweilig. Seine eigene Abkunft aus altem russischen Adel läßt ihn den Wert der ”unverrückbaren Beziehung zu den Ahnen“ [53] herausstellen, die er aber genauso bei seßhaften Bauern sieht.

Wenn er über die Heiligen der Kirchen spricht, weist er darauf hin, daß es nicht immer die unmittelbare Begegnung mit einer Person sein muß, die solche positive Wirkung ausübt, sondern daß auch die Räume die Heiligkeit weitertragen. Lindenberg hat ein großes Gespür für heilige Orte, sie haben in seinem Leben eine wesentliche Rolle gespielt.

Dennoch ist der Unterschied gewaltig, ob der Mensch einem heiligen Ort, dem Werk eines Meisters oder aber dem Meister, dem Begnadeten, dem Heiligen selbst begegnet. Er erinnert sich, wie er Lew Tolstoi oder dem Starez Anatoli gegenüberstand (”mir wurde die Gnade zuteil“ [54]). ”Im Laufe des Lebens begegnen einem manche Meister, große und kleine, berühmte und unbekannte, und jeder von ihnen hinterläßt in einem eine kurze oder lange Leuchtspur.“ [55]

Lindenberg führt ganze Listen solcher Meister aus Orient und Okzident auf und erzählt Beispiele schicksalsträchtiger Begegnungen. Ein Abschnitt über den Arzt als Meister, der natürlich autobiographisches Denken bloßlegt, lenkt den Blick auf die andere Seite: auf die ungeheure Verantwortung dessen, der von seinem Gegenüber – und sei es für Minuten – als ’Meister‘ angesehen wird. Von der ”Begegnungsfähigkeit“ des Arztes ”hängt der Erfolg der Behandlung und der Heilung ab“[56]. Lindenberg zitiert Karl Jaspers, der nur rhetorisch fragt, ”ob nicht die ärztliche Persönlichkeit auf eine legitime Weise selber zu einer heilenden Kraft wird, ohne Zauberer oder Heiland sein zu müssen“[57]. Ungenannt und unbekannt werden die vielen, sehr vielen Menschen bleiben, denen Wladimir Lindenberg als Meister gegenübertrat und half.

Gipfelpunkt des Buches ist das Kapitel ”Der Mensch in der Begegnung mit Gott“. ”Das zentralste und beglückendste Erlebnis der Menschen ist die Begegnung mit Gott. In den Zeiten der auf Gott gerichteten Menschheit zeugen alle Werke des Menschen, die Altäre

Wladimir Lindenberg:
”Moses vor dem brennenden Dornbusch“, 2. Mose 3, 1–6 (1935)

und Tempelbauten, die Bildwerke, die Epen, die Gesänge und alle Dichtkunst von nichts anderem als von der immerwährenden Gegenwart Gottes und von der Begegnung mit ihm.“[58] Lindenberg führt zahlreiche Beispiele aus der Bibel an, wie Menschen Gott begegneten. Als orthodoxer Christ bezieht er aus dem Alten Testament die Begegnung der drei Engel mit Abraham mit ein, die so oft auf Ikonen als alttestamentarische Trinität dargestellt wird.[59] Aus dem Neuen Testament wählt er zunächst jene Szenen des auferstandenen Christus, die er mehrfach selbst gestickt, gemalt und gezeichnet hat: Maria Magdalena vor Christus, Thomas und die Jünger am See Genezareth.[60]

Von der Bibel geht er zu Christus- oder Gotteserscheinungen über, wie sie Franz von Assisi, Hildegard von Bingen, Jacob Böhme, William Blake oder Serafim von Sarow hatten. Er zitiert als eigene Meinung, als eigenes Wissen den von ihm besonders hoch geschätzten Heiligen Serafim von Sarow: ”Gott und die Gnade des Heiligen Geistes haben die Menschen nicht im Traum oder in einem Trugbild gesehen, und nicht im Wahne krankhafter Verzückung, sondern wahrhaftig und wirklich!“[61] So endet sein Kapitel mit unmittelbaren Gotteserfahrungen unserer Tage.

Ausgangspunkt des Kapitels über die ”Begegnung mit dem Tode“ ist, daß in unserer Gegenwart diese Begegnung weitgehend nicht mehr stattfindet. Es gehört zu den schlimmen Dingen unserer Zeit, daß der Tod verdrängt wird, Familienmitglieder am Sterben nicht mehr teilnehmen, man über den Tod nicht spricht. Endpunkt des Kapitels sind bezeugte Begegnungen mit dem Tode, Berichte über die Äußerungen Sterbender: Lichtzeugnisse, glückliche Bekenntnisse von Menschen, die den Schritt in die geistige Welt bewußt erleben durften.

Lindenberg macht mit diesem Kapitel Mut. Die Fortexistenz des Individuums ist ihm eine Selbstverständlichkeit, ihr Leugnen eine der Quellen des Leidens der heutigen Menschheit. Was den Menschen mit dem Tode erwartet, ist eine Verwandlung der Seinsform. Das Hereinnehmen des Todes in das Leben, die ständige Begegnung mit dem Tode ist es, was das Sterben erleichtert, was es ermöglicht, den Tod als ”letzte Stufe der Vergeistigung“ zu erfahren, ”die im leiblichen Gewand (. . .) nicht zu erzielen ist“[62].

Lindenberg zitiert Beispiele bewußten, bereiten, ja freudigen Abschiednehmens von Menschen, die hingerichtet wurden. Dem antiken Beispiel von Sokrates’ Tod stellt er die modernen der Opfer des 20. Juli 1944, wie Nikolaus von Halem oder Graf Helmuth von

Moltke, gleich. Es kann keine andere Sicherheit dem Tode gegenüber geben als die, die aus dem Glauben erwächst.

Wichtig ist, daß er in das Kapitel auch Hinweise aufgenommen hat, wie sich die Hinterbliebenen zu verhalten haben, daß er mahnt: "Doch bedarf die geistige Substanz des Verstorbenen zunächst noch der Hilfe der Lebenden."[63] Einige Beispiele sind hier jahrtausendealt: ägyptisches und tibetanisches Totenbuch. Er ergänzt sie mit den heute im orthodoxen und katholischen Christentum üblichen Gebeten für die Verstorbenen. Da der für seine geliebten Verstorbenen Betende auf diese Weise selbst dem Tod begegnet und sich auf eigenes Sterben vorbereitet, schließt sich der Kreis. Jede Begegnung mit einem Gegenüber ist auch eine Begegnung mit sich selbst.

GESPRÄCHE AM KRANKENBETT

Am 30.9.1959 zog sich Wladimir Lindenberg auf seine Privatpraxis zurück und beendete die zwölfjährige Leitung der Abteilung für Hirnverletzte im Spandauer Evangelischen Waldkrankenhaus. Das Buch "Gespräche am Krankenbett" beschließt gleichsam seine Krankenhaustätigkeit, es ist in der letzten Krankenhauszeit entstanden und erschien 1959. Zunächst hatte der Leiter des kirchlichen Rundfunks im Sender Freies Berlin um Mitarbeit an einer Sendung "Besuch am Krankenbett"[1] gebeten, und als Lindenberg dann seinem Verleger Jungck (Ernst Reinhardt Verlag) von der neuen Aufgabe geschrieben hatte, bat ihn dieser, daraus auch ein weiteres Buch zu machen. Es war bald nach Abschluß von "Mysterium der Begegnung". "Zuerst mit innerem Widerstreben, dann aber mit immer wachsender Anteilnahme begab ich mich in den wenigen freien Stunden, die einem Arzt die Praxis und Klinik lassen, an die Arbeit."[2]

Ihn reizte an der Arbeit, ausführlich zum Patienten – keinem bestimmten – "sprechen" zu können. Im Krankenzimmer kommt die notwendige Zweierbeziehung nur kurz – wenn überhaupt – auf. Im Arztzimmer ist der Arzt in der Regel der Hörende. Hier im Buch, wie im Rundfunk, ergriff Lindenberg die Gelegenheit "auszusprechen, was jeden Kranken angeht: ihn aufzuklären, ihn anzuregen, über sich selbst nachzudenken"[3].

Hauptanliegen für Lindenberg war es, seinen Lesern, also Kranken und Gesunden, die auch einmal krank werden können oder sich um Kranke kümmern, dazu zu helfen, Krankheit anzunehmen, Krankheit in das Leben einzugliedern, Krankheit in ihrem Sinn zu begreifen. Er geht in Liebe, aber für manchen in ziemlich harter Deutlichkeit gegen den Standpunkt an, "die Krankheit und der Aufenthalt im Krankenhaus oder Krankenbett zuhause sei eine vertane Zeit, sei verhängnisvoll". Er stellt dem im Hinblick auf den Sinn der menschlichen, irdischen Existenz entgegen: "Manchmal ist diese Zeit sogar die allerwichtigste."[4] Der Anlaß ist ihm hierbei unwichtig, ob der Krankenhausbesucher von einem Leiden befreit wird, ein Kind zur Welt bringt oder seinen Tod erfährt.

"Gespräche am Krankenbett" ist eines der schmalen Bücher Lindenbergs, rund 130 Seiten mit etwa zehn Seiten langen Kapiteln, von denen er rät, nicht mehr als eines am Tag zu lesen.[5]

Ausgangspunkt des ersten Kapitels ist die alte Sitte, am Barbaratag – dem 4. Dezember – Zweige zu schenken, kahle Zweige, in denen aber das Leben verborgen ist, das sich im Wasser einer Vase und der Wärme eines Hauses regt, so daß zu Weihnachten Blätter, vielleicht Blüten freuen. Das ist gerade für einen Kranken ein wunderbar symbolisches Geschenk, veranschaulicht die verborgene gesunde Kraft und verbindet mit dem Leben der Natur.

"Aber dieser Zweig lehrt uns noch etwas anderes: Daß er köstliche Früchte trägt, verdankt er nicht nur sich allein, er verdankt es auch der Pflege des liebenden, sorgenden, kundigen Menschen."[6]

Lindenbergs Kapitel haben zwar Grundgedanken, aber er schweift von diesen beschlossenen Themen gern assoziativ ab. Hier geht er auf die seelischen Ursachen vieler Krankheiten ein und stellt gleich zu Beginn heraus, wie wesentlich der Wille zum Gesundwerden, die Eigenleistung der Patienten für die Überwindung jeder Krankheit ist.

"Und ich?!" nennt er das zweite Kapitel, das dem Thema des Egoismus von Patienten gewidmet ist. Er veranschaulicht die Gefahr für den Kranken – mehr als für das ärztliche und pflegende Personal –, wenn er sich und seine Krankheit zu wichtig nimmt, keinen anderen Lebensinhalt mehr kennt, als andere mit seiner Krankheit zu beschäftigen. Dieses stete Denken "Und ich?!" ist für Lindenberg ein "neurotisches Syndrom. Es entspringt einer inneren Unsicherheit, einem Minderwertigkeitsgefühl"[7].

Ein schönes Kapitel nennt er "Weg in die Stille". Eine Krankenzeit kann uns Menschen den Weg in die Stille ebnen. "Der moderne Mensch kann die Stille nicht ertragen. Ich lebe auf dem Land, inmitten von herrlichen Wäldern am Rande Berlins. Und hier ist noch echte Stille, man hört das Rauschen der Bäume im Wind, den Gesang der

Vögel, die liebestrunkenen Hymnen der Katzen, das Bellen eines Hundes. Man hört das Klopfen der Regentropfen auf dem Dach oder wenn ein Eichhörnchen darüber galoppiert. Eine singende Stille, die lebendig und heilend ist."[8]

Alle Dichter stellen Stille an dem dar, was man dank ihrer an Schönem vernimmt. Lindenberg legt den größten Wert auf das Hineinhorchen in sich selbst, auf das Horchen nach der Stimme der Seele, des Gewissens, der Vorfahren. Er erinnert an die Stille in Klöstern, den Stätten der "Selbstreinigung, der Besinnung, der Verinnerlichung, der Meditation, des Ganges in die eigene Mitte"[9]. Das Besinnen auf die heilende Kraft der Stille führt Lindenberg zum Herausstellen der Kraft von "guten Gedanken und Wünschen"[10], wobei er aber nicht den Patienten als Objekt, sondern als Subjekt meint. Er ist es, der die erzwungene Stille einer Bettlägerigkeit nutzen kann, um anderen mit seinen guten Gedanken und Wünschen zu helfen.

"Über die Geduld" ist ein weiteres Kapitel überschrieben, in dem er, weil Krankheit nun einmal Geduld erfordert und lehrt, vor allem den Kranken sagt, "daß es durchaus nicht der Arzt allein ist, der Sie heilt, daß auch Ihnen in diesem Genesungsprozeß ein Anteil Arbeit zufällt, das heißt, Arbeit an sich selbst, die Sie offenbar bisher nicht gewohnt waren"[11].

Auch dieses Buch ist reich an Zitaten. Hier setzt Lindenberg bei der Bibel an: "Christus sagt zu seinen Schülern, und wir alle sind seine Schüler: Fasset eure Seele mit Geduld!"[12] Er behandelt das Thema Geduld nicht nur im Hinblick auf Kranke, auch im Alltag, bei der Pädagogik, gegenüber Kindern und alten Menschen. Geduld wird von Lindenberg als Quelle des seelischen Wachstums veranschaulicht.

Den Jahreswechsel nimmt Lindenberg zum Anlaß einer Reflexion über die Haltung zur Krankheit, er veranschaulicht, "daß es nur am Betrachter liege, mit welchen Augen der Seele er sich selbst und die Welt ansieht"[13]. Er vermittelt seinem imaginären Zuhörer, nicht nur die Krankheit anzunehmen, sondern ihren Sinn zu hinterfragen und dafür zu danken. "Es ist mir ganz ernst, daß Sie allen Grund haben, auch für die Krankheit zu danken. Es gibt in unserem Dasein nichts Negatives, ohne daß es nicht zugleich eine positive Seite hätte."[14]

Weit über das Thema "Krankenbett" hinaus geht Lindenbergs Appell, den Menschen mit mehr Lächeln entgegenzukommen. Sieben Seiten über das Lächeln bereichern das Buch. "Das Lächeln ist der Schlüssel zur Seele, den der Lächelnde dem Begegnenden überreicht.

Es öffnet alle Pforten, und es atmet Wärme und Licht.“[15] Wie in diesen beiden Sätzen so gilt es für das ganze Kapitel, für das ganze Buch und für das ganze Schaffen Lindenbergs: Es ist nicht der Inhalt allein, der den Leser anspricht, es ist auch die Form, die bildreiche Sprache. Lindenberg ist Arzt und Dichter. Das Dichterische solcher Sätze ist es, was uns seinen Gedanken aufschließt.

Beim Thema ”Lächeln“ spricht er von der ”Pflicht des Arztes zu lächeln“, der Freude von Arzt und Patienten über freundliches Lächeln von Schwestern und von der Hilfe für alle anderen, wenn auch ein Schwerkranker sich ihnen lächelnd zuwendet: für Arzt, Schwester, Besucher, Mitpatienten. ”Das Lächeln ist der kärgliche Rest des Engels im Menschen, wie wird doch jedes Gesicht dadurch verschönt und vergeistigt!“[16] Lindenberg empfiehlt: ”Machen Sie doch das Krankenbett zu einer Übungsstätte für eine ganz neue Betätigung: das Lächeln“[17].

Es wäre kein Buch von Wladimir Lindenberg, wenn er nicht dem Beten und dem Sterben eigene Kapitel gewidmet hätte. ”Das Beten ist das zentralste Tun unseres Daseins, es ist die einzige wirkliche Kraftquelle, aus der wir geistig gespeist werden.“[18] Lindenberg versucht in dem Kontext dieses Buches, Menschen Mut zu machen zum Gebet. Er verweist auf das Entsetzliche des gebetslosen Zustands: ”Der Mensch, der nicht betet, ist auf sich allein gestellt. Er ist, da er an das Schicksal nicht glaubt, dem Zufall preisgegeben.“[19]

Lindenberg hilft praktisch, indem er einige seiner liebsten Gebete zitiert, das kurze russische ”immerwährende Herzensgebet“, Mahatma Gandhis fünfzeiliges Gebet ”Ich will bei der Wahrheit bleiben“[20] und das Gebet der Sioux-Indianer, das mit den Zeilen schließt: ”Mache mich stets bereit, mit reinen Händen und aufrichtigen Augen zu dir zu kommen.“[21]

Auch das Kapitel ”Über das Sterben“ enthält viele Zitate – Gedichtstrophen und letzte Äußerungen, hoffnungsvolle, lichterfüllte Äußerungen Sterbender. Er geht gegen das so falsche Denken, ein plötzlicher Tod sei ein Segen, an und ringt gleichsam darum, den Tod nicht aus dem Leben zu verbannen.[22]

Lindenbergs erlebtes Wissen von asiatischer Lebenshaltung und seine Afrika-Erfahrung haben wohl das Kapitel ”Spannung – Entspannung“ hervorgerufen. ”Nur Völker, die noch in enger Bindung an die Natur leben, und Kinder üben unbewußt die Kunst der Entspannung.“[23] Er erklärt medizinisch die Angst als einen wichtigen Spannung bedingenden Faktor. Er leitet das Denken von

Angst über Spannung zu chronischen Erkrankungen und will wie immer seinen Patienten nicht nur im Augenblick helfen. "Das Entspannen – das werden Sie erleben, sobald Sie anfangen, es zu üben – ist ein geistiger Vorgang." [24] Er schließt das Kapitel mit einem seiner geliebten Angelus-Silesius-Zitate: [25]

Halt an, wo läufst Du hin, der Himmel ist in Dir!
Suchst du Gott anderswo, du fehlst ihn für und für.

Die wechselseitige Durchdringung von Physischem und Geistigem ist beispielhaft im Kapitel "Unser Atem" gegeben. Lindenberg setzt auch bei der im Lateinischen und Russischen gegebenen Wurzelgleichheit der Worte Atem und Seele an. Atmen meint eben nicht nur den "chemischen Stoff Luft", sondern auch "das geistige, feinstoffliche Element, das unsere Atmosphäre bildet" [26]. Lindenberg erinnert an das Sanskritwort "Prana". Er gibt konkrete Anweisungen für Atemübungen, die beides verbinden, verweist auf die Erfahrungen der Yogis, "daß wir beim Ein- und Ausatmen und beim Atemanhalten uns mit den geistigen, den kosmischen Kräften füllen, die im Weltall vorhanden sind. Im Atmen verbinden wir uns mit der geistigen Welt und nehmen Teil an ihr" [27]. Lindenberg zitiert gleichklingende christliche und buddhistische Atemlehren. "Solche Übungen haben auch noch einen anderen Wert, den der Harmonisierung und Festigung der Persönlichkeit." [28]

Ein Kapitel "Vom Danken" beginnt ungewöhnlich und darum so gut: Lindenberg spricht vom Dank für den Dank, von einem Patienten, der einer Schwester ein Dankgeschenk gab und seine Erwartung eines Dankes zu hoch geschraubt hatte. Das Kapitel geht wieder einmal weit über den Krankenhausbereich hinaus. Lindenberg spricht vom Schenken, bei dem ja der Schenkende selbst Beschenkter ist, von der Freude, anderen Freude zu bereiten. Er macht im ärztlichen Bereich deutlich, daß sich Gesundheit nicht für Geld kaufen läßt – nicht "gegen einen Krankenschein oder das Honorar" [29], sondern daß der Arzt "einen Teil von Ihrem Schicksal auf sich nimmt" [30], und diese persönliche Bereitschaft ist materiell nicht ausgleichbar. Da ist der Dank, der innere Dank, der rechte Weg. Das Kapitel gibt ihm Gelegenheit, den Apostel Paulus zu zitieren: "Seid dankbar in allen Dingen" [31] und in diese "allen Dinge" auch das Leid, das Leiden, einzubeziehen, ja "Armut, Krankheit, Not, Verlust von nahen Menschen" [32]. "Danken Sie (. . .) und Sie werden (. . .) Herzen gewinnen." [33]

Ein wenig ungewöhnlich stehen die Kapitel "Generalinspektion" und "Auferstehung" in dem Buch. Es ist eine Meditation über die zehn Gebote, Mischung eigener Gedanken und der Predigt eines orthodoxen Geistlichen in Berlin. "Ich war gestern, vor dem großen Festtag, zum Gottesdienst, zur Beichte und zum Empfang der heiligen Kommunion in der Kathedrale."[34] Lindenberg berichtet vom russischen Ostern seiner Kindheit und geht die zehn Gebote durch, vergleicht die unchristliche Realität mit den Geboten, ob es die Heiligung des Sonntags, das Ehren von Vater und Mutter oder das Verleumden – der Klatsch – ist. Auch im Zusammenhang mit der Auferstehung, dem ihm wichtigsten Ereignis des Neuen Testaments, schweift er hinüber in anderes religiöses Denken, dem gleiche Achtung gebührt, weil es aus derselben göttlichen Wahrheit gespeist ist. Er gibt eine der chassidischen Geschichten von Martin Buber wieder.[35] Sie endet mit dem lieben Bekenntnis menschlicher Schwachheit: "Wie eine Gebärende im übergewaltigen Schmerz sich verschwört, sie wolle nicht mehr bei ihrem Manne liegen, und vergißt ihren Schwur, so bekennen wir an jedem Versöhnungstag unsere Schuld und unsere Umkehr und fahren fort zu sündigen, und du fährst fort zu verzeihen!"[36]

Lindenberg beendet sein Buch organisch mit der Krankenhausentlassung. Er ruft das Positive ins Gedächtnis, das Erlernen von Geduld und Selbstbeherrschung, von Dank, von Krankheitsverständnis, vom Sinn der Einsamkeit, vom Verständnis für fremdes Leid, von Schicksalsgemeinschaft – auch mit einem Arzt.

YOGA MIT DEN AUGEN EINES ARZTES

Seinem Yoga-Buch, das Wladimir Lindenberg 1959 geschrieben hat, hat er den Untertitel "Eine Unterweisung" gegeben. Es erschien 1960 im Berliner Verlag von Richard Schikowski, der 1967 einen Bildband "Das Yoga-Bilderbuch" folgen ließ. Diesen hat Lindenberg zusammen mit Bernd von Keyserlingk und G. Thylmann vorbereitet. Beide Bücher sind seit langem vergriffen und werden leider nicht wieder aufgelegt. Das Yoga-Buch kam 1967 auch auf Spanisch heraus.

Der Körper als Tempel des Geistes, so könnte man eine Grundlinie des Buches nennen. Lindenberg gibt im Mittelteil sehr konkrete Anweisungen zu Yoga-Übungen, beschreibt und veranschaulicht viele Asanas, aber im Grunde ist auch dieses Buch ein religiöses Buch.

"Das indische Yoga ist keine Schulung der Gesundheit, es ist eine

Schulung des geistigen Selbst, der höchsten und geheimnisvollsten Instanz des von Gott erzeugten Menschen. Es ist eine Heilslehre, aber keine Heilkunde."[1] Zwar wird Yoga "mit den Augen eines Arztes" gesehen, aber dieser Arzt sieht stets den ganzen Menschen, sieht körperliche Krankheiten in ihrem geistigen Zusammenhang. Gerade diese Ganzheit ist es, die er am Yoga veranschaulichen will, kennt doch gerade diese "Heilslehre" viele Wege, geistige und körperliche, die gleichermaßen die Selbstvervollkommnung fördern.

"Yoga meint immer nur den ganzen und nur den auf Gott bezogenen Menschen."[2] Dieser Satz könnte ebenso Motto des Buches sein wie der folgende: "Yoga ist nur ein uralter, gewaltiger Weg des Menschen zu Gott."[3] Lindenberg will dem Menschen in Deutschland, dem Abendländer diesen Weg zeigen, denn eine einfache Übertragung dieses ursprünglich indischen Weges ist ihm fern. "Ich erdreiste mich als Abendländer, zu dieser indischen Yoga-Synthese noch die entsprechenden religiösen Erfahrungen des Abendlandes, die zum Teil in Vergessenheit geraten waren oder aber noch in der Stille einiger Klöster oder als religiöse Bräuche geübt werden, hinzuzufügen."[4]

Das Buch ist aus gründlichem Studium vieler Literatur entstanden. Eine Bibliographie verweist auf spezielle Yoga-Literatur und auf manches andere Buch aus dem weiten Bereich von Religion und religiöser Ethik. Der Zitatenreichtum ist groß: Neben Bibel und Bhagavadgita stehen Werke von Sri Aurobindo, Paul Brunton, Martin Buber, Karlfried Graf Dürckheim, Eugen Herrigel, Hermann Graf Keyserlingk, Sarvapalli Radhakrishnan, Svami Sivananda, H.H. von Veltheim-Ostrau und vielen anderen. Aber die Zitate und Verweise stellen Lindenbergs eigenen, von klein auf geübten Ansatz nur auf eine breitere Basis. Es ist seine eigene Persönlichkeit, sein Dienen und sein Helfenwollen, was dieses Buch bestimmt.

In seinem universalen Anliegen verbindet Lindenberg alle Religionen. Bei der Besprechung des Mantra-Yoga steht das Tibetische "OM MANI PADME HUM" neben dem orthodoxen Herzensgebet "Kyrie eleison, Christe eleison" und anderen meditativen Gebetsformeln.[5] In diesem Kontext zitiert er ausführlich aus den "Aufrichtigen Erzählungen eines russischen Pilgers" des vorigen Jahrhunderts, jenem für die russische Orthodoxie so bedeutsamen, durch seine Schlichtheit im Glauben überzeugenden Werk.

Lindenberg beschränkt sich auf die "fünf großen Systeme" des Yoga, die er bespricht:

Hatha-Yoga, das Yoga der "minutiös ausgearbeiteten körperlichen Haltungen" als "unerläßliche Disziplinierung des Körpers", als "In-Sich-Gekehrtsein, die erste Vorstufe zu Konzentration und Meditation"[6].

Raja-Yoga, das "den ganzen Menschen umfaßt, ihn konsequent zum Weisen, zum Heiligen entwickelt"[7]. "Durch die Disziplinierung und Intensivierung des Geistes erlebt der Raja-Yogi eine tiefinnerliche, nicht nur empirisch-wissenschaftliche Kenntnis und Erfahrung von der Welt, von den Kreaturen, von der Schöpfung Gottes, wie es die Mutter von ihrem Kind hat, er fühlt sich allem Sein nahe und verwandt."[8] "Mit den Worten des Apostels Paulus stellt der Raja-Yogi den »Neuen Menschen« dar."[9]

Jnani-Yoga. Menschen, "die die Welt nicht so sehr mit dem Herzen als viel mehr mit dem Verstand erleben"[10], wählen den Weg des Jnani-Yoga. Ihm liegt "das Studium der heiligen Schriften" zugrunde. "Er findet Gott in den großen Überlieferungen der Menschheit."[11] Lindenberg vermittelt, daß der indische Begriff wenig bekannt sei, der damit gemeinte Weg sich aber in allen Religionen finden läßt und diese verbindet. Er zitiert Sören Kierkegaard, Meister Eckehart und Martin Buber.

Karma-Yoga ist der Weg der bewußten, sich in den uralten Ablauf der Wiedergeburten stellenden Lebenshaltung. "Der Karma-Yogi geht den Pfad der Güte, des Verstehens, er meidet es, sich in Gefühle zu verstricken (. . .) In seinem Bewußtsein und im Gefühl entbindet er sich selbst von allen Bindungen, die ihn an das Leben und an die Materie fesseln. In dieser Entbindung aber ist er heiter und fröhlich."[12] Lindenberg weist in diesem Zusammenhang auf die Quäker hin, "die eine besonders nahe Beziehung zum Karma-Yoga haben"[13]. Er meidet hier, wie auch sonst, eigene Erfahrungen zu erwähnen, in diesem Kontext seine beglückende Erfahrung mit den Quäkern nach 1945 in Berlin.

Bhakti-Yoga. Lindenberg nennt diesen Yoga-Weg "die wohl schönste Plattform in der Architektur der Yogalehre"[14]. Es ist "das Yoga der Liebe, der Hingebung und der Barmherzigkeit, Gottesdienst durch Liebe"[15]. Wie der katholische Christ unserer Tage sich in diesem Bereich an Mutter Theresa in Kalkutta erinnert fühlen wird, so drängt sich dem russisch-orthodoxen Emigranten der Name der "Mutter Maria" von Paris auf, jener nach der Heiligen Maria von Ägypten genannten Nonne, die ihr Leben in aktiver Nächstenliebe verbrachte, schließlich 1944 auch vielen Juden half, bis sie selbst von der Gestapo verhaftet wurde. Lindenberg erwähnt sie erst fünfundzwanzig Jahre später in seinem Buch "Lob der Gelassenheit"[16]. "Es ist der Mensch, der so weit über sein kleines Ich hinweggewachsen ist, daß er sich selbst nichts mehr bedeutet, daß er seine ganze Person in den Dienst stellt."[17] Die Seligpreisungen der Bergpredigt zitiert Wladimir Lindenberg in diesem Zusammenhang. Unter den Großen dieser Welt, die im Geiste des Bhakti-Yoga lebten – ganz im Dienst, ganz in der Liebe –, nennt Lindenberg neben Jesus Christus und Buddha auch Mahatma Gandhi, Franz von Assisi und den "heiligen Doktor Haass", der in Moskau das Los der Gefangenen milderte. Er nennt Albert Schweitzer und manchen nicht so weltbekannten, der in seinem Bereich Gleiches leistete.

Von liebender Zuversicht ist sein Satz "Jeder von uns ist im Keim ein Bhakti, ein Bhakti-Embryo sozusagen"[18], denn jeder trägt den göttlichen Funken in sich, jeder ist aufgerufen, seinen Nächsten zu lieben, ein barmherziger Samariter zu sein und sein niederes Selbst zu überwinden.

Auf dieser Übersicht basiert dann der umfangreiche Teil der praktischen Hinweise. Die Asanas werden beschrieben und in Zeichnungen veranschaulicht. Ihr medizinischer Zweck wird ebenso genannt wie das Geistige, was die körperliche Übung begleiten muß. Immer wieder mahnt er zu Gleichmut und Geduld. Der Schüler "hat viel Zeit, er soll mit Monaten und Jahren der Gewöhnung an die Asanas rechnen (. . .) Immer aber soll er sich bewußt sein – was er da übt, ist keine Gymnastik, ist keine Körperertüchtigung und Hygiene, es ist die Durchbildung der ganzen auf Gott bezogenen Persönlichkeit!"[19]

An die Spitze des dritten Teils, der Übungen, die nicht von speziellen Körperhaltungen ausgehen, hat er Pranayama – die Lehre vom Atem – gestellt. Auch hier verbindet er indische und christliche Praxis, veranschaulicht, wie in manchem anderen Buch, den Doppelsinn des Atmens: Aufnahme physikalischer Luft, Füllung der Lungen zur Reinigung des Blutes und Aufnahme geistiger Kraft, "des geistigen Elements, das als ein flüchtiger Stoff unsere Erde umgibt", auch des "Geistes schlechthin"[20]. Im Russischen ist die Parallele, wie Lindenberg erinnert, auch sprachlich gegeben: "wosduch" (Luft) und "duch" (Geist). Letztlich ist "Pranayama ein Aufladen mit kosmischen Energien"[21]. Wladimir Lindenberg hat Pranayama von klein auf betrieben, er wurde im Rosenkreuzerschloß seiner Tschelischtschew-Vorfahren speziell darin unterwiesen, es hat ihm mit die Kraft gegeben, die KZ-Haft zu überstehen, und es zeigt seine Ergebnisse in allen seinen Büchern.

Im Zusammenhang mit Pranayama gibt Wladimir Lindenberg auch eine kurze Einführung in Wesen und Funktion der sieben Chakras des Menschen[22], zieht den Bogen zum ostkirchlichen Hesychasmus und zum "Autogenen Training".

Jedes der Kapitel dieses Buches läßt sich herauslösen, ob er nun im folgenden über die Kraft der Gedanken und des Gebetes, das Mantra-Yoga oder über "Stille", "Schweigen", "Leere", "Konzentration", "Meditation", "Samadhi, Satori, Unio Mystica" spricht oder einleitend die "Neurose, die Krankheit der Unreife des Geistes" behandelt hat. Das Buch ist in jedem seiner Teile schlüssig und helfend, und es gewinnt in seiner Ganzheit. Je nach Vorbildung des Lesers wird ihm manches oder vieles bekannt sein, wird er manches in anderen Büchern Lindenbergs schon gelesen haben oder noch lesen. Die Ausführlichkeit im einzelnen unter der Yoga-Perspektive ist natürlich einmalig. Aber auch unabhängig davon sind jeder der Gedanken und jedes der Zitate es wert, daß man sie sich immer wieder bewußt macht. Letztlich liegt darin das Geheimnis von Lindenbergs Schaffen. Es gilt auch für ihn selbst, wenn er schreibt: "Man meine nicht, der Weise und der Heilige seien nicht von dieser Welt; sie stehen mit beiden Füßen auf dieser schönen und schrecklichen Welt, aber sie erfahren, daß es am Kopfende auch den Himmel gibt, der ebenso eine Wirklichkeit ist, und sie sind es, die durch ihr geläutertes Sein die Erde zum Himmel hinanziehen und den Himmel auf die Erde herabziehen."[23]

MÜTTERCHEN RUSSLAND. HEILIGE, NARREN UND DÄMONEN

Ein Buch unter diesem Titel hat Wladimir Lindenberg nicht veröffentlicht. Nur das Manuskript liegt vor. Lindenberg hat es mir anvertraut. Dem Manuskript läßt sich entnehmen, daß es 1959 abgeschlossen wurde. Im Grunde ist es eine Autobiographie bis 1934. Viele Abschnitte decken sich mit den späteren autobiographischen Werken. Er nennt das Werk "Roman". Das Fiktionale, das Erdichtete ist hier mindestens in manchen Partien stärker als in den späteren Büchern. Sich selbst verbirgt er hinter dem Namen Boris – so daß das echte Diminutiv "Bobik" wieder paßt, seine Schwester Wera ist als

Wladimir Lindenberg in den Fünfzigern

Doris eingefügt, der Stiefvater Carl Lindenberg tritt als Fritz vom Hügel auf.

Im Grunde hat Lindenberg das Buch geschrieben, um seine eigene Vergangenheit zu bewältigen. Der erste Ansatz dieser Art geschah gleich nach der Revolution in Remscheid mit den zwei Fassungen – russisch und deutsch – der "Drei Häuser". Der zweite fand im KZ statt, und auf diesen Text dürfte wohl das viel bearbeitete Manuskript zurückgehen.

Im Unterschied zu den sechs späteren, veröffentlichten autobiographischen Büchern liegt der Schwerpunkt hier bei den Eltern und nicht bei ihm selbst. Das Buch beginnt mit den Szenen, als seine jungen Eltern sich im Kaukasus begegneten und sehr schnell von großer Liebe ergriffen waren. Seine Eltern tragen ihren echten Namen. In großer Ausführlichkeit erzählt er das, was er selbst nicht erlebt hat: den Beginn der Ehe, die Ablehnung dieser Ehe durch die Mutter seiner Mutter, ihre Einmischungen, das Zerbrechen, als das Kind, also Bobik, unterwegs war.

Wladimir Lindenberg wurde als Sohn seines Stiefvaters Carl, als ein Lindenberg geboren. Dieser hat sich, den Unterlagen des Archivs der Stadt Remscheid zufolge, später in Deutschland als sein echter Vater ausgegeben. Wladimir Lindenberg hat erst später erfahren, daß Carl nicht sein Vater ist, daß er aus dem uralten Adelsgeschlecht der Tschelischtschews stammt. Dieser wahren Herkunft ist er nachgegangen, und das Bewußtsein, ein Tschelischtschew zu sein, prägt alle seine Bücher, seine Häuser, sein Wesen. Er erzählt nicht, wann und wie er die Wahrheit erfahren hat – wahrscheinlich zunächst von der Njanja und später von der Mutter – er erzählt das Ergebnis seiner Nachforschungen.

Den jahrelangen Aufenthalt seines Vaters in der Eremitage, dem Rosenkreuzerschloß der Familie, konnte er leicht nachgestalten, da er selbst dort später einige Zeit verbracht hat. Auch ein Besuch des Vaters in Nizza bei dessen Großmutter, der Tochter des Religionsphilosophen Chomjakow, ließ sich dank des eigenen Erlebnisses leicht erzählen. Fast ein Drittel des Manuskriptes schildert Vorgänge, die vor Beginn des ersten veröffentlichten autobiographischen Buchs "Marionetten in Gottes Hand" liegen.

In der sprachlichen Gestaltung hebt sich der Roman von den späteren erzählerischen Werken ab. Wenn man Lindenbergs spätere Bücher kennt, wirkt es so, als habe er seinen eigenen Stil für den Umgang mit dem eigenen Leben und dem Leben seiner Familie noch nicht gefunden. Er hat nur in Ausnahmefällen Passagen in spätere Bücher übernommen, im allgemeinen hat er das Erlebte aus der Erinnerung neu erzählt. So wirkt manches – meist durch größere Ausführlichkeit – lebendiger in der Frühfassung, anderes zu breit, zu nahe an älterer, gelesener russischer Literatur. Die Fakten (auf die ich im ersten Teil des Buches vergleichend zurückgegriffen habe) weichen in Details voneinander ab, so wie sich das Leben eines Menschen in der Erinnerung und unter der Kraft schöpferisch interpretatorischer Gestaltung verändert. Dabei ist der Anteil der bewußten Veränderung in diesem Manuskript höher als in späteren Büchern.

Zu Beginn der Ehe, unmittelbar nach dem Aufbruch aus dem Kaukasus, läßt er seine Mutter einen Traum sehen, der die Schicksalsbewußtheit der Familie veranschaulicht: [1]

"Ihr träumte, daß sie in einem schmalen Schlitten saß, einen warmen Pelz anhatte und mit einem dicken Wolfsfell bedeckt war; vor sich sah sie den breiten blauen Rücken des Kutschers mit roter Schärpe, wie alle Kutscher in Rußland es tragen. Es war feuchtkalt. Sie fuhren durch unbekannte Straßen, über schmutzig graubraunen Schnee. Jadja wußte undeutlich, daß sie irgendwo hin wolle, in irgendein Haus. Das Pferd war mager und alt. Der Kutscher munterte es durch Zurufe und Peitschenknallen auf. Die Straßen wurden immer trostloser, immer ärmer, und Jadja gewahrte mit Staunen, daß sie in die Vorstadt gelangten. Dann kamen sie an einen Schlagbaum, der geschlossen war; ein alter Soldat öffnete ihn langsam, und sie fuhren weiter. Die Häuser hörten auf, – sie kamen auf flaches Land, rechts und links nur verschneite Felder, – Raben flogen krächzend darüber hinweg. Jadja wurde unruhig. – Ich wollte doch in ein Haus, dachte sie, in irgendein Haus. Dann tippte sie behutsam dem Fuhrmann auf die Schulter; der drehte sich um, und sie gewahrte ein schlitzäugiges Baschkirengesicht, mit breiter Nase, deren Flügel beide einen kurzen Einschnitt hatten, wie sie zur Zeit der Katharina Zuchthaussträflinge bekamen; auch waren die Ohren verunstaltet und beschnitten. Er lächelte breit und unheimlich, und Jadja wußte nicht, wo sie dieses beängstigende, abstoßende Gesicht schon einmal gesehen hatte.

»Aber ich will doch ins Haus – ins Haus –«, stammelte sie. – »Ich habe Befehl!« – sagte er mit heiserer Stimme in gebrochenem Russisch. Er drehte sich wieder um und feuerte das Pferd an, das nun im Galopp davonlief. Die Hufe klangen auf dem vereisten Schnee, der Schlitten glitt in Ruckbewegungen voran und schlenkerte. Jadja hielt sich ängstlich an den Seitenlehnen fest. Schnell sauste die flache Landschaft an ihr vorbei. Dann kam ein kleines Dorf mit niedrigen Holzhäusern mit blinden Fenstern. Ein Brunnen war vor dem Dorf, aus dem eine lange Schöpfstange herausragte. Das Dorf verschwand – dann kam wieder Flachland, Häuser, vereinzelte Sträucher, Bäume, dann ein dunkler Wald. Das Pferd war schaumbedeckt und keuchte, es kam nur noch langsam und erschöpft voran. Der Kutscher schimpfte und traktierte es mit Peitschenhieben.

Plötzlich blieb der Schlitten stehen. Der Kutscher stieß einen Fluch aus und stieg vom Bock. – Da sah Jadja, daß quer über den schmalen Waldweg eine Holzstaude lag und an der Seite eine Stange mit einem Brettchen angebracht war; darauf stand auf schwarzem Grund mit weißen altslawischen Lettern, wie auf den Ikonen, ein Spruch. Jadja buchstabierte und sah, daß es der Spruch aus dem Märchen von Iwanuschka dem Narren war: »Hier ist eine Kreuzung; steig ab und entscheide Dich! Kehrst Du um, kommst Du nicht wieder zurück; fährst Du geradeaus, wirst Du umkommen; fährst Du nach rechts, wirst Du vom Wolf zerrissen; fährst Du nach links, wirst Du vom Tode entführt.« Langsam las Jadja Wort für Wort, und jedes Wort grub sich ihr mit Eiseskälte ins Bewußtsein und lähmte sie, ließ ihr Herz erstarren und langsamer schlagen. Sie wußte, jeder Entschluß führt also zum Tode. Aber sie konnte auch nicht an der Kreuzung verweilen; welchen Weg sollte sie nehmen? Wenn doch bloß Sascha hier wäre – dachte sie – damit ich nicht einen anderen Weg nehme als er und wir uns verfehlen. – Unschlüssig schaute sie den an der Seite des Schlittens stehenden Fuhrmann an. Der dreht sich zu ihr um und sagt mit krächzender Stimme in gebrochenem Russisch: »Verfahren haben wir uns, Herrin, verfahren! Das ist der Weg des Todes. Befehl war, den Weg des Lebens zu fahren. Och, verfahren haben wir uns!« Und wie sie ihm voller Entsetzen ins Gesicht schaut, ändern sich die furchterregenden baschkirischen Züge, und sie sieht das Gesicht von Sascha vor sich. Ein Ruck geht durch ihren ganzen Körper – und sie erwacht."

Ein solcher Traum entstammt nicht dem Intellekt. Wladimir Lindenberg hat ihn entweder von seiner Mutter gehört oder selber geträumt, oder er ist im Schreiben entstanden. Er ist ein prophetischer Traum – in ihm liegt die Ausweglosigkeit des gemeinsamen Lebens mit Sascha, auch die des Schicksals des russischen Adels. Es ist ein ganz russischer Traum – in russischer Schneelandschaft, in der Verbindung mit den russischen Märchen und sogar unter Einbeziehung des Nationalitätenproblems Rußlands.

Das Gesicht des Kutschers erinnert an das aus Wladimir Lindenbergs Alpträumen von seinem Mörder aus früherer Existenz, die im KZ verschwanden, als er diesem Mörder nach erneuter Bedrohung verzeihen konnte. Eigentlich war jener Mörder der Träger der Gedanken, die im Traum auf dem Schilde am Kreuzweg standen. Es bleibt allein der Tod.

Das Buch als Ganzes hat nicht die Qualität des Zitats. Lindenbergs Entscheidung, es nicht zu veröffentlichen, ist zu verstehen. Aber es ist mehr als eine wunderbare Vorstufe zur Kette seiner autobiographischen Bücher.

MARIONETTEN IN GOTTES HAND

Der Titel des ersten Bandes von Wladimir Lindenbergs Autobiographie hat keinen spezifischen Bezug zu den betroffenen Jahren 1905–1916. Er ist auch weniger glücklich gewählt als spätere Buchtitel, wie z.B. "Gottes Boten unter uns" oder "Bobik im Feuerofen". Natürlich stellt er sein eigenes Kinderleben und das Leben der Menschen, unter denen er groß wurde, als "in Gottes Hand" liegend dar, beginnt, als er drei Jahre alt ist, mit der abendlichen Zubettgeh-Szene, zu der das Gebet als Selbstverständlichkeit gehörte, aber der Begriff der "Marionette" wird im Buch nicht wieder aufgenommen. Er sieht den Menschen nicht als Spielball des Schicksals, nicht als Marionette ohne eigenen Willen, sondern als Selbstverantwortlichen im Rahmen des gottgegebenen Schicksals. Schicksal und Gestaltung sind die Grundprinzipien, zwischen denen Lindenberg das Leben des Menschen sich entwickeln sieht.

Das Buch enthält zahlreiche Erlebnisse und Szenen aus seiner Kindheit, die ihn, den er Bobik nennt, seine Mutter, seinen Stiefvater, seine Njanja und anderes Hauspersonal im Weißen Haus von Girejewo betreffen, einige Begegnungen im "Alten Schloß", dem Stammsitz der Torlezkis, und einige wenige Vorfälle im Hause des Fürsten Golizyn, mit dessen Sohn Aljoscha er sich befreundete. Lindenberg betont Schicksalhaftes in den Begegnungen, legt aber bei der Wahl der dargestellten Erlebnisse zunächst einmal einfach Wert darauf, Bemerkenswertes, Ungewöhnliches und typisch Russisches auszuwählen.

Höhepunkte des Buches bildet die Erstbegegnung mit seinem Vater, er nennt ihn hier Sascha Krasnoselski, also mit dem Beinamen, der vom Stammgut Krasnoje selo abgeleitet ist, nicht Tschelischtschew. Das größte Erlebnis, das in diese Jahre fiel, nämlich seinen Aufenthalt mit dem Vater in der Eremitage, seine Einführung in die Rosenkreuzerexerzitien, läßt Lindenberg ebenso aus wie die gemeinsamen Reisen mit seiner Mutter nach Asien und Westeuropa. ”Marionetten in Gottes Hand“ ist auf Girejewo und seinen Umkreis beschränkt. Er hat nicht sein eigenes Leben in den wichtigsten Punkten darstellen wollen, sonst hätte er mehr über seine Vorfahren und das lebensentscheidende Eremitage-Erlebnis einbezogen, sondern er hat am Beispiel einer Kindheit in Rußland einen Einblick in das Leben in seiner Heimat zu Beginn dieses Jahrhunderts vermitteln wollen.

So fallen an mehreren Stellen Erzählungen auf, die spezifisch Russisches berichten. Regelmäßig begab sich die Njanja – Lindenberg beläßt es bei dem russischen Wort und übersetzt nicht mit ”Kinderfrau“ – mit dem kleinen Bobik zu den Bettlern und brachte ihnen ein Almosen. Die Begegnung mit verschiedenen Bettlertypen, die Tag für Tag an derselben Stelle warteten und für die das Betteln den Lebensinhalt bildete, wird von Lindenberg in liebevoller Eindringlichkeit geschildert. Sie ist ihm nicht nur ein Stück seiner Kindheit, sie ist ihm ein Stück seiner Heimat geblieben. ”Die Bettler erkannten Njanja und Bobik schon von weitem. Sie rafften sich auf, sie stellten sich und ihr Leid in Positur.“ [1] Die Bettler erzählen aus ihrem schweren Schicksal, sie danken, sie erbitten Gottes Segen über die Gebenden.

Eine andere Bettler- und Bittstellergruppe schildert Wladimir Lindenberg im Kapitel ”Die Wallfahrt“. Da gab es die ”Gottsucher“, Pilger, die ”die heilige russische Erde von einem Ende zum anderen durchschritten, die die heiligen Stätten, die Klöster mit ihren verehrten Starzen, und die wundertätigen Ikonen, heilige Seen und heilige Berge aufsuchten“ [2]. Von ihnen unterscheidet Lindenberg ”die Eiferer, kleine Savonarolas (. . .) Sie waren geschwollen, pathetisch und drohend (. . .) Es waren Verbitterte, oder Komödianten“ [3], Menschen mit einem unnatürlichen Verhältnis zum christlichen Glauben.

Als dritte Gruppe nennt Lindenberg ”die Gottesnarren, die Jurodiwyje“. Lindenberg hat für jene Gruppe der in der intellektuellen Schicht Behinderten, aber letztlich Gottgesegneten, von denen Puschkin in seiner Tragödie ”Boris Godunow“ einen in großartiger künstlerischer Überzeugungskraft dargestellt hat, eine wunderbare

Formulierung gefunden: "Sie kamen mitten aus der Bergpredigt, es waren die Armen im Geiste, die in Rußland überall verehrt wurden. Niemand tat ihnen etwas Böses."[4]

Die Wallfahrt selbst mit ihrer Begegnung mit dem Starez Anatoli im Kloster Optina Pustyn ist einerseits Teil des Bildes vom vergangenen Rußland, wie es auch in Dostojewskis Roman "Die Brüder Karamasow" lebendig wird, andererseits Teil der Kinderdarstellung, deren Eigenwille nach einer Puppe, einem Fensterplatz im Zug oder einer Wurst in fleischlos lebender Klosterumgebung in vergnüglichem Kontrast zum religiösen Thema steht.

Die Feste – Weihnachten, Ostern und Karneval – wurden in dem reichen deutsch-russischen Hause der Lindenbergs recht üppig gefeiert. Lindenberg läßt seine Leser miterleben, in welch liebender Fürsorge für das eigene Personal und für viele Arme die Feste begangen wurden. Das Wesentliche des Festes war der religiöse Anlaß, in der Kirche war man gemeinsam, war man – Lindenberg spricht das nicht aus – vor Gott gleich. Aber auch der weltlichen Seite des Feierns gab man sich voller Lust und Freude hin.

Nicht nur Christliches beherrschte diese Kinderwelt. In Rußland ist die Verbindung zur vorchristlichen und vorwissenschaftlichen geistigen Welt nie ganz abgebrochen. Lindenberg veranschaulicht das Leben mit den Hausgeistern und mit alten Bräuchen am Beispiel seiner Njanja, bekannter Wahrsagerinnen, geistiger Heiler aus dem Volke. Die Christuswelt und die Welt der russischen Geister mit Domowoi und Karliki oder auch die Welt der alten slawischen Sylvesterbräuche, sie stehen in keinem Widerspruch zueinander, aber das Heile dieser ineinander verwobenen Welten wird von außen bedroht.

Der letzte Teil des Buches spielt im Kriege. Der dadurch entfachte Haß auf die Deutschen in Rußland selbst und seine Auswirkung in einer konkreten Familie, die zum unschuldigen Opfer dieses Hasses wird, ist etwas, was in der Literatur wohl kaum noch einmal dargestellt worden ist. Für den aufgeputschten Mob waren die Lindenbergs Deutsche, Carl Lindenberg selbst war zunächst nicht einfach interniert, sondern nach einer Verleumdung ins Gefängnis geworfen worden. Der Pöbel (von neidischen Nachbarn gelenkt) drohte, das Weiße Haus zu zerstören.[5]

Ein paar andere Szenen lassen sich auch als allgemeines Zeitbild einstufen. So eine Begegnung mit dem Maler David Burljuk "Monokel im Auge, Pfeife im Munde, in einer grünen Jacke und knallroter Weste mit goldenen Knöpfen"[6]. Lindenberg war als Heranwachsender Zeuge des russischen Futurismus. Ähnlich illustrativ für die Vorstellung von der damaligen russischen Kulturwelt ist seine Begegnung mit Michail Arzybaschew, den er nicht einmal beim Namen nennt. Der "berühmte Schriftsteller (...) hatte ein sehr umstrittenes Buch geschrieben, von dem alle Welt sprach (...) Soweit Bobik das verstand, ging es darum, ob man das Recht habe, sich auszuleben oder nicht. Es war Bobik nicht ganz klar, was »Sich-Ausleben« bedeutete. Was Leben war, wußte er mittlerweile".[7] Arzybaschew war zu Lindenbergs eingeladen, war auf der Fahrt Bobik im Zug begegnet, ohne daß beide erkannten, wer sie waren. Das unaufrichtige, herablassende Verhalten des "berühmten Schriftstellers" zu dem "kleinen Jungen" hatte diesen verärgert, es schlug in eine nicht unerhebliche Peinlichkeit um, als sich die beiden als Gast und Sohn des Hauses bald danach erneut begegneten. Die Szene gehört zu den vielen amüsanten Passagen des Buches.

Gelegentlich haben die geschilderten Vorfälle auch einen grundsätzlich ethischen Aussagewert – sie fügen sich in die Reihe der philosophisch-ethischen Werke Lindenbergs. Als Bobik in der Schule äußerst ungerecht behandelt und bestraft worden war, tröstete ihn die Mutter: "Es ist besser, du leidest unschuldig als schuldig. Das Böse fällt dann immer auf den, von dem es ausgegangen ist. Nimm es tapfer auf dich."[8] Sie erinnert an das Leiden des Heilands. Lindenberg läßt das Kapitel mit den ihr in den Mund gelegten Worten schließen: "Verzeih dem, der dir Unrecht tut, dann wirst du es leichter ertragen."[9]

Eine Szene, als ihm das Geheimnis nicht eröffnet wird, was es mit diesen Krasnoselskis (also seinen echten Vorfahren) auf sich habe, wählt Lindenberg zum Anlaß, der Problematik des Verheimlichens unter Menschen nachzugehen. Bobik spürt, daß ihm etwas Wichtiges vorenthalten wird, er bezeichnet diese Verheimlichung als Mangel an Liebe. Auch hier läßt er seine so überaus geliebte Mutter, der er das Buch gewidmet hat, eine Meinung aussprechen, die später seine eigene wurde: "Und sieh mal, mit den Geheimnissen, das ist doch so: Man soll nicht die Menschen, die man liebt, mit allem belasten, was einen bedrückt. Manches muß man auch ganz allein tragen (...) Man verwässert manches, wenn man darüber spricht. Und vor allem, man legt dem anderen Menschen eine Last auf, was man ohne Not nicht tun soll."[10]

Hier ging es um das Geheimnis seines wahren Vaters. Die Sätze aber haben grundsätzliche Bedeutung, und in solcher Gleichniskraft liegt ein Merkmal guter Dichtung.

BRIEFE AN EINE KRANKENSCHWESTER

Das 1961 geschriebene, 1964 ins Holländische übersetzte und 1986 im 24. Tausend verlegte Buch von 130 Seiten hat die innerhalb von Lindenbergs Schaffen einmalige Form der "Briefe". 59 Briefe zu verschiedenen Fragen, die Krankenschwestern tatsächlich oder in ähnlicher Weise an Lindenberg gestellt haben, behandeln die grundsätzlichen ethischen Probleme, mit denen eine Schwester in der Klinik konfrontiert wird. Es sind die Fragen des Alltags, wie sie sich gegenüber den Patienten, den Ärzten, der Oberschwester, den Mitschwestern und den Angehörigen ergeben. Lindenberg geht in offener, doch taktvoller Weise auch auf die Mißstände, die Unzulänglichkeiten, die Enttäuschungen ein, mit denen Schwestern fertig zu werden haben. Es ist ihm wie in allen seinen Büchern daran gelegen, hilfreiche Überlegungen "zur rechten Menschenbehandlung"[1] und zu rechter Selbstvervollkommnung zu geben. "Man erwartet von einer Schwester, daß sie ein gesammelter, reifer, wohlerzogener, gütiger Mensch ist"[2] – eben dazu will er beitragen.

In der Einleitung verweist er darauf, daß er jahrzehntelang Berufserfahrung – auch mit Schwestern – hatte, als er sich an das Schreiben dieses Buches machte. Genau waren es 34 Jahre, seitdem er 1927 sein Examen abgelegt hatte. Man hatte ihn um einen "Leitfaden der Ethik" für Krankenschwestern gebeten. Das war ihm "zu akademisch und zu langweilig"[3]. So ergab sich die Briefform, deren unmittelbare Ansprechform Grundsätzliches wie Einmaliges wirken läßt und gerade dadurch gewinnt.

Die Frage der verschiedenen Begabung zum Beruf erfaßt Lindenberg unter dem Begriff der "leichten und der schweren Hand"[4], und er macht seinem fiktiven Briefpartner klar, daß die "schwere Hand", die gewisse Ungeschicklichkeit, nicht am Körperbau, nicht am Technischen, sondern am Wesen liegt. "Sie fragen, ob Sie denn schuld seien an Ihrer »schweren Hand«. Ich möchte Ihnen ganz offen antworten: »ja«."[5] Er erklärt in Liebe, daß der Grund darin liegt, daß solche Schwestern "noch nicht die ganze Meisterschaft über ihre Person besitzen"[6].

Wladimir Lindenberg verallgemeinert seine Ausführungen nicht.

Wladimir Lindenberg in den Sechzigern

Sie bleiben auf die Krankenschwester beschränkt. Doch jeder Leser – nicht zuletzt der Arzt, dem das Buch genauso zu empfehlen ist wie jeder Schwester – kann erkennen, daß die Aufforderung auch ihm gilt: ganze Meisterschaft über sich zu gewinnen. Sein Ratschlag geht denn auch auf die Worte der Didi von Loe, seiner Pflegemutter von Bonn, zurück (ohne sie zu zitieren): "Je weniger Sie sich selbst als Person wichtig nehmen, und je mehr Ihnen der Kranke oder überhaupt der Mensch, der Ihnen im jeweiligen Augenblick begegnet, wichtig wird, um so erfolgreicher wird alles, was Sie helfend dem anderen tun." [7]

Ebenso hat das Verhältnis von "Pflichtgefühl und Liebesdienst" grundsätzlichen Charakter. "Vielleicht ist »die Pflicht tun« nur die unterste und primitivste Stufe des Dienstes." [8] Es geht ihm um christliche Nächstenliebe gerade gegenüber den Patienten, die "durch ihr Schicksal, ihr Leid, ihre eigenen schweren Probleme und auch durch die ihnen zunächst fremde Umgebung unzugänglich und in sich verschlossen" [9] sind. Die eigentliche Aufgabe aber sieht Wladimir Lindenberg im rechten Maß zwischen beidem: der Pflichterfüllung und der liebenden Zuwendung.

Ein anderes Kapitel hilft, über die Frage nachzudenken, wie man mit Sympathie und Antipathie gegenüber Patienten fertig wird, veranschaulicht, daß gerade hier eine Aufgabe zur Selbstvervollkommnung, zur Gestaltung des eigenen Schicksals liegt.

Vielleicht ist es Rücksichtnahme auf die modern erzogenen Leser, daß Lindenberg im Kapitel über die Heilung durch die Person, also nicht durch die Medikamente oder Anwendungen, nicht auf sein Wissen um geistige Heilweisen, um die Übermittlung göttlicher Heilkraft durch Heiler verweist. Er hat von klein auf Erfahrungen in diesem Bereich, verschweigt dies aber hier. Der Brief beginnt mit dem Hinweis auf die moderne Medizin. "Wir haben in der modernen Medizin die Erfahrung gemacht, daß tatsächlich nicht nur irgendeine mechanische oder schematische Behandlung, die oder jene Medizin, der oder jener Eingriff die Krankheit zum Stillstand bzw. zur Heilung bringt, sondern daß dabei seelische Faktoren eine außerordentlich große Rolle spielen." [10] Das Kapitel betont die Liebe und eines jeden Fähigkeit, "zu einem heilenden Quell" [11] zu werden. Später, im Kapitel über das Beten, das realistisch davon ausgeht, wie wenige Menschen heute Hilfe im Gebet suchen, bekennt er: "Ich habe es jedenfalls erfahren, daß dieses Andere, dieses Mittragen des Schicksals des anderen die größere Heilwirkung besitzt." [12] Es ist die geistige Kraft, aus der Heilung erfolgt, und Lindenberg sagt das hier sehr behutsam.

Unter verschiedenen Gesichtspunkten spricht Lindenberg die Frage der Wahrheit und des Schweigens an: Schweigepflicht als Teil des ärztlichen Berufes im Verhältnis zum Vertrauen[13], "Schweigen und Zuhören" als "heilende Kraft" gegenüber Patienten[14], Vermeiden der Beteiligung an "Klatsch und Tratsch"[15], Gefahr des "vorschnellen Urteils"[16] und schließlich das besonders ernste Problem der Wahrheit über einen Krankheitszustand[17]. Hier berichtet Lindenberg eine persönliche Erfahrung aus gereifter Zeit, als er einem ehemaligen Patienten, dem er "wahrheitsgemäß" hätte sagen müssen, daß seine Tage gezählt sind, zwei Jahre später als Gesundem begegnete, ja, ihn für den Bruder des Totgeglaubten hielt.[18]

Das Laster der "Selbstherrlichkeit" ist sicher generell, aber Lindenberg erinnert daran, daß Menschen in Berufen, "die immer mit Kleineren, Schwächeren und Sündigeren zu tun haben"[19] – wie Ärzte, Lehrer, Pastoren, Beamte – besonders gefährdet sind. Vielleicht ist dies auch ein Grund, warum Schwestern besonders der Gefahr "öffentlicher Demütigung" ausgesetzt sind, der Beschimpfung durch den Arzt für tatsächliche, vermeintliche oder wissentlich fälschlich zugeschobene Fehlleistungen.[20] Es dürfte in einer Krankenhaushierarchie nicht leicht sein, Lindenbergs Ratschläge zur freundlichen und entschiedenen Zurückweisung solcher Demütigung zu befolgen. Dennoch: hilfreich werden seine Erfahrungen und Überlegungen sein.

Benachbart ist das Kapitel wie auch das Problem des Mitdenkens, der Eigenverantwortung im Verhältnis zum Befolgen von Weisungen. Es gibt durchaus Vorgesetzte, die die Eigenverantwortlichkeit ihrer Untergebenen schätzen, ja fordern. Und es gibt Untergebene, denen es sehr viel lieber ist, nicht Verantwortung zu tragen, sondern Befehle auszuführen. Lindenberg gibt in seinen Briefen der erdachten Krankenschwester den Rat, immer die erhaltenen Anordnungen zu durchdenken und bei eindeutigen Irrtümern nicht zu schweigen.

"Lächeln und Fröhlichkeit" – ein solches Kapitel tut in dem Buch einfach gut. Lindenberg sieht einmal grundsätzlich, wie wohl es tut, in ein lächelndes oder fröhliches Gesicht zu schauen, und dann speziell, wie viel leichter einem Arzt oder einer Schwester "das Behandeln eines fröhlichen, heiteren, lächelnden, dankbaren Patienten"[21] ist. Sein Japan-Erlebnis schwingt mit, wenn er schreibt: "Wir sollten, ähnlich den Japanern oder den Asiaten und den Amerikanern, sehr viel mehr Wert auf Freundlichkeit, Heiterkeit und Lächeln legen, und mit der Zeit würden wir erleben, welche Kräfte der Freude in uns selbst lebendig werden."[22]

Den Lebensbereich außerhalb des Berufs streift Lindenberg nur kurz. Er nennt ihn "Hobby" und spricht sich vor allem für eine kreative Tätigkeit aus. Es ist nicht wichtig, ob einer malt oder modelliert oder ein Musikinstrument spielt, es geht darum, das "Leben mit irgend etwas Schönem auszufüllen"[23]. Behutsam deutet er die Notwendigkeit der Gemeinschaft an und weist alle jene zurück, die sagen, sie könnten keine Freunde finden, hätten nicht die Gabe, eine Gruppe zu finden. "Sagen Sie nicht, Sie wüßten nicht wie. Das Schöne liegt auf der Straße."[24] Auch dem "Reisen" ist ein Kapitel gewidmet, dem Reisen, das die Bildung fördert, das zur Verständigung beiträgt. Reisen "weiten Ihren Horizont, vertiefen Ihre Menschenkenntnis, Ihre Kontaktfähigkeit, machen Sie sicherer im Umgang, selbständiger und froher."[25] Gern stellt Lindenberg an den Schluß seiner Bücher Gedanken über den Tod. Schwestern haben nicht nur das Problem, mit Sterbenden umzugehen, auch mit deren Angehörigen, und da gibt es sowohl die hilflos schwer Betroffenen als auch die Gleichgültigen, aber auch diejenigen, die wissen, wie man dem Tod entgegentritt. "Auch sollten Sie daran denken, daß der Patient manchmal gerne einen Geistlichen sprechen würde, und daß man ihn vorsichtig danach fragen oder zumindest den Angehörigen diese Frage vorlegen sollte."[26] Ganz wichtig ist der Hinweis, daß ein Sterbender, "auch dann, wenn er benommen oder scheinbar nicht mehr bei Bewußtsein ist"[27], möglicherweise, ja wahrscheinlich alles aufnimmt. Eine Schwester muß dies nicht nur selbst in ihren Äußerungen bedenken, sie muß es auch andere lehren. Wieviel reicher wäre das Leben von Krankenschwestern, wieviel besser wären Patienten versorgt, wenn Lindenbergs Wissen und Rat Allgemeingut würde.

SCHICKSALSGEFÄHRTE SEIN

"Das Höchste, was dem Arzt hier und da gelingt, ist, Schicksalsgefährte zu werden mit dem Kranken"[1], so hat es Karl Jaspers einem Zitat Lindenbergs zufolge formuliert, und dazu hat sich Lindenberg im Vorwort zu einem Buch bekannt, in dem er jene Fälle zusammengestellt hat, die ihm als schicksalsträchtig bewußt wurden. Beide Partner sind für Lindenberg "Schicksalsgefährten" – er, der Arzt, für den Patienten und der Patient für ihn. So hat er auch das Buch seinen "Schicksalsgefährten, den Patienten, in Liebe und Dankbarkeit zugeeignet." Aus Lindenbergs Buch "Mysterium der Begegnung" weiß der Leser, wie sehr er letztlich jede Begegnung als Teil eines Schicksals auffaßt, wie also der Begriff "Schicksalsgefährte" keinesweg auf Patienten beschränkt sein kann. Wichtigster Schicksalsgefährte jener Jahre – das Buch entstand etwa 1963, erschien erstmals 1964, und hat 1985 eine Auflage von 27.000 Stück erreicht – war seine Frau. Ihr als "Schicksalsgefährtin und Mitarbeiterin in der Betreuung der Kranken" gilt die Widmung des Buches in gleichem Maße.

Das Buch hat 43 Kapitel, berichtet also von 43 Schicksalsgefährten. Die meisten sind Patienten, bei denen Lindenberg einen Wandel auslösen konnte, immer sind Seele und Körper betroffen, denn "an jedem krankhaften Vorgang ist der ganze Mensch beteiligt"[2]. Lindenberg bezeichnet sich selbst im Untertitel dieses Buches als "Seelenarzt", sein Heilweg ist der Zutritt zur Seele des Kranken. "Nicht die Pille, die Tinktur oder die Spritze entscheidet, wenn sie auch in der Behandlung unentbehrlich sind, aber der Funke, der vom Kranken zum Arzt überspringt, das aufkeimende Vertrauen, das Gefühl des Verständnisses, das ein Erlebnis von Geborgenheit entstehen läßt: Darin liegt die Magie der Heilung."[3]

Er berichtet aus dem reichen Schatz seiner Erfahrungen und hebt die augewählten Einzelfälle ins Grundsätzliche. So hilft das Buch jedem, sich, seine Umwelt und das Wirken des göttlichen Willens zu erkennen. Es mahnt zur Verantwortung vor sich und vor anderen, also zur Gestaltung des Lebens, es erinnert an die notwendige Einfügung in ein höheres Walten, das wir oft nicht gleich erkennen können.

Im Abschnitt über "Kinder und Eltern", dessen fünf Kapitel vom Grundgedanken des notwendigen Vertrauens zu Kindern beherrscht ist, erzählt er auch von einem nicht normalen Kind, das in der Nazizeit geboren wurde und bei dem sich ein Wasserkopf entwickelte. Lindenberg betreute die Familie, um das Kind vor staatlicher Tötung zu schützen. Im Kriege entschloß sich die Mutter, in ein Dorf in Baden zu ziehen. Da wurde das Kind zum Helfer. Alle im Dorfe liebten es, versorgten in der Notzeit Mutter und Kinder mit Lebensmitteln, trugen das Leid gemeinsam, wuchsen an der Liebe. Der aus dem Kriege zurückgekehrte Vater bekam um seines kranken Kindes willen bevorzugt eine Stellung, es blieb bis zum Tode der Liebling des Dorfes.[4] Was als großes Unglück begann, erwies sich als Kraftquelle.

Es sind nicht wenige Fälle, von denen Lindenberg berichtet, in denen er mit seinen Worten auch bittere Medizin verabreichen mußte. Er schildert die meisten Fälle im Dialog und läßt so seine Leser gleichsam an den Gesprächen teilhaben: "Lernen Sie erst einmal richtig beten. Schieben Sie nicht, sogar im Gebet, Ihre Person vor Gott in den Vordergrund. Machen Sie sich ganz klein und demütig und weich vor Gott, und reden Sie nicht immer in Worten vor ihm. Lauschen Sie, werden Sie erst einmal still, und Sie werden sich wundern, wieviel Antwort Sie bekommen." [5] Wie oft mag Lindenberg so zu Patienten gesprochen haben. Da schwingen Mahnungen seiner Mutter Jadwiga und seiner "Vizemutter" – wie er von ihr spricht – Didi Baronin Loe, er möge sich nicht so wichtig nehmen, mit, da klingen Exerzitien der Rosenkreuzer und Yogaübungen an, da versucht der orthodoxe Christ, christliche Demut zu lehren.

Der konkrete Fall führte zunächst zum Zweifel an sich selbst. Denn der Patient, der immerhin den Weg des Gebetes eingeschlagen hatte, verließ ihn enttäuscht, verzweifelt, weinend. "Ich konnte den ganzen Tag nicht froh werden, weil ich das Gefühl hatte, ich sei zu weit gegangen und hätte einen leidenden Menschen verletzt." [6] Lindenberg hat in diesem Buch bevorzugt Fälle der Wandlung dargestellt, Fälle, die sich in guter Weise lösen. Hier wurde er beglückt durch den späteren Dankesbrief. Das helfend gemeinte, aber recht harte Wort hatte die Schale dieses Menschen durchstoßen. Er hatte das Wahre erkennen können und nun die doppelte Bestätigung erhalten: Es ging ihm sowohl seelisch als auch körperlich besser.

Lindenberg hat die Grenzen ärztlichen Erkennens und Könnens oft genug erlebt. Beglückt erzählt er auch einen Fall, in dem nach medizinischer Kenntnis keine Besserung möglich war, ihn aber der Patient durch seinen Glauben, seine Heiterkeit im Leid und seine Bereitschaft zu ständigen Übungen mitriß. Der Erfolg half ihm, nie müde zu werden, das anzustreben, was andere für unmöglich hielten. Er bekennt seine Dankbarkeit diesem Patienten gegenüber: "Und ich danke dir, Erna, du hast wie kaum einer mir und meinen vielen Patienten gezeigt, was der Mensch aus sich zu schaffen vermag, wenn er den rechten Glauben an Gott hat und an seine eigenen Kräfte, die Gott ihm verlieh." [7]

Das Grundmotiv dieses Buches ist die Liebe, die Liebe, die Krankheit heilt, deren Fehlen Krankheit erzeugt. Lindenberg wählt als ein Beispiel einen fast blinden und fast tauben Jungen, der durch die Liebe seiner Mutter Abitur und Studium bewältigte, dem die Krankenhausgemeinschaft dazu verhalf, seine Mutterbindung zu überwinden, der unter den Augen Lindenbergs im Laufe vieler Jahre trotz seiner Behinderung einen rechten Platz im Leben fand. [8]

Das Buch gibt Einblicke in viele unglücklich verlaufene Lebenswege. Spannungen zwischen Ehepartnern oder Eltern und Kindern, Angst, Verzweiflung, Drohung, vermeintliches und tatsächliches Unglück – aber über allem steht der Wille zum Verstehen des Schicksals und die konkrete Möglichkeit zu helfen. Wie das Wasserkopfkind zum Segen für seine Umwelt wurde, so wurde ein Querschnittsgelähmter zum Segen für alle, die mit ihm zu tun hatten. Er "hatte das Antlitz eines Engels, es strahlte eine überirdische Güte und Gelassenheit aus. In den drei oder mehr Jahren, die Herbert bei uns verbrachte, haben wir nicht ein einziges ungeduldiges oder heftiges Wort, keine Selbstbemitleidung, keine Klage, keinen Vorwurf gegen sein Schicksal gehört."[9] Lindenberg beläßt in diesem Buch die Erklärungen im üblichen Bereich. Er geht auf den äußeren und inneren Lebenslauf dieses "Schicksalsgefährten" ein, erzählt, wie Patienten bei ihm Trost und Hilfe fanden, Ärzte sich an seinem Bett erholten, er später heiratete und seine positive Haltung zum eigenen Leid bis zum Tode bewahrte. Aus anderen Büchern wissen wir, daß Lindenberg angesichts solcher Schicksale die Fragen des Karmischen Gesetzes bewegten, des Ausgleichs menschlichen Handelns über verschiedene Inkarnationen hinweg, der freiwilligen Übernahme eines solchen Lebensweges vor der Verkörperung mit dem Ziel des geistigen Wachstums. Solches, von den meisten Westeuropäern des 20. Jahrhunderts als fernöstlich oder buddhistisch eingestuftes Denken mutet Lindenberg dem Leser dieses Buches nicht zu. Wer die anderen Bücher kennt oder auf andere Weise um die großen Zusammenhänge unserer Existenz weiß, überträgt dieses – Wladimir Lindenberg ganz selbstverständliche – Wissen ohnehin auf die vielen, außergewöhnlichen Fälle, die er schildert.

Es sind nicht nur Kranke, die er hier als Schicksalsgefährten vorstellt. Einige der von ihm wegen ihrer positiven Lebenshaltung unter äußerlich schweren Bedingungen besonders hoch geachteten Menschen hat er ebenso einbezogen, wie andere Menschen, bei denen das Ungewöhnliche im äußeren Lebensablauf lag: ein junger Mann, der an Judenerschießungen hatte teilnehmen müssen[10], oder ein Sechzehnjähriger, der als Elfjähriger einen Totschlag aus Notwehr beging[11]. Lindenberg zeigt die Rettung durch aktive Sühne.

Das Buch klingt positiv aus. Die letzten Schicksalsgefährten, von denen er erzählt, sind Sterbende. Der letzte ist einer, der sich in beglückender Weise in seinen Tod fügen konnte. Lindenberg zitiert sich selbst gegenüber einer Sterbenden, und wieder gilt das Einmalige beispielhaft für jeden: "Du hast doch keine Angst vor dem Schlaf! Die meisten Menschen haben im Gegenteil panische Angst vor der Schlaflosigkeit. Und ist der Schlaf nicht jedesmal ein kleiner Tod? Weißt du, ob du aus ihm zurückkehrst?" [12] Und als letztes: "Sei bereit gleicherweise zum Leben wie zum Sterben, denn beides ist ein Geschenk Gottes. Aber lebe, solange du lebst; denn unser Auftrag hier und überall, auch jenseits des physischen Leibes, heißt leben!" [13]

BOBIK IM FEUEROFEN

Der Titel dieses Buches, des zweiten autobiographischen Bandes (1964), lenkt den Leser auf die Bibel. Es waren drei Jünglinge, denen Gott seinen Engel sandte, um sie im Feuerofen vor dem ihnen bestimmten Tode zu bewahren und aus dem Feuerofen zu erretten. Lindenberg erzählt nun, wie er, der Bobik von 15 Jahren, selbst in solch einen Feuerofen geschickt und durch ein Wunder gerettet wurde. Der Feuerofen war einer der vielen Keller des Jahres 1917, in die irgendwelche Kommissare "Feinde" sperrten, also Mitbürger, die sich tatsächlich oder vermeintlich gegen die bolschewistische Terrorherrschaft stellten oder die zu jenen Klassen gehörten, die das Überkommene anerkannten, die es verteidigten, die gegen Gewalt und Mord waren, die das tausendjährige Rußland maßgeblich aufgebaut hatten.

Dieses Einsperren bedeutete eine Frist von Minuten oder Stunden bis zur Tötung. Es war ein "Feuerofen", denn da gab es kein Entrinnen mehr. Die Wächter hatten die Waffen, sie waren fanatisiert, aufgehetzt, mordlustig. In Rußland begann das "Reich des Antichrist". Und in diesen, dem jungen Adligen Wladimir Tschelischtschew bestimmten Feuerofen trat der Engel des Herrn in Gestalt von Alexander, dem Mann, der bei Lindenbergs viele lange Jahre als Kutscher gedient hatte. Bobik war sein Liebling, für Bobik war Alexander sein Vertrauter gewesen. Er rettete ihn.

Das Bild des "Feuerofens" mag Lindenberg auch dadurch gekommen sein, daß es in der russischen Literatur eine lange Tradition hat. Wohl schon im 11. Jahrhundert kam aus Byzanz das "Liturgische Drama" von den drei Jünglingen im Feuerofen, das ähnlich wie heute Krippenspiele in kirchlichen Räumen aufgeführt wurde. Konkret überliefert ist der Text eines solchen "Feuerofen"-Stückes von Simeon Polozki, das von 1673 stammt.

Die wunderbare Errettung ist eine der wichtigsten biographischen Szenen dieses Buches. Es sind ihrer mehr, denn das Buch umfaßt die Zeit von 1916 bis 1918, also die des größten Umbruchs in Lindenbergs Leben. In diese Spanne fällt die Einäscherung des Stammsitzes der Tschelischtschews Krasnoje selo, bei der Lindenbergs Großvater verbrannte und Bobik einige der Familieninsignien rettete, das ebenso symbolisch als Ende eines Adelsgeschlechts erlebte Bersten der jahrhundertealten Eiche der Torlezkis in Staroje Girejewo, die Aufgabe des Weißen Hauses in Girejewo (September 1917) mit der Übersiedlung in das Palais der Großmutter am Moskauer Arbat, der Verlust dieses Hauses in den Tagen des bolschewistischen Umsturzes Anfang November 1917, der Abschied von Vater Sascha und Sohn Bobik in den beiden bedeutendsten Kirchen des Kreml und die Entscheidung über die Emigration gemeinsam mit dem ungeliebten Stiefvater, die zugleich Trennung von der geliebten Mutter bedeutete.

Zu diesen Hauptszenen des Buches treten eine Reihe weiterer, die das Leben der Lindenbergs in jener Endzeit illustrieren. Lindenberg hat die 300 Seiten des Buches in 53 Kapitel unterteilt, die jeweils um ein ins Typische gehobenes Ereignis kreisen. Ein Personenverzeichnis zu Beginn soll die Orientierung erleichtern, es veranschaulicht auch die Menge der erwähnten Menschen, mit denen Lindenberg damals zusammentraf. Aber es handelt sich nur bei wenigen um durchgehend auftretende Personen, vielen begegnet man nur in einem oder zwei Kapiteln, so ist die Orientierung leichter als in den langen Romanen der russischen Realisten des 19. Jahrhunderts. Die Orthographie der russischen Namen in Lindenbergs Büchern ist in der Tendenz phonetisch, aber inkonsequent. Er schreibt das Geschlecht der Torlezkis "Tarletzki", denn der Moskauer Russe spricht das unbetonte o als a, wählt für den Nachnamen seines Freundes Aljoscha Golizyn teils Galitzin, teils Golitzin. Aber dem Leser entstehen keine Verständnisschwierigkeiten.

Eine Reihe der Szenen haben mehr persönlichen, andere mehr grundsätzlichen Charakter, geben ein Bild der Zeit. Zu den persönlichen gehört eine Geschichte, wie sein kleiner Bruder Pawel, genannt Passenka, zu einer Zigeunertruppe weggelaufen ist [1], zu den allgemeingültigen, wie dieser Junge später ein geschickter Händler auf dem Schwarzmarkt wurde. [2] Auch die Zersetzung der Familie in der ekelhaften, engen Wohnung zur Zeit von Hunger und Kälte gehört zum Grundsätzlichen, nicht individuellen. Eher als selbstkritische Darstellung der Lindenberg-Familie, insbesondere seiner Mutter, kann man jene Szenen auffassen, die den Zusammenbruch in Girejewo veranschaulichen. Jadwiga war unfähig, den Haushalt zu leiten, sie wurde betrogen und bestohlen. Es ist zwar amüsant zu lesen, wie Bobik mit seinem Freund Aljoscha versucht zu rauchen und wie Vater Sascha den beiden Zigarren anbietet, bis ihnen schlecht wird[3], aber über das Persönliche gehen solche Kapitel kaum hinaus. Sie haben ihren Sinn in der Gesamtkomposition als Gegengewicht gegenüber den zeithistorischen, die wegen des lebendig vermittelten Grauens sonst zu belastend wären.

Einige Kapitel machen das Leben in Rußland 1916/18 besonders deutlich. Da erzählt er von "Walerian, dem Agitator", einem Studenten, der die Menschheit mit Karl Marx beglücken will. Die Kinder unterhalten sich mit ihm und fragen ihn nach der „neuen Heilslehre" aus. Sie finden, daß die Ideale, wie jenes, es solle den Armen gut gehen, schon Christus aufgestellt habe. Die Frage, wie sie, die Marxisten, es denn besser machen wollten, beantwortet Walerian klar: "Wir werden es mit Gewalt tun."[4] Das Kapitel endet prophetisch: "Im Traum erschien Walerian dem Bobik. Seine Hände waren blutig, und Blut tropfte von den Fingern. Sein Gesicht war verzerrt, und als er weiter hinsah, war es nicht mehr Walerian, sondern ein schrecklicher Teufel."[5]

In Krasnoje selo war Bobik Zeuge einer Lynchjustiz. "Mitten in die Straße war eine große Grube gegraben worden, in ihr lagen gefesselt, noch lebend, aber schrecklich abgerissen und zerschunden, drei Soldaten."[6] Die verhetzte Menge ließ sich nicht hindern, die Beschuldigten lebendig zu begraben. Am Sonntag darauf gingen Jadwiga und Bobik zur Kirche. Sie standen mitten unter den Bauern. Viele von diesen hatten sie unter jenen gesehen, die die Lynchjustiz vollzogen. Bilder des Mittelalters – Hexenverbrennungen – und der französischen Revolution – Hinrichtungen als Schauspiel – drängen sich auf.

Die Erzählung vom Besuch Sergej Jessenins im Weißen Haus von 1916[7] hat zwar privaten Charakter, erweitert aber die Vorstellung von einem der bedeutendsten russischen Lyriker jener Zeit. Die Schilderung eines zweiten Zusammentreffens nach der Revolution in Moskau, als Bobik mit Burljuk, Kamenski, Majakowski u.a. in nächtlichem Übermut eine Straße in "Sergej Jessenin-Straße" umbenennen will und sie ein solches Schild aufhängen[8], oder die Beschreibung einer Dichterlesung[9] geben dem Buch den Wert eines anschaulichen Zeitdokuments. Ähnliche Szenen sind aus anderen literarischen Darstellungen bekannt. Die Lindenbergschen, die frei vom sowjetischen Zensor entstanden sind, tragen dazu bei, das wahre Bild der Zeit zu erhalten.

Ganz in den persönlichen Bereich der Reifung gehört das Kapitel "Mord". Um einer Frau einen neuen Start ins Leben zu ermöglichen, gab ihr Jadwiga 400 Rubel. Es war ihr nicht wichtig, ob sie in diesem Betrag ein Geschenk oder ein Darlehen sah, es ging um einen ganz persönlichen Vertrauensbeweis, um eine Hilfe geistiger und materieller Art. Ein paar Tage später wurde diese Frau ermordet, und der Mörder hatte jenes Geld erbeutet. Jadwiga empfand eine Schuld. "Weiß Gott, ich bin doch an dem Mord unschuldig. Aber irgendwie bin ich mittelbar zum Werkzeug dieses Mordes geworden, und ich wollte doch wahrhaftig nur Gutes. Wie so oft verkehrt sich Gutes in Böses oder umgekehrt, als ob sie ganz anderen Gesetzen gehorchten." [10] Schon dieser Teil des Erlebnisses gehört in die Reihe der ethisch wesentlichen Erzählungen oder vermittelten Erfahrungen Lindenbergs, aber es geht noch weiter.

In der Nacht betet Bobik für die Ermordete und ringt um ein Gebet für den Mörder. Er beschließt, den Mörder zu finden. Der Grund ist nicht, ihn der Polizei auszuliefern, damit er seine Strafe erhalte, sondern allein, ihn aus dem Bösen, das er tat, zu lösen. Lindenberg abstrahiert so nicht. Er ist Schriftsteller. Er erzählt. Außer dem Wissen, daß es Mörder an den Platz ihrer Tat zurückzieht, hatte er keinen Plan, wie er ihn finden könne. "Vielleicht war es am besten, die Dinge dem Zufall zu überlassen." [11] "Zufall" ist hier gleichbedeutend mit "Schicksal". Als der Sarg herausgetragen wird, fällt ihm ein junger Zimmermann auf, und das Gefühl sagt ihm, dieser sei der Mörder. Er spielt mit ihm ein Wurfspiel und redet dabei über den Mord, so wie er sich ereignet haben dürfte. Die konkreten Worte entstammen der Intuition, nicht dem Intellekt. Es ist weniger das psychologische Geschick, als das liebende Mitgefühl mit einem Menschen, der so entsetzliche Schuld auf sich geladen hat, das den jungen Mann zum Geständnis zwingt. Schließlich gehen sie gemeinsam zum Priester in Staroje Girejewo, dann nach der Beichte zur Polizei. [12] Bobik erlebt die innere Lösung, die Wandlung des Mörders. Der Leser ist Zeuge einer großen, in die Tiefen menschlicher Existenz eingedrungenen Tat.

Die Einbettung des Alltags in die Selbstverständlichkeit russisch-orthodoxer Glaubensausübung zieht sich wie ein behutsames Leitmotiv durch "Bobik im Feuerofen". Dem Gebet für den jungen Mörder entspricht das Gebet Bobiks für den Jungen, der mit ihm zusammen verhaftet worden war und ihn, um sein eigenes Leben zu retten, dann dem Kommissar als einen der am Kampf Beteiligten verriet.[13] Der Abschied von Girejewo ist mit einem Gottesdienst im Hause verbunden[14], das Kapitel endet mit dem Satz "Wir wollen Gottes Segen erbitten für alles Gute und Böse, das auf uns zukommt"[15].

Der Abschied vom Vater findet im Kreml wie eine religiöse Zeremonie statt[16], er steht ebenso unter dem Gebet wie der Abschied von der Mutter und von Rußland. Der Mutter legt er beim Abschied die Worte in den Mund: "Erwecke in dir das innere, das unvergängliche Licht und werde fest, dann kann dir im Leben kaum etwas Böses zustoßen!"[17] Wie mit dem Vater bekreuzigen sie sich gegenseitig zum Abschied. Auch der letzte Satz des Buches ist ein Gebet, jenes, das er nun in der Bahn, als das Grauen hinter ihm liegt, wieder "aus vollem und freudigem Herzen beten"[18] kann: "Erfüller alles Guten, Du mein Christe! Erfülle mit Freude und Heiterkeit meine Seele, und erbarme Dich meiner, Du Vielerbarmender."[19]

RICHTER, STAATSANWÄLTE, RECHTSBRECHER

Als Wladimir Lindenberg dieses Buch auf Anregung seines Verlegers Hermann Jungck vom Ernst Reinhardt Verlag 1964 schrieb, blickte er auf eine lange Tätigkeit als Gerichtsgutachter zurück. Im Unterschied zu allen anderen Büchern in diesem Verlag hat es nicht mehrere Auflagen erfahren. Aber der Herder Verlag hat es 1970 unter dem Titel "Zwischen Gerichtssaal und Gefängnis. Strafprozeß, Strafvollzug, und danach?" nachgedruckt. Das Buch fußt auf dem jahrhundertealten Mitgefühl des Russen mit den Gefangenen und auf der nüchternen Beobachtungsgabe des Psychiaters im deutschen Gerichts- und Strafvollzugswesen. Es ist aus der Liebe zum Nächsten geschrieben, es ringt um mehr Menschlichkeit. "Wenn wir – nicht nur die Juristen oder die Parlamentarier, sondern alle – zum Bewußtsein gelangen, daß in der Behandlung unserer Rechtsbrecher sehr vieles nicht stimmt, daß wir alle schuldig sind und uns schuldig machen, wenn wir die »schwachen Menschen«, die die meisten Rechtsbrecher sind, lieblos und hilflos sich selbst überlassen, dann könnte auf dem Gebiet der Rechtspflege eine Menge geschehen."[1]

Hier bringt der Arzt eine umfassende Schau, wie sie der Jurist kaum bieten kann. Er sieht den Menschen als "Angeklagten", als "Verurteilten", als von seiner Familie gewaltsam Getrennten, als aus dem Gefängnis in eine ihm noch fremder gewordene Umwelt Entlassenen. "Der Arzt aber begegnet ständig Menschen, die aus Gefängnissen entlassen worden sind, oder solchen, die sich dorthin begeben. Er besucht die verzweifelten Ehefrauen oder Mütter, die verängstigten Kinder, und er steht oft fassungslos vor der Härte veralteter Gesetze, vor der persönlichkeitsvernichtenden Macht von Gefängnismauern und Strafvollzugsinstitutionen und vor den Rachegelüsten der ach so selbstgerechten Gesellschaft."[2]

Als Wladimir Lindenberg sein Buch schrieb, hatte Alexander Solschenizyn seinen Roman "Der erste Kreis" bereits abgeschlossen, aber noch nicht veröffentlicht. Beide zitieren zu Beginn Dantes Worte, die er vor das Inferno, die Hölle gesetzt hat, in ihrer Gültigkeit für den, der das Gefängnis- oder Lagertor durchschreitet: "Laßt alle Hoffnung fahren, ihr, die ihr hineingeht."[3]

Wladimir Lindenberg bringt in diesem Buch sehr viele Einzelfälle, die er so erlebt hat, aber nur wenig, das ihn persönlich betraf. Die eigene Erfahrung als Todeskandidat bolschewistischer Schnelljustiz, als Untersuchungsgefangener im Bonner Gefängnis 1937, als KZ-Häftling in Neusustrum, als Strafgefangener im Kölner Klingelpütz und als Verhafteter der Roten Armee 1945 verschweigt er. Sie schwingt mit in dem Satz "Was wirklich Freiheit ist, weiß nur der Untersuchungs- und der Strafgefangene, der Insasse eines Konzentrationslagers, eines Irrenhauses oder der Kriegsgefangene"[4]. Lindenberg veranschaulicht, wie der Mensch, der so seiner Freiheit beraubt ist, nur noch manipuliert wird, nur noch unwesentliche Entscheidungen treffen darf, und wie ihm alles, was er liebte und was ihn liebte, entzogen wurde.

Das Buch besteht aus zwei großen Teilen. Der erste ist auf den Gerichtssaal konzentriert und nach den verschiedenen Personen, die dort agieren, gegliedert: Richter, Staatsanwalt, Rechtsanwalt, Sachverständiger, Zeuge, Angeklagter und – von ihm besonders herausgehoben – "Der Saalwachtmeister". Lindenberg hat oft erlebt, wie der mit dem konkreten Fall nicht unmittelbar verbundene Saalwachtmeister eine besondere Menschlichkeit zeigte, der Frau oder der Mutter eines Rechtsbrechers zusprach, ihr eine Begegnung an der Grenze der Legalität ermöglichte. Aber bei jeder der analysierten Funktionen in diesem "Spiel im Gerichtssaal"[5] geht sein Blick auf das Menschliche. Er freut sich über jenen Richter, der den, über den er zu richten hat, nicht entwürdigend mit "Angeklagter" und den als Zeuge Geladenen nicht mit "Zeuge" anredet, sondern höflich und normal ein "Herr" oder "Frau" hinzusetzt. Immer wieder liegt Lindenberg daran, deutlich zu machen, daß jeder Mensch schuldig ist, jeder in die Lage des "Angeklagten" kommen kann. Die "Volksverbrecher" des 20. Juli 1944, die entsetzlich geschmäht wurden, an denen sich niedrigste Rachlust, übler Machtrausch und peinliche Minderwertigkeitsgefühle austobten, wurden später als wahre Freiheitskämpfer hoch geachtet. Was hier jeder Deutsche im Großen an gewandeltem Rechtsbewußtsein erlebt hat, gilt im Kleinen nur zu oft. Wir kennen die Gründe, die Schwächen, die Einflüsse nicht, die einen Rechtsbruch bedingten. Letztlich steht uns das Richten nicht zu, letztlich können wir die Welt nur durch Liebe verbessern. Aber Lindenberg geht von der realistischen Situation aus, daß wir auf Erden richten müssen. So stellt er dem Buch einen "alten Spruch" voraus, der irdisches Richten dem eigentlichen, dem göttlichen Richten gegenüberstellt: "Hastu Gewalt, so richte recht, Gott ist dein Herr und du sein Knecht." Er endet mit den beiden Zeilen "Hier hastu gerichtet nur kleine Zeit, Dort wirstu gerichtet in Ewigkeit"[6].

Der zweite Teil beleuchtet die Lage des Verurteilten, des Strafgefangenen. Lindenberg macht dem Leser eine zunächst bestürzende Tatsache bewußt: "Die Strafe allein ist eine wirkungslose Maßnahme; erst wenn der Täter sie als solche annimmt und erlebt, also sich von seiner Tat abkehrt, sie bereut und »ja« zur Strafe sagt, dann erst kann der Sinn der Strafe erfüllt werden. Das aber geschieht nur in verhältnismäßig seltenen Fällen."[7] Obwohl Dostojewskis Roman "Schuld und Sühne", dessen Titel wörtlicher übersetzt "Verbrechen und Strafe" lautet, in Millionen Exemplaren verbreitet ist und sicher auch von vielen Juristen und Eltern gelesen wurde, ist seine Aussage hinsichtlich Verbrechen und Schuld und Strafe und Sühne, die Lindenberg hier vereinfacht wiedergibt, nicht ins Bewußtsein der meisten Menschen übergegangen. Er fährt fort: "Über die Reue hinaus bedarf es der Umkehr, der Abwendung von der Neigung zum Verbrechen, die in der Person des Täters mehr oder weniger verankert sein mag, und es bedarf einer gezielten Erziehung des Delinquenten, damit die Gesellschaft bei seiner Entlassung in die Freiheit vor weiteren Schädigungen bewahrt bleibt."[8] Mit dieser Theorie werden alle übereinstimmen, die mit Strafvollzug beschäftigt sind. Lindenberg aber klagt die Realitäten an.

Er veranschaulicht, daß der Strafvollzug nicht sein eigentliches Ziel verfolgt, "eine soziale und seelische Gesundung, Resozialisierung,

Erweckung der Reue"[9] zu fördern, nicht zuletzt, weil die gesamte Situation im Gefängnis derjenigen in der Gesellschaft, zu der der Gefangene erzogen werden soll, entgegengesetzt ist. Lindenberg hat besonders großes Verständnis für die abnorme sexuelle Situation der Inhaftierten. Untersuchungshaft und Strafvollzug sind immer ein schwerwiegender, meist Dauerschäden hervorrufender Eingriff in den normalen biologischen Rhythmus eines jeden Menschen. Die Verdächtigten und Gestrauchelten "werden des verfeinerten Einflusses der Frau, ihrer Mütterlichkeit, ihrer Liebe, ihrer erotischen und sexuellen Erfüllungen, ihrer Fürsorge beraubt, und sie leiden unsagbar unter diesem Entzug"[10]. Die Folgen sind "zerbrochene, gestörte Ehen, Minderwertigkeitskomplexe, Entfremdung von der Gemeinschaft, Vereinsamung, Depression, Alkoholismus und unter Umständen neue soziale Entgleisung auch auf sexuellem Gebiet"[11].

Den Schluß des Buches, das noch auf viele Einzelfragen wie "Gesetze als Quellen und Ursachen von Verbrechen" oder den "Anteil des Zeitgeistes und der Gesellschaft an Rechtsbrüchen" eingeht und selbstverständlich auch "Die Fragwürdigkeit der Todesstrafe" behandelt, bilden vier Kapitel über "die seelische Situation" von vier Gruppen Inhaftierter: des Untersuchungsgefangenen, des Strafgefangenen, des Lebenslänglichen und "des geistig differenzierten Strafgefangenen". Danach ruft er ins Gedächtnis, daß jede Strafe "Sippenstrafe" ist, denn die Familien sind immer – seelisch und materiell – Mitbestrafte. Am Beispiel des Untersuchungsgefangenen veranschaulicht Lindenberg die psychische Schockwirkung der plötzlichen Inhaftierung, den Kontrast der zwei Welten: Freiheit – Unfreiheit. Am Beispiel des Strafgefangenen macht er bewußt, wie sich Strafmaß und tatsächliche Strafe zueinander verhalten: "Die von der Gesellschaft und dem Gesetzgeber zugedachte Strafe fällt viel härter aus als beabsichtigt; sie fällt so hart aus, daß nicht selten die Individualität eines Menschen zerbrochen und aufgeweicht wird und daß die Zukunft des Betreffenden und seiner Angehörigen vernichtet wird. Also wird die Strafe doch wieder zur Rache, von der man mit treuem Augenaufschlag behauptete, daß man seit hundert Jahren beileibe nicht mehr daran denke, sich zu rächen."[12]

Bei den "geistig differenzierten Menschen" aber macht er – hier ganz besonders aus eigenem Erleben als Gefangener und als Psychiater – nachvollziehbar, daß er "trotz oder gerade wegen der Gleichheit aller vor dem Gesetz zehnfach schwerer bestraft wird als die anderen!"[13]. Wladimir Lindenberg zitiert aus Dostojewskis Erinnerungen an seine Zuchthausjahre in Sibirien "Aufzeichnungen aus einem Totenhause": "Der einfache Mensch, der ins Zuchthaus kommt, gelangt auch dort in seinen Gesellschaftskreis, vielleicht in einen noch entwickelteren Kreis. Der Gebildete, der eine Strafe bekommt, verliert ungeheuer viel. Er muß dort alle kulturellen Gewohnheiten in sich abtöten, er gelangt in ein ihm völlig inadäquates Milieu, er muß eine andere Luft atmen. So wird eine für alle gültige Strafe für den einen ums Vielfache multipliziert." [14] Das zweite Beispiel aus der Literatur, das Lindenberg zitiert, stammt von Oscar Wilde. Er hätte auch auf die Beispiele seines ersten Buches verweisen können "Tragik und Triumph großer Ärzte", in dem er von jahrelangen Haftzeiten "geistig differenzierter Menschen" berichtet hat. Ihr Leid ist unermeßbar.

Das Buch unterscheidet sich nicht nur im Thema von allen anderen Lindenbergs. Es unterscheidet sich in mehr. Einmal verwendet er fast gar keine Zitate – das Dostojewski-Zitat ist eine Ausnahme. Die Einbettung in die Weisheit der Welt fehlt hier. Zum anderen bleibt er weitgehend in der Perspektive des Gutachters, wie er ja auch als Untertitel "Betrachtungen eines Sachverständigen" gewählt hat. Mögen manche Einzelheiten durch Reformen inzwischen besser geworden sein, mag das Bewußtsein der Unzulänglichkeit des Strafvollzuges in den zwanzig Jahren seit der Veröffentlichung zugenommen haben, grundsätzlich gilt alles, was er schreibt, weiter. Meine erste Reaktion auf das Lesen dieses Buches: Jeder, der mit Richtern und Strafvollzug zu tun hat, vom Justizminister bis zum Jurastudenten, sollte dieses Buch lesen – gilt unverändert.

Aber es fehlt dem Buch die höhere Warte, die Lindenberg in seinen anderen Büchern zeigt, das Einordnen des von ihm anklagend geschilderten Geschehens – Verhör, Verurteilung, Strafvollzug, Strafbewältigung – in sein Wissen um das jedem Menschen gegebene Schicksal. Mag der Richter mit seinem Urteil gefehlt haben, mag der "geistig Differenzierte" im Verhältnis zu seiner Tat und im Vergleich mit anderen Strafgefangenen viel zu hart bestraft sein, die eigentliche Aufgabe liegt in der Einordnung dieses, von Menschen verursachten Leids in ein göttlich gewolltes Schicksal. Die Frage nach dem karmischen Gesetz, die hier gestellt werden muß – und nicht zuletzt nach Lindenberg –, bleibt in diesem Buch ungestellt. Er selbst war zu Unrecht Inhaftierter. Er selbst war in der Lage, die Zeit des Strafvollzugs, sogar in der härtesten Form der Einzeldunkelhaft, in sein Leben zu integrieren, sogar einen Gewinn daraus zu ziehen. Die bestehende, recht mangelhafte Situation im Strafvollzug und im Verhältnis zur Strafe, sollte zweifachen Anstoß geben: zur Änderung jener Gegebenheiten, die Lindenberg anklagt, und zum Wandel des Menschen in seiner Haltung zum Leid.

GOTTES BOTEN UNTER UNS

"Gottes Boten", das ist eine Verdeutschung des Begriffes "Engel". Der "angelus" ist Bote Gottes. Lindenberg hat keine neue Angelogie geschrieben, keine neue Lehre vom Wesen jener Lichtgestalten, die im irdischen Sinne unverkörpert in der geistigen Welt tätig sind und von denen die vielen Religionen aller Zeiten Zeugnis ablegen. Er ist im Wissen um seinen Schutzengel, um den Schutzengel, der jeden Menschen begleitet – und zwar von Inkarnation zu Inkarnation – großgeworden, aber er weiß, daß das Wissen um die Wirklichkeit der Engel in unserer säkularisierten Welt weitgehend geschwunden ist. So geht er einen anderen Weg: Er schildert, wie Menschen als Boten Gottes fungierten, wie Menschen in einer rational nicht mehr erklärlichen Weise in ein anderes Leben eingriffen und damit das Wirken eines höher bestimmten Schicksals veranschaulichten. Wir wissen um das Eingreifen des Kutschers Alexander, als der fünfzehnjährige Bobik im "Feuerofen" des bolschewistischen Umsturzes war und erschossen werden sollte. Alexander, der in diesem Augenblick, an dieser Stelle, mit dieser einmaligen Möglichkeit, ohne einen zweiten Wachsoldaten, ohne Kontrolle seinen Liebling abführen und damit retten kann – das ist angesichts der vielen tausend anderen Möglichkeiten, die alle zum Tode geführt hätten, ohne Zweifel ein Wunder, ist ein Wirken jener "Boten Gottes", von denen Lindenberg hier erzählt.

Das Buch ist dem Gedenken seiner Frau Dolina gewidmet. Sie starb 1966, als er es schrieb. Es erschien 1967. Zwei Kapitel kreisen um diesen Tod. Lindenberg erzählt, wie sie eines Tages während der Sprechstunde, bei der sie ihm stets half, einen Schlaganfall bekam, erzählt, wie sie – sprachgelähmt – in der letzten Nacht noch einmal mit ihm sprechen konnte: "Ein Engel hatte ihr den Mund geöffnet." [1] Sie konnten bewußt voneinander Abschied nehmen. Lindenberg erwähnt in diesem Zusammenhang auch den von ihm sehr verehrten Jesuitenpater Gebhard Graf Stillfried, den Leiter der "Offenen Tür Berlin", der ihr zum Lesen in diesen letzten Tagen oder Stunden von

Pierre Teilhard de Chardin "Der göttliche Bereich" geschenkt hatte. Aus erster Ehe hatte Dolina eine Tochter Trixie, nur diese beiden hatten noch Zutritt außer ihm. An Gebhard Graf Stillfried erlebte er hier: "Es gibt Menschen, die sind wie Engel; sie treten in den Raum, und der Raum wird weit und licht, und man fühlt sich in seltsamer Weise erquickt und behütet." [2]

Als er 1965 anfing, dieses Buch zu schreiben, lebte Dolina noch, spielte am Flügel, formte Plastiken und umsorgte die Gäste in Berlin-Schulzendorf oder in Ranerding, dem bayerischen Bauernhaus. Lindenberg stellte an den Anfang sechs Ereignisse aus der Heiligen Schrift – fünf aus dem Alten Testament, eines aus dem Neuen: Als erstes den Besuch der drei Engel bei Abraham, die zu einem werden – die häufig zu sehende russische Ikone wählte Lindenberg für den Schutzumschlag. Als zweites "Jakobs Kampf mit dem Unbekannten", der in dem Satz Jakobs gipfelt: "Ich lasse dich nicht, du segnest mich denn". Als drittes die Begegnung Samuels mit Gottes Stimme, das Hören einer Stimme aus der geistigen Welt. Hier mahnt der Arzt Lindenberg, auch in unseren Tagen das Stimmenhören nicht grundsätzlich und primitiv dem Krankheitsbild der Schizophrenen zuzuschreiben. Es gibt auch eine Wahrnehmung von Gottes Boten als Stimme. Als viertes hat er – in ungewöhnlicher Übersetzung – "Die drei Jungmänner im feurigen Ofen" gewählt. Für ihn ist jenes alttestamentarische Geschehen durch den orthodoxen Gottesdienst bewußt geblieben, und er erinnert an die schönen Hymnen, die damit verbunden sind. [3] Als fünftes hat er einen Bericht aus dem apokryphen Buch Tobias gewählt, "wohl die schönste und erbaulichste Geschichte von einem Gottesboten" [4], die ausführliche Erzählung der gemeinsamen Wanderung des Tobias im Dienste seines Vaters Tobit mit dem unbekannten Gefährten, der ihm behilflich ist und sich schließlich als Raphael, "einer von den sieben heiligen Engeln, die die Gebete der Heiligen darbringen und zu der Majestät des Heiligen Zutritt haben" [5], zu erkennen gibt.

Aus dem Neuen Testament hat Lindenberg die Begegnungen des auferstandenen Christus mit seinen Jüngern gewählt, er vergleicht die Evangelien. So ist hier auch seine geliebte Szene zwischen Christus und Thomas enthalten, die er oft auch gern als bildender Künstler dargestellt hat. Noch heute hängt im Eßzimmer seines Berliner Hauses an der Tür zum Schlafzimmer ein Wandteppich, der Christus und Tobias zeigt. Er hat ihn in Bonn um 1922 gestickt. In der ersten Nachkriegszeit hat jemand mit einer Schere hineingeschnitten, so

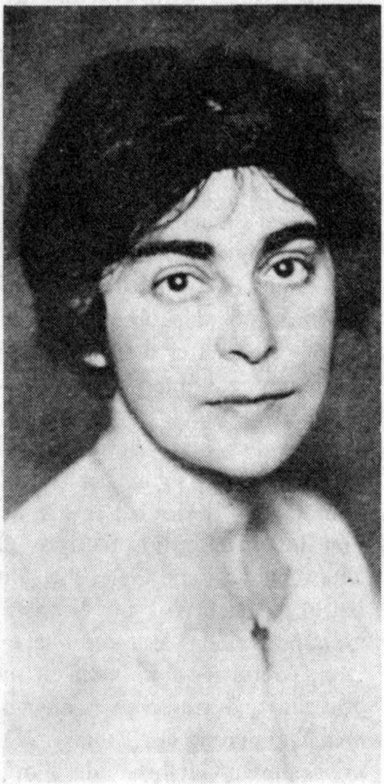

Mumienporträt aus Fayûm
(um 160 n. Chr.)

Jadwiga

hängen die Fäden lose herum, aber das Bild – die Wahrheit der Begegnung – lebt unverändert.

Diesen Bibeldarstellungen setzt Lindenberg nun Erlebnisse von sich und seiner Familie, also "im profanen Lebensbereich", gegenüber. Er ruft beim Übergang ins Gedächtnis, daß in allen diesen biblischen Berichten der Bote Gottes "selten als überirdisches Wesen auffiel. Viel später, Tage oder Wochen, fiel es dem Botschaftsempfänger ein, daß es ein Engel Gottes gewesen sein könne"[6].

Der Kenner von Wladimir Lindenbergs Biographie ist mit den wichtigsten der nun erzählten Ereignisse vertraut. Da schildert er, wie Jadwiga in Jessentuki, sich selbst unverständlich, bei schlimmstem Unwetter einen Bahndamm erklomm, unter Lebensgefahr eine Eisenbahnbrücke überschritt, die unmittelbar danach einstürzen sollte, einen Zug anhielt und allen Menschen das Leben rettete.[7] Er berichtet von den spirituellen Erfahrungen seines Vaters in der Eremitage[8] und ergänzt aus seiner Gegenwart, wie er plötzlich in einer Berliner Ausstellung vor einem Mumienporträt aus Fayum steht und ihn die frappierende Ähnlichkeit mit seiner Mutter an deren innere Verbindung mit Ägypten im Sinne der Reinkarnation erinnert.[9] Er überzeugt den Leser durch Abdruck der Fotos nebeneinander.[10] Er erzählt die beiden schicksalsträchtigen Situationen, in die seine eigene Freundschaft mit Aljoscha Golizyn eingebettet ist – seine Rettung durch die Golizyn-Familie aus dem Bärenfell, in das verkleidet er vom Schlitten gefallen war[11], und er berichtet, wie er in Bonn unter Zwischenschaltung mehrerer anderer Personen vom Tode Aljoschas erfuhr und sein eigenes, mit dem Freund in Rußland einst getauschtes Taufkreuz wiedererhielt.[12] Die Wiederbegegnung der Eltern 1914 und die vorangegangenen Weissagungen, die jeder der beiden erhalten hatte, sind ebenso in eigenen Kapiteln gestaltet[13] wie auch die Ereignisse um den letzten brieflichen Kontakt zwischen den beiden, der mit der Mitteilung der Remscheider Adresse durch den dankbaren blinden Juden – Gottes Boten – begann.[14] Außer der eigenen Rettung durch Alexander unmittelbar vor der Erschießung und dem anschließenden Erlebnis in einer Kirche, wo er ein Stück Brot fand und in dieser kleinen materiellen Hilfe Gottes Nähe spürte[15], berichtet er von seiner zweiten Errettung bei der Rückfahrt, als Carl Lindenberg mit den beiden Kindern gehindert wurde, den vorgesehenen Zug zu benutzen, der dann auf einen Munitionszug auffuhr.[16] Er berichtet auch von der rettenden Hilfe Sven Hedins im KZ[17] und von der Befreiung durch Dolina im April 1945 aus sowjetischer Haft.[18]

Das ständige Wirken der Boten Gottes gehört in das Bewußtseinsfeld Wladimir Lindenbergs im Großen wie im Kleinen. Im wesentlichen erzählt er in diesem Buch nur die auffälligeren, schicksalsträchtigeren Dinge. Natürlich gehört auch der Kauf des "Zanoni", von dessen Besitz der Buchhändler selbst nichts ahnte, in Münster 1919 dazu[19], ebenso die Bewahrung vor einem schweren Autounfall in Bonn durch die Erscheinung des sich physisch zu diesem Zeitpunkt in Holland aufhaltenden Freundes Lu Timmermans.[20] Selbst Menschen, die eine gewisse Wachheit für dieses Einwirken der geistigen Welt auf unseren Alltag entwickelt haben, zögern im Erkennen und Annehmen in weniger wichtig scheinenden Fällen. Die Geschichte um ein ihm in schöner Weise zugespieltes Geschenk leitet Lindenberg mit diesem Gedanken ein: "Mein Freund Rudolf meinte kürzlich in einem Gespräch, ob ich nicht doch zu weit ginge, wenn ich glaubte, daß Gottes Einwirkung sich bis in die kleinsten und intimsten, vielleicht auch belanglosesten Dinge des Alltags erstrecke, ob man Gott damit nicht zu klein mache."[21] Lindenberg führt seine gegenteilige Erfahrung und Überzeugung an. "Können wir jedoch überhaupt entscheiden, ob es die kleinen oder die großen Dinge sind, die unser Schicksal formen? (. . .) Ich glaube, man kann Gottes Wirkung in der Welt nicht einschränken: Bis hierher ist es seine Einwirkung, von da ab nicht mehr. Der geistig Blinde geht an allen Zeichen, Symbolen, Sendungen und Warnungen vorbei, weil er nichts merkt; dem Sehenden werden Dinge geoffenbart, Zusammenhänge und Zeichen, daß er im Großen und Kleinen verwundert und dankbar sich verbeugt und sie annimmt."[22] Lindenberg erzählt noch eine ganze Reihe solcher Einwirkungen – erfüllte Voraussagen, Freude bringende Zusammenfügungen, kleine und große Bewahrungen vor Unglück – alle dienen der Bestätigung seiner Lebenserfahrung vom ständigen Wirken der göttlichen Boten im Alltag.

Im "Ausklang", wie er hier sein Nachwort nennt, gibt er zunächst einmal zu, daß ihm vielleicht auch an einer "Entmythologisierung des Engels" gelegen war. "Vielleicht auch nicht."[23] Beides ist Wahrheit. Der Engel als göttliches Wesen, als Lichtgestalt, als Mythos, und der Engel in Menschengestalt, der Mensch, dessen sich der Engel bedient, um zu wirken. Er erinnert daran, daß Gebet – das Gespräch mit Gott – eine zweiseitige Verbindung ist: Wir wenden uns an Gott und Gott sich an uns. Dieses Faktum, "daß vielmehr Gott uns sucht", ist ständig, ist weitaus überwiegend und "es liegt nur an uns, das zu begreifen und dankend und ehrfürchtig anzunehmen"[24].

Wer Boris Pasternaks und Konstantin Paustowskis literarische Werke kennt, der weiß, daß auch andere russische Schriftsteller ein solches Schicksalswissen haben, sie haben es allerdings weniger abstrahiert. Dmitri Klenowski ist der russiche Lyriker, der seine Bindung an den Schutzengel, "den unsichtbaren Begleiter“, am häufigsten darstellte. Bei jedem dieser Russen ist aber nicht Tradition, sondern unmittelbare Gotteserfahrung entscheidend.

Dolina Gräfin von Roedern-Lindenberg

Fünfundzwanzig Jahre hat Wladimir Lindenberg mit seiner Frau Dolina zusammengelebt. In der nationalsozialistischen Zeit wurden die beiden als Künstler im Verborgenen lebenden Menschen zusammengeführt, gegen Kriegsende bauten sie sich mit eigenen Händen die Behelfsheime in Tegel-Schulzendorf, die dann zum bleibenden Haus vereint wurden. Wladimir Lindenbergs Privatpraxis versorgten sie gemeinsam bis zu Dolinas Tod am 2.2.1966. Das Haus ist seitdem weiter von den Kunstgegenständen der beiden bestimmt – von Dolina von Roederns Plastiken und von Wladimir Lindenbergs Bildern.

Zwei Quellen mögen im Zusammenhang dieses Buches einen kleinen Blick in das Wesen von Wladimir Lindenbergs Lebensgefährtin ermöglichen. Ein kleiner 16-seitiger Sonderdruck des Berliner Verlegers und Freundes der beiden Richard Schikowski "Lichtspalten“, der Aphorismen dieser Bildhauerin und Pianistin, ein Werkverzeichnis und Fotos von sechs ihrer Plastiken enthält, und ein Zeitungsartikel von Elly Tschauner, der am 25.2.1951 in der Berliner Zeitung "Sie“ erschien, ein Essay über eine schicksalsmäßige Begegnung der Autorin mit der Künstlerin. Aus diesem Essay, der unmittelbar unter dem Eindruck eines Besuches im Hause der beiden geschrieben wurde, seien einige Abschnitte zitiert: [1]

"Ich war in ein kleines Haus hineingeraten, das angefüllt war von stummen Gesichtern und gebannten Gestalten: ein Liebespaar schmiegt sich in scheuer Vertrautheit aneinander. Mit breiter, schützender Gebärde umfängt eine Mutter ganz versunken ihr Kind auf ihrem Schoß. Ein Chinesenmädchen lächelt unter halbgesenkten Lidern unmerklich, bescheiden und wissend zugleich; ein junger Dichter träumt weltabgewandt und ganz in sich gekehrt. Ein

Bubengesicht, schmunzelnd wie über einen gelungenen Streich. Ein durchgeistigter, flammender Asketenkopf. Das herbe, abgekehrte Antlitz einer alten Flüchtlingsfrau, vom vorgezogenen Kopftuch abgrenzend umschlossen wie der letzte verbliebene Rest der eigenen Welt. Eine Kniende, die die Verzweiflung zu Boden schmetterte, den Kopf vornüber auf die ratlosen Arme geworfen.

Alle diese Geschöpfe sind auf eine seltsame, innere Art belebt. In der Stille des Raumes, vor dessen niedrigen Fenstern die blasse Landschaft steht, ist es, als seien sie bereit, über sich selbst auszusagen. Als durchdringe ihre eingefangene Seele das tote Material. Gleich werden sie zu reden beginnen, jeder auf seine Weise, und sie werden ganz so sein, wie wir es aus ihren stummen Mienen errieten. Denn um diese innere Einfühlung in ihre Modelle, um den Ausdruck ihres Wesens ging es der Schöpferin aller dieser Plastiken. Ein Porträt ist gleichsam ein Gutachten . . . »Jemanden modellieren heißt: sich durch die sichtbaren Formen und Linien bis zu seiner Ideen- und Empfindungswelt vorzutasten.«

Diese hochgewachsene, sehr schlanke, dunkelhaarige Frau, Dolina von Roedern, ist durch besondere Blutmischung künstlerisch vorbelastet. Charlotte von Stein und Eichendorff – neben Warren Hastings – krönen die Ahnenkette, die sich durch Generationen international verschlingt. Mutter: Ungarin. Vater: Deutscher. Großmutter: Französin. Vererbt der Enkelin, die hinwiederum in England aufwächst und im sehr bekannten College Roedan erzogen wird, den Mädchennamen Croissant-Uhde.

Daß das Kind sehr früh auf höchst eigenwillige Weise zu malen und zeichnen beginnt, nimmt keinen wunder. Auffallender scheint zunächst ihre musikalische Begabung. Dykes, ein Schüler von Clara Schumann, übernimmt die Ausbildung. Noch heute ist die Bildhauerin eine ausgezeichnete Pianistin, und auch alle ihre Plastiken leben, möchte man sagen, aus einer besonderen Musikalität.

Alle ihre Arbeiten beweisen nicht nur ein ungewöhnliches technisches Können, sondern darüber hinaus eben diese besondere Fähigkeit, das »Profil der Seele« einzufangen. Vieles haben die Bomben vernichtet. Nur Photographien blieben und die Erfahrungen, die aus den ersten Werken gewonnen wurden.

Glauben Sie, daß der Zufallsbesuch der Skribentin in dem kleinen Atelier am Stadtrand doch mehr als blinde Sinnlosigkeit, also eine Fügung war?"

Der letzte zitierte Satz ist der Schlußsatz des Essays. Er zieht den

Bogen zur gemeinsamen Lebensauffassung der beiden Lindenbergs, der auch meinem Buch den Titel gab.

Einige der Aphorismen mögen das Bild von Dolina Gräfin von Roedern erweitern[2]:

"Sympathie, ein lautloses Echo bei der Begegnung eines Gleichgesinnten.

Die Gedanken der Nacht steigen empor aus jener Tiefe, in der die Summe der Erfahrungen Wurzel geschlagen hat.

Ein Lob der Transparenz! Sie ist das läuternde Element, das den Farben, Tönen und Formen ihre Schwere nimmt, durch sie ist es möglich, in die Tiefe zu schauen und den Grund zu erkennen.

Wenn die Religion den Humor an Bord nehmen könnte, würde der Schiffsraum nicht ausreichen, um die Fahrgäste aufzunehmen.

Auf dem Wege vom Schlaf zum Wachsein wachsen Dinge, die aus der ursprünglichen Fülle des Bodens kommen. Welch' feine Gesellschaft wird lebendig: Eulen, Mäuse, Ungeziefer, dazu die eigenen Gedanken.

Das Drängen – der Ruf nach etwas ist oftmals so laut, daß das leise Eintreten des Gewünschten überhört wird.

Im Verein der Regellosen gebührt der Improvisation die Palme. – Sie allein besitzt eine unbeschwerte Einmaligkeit.

Mischt man das Grün der Hoffnung mit dem Rot der Liebe, so entsteht das Braun der Erde, und der Boden für den neuen Zyklus ist geschaffen.

Man sollte ja nicht Leichtigkeit und Grazie des Geistes für Oberflächlichkeit halten; man bedenke, wieviel disziplinierte Muskelkraft der Tänzer aufbringen muß, um leicht und graziös zu erscheinen.

Von jeder Freude, von jedem Leid, auch von der Kraft, die man verausgabt, müßte man ein wenig beiseite legen; allmählich bildet sich ein Wall, gegen den man sich in Momenten von Verzagtheit und Erschöpfung lehnen kann.

Unerwartet und wie ein erleuchteter Speer aus der Dunkelheit kommt der Einfall.

Engster Kontakt mit der Kunst, mit einigen wenigen zusammengespannt sein, um den gemeinsamen Boden zu pflügen – das wären meine Ansprüche. Mein Bestreben: Immer mehr Kostbares aus der Tiefe zu holen, um etwas verschenken zu können.

Persönliches ist vergänglich, erst nach dessen Überwindung bekommen die Dinge ihren endgültigen Wert. Dieses gilt sowohl für die Kunst als auch für die menschlichen Beziehungen.

Es gibt zweierlei Einfachheit: die des Jungtieres mit noch geschlossenen Augen und diejenige, die wählend und erkennend einen Extrakt aus dem Wesentlichen zieht.

Wie oft bleiben die Gedanken scheu zu Hause, weil sie sich nicht getrauen, am Ton der Stimme vorbeizugehen.

Der Glaube und der Alltag müssen fest Hand in Hand durchs Leben gehen, um das Ziel zu erreichen.

Jede wichtige Begegnung verursacht zunächst Unruhe und Bewegung und erfordert eine gewisse Zeit, um sich in den vorhandenen Lebensbau einzufügen. Es gibt Begegnungen, deren Tragweite so groß ist, daß sie das Fundament zu einem Anbau bedeuten; ob Anbau oder Hauptbau daraus entsteht, muß die architektonische Schönheit und Bedingtheit des Gesamtbaus bestimmen.

Derjenige Mensch ist wohltuend zu nennen, der Verstand und Gefühl gleichermaßen beherrscht und keines der beiden unter dem anderen leiden läßt. Um diese Harmonie zu erlangen, muß man das eigene Ich überwunden haben.

Das Balancieren der inneren Gewichte zweier Menschen schafft Harmonie und Schwingungen.

Die erste Regung nach einem Erfolg müßte Dankbarkeit sein.

Der schöpferische Einfall – ein Einblick in die geistige Welt. Wie auch

"Meditierender"
Skulptur von Dolina Gräfin von Roedern-Lindenberg

in der Natur, vollzieht sich die Empfängnis in der Verborgenheit. Nach geistigen Wehen wird dann das Kind geboren – ein Widerschein des Gesehenen.

Gedanken und Plastiken muß man von allen Seiten betrachten. Malerei und Erlebnisse aus einer bestimmten Entfernung.

Bis zur Grenze des gangbaren Weges können die Geistig-Suchenden gemeinsam wandeln; von dort muß jeder für sich wandeln, allein auf den Wogen seines Glaubensmeeres schreiten.

Wer nach innen lebt, kann in den eigenen Räumen empfangen; wer sich dagegen den äußeren Dingen zuwendet, ist darauf angewiesen, bei der Zufälligkeit des Vorübergehenden Anschluß zu suchen.

Ein gütiges Herz, Phantasie, Bescheidenheit, und nicht zu vergessen Humor, sind die Wurzeln, aus denen – mit Verstand bearbeitet, eine schöne Lebenspflanze emporwächst.

Eine Eingebung, zu einem bewußten Ziel geworden, umgeben von einer formlosen Masse, die es zu bearbeiten gilt – dieses ist der Anfang einer schöpferischen Arbeit, nicht unähnlich vollzieht sich der Werdegang eines Menschen.

Eine wesentliche Freundschaft fürs Leben: die mit dem Tode.

Jedes dieser Zitate verbindet Eigenes und Gleichklang mit der Lebenshaltung Wladimir Lindenbergs. Der Leser spürt das Schicksalhafte dieser Verbindung und die Kraft, die diese Frau auf ihn, den Menschen, den Arzt, den Künstler übertrug.

BOBIK BEGEGNET DER WELT

Lindenberg hat die Schilderung der Reisen seiner Kindheit, die man von Girejewo aus mit ihm unternommen hat, in einem gesonderten Band zusammengefaßt. Beide Ansätze sind im Blick auf ein Leben möglich: das Einbeziehen von Reisen in den Ablauf der jeweiligen Jahre und das Herauslösen, wie ja jede Reise durch ihre Erlebnisse, die sich vom Alltag abheben, herausgelöst ist.

Der junge Wladimir Lindenberg hat in seiner Kindheit, die 1918 mit seiner Ausreise aus Rußland abrupt endete, viele Reisen unternehmen können. Die letzte fand 1915 statt, als er dreizehn war. Die ersten liegen in einer Zeit, in die das Gedächtnis nicht zurückreicht, denn man hat den Kleinen in seinen ersten Lebensjahren sicher mitgenommen, wenn man sich im Sommer auf eines der großen Anwesen, die Jadwigas Mutter gehörten, begab.

Lindenberg gliedert seine Reiseberichte in sechs Kapitel nach den sechs Bereichen, denen er begegnen durfte: Finnland/Polen, untere Wolga, China/Japan, Deutschland/Italien/Frankreich, Kaukasus und Eremitage, das Rosenkreuzerschloß der Tschelischtschews.

Die ersten fünf Kapitel schildern Erlebnisse, die er gemeinsam mit seiner Mutter hatte, das letzte betrifft eines mit seinem Vater. Carl Lindenberg spielt bei keiner der Reisen irgendeine Rolle, er scheint selbst an den Urlaubsreisen der Familie im Sommer nicht teilgenommen zu haben, sei es, daß er glaubte, in Moskau bei seinen Fabriken unabkömmlich zu sein, sei es, daß der Familienzusammenhang stets recht gering war. Die Reise nach Deutschland fand erst statt, als die Lindenberg-Ehe getrennt war, zu einer naheliegenden Reise der Familie nach Remscheid ist es während der Ehejahre nicht gekommen.

Bei der Schilderung der Reisen mit der Mutter verbindet Lindenberg äußere Reiseerlebnisse – Gesehenes, Gehörtes – mit Erzählungen über das Geschehen innerhalb der Familie. Begegnungen mit Kunst und lebensprägende Erfahrungen fügen sich organisch in das Erzählen amüsanter und unterhaltsamer Erlebnisse ein. Die Perspektive ist immer die des Bobik, des Jungen, wie er damals das Neue der Reise erlebte, nicht die des Wladimir Lindenberg, der 60 Jahre später – das Buch entstand 1968 – auf jene Erlebnisse und Erfahrungen zurückblickt.

Die späte Perspektive findet ihren Niederschlag in einer doppelten Namenliste jener, mit denen er sich beim Schreiben verbunden fühlte. "In dankbarer Verbeugung vor jenen, die mein Leben geformt haben" [1], benennt er die erste Liste, die nach den Vorfahren von Michail Brenko an, der 1380 in der Tatarenschlacht fiel, bis zu seinen Eltern jene Personen enthält, die ihm in Girejewo und in Deutschland "prägend" nahe waren, auch seine Frau. Bisher weitgehend unerwähnt blieben die letzten acht Persönlichkeiten: "Paranahansa Yogananda, Rajasi Janakananda, Svami Sivananda, Leung Tit Sang, Karlfried Graf von Dürckheim Montmartin, Bischof Sergius von Prag, Kraft Graf von Henckel Donnersmarck, Pater Gebhard Graf von Stillfried S.J."

Lindenberg stellt hier also Persönlichkeiten, die ihm persönlich begegnet sind, mit solchen zusammen, deren Bücher zu den wiederholten Quellen seines Denkens und Schaffens gehören.

Die zweite Namenliste trägt die Überschrift "Meinen Freunden lege ich dies Buch dankbar in die Hände"[2]. Zwanzig Namen, zwanzig Freunde hat er ausgewählt und als 21. seinen Verleger Hermann Jungck dankend hinzugefügt. Nur wenigen, wie Bernd Baron Keyserlingk, mit dem er 1967 "Das Yoga-Bilderbuch" in Berlin herausgebracht hatte, begegnen wir in seinen Büchern. Lindenberg hat, seit er in Berlin lebt, einen großen Freundeskreis um sich geschart, er versteht es, Freunde zu erwerben, Freunde zu verbinden und Freundschaft zu halten. In "Bobik begegnet der Welt" läßt er sich selbst als Kind einmal formulieren, "was ein Freund ist, das ist das zweite Ich, das ist das schönste Geschenk, das das Leben einem geben kann"[3].

Bei der Darstellung der Reisen zu den großmütterlichen Besitzungen in Terjoki und in Polen liegt der Schwerpunkt im Ablauf des Alltäglichen: "Tagelang wurde hektisch gepackt", "der Salonwagen, der für größere Reisen benutzt wurde, stand behäbig und blau auf dem Gleis"[4], "Njanja deckte den Tisch und fütterte sie mit duftenden Piroschkis"[5], "auf den kleinen ländlichen Bahnhöfen gab es wie zu Hause einen Behälter mit kochendem Wasser"[6], "Bobik trug ein rosa seidenes Russenhemd, darüber seinen geliebten weißwollenen Tscherkessenmantel mit Patronentaschen an beiden Seiten und einem silbernen Filigrangürtel, an dem ein silberner Kinjal, ein georgischer Dolch, hing. Auf dem Kopf hatte er die Papacha, eine große Mütze aus weißem Lammfell."[7] Lindenberg macht in Bericht, Beschreibung und Dialog die veränderte Umgebung, die Familie und sich selbst anschaulich.

Bei der Schilderung der Wolgareise, die im kleinsten Kreis stattfand – immerhin unter Begleitung des Hauslehrers – heben sich einige Begegnungen heraus, die mit Treidlern ("sie trugen Lindenbastschuhe und Fußlappen, die bis zum Knie reichten und mit Bindfäden zusammengehalten wurden"[8]), mit Tataren in Kasan (wo ihm klar wurde, daß zu seinen Vorfahren außer Russen auch Tataren gehörten "und in ihm, Bobik, floß jetzt das Blut von beiden zu gleichen Teilen"[9]), mit einem Heuschreckenschwarm bei Zarizyn ("Es gab nur ein Gesprächsthema: die ägyptische Plage"[10]), die mit dem orientalischen Markt in Astrachan ("er roch nach Leder und gebrannten Mandeln, nach Rachat Lukum und Chalva"[11]) und schließlich die mit einem Kalmückenfürsten vom Stamme Dörböt. Hier hatte Jadwiga versäumt, sich mit den orientalischen Sitten genügend vertraut zu machen, so daß der Besuch in einem peinlichen Fiasko endete.[12]

Die Begegnung mit China und Japan wird von Wladimir Lindenberg weniger unter dem Gesichtspunkt des folkloristisch Interessanten als des geistig Vertiefenden gesehen. Ihm widerfuhr das ungeheure Geschenk, Gast in einer außergewöhnlich traditionsreichen Familie sein zu dürfen und das aktuelle Leben von Tradition und religiöser, geistiger Lebendigkeit im Alltag zu erfahren. Er beschreibt natürlich auch das Anwesen, in dem sie lebten ("Ein Holztor mit geschwungenem Dach, das auf der Südseite der Siedlung stand, gab Einlaß in das Dorf"[13]), so daß man glaubt, ein chinesisches Rollbild vor sich zu sehen, er erzählt Kuriosa wie die tägliche Waschprozedur durch eine alte Chinesin, mit der sich der Junge nicht verständigen kann, aber der Schwerpunkt liegt in den geistigen Erfahrungen wie dem Erleben des Ahnenbewußtseins, das sein russisches übertrifft, und – als Gipfelpunkt – der I Ging-Weissagung zum Abschied: "Du trittst auf des Tigers Schwanz! Vorsicht und Behutsamkeit führt zum Ziel."[14]

So wie es sich zeitlich ereignete, so berichtet Lindenberg unmittelbar nach der China-Reise von der Begegnung mit Japan, wo Jadwiga und er einige Tage in Nagasaki lebten. Die Beschreibungen von Haus, Garten, Blumen sind ausführlicher: "Das Haus faszinierte Bobik, es war leicht gebaut und hatte eine offene Wand, die nach dem Garten ging. Es waren keine Möbel vorhanden, nur Matten, auf denen man saß, und kleine niedere Tischchen."[15] Lindenberg ist Maler und Dichter. Solchen Abschnitten, die visuelle Eindrücke vermitteln sollen, kommt die doppelte künstlerische Begabung zugute. Bald danach heißt es anschaulich: "eine verwitterte Buddhastatue ragte aus Büschen heraus." Das Japanerlebnis aber gipfelt in der Erfahrung der ausgewogenen Aufnahme und des Bewältigens des Todes durch seinen Gastgeber, den jungen japanischen buddhistischen Arzt.

Der Leser wird nach China und Japan versetzt, wie sie ein geistig hoch aufgeschlossener russischer Junge 1913 in einem ganz kleinen, elitären und das Beste der Kultur jener Länder verkörpernden Ausschnitt erlebte.

Die Westeuropareise von 1914 brachte an Zahl viel mehr Eindrücke – jedes Unterkapitel vermittelt neue – aber keiner hatte die Tiefe der wenigen Einzelerlebnisse der Asienreise. Lindenberg, dessen Buch sich an deutsche Leser richtet, muß hier auf faktische Beschreibungen – wie die der Häuser in China und Japan – verzichten. Dafür verstärkt er die Wiedergabe des vergleichenden Blicks, den er damals hatte, das Messen des neu Gesehenen am Vertrauten zu Hause. Solche Erzähltechnik läßt den Leser das Vertraute – hier deutsche Wälder, Rheinburgen, deutsches Verhalten – neu sehen, vermittelt oder verstärkt andere Maßstäbe. Dazu kommen viele Begegnungen, die ihm durch die Verbindung mit dem Zarenhof möglich waren oder – wie in Nizza – in unmittelbarem Zusammenhang mit seiner Zugehörigkeit zum Adelsgeschlecht der Tschelischtschews standen, so daß sich der Bericht über die einmalige Sicht des jungen Russen auch vom Erlebten her gegenüber anderer Literatur abhebt. Bis 1986 hat das 1969 erschienene Buch eine Auflage von 15.000 Exemplaren erreicht.

Den Kaukasus eroberten für die russische Literatur die Romantiker Puschkin und Lermontow. Lindenbergs Kaukasus-Erlebnis ist anderer Natur. Ausgangspunkt bildete der Besitz der polnischen Großmutter in Jessentuki, wo sich seine Eltern kennengelernt hatten. So beschränkt sich ein Teil der erzählten Geschichten auf den Personenkreis um die Großmutter. Eingeflochten ist dort ein Traumbericht über eine Hinrichtung und die beglückende Nachtodexistenz, der die geistigen Dimensionen des Buches wieder einmal erweitert.[16]

Das die Problematik des Kaukasus in russischer Hand am tiefsten zeigende Erlebnis ist für Bobik eine Begegnung mit einem alten kaukasischen Freiheitskämpfer: "Sein Gesicht war von tausend Falten durchzogen, aber die Gestalt drückte Hoheit, Gelassenheit und Frieden aus"[17]. Während Puschkin und Lermontow den Kaukasus und seine Menschen mit den Augen des berechtigten Beherrschers, des Eroberers und Kolonisators betrachteten, der über das Recht, sich fremde Völker unterzuordnen, nicht reflektiert, versucht Lindenberg durch die Wiedergabe eines Gesprächs Verständnis für die andere Seite als menschlich gleichberechtigten Partner zu wecken. "Nein, ich hasse euch nicht. Ich betrachte euch als Eindringlinge. Ihr seid Fremde, und ihr habt eure Sitten und euren Glauben, der anders ist. Ihr gehört nicht hierher. Sieh diese Berge, diesen Himmel, sieh uns, wir sind eins mit dieser Natur, wir sind wie unsere schlanken Zypressen, hoch und biegsam, dunkel und herb; und sieh euch an, ihr gehört nicht in unsere Landschaft. Unsere Berge sind so rein wie unsere Lehre."[18] Auch in diesem Zusammenhang reflektiert Lindenberg nicht über die Fortsetzung der zaristischen Kolonialpolitik durch die Sowjetunion, über das bis heute den Kaukasusvölkern (und vielen anderen) nicht gegebene Recht der Selbstbestimmung, des eigenen

Staates. Er hatte offenbar auch keinen Kontakt mit der georgischen oder armenischen Kultur und dem dortigen Christentum, das viel älter als das russische ist. Keine seiner Reiseschilderungen sucht historische oder politische Einordnung, aber jede ist in sich überzeugend und aussagekräftig.

Das geistig stärkste Kapitel ist das Schlußkapitel über den Aufenthalt in der Eremitage bei Rybinsk, weil es die geistig fruchtbarste Abwesenheit von Girejewo betrifft. Er benennt das Kapitel auch nicht nach dem Zielort, sondern "Voyage à l'interieur (Reise nach innen)". Den meisten Kapiteln geht eine kurze Szene in Girejewo voraus, so auch hier ein Text über die Rückkehr seines Vaters, der ihn dann in sein Rosenkreuzerschloß nahm. Das Kapitel ist 1976 auch als selbständiges Buch erschienen, mit Zeichnungen Lindenbergs angereichert.

Lindenberg benutzt die Einführung zu den Eremitage-Kapiteln zu einer Darstellung des Tschelischtschew-Geschlechts, wie es sich über die Jahrhunderte entwickelte, und erzählt von seinen berühmten Rosenkreuzervorfahren, die das Schloß als Stätte der Exerzitien für sich selbst und ihre Freunde erbauten und darin über 150 Jahre wirkten. Er beschreibt behutsam, und ohne das Schweigegelübde der Rosenkreuzer zu brechen, die verschiedenen Formen der geistigen Übungen – das Schweigen, das Stärken der Wahrnehmung im Dunkeln, das bewußte Aufnehmen der Natur, das Studium esoterischer und philosophischer Texte, das Fördern der Wahrnehmung innerer Stimmen, inneren Sehens. "Es ist nichts anderes als eine sorgfältige Entwicklung von in uns vorhandenen und eingewickelten Kräften, und wir sind von Gott aufgerufen, sie aufzuwickeln." [19]

Es gelingt ihm auch, ein wenig den Vorhang vor den geistigen Erfahrungen zu lüften – der Wahrnehmung seines Engels, der Erfahrung in der Einweihung – und das Erfahrene glaubhaft werden zu lassen. Letztlich bleibt der Leser dankbar, daß er mit Lindenberg diesen Schritt von der materiellen Welt in ihrer Beschränktheit in die geistige Welt in ihrer Offenheit hat tun dürfen oder wenigstens eine Wegstrecke im Grenzbereich zwischen beiden an Lindenbergs Hand verweilen durfte.

"Es ist eine beglückende Zeit, wenn man ein Buch wie dieses schreibt. Man macht seine Praxis als Nervenarzt, man telefoniert mit vielen Menschen, man hält Vorträge, man schreibt Briefe, man empfängt liebe Gäste. Aber innen in der Seele arbeitet es; wie ein Zwerg, der im Herzen sitzt, lugt die Seele aus einem heraus und sucht und sucht nach Bildern und Gleichnissen, Themen, Begegnungen und Erlebnissen."[1]

Dieses Zitat, das sich mitten in einem der 29 kurzen Kapitel des Buches befindet, das 1985 mit einer Auflage von 59.000 an der Spitze der Lindenberg-Bücher stand, gilt für sein Leben als Arzt und Schriftsteller in den Berliner Jahren nach der Klinikzeit, also nach 1959 generell. Das Zitat macht uns das "Beglückende" bewußt, das solches schöpferische Tun für Wladimir Lindenberg wie für jeden wahrhaften Künstler ausmacht.

Das Buch erschien 1970, er hat es 1969 mit siebenundsechzig Jahren geschrieben und seine Erfahrung im Umgang mit alten Menschen als Arzt mit dem eigenen Erleben des Alterns verbunden, wobei in diese beiden Bereiche natürlich sein religiöses und philosophisches Wissen – aus Literatur und unmittelbarer Erfahrung – einfließen:

"Der weise Mensch, wie er im zunehmenden Alter von Gott gedacht ist, hat auf dem langen Lebensweg sein kleines Ich mit seinen Unsicherheiten, Empfindlichkeiten und Minderwertigkeitskomplexen abgelegt, wie man alte Kleider ablegt. Er wird weit, gütig, verstehend und liebend."[2] Zu dieser Haltung will Lindenberg den Menschen verhelfen, in diesem Buch den Menschen "jenseits der Fünfzig", in anderen Büchern denen jeglichen Alters. Es verbinden sich allgemeinere Gedanken, wie zu den einzelnen Bitten des "Vaters unser"[3] oder zur Touristik (Kapitel "Unrast und Ruhe"), mit Kapiteln, die dem Thema eng verbunden sind: "Wann beginnen wir zu altern" oder "Schönheit des Alters" oder "Verkleinerung des Lebensraums".

Dieses letztgenannte Kapitel macht dem Leser bewußt, wie selbstverständlich es ihm sein sollte, daß sich sein Lebensraum mit zunehmendem Alter verringert. Die Einkünfte werden meist geringer, also muß auf manches verzichtet werden, die Kräfte lassen nach, um eine größere Wohnung zu bewirtschaften, der Schritt in ein Altersheim kann sich als sinnvolle Lösung anbieten. Lindenberg stellt seine – liebend helfenden – Gedanken unter eine grundsätzliche

Erkenntnis: "Der Sinn unseres Lebens ist – loszulassen." [4] Von den irdischen Gütern, um deren Loslassen es hier zunächst geht, kann der Mensch nichts über die Schwelle des Todes mit hinwegnehmen. Da tut es gut, sich im Alter nicht daran zu klammern. Aber das "Loslassen" bezieht Lindenberg im Sinne Buddhas auch auf das "kleine Ich" des Menschen, auch dieses gilt es fallenzulassen, um dem großen Ich, dem Gott nahen höheren Selbst nahezukommen. Immer wieder mahnt Lindenberg: "Das Leben der letzten Jahre ist und kann wunderbar farbig und reich sein." [5]

Er macht das Altern als kontinuierlichen Prozeß deutlich[6], wobei er als Arzt an physiologische Vorgänge wie den allmählichen Verlust der Elastizität der Gefäße erinnert. [7] Er bemüht sich, den Lesenden zur Bereitschaft zu verhelfen, das eigene Alter naturgemäß anzunehmen – weder älter noch jünger, als man ist, sein zu wollen. "Wenn wir in rechter Weise in das Altwerden hineinwachsen, so wie es sich gehört, dann nehmen wir manche Veränderungen und Beschwerden geduldig und gelassen hin." [8] Lindenberg baut den Protest der Menschen gegen das Altwerden ab, um die Freude am Leben zu stärken.

Wenn Lindenberg von der "Schönheit des Alters" [9] spricht, so mag er dem einen Leser Selbstverständliches erzählen, weil ihm bewußt ist, was er hier liest: "Echte Schönheit strahlt nicht von der Haut aus, sie kommt aus der Tiefe, sie ist etwas Seelisch-Geistiges." [10] Anderen Lesern wird hier eine Lebensweisheit erstmals eröffnet, lebt doch eine ganze Industrie, die Kosmetikindustrie, davon, eine Pseudoschönheit der Haut zu erzeugen. Wem Lindenbergs Gedanke, der die Runzeln des alten Gesichts anzunehmen lehrt, vertraut ist, der freut sich an seiner Formulierung, an der Eigenständigkeit seiner Aussage.

Organisch schließt sich dem Kapitel von der "Schönheit" eines über den "Prozeß des Reifens" an, denn "von jeher ist der Begriff des Alters mit dem der Reife verbunden" [11]. Lindenberg wählt hier den ausführlichen Vergleich mit der Pflanzenwelt, für die das Reifen ein natürlicher Vorgang ist. Beim Menschen aber ist das Reifen ein "geistiger Prozeß, ein Prozeß der allmählich fortschreitenden Verfeinerung" [12]. Hier macht Lindenberg seinen Lesern ihre Verantwortung für das eigene Altern bewußt, mahnt zur "täglichen Übung". "Echtes Reifsein ist wie das Tun eines geübten Künstlers oder Handwerkers." [13] Ein Mensch – davor warnt Lindenberg aus seiner Erfahrung als Arzt – kann es verpassen, "im Prozeß des Alterns zu reifen, dann hat er zugleich sein Lebensziel verfehlt" [14].

Dem "Ehret das Alter!" [15] zu Anfang des Buches entspricht gegen

Schluß "Ein Dank an meine alten Meister" [16], ein mehr autobiographisch gehaltenes Kapitel mit den aus anderen Büchern vertrauten Gedanken, was er selbst älteren Menschen innerhalb und außerhalb seiner Familie verdankt. Aber dem "Ehret das Alter!" entspricht bei Lindenberg auch der Aufruf, Kindern mit gleicher Achtung entgegenzutreten, er fordert, "daß wir auch unseren Kindern dienen sollen" [17]. Lindenberg spürt hier den inneren Widerstand mancher Leser, die nicht wie er erkannt haben, daß jedes Kind ein ganzer Mensch ist, ein Mensch, der sich in seiner kindlichen Hilfsbedürftigkeit uns anvertraut hat und uns beschenkt. So steht auch in diesem Zusammenhang einer seiner Sätze von absoluter, über den Zusammenhang in diesem Buch hinausgehender Bedeutung: "Dienen setzt Bewußtsein, Achtung und Behutsamkeit voraus. Wer sich in seinem Leben bewußt wird, daß sein vornehmster Auftrag das Dienen ist, der wird mit größerer innerer Beteiligung auf die Begegnungen achten und sich Zeit und Geduld nehmen, andere Menschen anzuhören, so still und freundlich anzuhören, daß dem Sprechenden wie von selbst, aus seinem Inneren, die Antwort auf seine ungelösten Probleme zuteil wird." [18]

Natürlich muß uns in diesem Buch auch das Grundthema Lindenbergs begegnen: "Schicksal und Gestaltung" – die Frage nach dem Anteil des vom Schicksal Bestimmten und des selbst Entschiedenen, selbst Gestalteten. [19] In dem Kapitel "Schicksal aus Gottes Hand" zitiert er aus der ihm vertrauten Literatur – Teilhard de Chardin, Angelus Silesius, I Ging, Bibel, Hermann Hesse, Martin Buber u.a. – und erwähnt seine verehrten russischen Starzen und indischen Yogis. Er lenkt behutsam das Denken des Lesers auf die "Kette der Wiedergeburten" und die indische Lehre vom Karma in seiner "Verbindung mit allen anderen Wesen und den Kräften des Kosmos" [20]. Er zwingt sein eigenes Wissen nicht auf, er bietet Erfahrungen aus der Weisheit der Welt und aus dem eigenen Lebensbereich, um – dem Leser dienend – ihm bei seiner Gestaltung des Lebens ebenso zu helfen wie bei seiner Erkenntnis vom Walten eines höheren Schicksals.

Lindenberg weiß als Arzt um die Einsamkeit alter Menschen. Aber er versucht auch als Arzt zu helfen, indem er verdeutlicht, daß der Einsame an seinem Leid selbst schuld ist. Er ist es, der auf andere zugehen muß. Der Kreis zum "Dienen" und zur "Liebe" schließt sich. "Wer früh lieben gelernt hat, der wird es auch bis ins hohe Alter nicht verlernen." [21] Lindenberg gibt hier ganz konkrete Ratschläge zur Lebensgestaltung, vom Dasein für andere über Gestaltung des eigenen

Alltags mit Pflanzen, Musik, Büchern, Gebet und Meditation.[22] Er weiß um die Gefahr des plötzlichen Ruhestandes und erinnert an die Kraftquelle jeglichen schöpferischen Tuns.[23]

Die Kapitelüberschrift "Heilfaktor Freude"[24] spiegelt den Geist des Buches. Der weise alte Arzt kennt die Leiden seiner alten Mitmenschen, weiß, daß es des Heilens bedarf, und drängt an die Quelle, das seelische Leben des Menschen. Wenn er in der Lage ist, sich zu freuen, wird diese Freude zur positiven, sein Leben gestaltenden Kraft. "Freude ist die Gabe einer glücklichen Natur, eine Antwort auf das Leben."[25] Er bettet dieses Kapitel in christliches Gedankengut ein: "Evangelium" und die "frohe Botschaft", "das wesentlichste Anliegen des Christen, froh zu sein"[26]. In diesem Kapitel erzählt er von seiner eigenen Freude beim Schreiben, das ja auch ein Dienen und ein Tun aus Liebe ist. Hier stehen auch seine Ausführungen über Dankbarkeit, die Verbindung zwischen innerer Freude und der Fähigkeit, Dank zu empfinden.[27] Er schließt sein Kapitel mit einem Aufruf im bewußten Gefolge von Johannes dem Täufer und Jesus: "Wendet Euch der Freude der Güte und Liebe zu, und damit, nur damit erfüllt ihr das Gebot der Frohbotschaft: »Freut Euch!«, denn nur ein freudiger Mensch bleibt immer jung, er ist quasi ohne Alter, und er gehört allen, weil die ganze Welt, alle ihm gehören!"[28]

Die letzten Kapitel des Buches "Jenseits der Fünfzig" erhalten immer grundsätzlicheren Charakter, denn der Aufruf "wie wir denken, so leben wir"[29] und die Frage "tun wir aber genug für unseren inneren Menschen, für Geist und Seele?"[30] gelten von Jugend an bis zum letzten Atemzug. So sind dann auch die Schlußkapitel "Wenn einer von uns geht" und "Über die Schwelle", die dem Tode eines anderen und dem eigenen Tod gewidmet sind, Kapitel, die sich an jeden richten, wenn auch die Aufgeschlossenheit zur Frage des Todes "jenseits der Fünfzig" zunimmt. Lindenberg konfrontiert den mit ihm an den Tod Denkenden mit weisen Texten verschiedener Kulturen: katholisches Gebet, Auszüge aus ägyptischen Texten, aus dem Tibetanischen Totenbuch, das dem Sterbenden vor dem Übergang die nachfolgende Situation bewußt macht: "Wisse, daß du den Körper verlassen hast, den du beseeltest. Blick auf ihn, er liegt bewegungslos dort. Empfinde kein Bedauern. Empfinde keine Bindung an ihn (. . .) Wisse, daß du einen Traum aus nicht beständigen Formen gestaltet hast."[31]

Lindenberg hat manche der Zitate, mit denen das Buch schließt, in früheren Büchern schon verwandt, aber sie alle sind es wert, immer und immer wieder neu gelesen zu werden. Sein eigener letzter Satz lautet: "Hat man sich aber angewöhnt, auch auf Erden aus dem Geiste zu leben, dann wird auch die Verbindung [zu einem Verstorbenen], die eine geistige war, auch durch den Tod nicht unterbrochen.“ [32]

BOBIK IN DER FREMDE

Wladimir Lindenberg hat dieses vierte Buch im Zyklus seiner Autobiographien 1971 veröffentlicht, also 1970 geschrieben. Der Untertitel "Ein junger Russe in der Emigration“ verdeutlicht sein Thema. Es sind die Jahre 1918–1926, die er hier nacherzählt. Er nennt sich noch 'Bobik‘, denn das war sein Rufname bis zum Augenblick der Trennung von Mutter, Vater und Geschwistern. Dieses 'Bobik‘, das zärtliche, kindliche und vertraute, verband ihn im Selbstverständnis mit seiner geliebten Heimat. Diese Heimat hatte durch die späte, aber besonders intensive Begegnung mit dem Vater große historische Dimensionen bekommen, hatte das Bewußtsein des jungen russischen Adligen gestärkt, Nachfahre jener Persönlichkeiten zu sein, die das Schicksal Rußlands unter Einsatz ihres Lebens – auch durch Opfertod und Märtyrertod – mitgestaltet hatten.

Sein Unglück war somit mehrfach: Er selbst, der Sechzehnjährige, hatte Eltern und Heimat verloren, sein Stand, der russische Adel, dem Rußland sein Aufblühen und seine Blüte verdankte, wurde vom roten Terror ermordet, seine Besitztümer sinnlos zerstört, und sein Land beraubte sich selbst seiner Geschichte. "Wie kann ein Mensch, eine Gesellschaft sich erneuern“, so gibt er zu Beginn des neuen Buches seine damaligen Gedanken wieder, "wenn sie die Wurzeln, die sie ernähren, durchschneiden, wenn sie sich von dem Blut und dem Urwissen der eigenen Ahnen lossagen?“ [1] Lindenberg war zum Zeitpunkt der Niederschrift, 1970, bereits Zeuge geworden, wie diese Absage an die eigene Geschichte sich gerächt hatte. Die Zerstörung des russischen Bauerntums durch die Zwangskollektivierung hatte aus einem Agrarexportland über Jahrzehnte hinweg bis in die Gegenwart ein Agrarimportland gemacht, der Versuch, durch staatlichen Befehl jahrhundertealtes religiöses Bewußtsein und unmittelbare Gotterfahrung zu vernichten, war gescheitert, die neue, kommunistische Ideologie hatte sich als hohle Fassade erwiesen, unfähig, das aus der Tradition Erwachsene zu ersetzen.

Waren das Denken und die Versprechungen des bolschewistischen

Umsturzes und der ersten Zeit danach noch auf die Zukunft ("das Paradies auf Erden") ausgerichtet gewesen, so war inzwischen – von den sechziger Jahren an und immer stärker werdend – der Blick wieder auf die Vergangenheit gerichtet worden, auf die bäuerliche Tradition, auf die russische Geschichte mit ihren Heerführern und Zaren, auf das Russische im Vielvölkerstaat, auf russische religiöse Schriftsteller wie Dostojewski, Leskow, Fet und Tjuttschew, ja sogar auf die religiösen Grundlagen der russischen Literatur. Diese Bewegung ist jetzt – Ende der achtziger Jahre – weiter im Fluß, sie gipfelt in der religiösen Erneuerung in der Sowjetunion, die sich der staatlichen Propaganda zum Trotz vollzieht.

Wladimir Lindenberg geht auf diese größeren geistig-historischen Zusammenhänge nicht ein. Er schildert, wie in allen seinen autobiographischen Büchern, einzelne Erlebnisse seines Bobik, den er halb von innen, halb von außen betrachtet, und macht an diesen Einzelerlebnissen dessen Probleme und Entwicklung in der nun gegebenen Umwelt deutlich.

Die Hauptphasen des Zeitraums 1918 bis 1926 umfassen den Schulabschluß in Remscheid im Hause der Lindenbergs, den Militärdienst in Münster und das Studium der Medizin in Bonn. Während er die Militärzeit ausspart, fügt er einige andere Aufenthalte außerhalb von Remscheid und Bonn ausführlich ein: seinen Fluchtversuch aus der Einsamkeit bei den Remscheidern, der in Berlin endet, Unternehmungen mit den Wandervögeln, Reisen nach Frankfurt, Worpswede und Darmstadt. Immer sind es Unternehmungen, die zu bedeutsamen – positiven und negativen – Begegnungen geführt haben und sein Leben formten. Und immer ist die Darstellung so, daß sie Gleichnischarakter über das Konkrete hinaus, was sich im Leben des jungen Wladimir Lindenberg ereignet hat, erhalten.

Die Jahre 1918–1926 waren für Lindenberg die Jahre des Übergangs, Jahre der Standortsuche zwischen Rußland und Deutschland, zwischen Ost und West. So begegnet der Leser immer wieder kontrastierenden Darstellungen des Lebens, der Lebensauffassung, der unterschiedlichen inneren und äußeren Gestaltung in den unterschiedlichen Kulturbereichen. "Merk dir", läßt er einen der Erwachsenen in Remscheid auf den unerwünschten Gast aus Rußland einreden, "du bist jetzt in Deutschland, und hier herrschen andere Verhältnisse als bei euch. Hier ist Ordnung und Unterordnung. Du bist jetzt Deutscher, und diesen albernen Namen von Bobik oder Waloodiaa, den will ich nicht mehr hören. Du heißt jetzt Woldemar.

Und ich will auch nichts von euren törichten russischen Sitten wissen. Du wirst leben, dich bewegen und benehmen, wie wir es hier alle tun! Und all die Flausen von deiner Familie, das hört hier auf. Du trägst unseren Namen, der ist weltbekannt (. . .)"[2]

An ernsten und amüsanten, eher komischen Vorfällen veranschaulicht Lindenberg seinen Zusammenstoß mit dem deutschen Denken. Da setzt man ihm zu Kartoffelpuffern rheinisches Apfelkraut vor, "eine wagenschmierenähnliche saure Paste"[3]. Da fehlen ihm die russischen Starzen, wie er sie mit seiner Mutter aufsuchte. "In Deutschland war er keinen Starzen begegnet; offenbar gab es solche in diesem Land nicht, und es bestand auch kein Bedürfnis danach, weil die Menschen hier das Leben realistisch anpackten oder Probleme auf intellektuelle Art zu lösen trachteten. Was wirklich Gottesschau war, und die Hinwendung zu solchen Menschen, die Gott schauten, das kannte man hierzulande nicht."[4] Auch in der Kirche selbst erlebt er kritisch, schmerzlich und einseitig den Kontrast: "Bobik hatte einen ganz anderen Gottesdienst erwartet: feierliche Gewänder, hymnische Gesänge, das Mysterium der Wandlung und die Austeilung der Sakramente, das allgemeine Küssen des Kreuzes und die Agape, das Liebesmahl der ersten Christen. Hier war alles anders."[5] Später hat Lindenberg im Bonner Münster und in Kölner romanischen Kirchen Stätten gefunden, an denen er sich im Gebet auf seine eigene Weise Gott nähern konnte. Da ließ das kontrastierende Erleben und das vergleichend wertende Beschreiben nach. Letztlich erleben wir in diesem Buch, wie Lindenberg allmählich seinen eigenen Standpunkt zwischen Ost und West erwirbt.

Gegen Ende des Buches berichtet er von seiner Teilnahme an der Tagung von Hermann Graf Keyserlingk in Darmstadt. Er gibt ein Gespräch wieder, das ihn selbst charakterisiert, so wie er sich entwickelte und später in all seinen Büchern vor uns tritt, als ein ganzer Mensch, der dank seines russischen Erbes keiner Gottesbeweise bedarf und dessen "Art zu denken sich mehr im Herzen als im Gehirn vollzieht."[6]

Aus diesem Denken heraus ist auch das Buch "Bobik in der Fremde" geschrieben, denn vom "Gehirn" her müßten einige Phasen dieses Lebens ebenfalls einbezogen sein, die er einfach überspringt, müßten einige Ereignisse historisch exakter festgehalten worden sein. Sie halten einer Überprüfung an Hand feststehender Daten nicht stand. Aber Lindenbergs Denken und Schreiben "vollzieht sich im Herzen", er geht auch mit dem eigenen Leben nicht als Historiker um, sondern als Dichter, der in Liebe zum Leser diesem etwas vermitteln will, was ihm hilft, das Leben als solches zu verstehen. Die Art, wie Wladimir Lindenberg seine Mutter und seinen Vater in Remscheid und Bonn erlebte, ist in höchstem Maße ungewöhnlich. Sie hatte für den jungen, erstmals auf sich gestellten Mann eine tiefe, grundsätzliche Bedeutung im Erfassen der irdischen Existenz in ihrer Einbettung in ein höheres Walten göttlichen Schicksals. Nur aus dieser Sicht heraus hat Wladimir Lindenberg seine persönliche Erfahrung im Buch gestaltet. Der verschollene Vater meldet sich in einem Brief nach Deutschland, nachdem ihm ein hellsichtiger Jude die Adresse hat mitteilen können. Es wird Leser geben und gegeben haben, denen es an Erfahrung mangelt, um diesen Umstand ohne Zweifel an seiner Authentizität aufnehmen zu können. Aber die ethische Reinheit dieses Buches wie aller Bücher Lindenbergs, die Herzensgüte, aus der es geschrieben wurde, zwingen den Leser über diesen Zweifel hinweg, öffnen ihm – bewußt oder unbewußt – den Weg zum Erkennen der "Wunder" des Alltags. Der Text des Briefes ist rekonstruiert, aber das schicksalsmäßig Gültige ist erhalten und erreicht den Leser.

Das Schicksal der Mutter tritt demgegenüber in den gestalteten Jahren zurück. Sie half dem großen Jungen, selbständiger zu werden, seinen eigenen Weg zwischen den Kulturen zu finden, während sie nach Berlin als dem Zentrum der ersten Emigrationswelle aus Rußland nach dem bolschewistischen Umsturz übersiedelte. Das Berlinkapitel des Buches hat am meisten zeithistorischen und unpersönlichen Charakter.

Wie ein Leitmotiv durchzieht auch dieses Buch das ständige Bewußtsein der Nähe Gottes. Die Fahrt nach Deutschland ist bestimmt vom Erkennen des Schicksals, das Wladimir Lindenberg, seine Schwester Wera und den Stiefvater vor jenem Zug bewahrte, der dann zerstört wurde. Die Verzweiflung in Remscheid wurde gemildert durch Gebet und die aus Rußland mitgebrachten religiösen Gegenstände, vor allem die Ikonen. Am Sich-Bekreuzigen vor dem Essen bricht ein Streit zwischen den protestantischen Gast-Eltern und den russisch-orthodox erzogenen Kindern Wolodja und Wera aus. In der Kirche offenbart sich den beiden das unterschiedliche Gottesdienstverständnis. Aus ihrer Religiosität her hilft Jadwiga ihrem Sohn, seinen Platz in Deutschland zu finden ("Ich sehe die Aufgabe des Menschen darin, sich Tag um Tag auf Gott hin, auf den Geist hin zu formen" [7]). Die eigene künstlerische Tätigkeit in Bonn, das Wirken von Wandteppichen, steht ganz im Erfassen christlichen Geschehens, vor allem der Auferstehung. Die Begegnungen mit den Wandervögeln werden ihm zu neuen, geistig-religiösen Erfahrungen ("Bobik versuchte vergebens, sich zu erklären, warum die Christen gerade den gekreuzigten Christus sich zum Symbol erwählt hatten? Warum nicht den glorreich Auferstandenen, den Überwinder von Leiblichkeit, Leid und Tod?"[8]). So beendet er auch das Buch über das bestandene medizinische Staatsexamen hinaus mit dem Hinweis darauf, wie er nun sein Leben als Arzt und Mensch verstehen wolle: "Er freute sich, daß er nun seinem ersehnten Ziele näher kam, den leidenden Menschen zu helfen, in besonderer Art eine Nachfolge Christi auf sich zu nehmen. Nicht eine Religion oder ein Dogma zu lehren, nicht diese oder jene Konfession zu verbreiten, nur den Menschen jenseits aller Grenzen von Rasse, Partei, Religion und gesellschaftlichem Rang zu dienen, helfend zu dienen, das war sein Ziel und er stand am Anfang dieses Weges."[9]

Auch dieses Zitat, das auf der letzten Seite des Buches steht, bestätigt wieder das Allgemeingültige. Lindenberg erzählt von sich, von seinen Erfahrungen, seiner Hinnahme des Schicksals und seiner Haltung zum Leben, aber er formuliert allgemein Gültiges und Richtunggebendes.

ÜBER DIE SCHWELLE

Es gibt kein Buch von Wladimir Lindenberg, in dem nicht auch vom Tode die Rede wäre. Nie ist dieser Tod ein endgültiger Abschluß, nicht in den autobiographischen Werken, nicht in den essayistisch-ethischen. So ist der Titel seines Buches, das ganz der Frage des Todes und des rechten Verhaltens gegenüber dem Tod gewidmet ist, richtungsweisend: "Über die Schwelle". Der Weg führt von einem Zimmer in ein anderes, führt nicht einfach durch eine offene Tür, sondern über eine Schwelle, über etwas, das es zu überwinden gilt. Man könnte sich andere Bilder denken, aber dieses trifft den Sachverhalt und das von Wladimir Lindenberg Gemeinte sehr gut.

Dreizehn Kapitel behandeln verschiedene Fragen von Sterben, Verhalten gegenüber Sterbenden, Einbeziehung des eigenen Todes in das Leben, nachtodlicher Existenz und der Einbettung von Leben und Tod in einen größeren Zusammenhang.

Im Unterschied zu manchen anderen Büchern über Tod und Sterben, die im gleichen Zeitraum erschienen (Lindenbergs Buch wurde erstmals 1972 veröffentlicht), hat dieser Autor eine ganz sichere, keine suchende Haltung dem Tod gegenüber. Er sucht keine Beweise, daß mit dem physischen Tod nicht alles beendet sei oder daß Verstorbene aus ihrer geistigen Welt heraus auf das Leben der Irdischen einwirken können und wollen, daß sie in vielem Großen und Kleinen helfen – er weiß das. Aber er schreibt in wunderbarer Natürlichkeit sowohl für die Unsicheren, Suchenden als auch für jene, die gleich ihm diese Erkenntnis besitzen. Denn es ist kein Glaube an irgendwelche Lehren oder Ansichten, der hinter diesem Wissen steht, sondern sachliche Erkenntnis. Und zu diesem Wissen gehört auch das Wissen um die wiederholten Erdenleben, die wir durchmachen, um uns in allmählicher Vervollkommnung dem Göttlichen zu nähern. Hier weiß Lindenberg, daß er im Abendland mit dem größten Widerstand zu rechnen hat, denn das Christentum hat die Lehre der wiederholten Erdenleben dogmatisch verworfen. In den ersten Jahrhunderten war das Wissen auch unter den Kirchenvätern noch verbreitet, dann kam das Verbot.

So wie Lindenberg seiner Hinrichtung entgegengesehen hat oder als Kranker an der Grenze des Todes stand, so wie er Sterbende und vom Tod eines geliebten Menschen Betroffene begleitet hat, so hat er auch die anderen von ihm geschilderten Ereignisse, die mit dem Tod zusammenhängen, selbst erfahren. Er weiß um frühere Existenzen, er ist im KZ seinem Mörder aus einem früheren Leben begegnet und hat durch Liebe diese karmische Verstrickung gelöst. Aber er zieht die eigene Erfahrung nicht zu Beweisen heran, er wählt seinen häufigen Weg der Einbettung des zu Sagenden in Zitate aus dem umfassenden Schatz der philosophisch-ethischen Literatur der Welt.

Wieder geben die Kapitelüberschriften Hinweise. ”Neurose als Folge unseres gestörten Verhältnisses zum Tode“ heißt das erste Kapitel. Lindenberg schildert die Ausgangssituation, die das Schreiben dieses Buches bedingt hat, stellt negativen Beispielen der Gegenwart (”Der Tod ist ebenfalls nur noch ein biologischer Akt und weiter nichts“ [1]) positive vor allem aus der Vergangenheit entgegen. ”Der Materialismus hat unser Leben wie eine Krebsgeschwulst durchdrungen.“ [2] Oder: ”Es geschieht mir als Arzt höchst selten, daß ein Patient, auch wenn er noch so krank ist, mich fragt, ob er sich auf den Tod vorbebereiten müsse.“ [3] Auf der anderen Seite zitiert Lindenberg Theodor Fontane: [4]

Leben; wohl dem, dem es spendet
Freunde, Kinder, täglich Brot.

Doch das Beste, was es sendet,
ist das Wissen, daß es endet,
ist der Ausgang, ist der Tod.

Zitiert auch Angelus Silesius: [5]

Ich sage, weil der Tod allein mich machet frei,
daß er das beste Ding aus allen Dingen sei.

Vielseitig veranschaulicht Wladimir Lindenberg im Kapitel "Lebensangst, Todesangst", wie diese beiden Phänomene einander bedingen. Aus seinem eigenen gelassenen angstfreien Wesen heraus kontrastiert er hier die Haltung der drei wichtigsten christlichen Konfessionen nichtchristlichen, außereuropäischen Religionen. "Wohl die klarste Vorstellung über das Leben nach dem Tode haben die Inder in der Lehre von den Wiederverkörperungen." [6]

Ein wenig gesondert, vielleicht überraschend steht im Buch vom Tode das Kapitel von der unmittelbaren Gotteserfahrung: "Das Bild vom Paradies". Er behandelt das "Paradies" in religiösen Texten vieler Zeiten und Kulturen und schildert unmittelbare Gotteserfahrungen – Erleuchtungen, Visionen Lebender, z.B. Fjodor Dostojewskis oder William Blakes, Friedrich Hölderlins oder des Yogi Paramahansa Yogananda. Hier fügt er behutsam auch eine eigene Erfahrung vom März 1966 nach dem Tode seiner Frau ein. [7] Lindenberg zeigt gnadenvolle Augenblicke, in denen Lebende in jene Welt schauen durften, die hinter der Schwelle liegt, der wir zustreben und die zu erreichen wir hoffen dürfen.

Um so schärfer wendet er sich gegen die Höllenvorstellungen, die insbesondere von der katholischen Kirche verbreitet worden sind. Er zitiert die Ablehnung solchen Höllendenkens seitens seiner orthodoxen Kirche, aber auch seitens moderner katholischer Theologen. Sein Ziel ist der Mensch, der "fröhlich, angstvoll und bewußt über die geheimnisvolle Schwelle" [8] geht.

"Die Lehre von der Wiederverkörperung" [9] behandelt Wladimir Lindenberg in zwei gesonderten Kapiteln relativ ausführlich, geht ihrer Ausprägung, wie sie "in fast allen Religionen in größerer oder geringer Klarheit vorhanden" [10] ist, nach. Hierbei stellt er den Druiden, dem griechischen "Orphismus", Hinduismus, Buddhismus, dem tibetischen "Bardo Tödöl", der Theosophie und Anthroposophie, islamischem und christlichem Denken vergangener Zeiten Äußerungen und Überzeugungen von Dichtern und Philosophen des Abendlandes aus dem letzten Jahrhundert gegenüber. Die Zitate und die eine ganze Seite füllende Liste jener Dichter und Denker, die die Vorstellung unseres wiederholten Erdenlebens in ihre Schriften einbezogen, sind überwältigend, ob wir Goethe oder Lessing, Kleist oder Novalis lesen, ob auf Grillparzer, Stifter, Hesse, Hauptmann oder Werfel verwiesen wird. Er hätte ebenfalls den noch von ihm so sehr verehrten Martin Buber und die Chassidim einbeziehen können, heißt es doch in dessen "Erzählungen der Chassidim" vom Rabbi Jaakob Jizchak, dem "Seher von Lublin", "wenn er jemandem auf die Stirn sah oder jemandes Bittzettel las, sah er bis in die Wurzeln von dessen Seele im ersten Menschen hinein, sah, ob sie von Abel oder von Kain herkam, sah, wie oft sie schon auf ihrer Wanderung biblische Gestalt angezogen und was sie in jedem einzelnen Leben verdorben, was verbessert hatte, in welche Sünde sie sich verwickelt, an welcher Tugend sie sich aufgerichtet hatte" [11].

Der Name Bubers und dieses Beispiel (oder die Erzählung, wie derselbe Rabbi einem jüngeren Rabbi verdeutlicht, er sei ihm "auf der ersten Erdenfahrt" der Vater gewesen) hätten das beweisende Material gut erweitert. Lindenberg hätte auch einige der von Juristen und Wissenschaftlern überprüften Einzelfälle berichten können, in denen es für eine Reihe von Fakten keine andere Erklärung gibt, als daß ein Wissen aus einer früheren Inkarnation vorlag, aber wenn ein Mensch bestimmte Informationen nicht aufnehmen will, vielleicht auch dafür nicht reif ist, dann nützen weder hohe (sonst akzeptierte) Autoritäten noch unwiderlegbare Beweise etwas. Eines wird Lindenberg mit diesen Kapiteln aber bei vielen Lesern erreichen: Sie werden über die Frage der wiederholten Erdenleben nachdenken und bei erneuter Konfrontation aufgeschlossener sein. Natürlich ist es möglich, vieles in diesem Leben ohne Einbeziehung des Wissens um das Wiederholte der Verkörperungen zu verstehen, zumal da Gott den Menschen mit Erinnerungen an vergangene Zeiten nicht belastet, aber Lindenberg weiß um die Bereicherung, die andere Kulturen aus diesem Wissen ziehen, und will – wie in allem – seinen Mitmenschen dienend helfen.

"Kundgebungen von jenseits der Schwelle" lautet ein weiteres Kapitel, das Wladimir Lindenberg mit dem berühmten Absatz aus dem Neuen Testament einleitet, als Mose und Elia Jesus und einigen Jüngern erschienen (Matth. 17,1–3). Er berichtet von einer Reihe "beglaubigter Kundgebungen von Verstorbenen aus alter und neuer

Zeit"[12], wie sie oft zum Beweis der nachtodlichen Existenz des Menschen herangezogen werden. Sie sind ebenso echt, unwiderlegbar und überzeugend wie von vielen Menschen abgelehnt, wobei diese sich auf ihre Ratio berufen, aber sich gerade irrational widersetzen. Dabei ist das Ansehen jener, die solche Erfahrungen mit Verstorbenen bezeugen, nicht unerheblich.

Aus anderen Büchern Lindenbergs ist sein Interesse für die letzten Äußerungen Sterbender bekannt. Er zitiert auch hier einige, die, an der Schwelle stehend, schon hinüberschauen durften, um anderen Menschen die Angst vor dem Tode zu nehmen.[13] Ein Kapitel "Das Reifen zum Tode" hätte auch den Titel für das ganze Buch abgeben können. Letztlich ist es ein Titel für Lindenbergs Schaffen, ein Titel für unser aller Leben. Wladimir Lindenberg will helfen, "den Tod als eine Wirklichkeit unseres Seins in unser Leben hineinzunehmen", und zwar "nicht mit Angst"[14]. Er nennt dieses Reifen "ein Leben mit einer lichten und fröhlichen Wirklichkeit, die unser Heiland Jesus Christus uns verheißen hat"[15].

"Gespräche über das Sterben und den Tod" heißt das elfte Kapitel, das zur unmittelbaren, im Praktischen beratenden Hilfe übergeht. "Niemand sage mir, die Menschen hätten gar nicht die Absicht, mit irgendjemandem über das Sterben und den Tod zu sprechen."[16] Lindenberg führt, ähnlich wie Frau Kübler-Ross, Beispiele aus eigener Erfahrung an, die den Menschen Mut machen sollen, mit anderen, mit solchen, die dem Tode nahe scheinen, über Sterben und Tod zu sprechen, auf keinen Fall sie zu belügen, sie auch nur gedanklich zu täuschen. Das Leugnen des Todes anderen und sich selbst gegenüber ist die Quelle vielen Übels heute. So schließt sich das Buch von der Analyse am Anfang zur ratenden Synthese: Sprecht über den Tod und das Danach. "Als ob es nicht das Natürlichste von der Welt wäre, daß man über den Tod sprechen möchte!"[17]

Als Arzt schreibt Wladimir Lindenberg im vorletzten Kapitel auch über "Das Problem der Lebensverlängerung", über die ethischen Gefahren, die die moderne Apparatemedizin mit sich bringt. Wladimir Lindenbergs ethische Haltung ist klar. "Es müßte aber, wenn man schon einem Menschen klaren Geistes und Verstandes es überläßt, die Entscheidungen selbst zu treffen, ein Gesetz geben, das bei einer zum Tode führenden Krankheit – vorausgesetzt, daß der Betreffende diesem seinem Tode offen gegenübersteht – bestimmt, daß nichts getan wird, das das eingetretene Siechtum noch verlängert."[18]

Das Schlußkapitel sollten wir immer zur Hand haben, denn immer können wir in die Lage kommen, neben einem Sterbenden oder neben einem soeben Gestorbenen (der geistig dann ja noch da ist) zu weilen. Das Schlußkapitel enthält Gebete, die das Sterben und den Übergang über die Schwelle erleichtern – altägyptische, tibetische, christliche der drei Konfessionen. Wladimir Lindenberg lebt hier wieder seine Toleranz und Offenheit, seine Bereitschaft zu vielen Wegen, die den verschiedenen Menschen zu dem einen Ziel offenstehen.

WOLODJA

Der Titel dieses fünften Teils von Wladimir Lindenbergs Autobiographie, der 1973 erschien, ist auf die Namensform beschränkt, die unter Russen für einen Menschen, der "Wladimir", also auf den Namen des Heiligen Wladimir, getauft ist, üblich ist. Er hat an dieser Stelle und im Leben Lindenbergs einen besonderen Stellenwert. "Wolodja" symbolisiert die endgültige Lösung von der Kindheit, eine viel zu späte Lösung, denn sie erfolgte erst 1927, also im Alter von 25 Jahren. Mit der kindlichen Namensform "Bobik" waren für Lindenberg nicht nur seine wohlbehütete Kindheit in Girejewo bei Moskau verbunden, nicht nur die Liebe von Mutter und Njanja und die späterfahrene des Vaters, sondern auch die russische Heimat überhaupt, sein Russentum, sein russischer Glaube, sein russisches Adelsbewußtsein als Tschelischtschew.

Die Schul- und Studienzeit in Deutschland betraf jenen Bobik, der seine russischen Wurzeln dringend brauchte, um durch die erste Emigrationszeit hindurchzukommen und beruflich und menschlich reifen zu können. So war "Bobik" im Titel des Buches bewahrt geblieben. Das neue Buch, das die Jahre 1927–1930 umfaßt, betont den gewandelten Namen, den sich wandelnden Menschen. Der Untertitel "Porträt eines jungen Arztes" hätte die Angabe der Jahre, in denen die Handlung des ja literarischen Werkes spielt, gut vertragen. Lindenbergs Schicksal als junger Arzt ist durchaus von jener Zeit der Wirtschaftskrise mitgeprägt. Zunächst hatte sich an die Studienzeit organisch eine Phase als Assistenzarzt an Bonner Kliniken angeschlossen, der Versuch, sich dann selbständig zu machen, war nicht nur infolge seiner Naivität und Gutgläubigkeit, vor allem Gutmütigkeit wenig erfolgreich, er war es auch infolge der verringerten Arbeitsmöglichkeiten im damaligen Deutschland überhaupt.

So teilt sich das Buch in zwei große Abschnitte: einen über den

Wladimir Lindenberg in den Siebzigern

angehenden Arzt in Bonn und einen über den Schiffsarzt in Afrika und Südamerika. Sie gehören in ihrem Suchen nach dem rechten Platz im Leben eng zusammen. Aber Lindenberg reflektiert nicht in diesem Sinne über sein Leben. Er schildert chronologisch, vermittelt gelegentlich eine Jahresangabe und legt den Hauptwert auf die menschlichen Begegnungen.

Lesen wir nur die ersten vier Kapitelüberschriften "Weder Fisch noch Vogel", "Kasernen des Leidens", "Namenswechsel" und "Reformation scheitert an Tradition", dann erkennen wir leicht, was er herausstellen will. Der wie ein mißglücktes Sprichwort wirkende Titel des ersten Kapitels verbildlicht die unsichere Situation des jungen Mannes, dem ein Examen bescheinigt, was er noch nicht kann, nämlich Arzt sein. Die Kliniken, in denen er arbeiten mußte (und durfte), waren für ihn "Kasernen des Leidens". Mehr noch als in der Studentenzeit geriet er jetzt in die Zwickmühle zwischen menschlichem Engagement, seiner Bereitschaft zu praktischer Nächstenliebe, und beruflichem Zeitdruck. Er wollte jeden Patienten individuell versorgen, ihm zuhören, mit ihm sprechen, für ihn da sein, seine Vorgesetzten aber drängten auf Behandlung aller Kranken, auf ordnungsgemäße Versorgung aller Abteilungen. Lindenbergs autobiographisch nacherzählten Erlebnisse haben ihre Bedeutung bis heute nicht verloren. Nicht nur angehende Ärzte stehen in dem Dilemma, die Menge der zu versorgenden Patienten mit ihrem Wunsch, sich um jeden einzelnen gründlich kümmern zu wollen, nicht vereinen zu können. Er ist auch nicht der einzige, für dessen aktiven Einsatz, etwas zu verbessern, die Kapitelüberschrift gilt: "Reformation scheitert an Tradition".

Aber die konkreten Einzelfälle haben für den Leser etwas Ergreifendes oder amüsant Tragisch-Komisches. Der Leser ringt mit ihm um das Leben des Zigeunerknaben, hofft mit ihm, daß die Krankenhausverwaltung wenigstens die Mutter zu ihrem sterbenden Kind läßt, leidet mit ihm, daß er, der dem Jungen am meisten beigestanden hat, zum Objekt des zornigen Schmerzensausbruchs der Mutter wird. Die direkte Rede läßt den Leser unmittelbar an allem teilhaben: "Ihr habt ihn ermordet, ihr Mörder, o ihr Mörder! Gott soll euch strafen bis ins vierte Glied. Wir wollten ihn nicht hergeben, wir weigerten uns, bei uns wäre er gesund geworden, und wenn er hätte sterben müssen, so wäre er in unseren Armen gestorben und nicht in diesen seelenlosen weißen Zelten, unter fremden bösen Menschen!"[1] So vermittelt Lindenberg die Perspektive eines anderen Menschen und stellt ihr dann, selbstkritisch, eigenes Denken jener Zeit gegenüber: "Wenn er auf jede Begegnung mit Patienten, mit ihrem Leid und Tod derart reagieren würde, dann müßte er sich einen anderen Beruf wählen."[2]

Lindenberg wählt eine Reihe von Einzelfällen, mit denen er zu tun hatte, und zwar mehr außerhalb als innerhalb der Klinik – eine Behandlung von Liliputanern, eine Begegnung mit einem Alkoholiker im Delirium, das Zusammentreffen mit fassungslosen Angehörigen eines plötzlich Verstorbenen u.ä. – und immer läßt er das menschlich Gültige emporsteigen, ruft Verständnis für den Kranken und seine Umwelt sowie für den etwas hilflosen Wolodja wach.

Ein anderer Bereich der Bonner Phase betrifft menschliche Begegnungen außerhalb der ärztlichen Tätigkeit. Auch hier überwiegt das wenig Erfreuliche: Emigranten, die ihn ausnutzen, ihn mißbrauchen wollen, Frauen, die an dem jungen Mann für ein Abenteuer interessiert sind. Ausführlich schildert er seine "Freundschaft mit Prinzessin Victoria Schaumburg-Lippe"[3], die er gelegentlich sah und die dann einige Zeit mit einem seiner jüngeren russischen Bekannten, einem Drogensüchtigen, zusammenlebte.

Selbst die erzählten Unternehmungen mit seinen Wandervögelfreunden enthalten zunächst Unerfreuliches – Diebstahl einer Figur aus einer Kirche, Diebstahl einer Gans, aber hier geht es Wladimir Lindenberg mehr darum, deutlich zu machen, daß ein einzelner mit festen Prinzipien gegen solche menschlichen Schwächen innerhalb von Gruppen durchaus angehen kann. Die Figur kehrte zurück, der Bauer, dem einer die Gans für das abendliche Lagerfeuer gestohlen hatte, bekam das Geld dafür angeboten und schenkte – erschüttert über Entschuldigung und Wiedergutmachung – dem Jungen eine weitere gebratene Gans dazu. So setzt sich das Buch aus vielen, mehr durch die Darstellung als durch den Inhalt an sich herausragenden Vorfällen zusammen.

Die Afrikareise hingegen gehört zu den großen Erlebnissen in Lindenbergs Leben. Die Schilderung mischt sachliche, auch geographisch-historische Information über einzelne Punkte Afrikas, wo das Schiff anlegte, mit der Darstellung zwischenmenschlicher Begegnungen. Bei diesen wird der Leser Zeuge ständiger Konfrontationen: Ob Kapitän und Mannschaft, ob Mitreisende, ob Negerpersonal, ob Negerpatienten, ob andere weiße Schiffsärzte – stets ergaben sich Spannungen durch die andere Lebensauffassung. Die Darstellung in Lindenbergs nachträglicher Sicht ermöglicht es, vor allem das Reifen des jungen Arztes nachzuvollziehen und seine Bereitschaft zur vorurteilsfreien Anerkennung der Neger mit ihrer eigenen alten Kultur zu teilen.

So heben sich positiv die Berichte und Reflexionen über den Erwerb von Negerkunst heraus.[4] "Entzückt war er von den vielen kleinen Messingfigürchen, die von großer Anmut waren. Sie waren in einen kleinen ledernen Sack verpackt. Er fühlte sich reich beschenkt."[5] Die wiedergegebenen Gedanken Wolodjas sind die Gedanken Wladimir Lindenbergs auch nach 42 Jahren, zum Zeitpunkt der Niederschrift: "Das sind wunderbare Kunstwerke dieses herrlichen und seltsamen Volkes. Es ist der künstlerische Ausdruck ihres Seins, ihrer religiösen Beziehung zu Gott. Wenn Sie in Europa die romanischen Kirchen aus dem zehnten und elften Jahrhundert besichtigen, werden Sie dort viele ähnliche Figuren und Dämonengestalten entdecken (. . .) Für mich bedeuten sie den Ausdruck des Schöpferischen dieser Menschen, die ich in dieser kurzen Zeit lieben gelernt habe."[6]

In gleicher Weise schildert er seine Begeisterung für die Unverfälschtheit der Sitten der Neger, wenn sie noch bewahrt geblieben waren. Er ist Zeuge einer Geburt in Hockstellung, der damit verbundenen rituellen Gebete für Mutter und Kind, der geistigen Einbeziehung der Plazenta in das Wunder des Geburtsgeschehens. Dem Leser seines Buches will er helfen, in gleicher Weise, wie er es damals erlebte, bereit zu sein, die höhere geistige Gemeinsamkeit mit den Menschen anderer Hautfarbe, anderer medizinischer Erfahrung, anderer Kultur und anderer Religion leben zu können. "Wolodja erbat den Segen seines Gottes und der Götter der Neger für das kleine Kind."[7] Er beschreibt das Freudenfest und seine Mitfreude. "Wolodja hätte allzugern mitgetanzt, aber er wußte, das war tabu, tabu bei den Negern und noch mehr tabu bei den Weißen."[8]

In ähnlicher Weise vermittelt er dem Leser die Selbstverständlichkeit, mit der Neger, die noch in ihrer eigenen Welt verwurzelt waren, dem Tod entgegengingen, auch dem Tod durch Hinrichtung. Sein Grundanliegen im Zusammenhang mit dem Tod, nämlich die Menschen zu lehren, ihn angstfrei in das Leben zu integrieren, ließ sich hier in der Nacherzählung persönlich erlebter Erfahrung einbeziehen.

Den Südamerikanern widmet Wladimir Lindenberg weniger Raum. Einerseits war er inzwischen als Schiffsarzt erfahrener, so daß sich aus dem Spannungsfeld zwischen Beruf und Umwelt weniger erzählungswürdige Einzelfälle ergaben, andererseits beschränkte sich die

Erfahrung weitgehend auf seinen Kontakt mit den aus Rußland emigrierenden Mennoniten. Er versucht, deren tief verankerten Glauben in seine Autobiographie hineinzunehmen. "Wolodja war tief erschüttert und beglückt zu erfahren, daß es solche ungebrochene Kraft des Glaubens noch gab." [9]

Das Buch "Wolodja" zeigt auch nach den Jahrzehnten, die zwischen Erleben und Erzählen liegen, jene Suche nach dem eigenen Platz im Leben, die in die Phase zwischen Universität und der Arbeit für die Hirnverletzten fiel, der sich Wladimir Lindenberg damals, 1931, in Bonn zuwandte. Die Anzahl negativer Erlebnisse ist höher als in anderen Büchern, die Schicksalhaftigkeit der einzelnen Vorgänge wirkt geringer, wenn man mit dem vorangehenden und dem nachfolgenden letzten Band vergleicht. Aber letztlich fließt auch aus diesem Buch derselbe gute Geist.

GEHEIMNISVOLLE KRÄFTE UM UNS

Wladimir Lindenberg hat in diesem Buch eine Reihe wunderbarer Erzählungen zusammengefaßt. "Wunderbar" sind sie, weil sie real geschehene Dinge erzählen, die mit dem Alltagsverstand allein nicht erklärt werden können, sie sind aber auch zum Teil durch die Schönheit des Erzählens "wunderbar", also tief erfreuend.

Die meisten dieser "Kurzgeschichten von schicksalhaften Begegnungen" – so der Untertitel des 1974 erstmals veröffentlichten Buches – stammen aus Lindenbergs eigenem Leben. Sie ergänzen seine Autobiographie. Als er dieses Buch schrieb, war noch nicht entschieden, wann der letzte Band "Himmel in der Hölle" erscheinen würde. Er entstand etwa in derselben Zeit. So sind einige Vorfälle hier wie dort enthalten. Dazu gehören seine Wiederbegegnung im Konzentrationslager mit jenem SA-Mann, um dessen Frau er sich als einziger Arzt in einer Bonner Nacht gekümmert hatte und dessen Weltbild sich wandelte, als jener Arzt, von dem er so viel Opferbereitschaft erfahren hatte, nun als angeblicher Untermensch vor ihm stand; dann seine Begegnung mit seinem "Traumgesicht", einem Schläger im KZ, in dem er jenen Mann wiedererkannte, der ihn über Jahre hinweg in einem Alptraum ermordete und um den er sich nun, dem barmherzigen Samariter gleich, kümmerte; auch die Begegnung mit dem Schornsteinfeger, den der Anblick von Lindenbergs afrikanischer Kunst an seinen eigenen Vater und dessen

Sammlung aus Afrika erinnerte und der sie an Lindenberg weitergab, so daß aus dem pflichtbewußten, über einen selbstgebauten Kamin entsetzten amtlichen Kontrolleur ein durch sein Schenken glücklich gemachter Mensch wurde.

Mögen dies auch jene Vorfälle sein, in denen sich am stärksten das Walten göttlichen Schicksals spüren läßt, auch die kleineren Ereignisse, der Lindenberg einmalig in diesem Buch festgehalten hat, sind für den bewußt Lebenden Zeichen einer geistigen Führung unseres Lebens. "Diese Dimensionen", so schreibt Wladimir Lindenberg im Vorwort, "stammen aus dem Bereich der Transzendenz, aus dem Esoterischen, aus Gott. Auch wenn wir seine Existenz nicht mehr anerkennen, ihn entmythologisieren und verspotten, so ist doch seine Existenz wirklicher als die unsere. Er sendet uns immerzu Zeichen und Wunder, aber sie treffen oft den blinden Flecken unserer Seele."[1] Lindenberg wendet sich an jene, die sich vom Materialismus abkehren, die die Umkehr schon vollzogen haben oder vor sich haben. Auch dieses Buch will (und wird) vielen einzelnen Menschen diesen Weg bahnen oder festigen. Denn Lindenberg weiß um den Gewinn für den, der ihn vollzog: "Dann wird ihm die scheinbar erkennbare, vordergründige Welt wieder zu einem weihevollen Mysterium! Die Sphären der Engel und Genien wird er wieder spüren und von ihrem Glanz überstrahlt werden."[2]

Er beginnt mit einer scheinbar harmlosen Berliner Geschichte, die mit seinem Freund Georg Thomalla verbunden ist, dem Schauspieler und Komiker, von dessen Lindenberg sehr nahestehender religiöser Grundhaltung der Theaterbesucher und Fernsehzuschauer nichts ahnt. Der nacherzählte Theaterbesuch bildet nur die Einleitung, sie steigert sich in einer Geschichte von einem verlorenen Hausschlüssel und gipfelt in der Begegnung mit einer Glaserin, die Lindenberg das wegen des verlorenen Schlüssels eingeschlagene Fenster wieder einsetzt. Das Gespräch zwischen beiden führte sie nach Prenzlau, den Heimatort der Frau. Lindenberg hatte bei seinen Reisen in der ersten Nachkriegszeit aus der zerstörten Marienkirche Prenzlaus zwei Backsteine wie Reliquien an sich genommen. Sie dienten ihm über die Jahre hinweg als Podest für Kunstwerke. In der Begegnung mit dieser Frau, die ihr Leben mit dem Blick auf jene Kirche verbracht hatte, erkannte er den "geheimnisvollen Auftrag"[3], ihr einen der vom Brand verrußten Steine als ein Symbol ihrer verlorenen Heimat weiterzugeben. Er machte die Frau glücklich.

Das "Wunderbare" bildet in vielen der Erzählungen nur einen

kleinen Teil, das meiste ist Alltag – bewußt erlebter, schön erzählter, im Dasein für andere Menschen sich erfüllender Alltag. So ist es auch in dem Kapitel "Der vierte König". Seine Basis bildet eine in Rußland tradierte Weihnachtsgeschichte von einem vierten König, der zu den heiligen Drei stößt, der sie im Dienst für andere verläßt und erst im Augenblick der Kreuzigung Christi sein Ziel erreicht. Er hatte sich an Stelle eines Galeerensklaven an die Ruderbank ketten lassen und jenem die Freiheit verschafft. Als Wladimir Lindenberg diese Legende einem Museumsdirektor zur Erklärung eines Bildes von der Anbetung der Heiligen Drei Könige mit einer vierten Person in Ketten im Hintergrund erzählte, erwähnte einer der Dabeistehenden den Namen eines Arztes, eines Freundes von Lindenberg. Das Gespräch klärte beiden Beteiligten das Schicksal dieses Arztes auf. Lindenberg war es, der sich über einen sowjetischen Offizier um die vorzeitige Entlassung dieses Arztes aus der Kriegsgefangenschaft bemüht hatte, der Arzt aber hatte im letzten Augenblick einem Kranken – dem Sohn der Gesprächspartner – seinen Platz im Heimattransport abtreten können, hatte ihm das Leben gerettet. Der Offizier hatte Wort gehalten. Der Arzt und Freund hatte dem vierten König gleich gehandelt.[4]

Eine Geschichte fügt sich an die andere, in der wie hier Menschen in wunderbarer Weise zusammengeführt und Informationen weitergeleitet werden. Nicht alle sind von Lindenberg selbst erlebt, aber meist stehen sie mit ihm in Verbindung. Er berichtet von Träumen, "die einen prophetischen Sinn hatten und zwei verschiedenen Personen beim gleichen Ereignis galten"[5]: In einem Fall rettet das Traumerlebnis einem Menschen das Leben, denn er schreckte infolge der plötzlichen Traumerinnerung davor zurück, einen Fahrstuhl zu betreten, der dann abstürzte, im anderen Fall führte das Traumerlebnis zwei Menschen zu einer Ehe zusammen, denn nicht nur die Stadt und das Hotel, in das sich die Frau begab, entstammten dem Traum, sondern auch das Gesicht ihres späteren Mannes hatte in dem Traum die maßgebliche Rolle gespielt.[6]

Lindenberg führt auch andere, aus der Parapsychologie oder Esoterik vertraute Fälle an, z.B. das Hören seltsamer Chorgesänge in einem alten, von den Mönchen seit langem verlassenen Kloster, das so eindringlich war, daß der Besucher die Noten aufzeichnete. "Er besuchte einen Freund, der Musikhistoriker war, und legte ihm das Blatt vor. »Das müssen uralte gregorianische Choräle sein, die niemand mehr singt.«[7] Er berichtet von eigenen und fremden Fällen des Wiedererkennens von Landschaften oder Häusern, in denen die Betroffenen noch nie gewesen sind – typische Beweissituationen der Reinkarnation. [8]

Ein Kapitel hat Wladimir Lindenberg auch der Frage des "Ursprungs vieler großer Dichtungen, musikalischer Werke, Malereien und technischer Konstruktionen" gewidmet. Er führt zahlreiche Beispiele dafür an, wie diese nicht der Ratio entstammen, sondern dem, "was man im Volksmund 'Eingebung' nennt. Es wird einem gegeben, man sucht nicht primär danach, sondern die Idee ist plötzlich da und läßt einen nicht mehr los, man wird wie besessen von ihr, sie zwingt einen, sie zu verwirklichen, und man wird zu ihrem Werkzeug. Man wächst an ihr, man wird zu ihrem Vorkämpfer und erduldet Verfolgung, Marter und Tod" [9].

Lindenberg nennt als Beispiele u.a. Heinrich Schliemann und Isaak Newton, erzählt, wie der Nobelpreisträger Otto Loewi nachts in halbschlafendem Zustand die entscheidende Anordnung eines chemischen Experiments notiert und erst am Morgen beim Wiederentziffern ihren Wert erkannt hatte. [10] Er wählt auch Beispiele aus dem russischen Bereich, so wie Michail Lermontow die Lösung einer mathematischen Aufgabe durch ein Traumgesicht erfahren hat [11] – ein Beispiel, das seine visionären Gedichte vom eigenen Duelltod oder vom Untergang des Zarenreiches mit der entsetzlichen Hungersnot nach dem bolschewistischen Umsturz ergänzt. Wladimir Lindenberg zitiert aus einigen Gedichten anderer Lyriker Passagen, die jene göttliche Eingebung dokumentieren. Sie sind nicht mit dem Begriff des literarischen Topos abzutun. Ein wahrer Dichter gestaltet ein solches Thema nur nach eigenem, unmittelbarem Erleben.

Die Konkretisierungen solcher Eingebungen sind sehr unterschiedlich. Wladimir Lindenberg reflektiert darüber nicht, er bietet einfach unterschiedliche Fälle. William Blake zitiert er für den seltenen Fall der wortwörtlichen Eingebung eines Textes: "Ich habe diese Gedichte unmittelbar nach Diktat geschrieben, ohne Überlegung und sogar gegen meinen Willen." [12] Lindenberg kümmert sich nicht um jene Leser, die hier Zweifel anmelden. Er könnte auf unzählige Parallelfälle, auf eine überreichliche und wissenschaftlich belegte Literatur verweisen. Um so stärker wirken die kurzen Zitate: "Man arbeitet nicht, man lauscht. Es ist, als ob ein Unbekannter einem ins Ohr flüstert" (Alfred de Musset). [13] "Ich muß in einer Art Halbtrance sein, wenn das Unterbewußtsein die Oberhand hat, denn die Inspiration kommt durch das Unterbewußtsein" (Johannes Brahms). [14]

In diesem Kontext wendet sich Lindenberg auch seinen geliebten russischen Ikonen zu und betont, daß im alten Rußland "das Malen der heiligen Ikonen nur den Mönchen erlaubt" [15] war, er berichtet vom Beichten, Beten und Fasten, das dem Malen vorangehen, und vom "heiteren und glücklichen Gemüt" [16], das das Malen der Ikonen begleiten müsse.

Wir erfahren an dieser Stelle auch einiges über das Entstehen mehrerer Bücher Lindenbergs selbst. Immer fügen sich Lebenserfahrung, Literaturstudium und äußerer Anstoß zusammen, den schöpferischen Akt aber begleitet eine überirdische Hilfe. "»Gottes Boten unter uns« wurde mir auch in die Wiege gelegt." [17] "Vielfach träumte man ganze Kapitel, sie standen erregend lebendig vor einem" [18], so schreibt er von der Autobiographie. Es war "mir ein Bedürfnis, die vergangene Zeit meiner Kindheit erstehen zu lassen, mit allem Herrlichen und Törichten, mit dem Guten und dem Bösen darin, und mit all der Güte, Brüderlichkeit und Gottesliebe, zu der der Russe fähig ist" [19]. Dem Leser wird die nahtlose Verflechtung zwischen verstandesmäßigem Plan und unterbewußtem, intuitivem Anliegen deutlich.

Auch Lindenbergs Verhältnis zu seinem Verlag ist solcher Natur. Es war eine Freundin seines Hauses, die ihm riet, das Manuskript von "Die Menschheit betet" an den Ernst Reinhardt Verlag nach München zu senden. Lindenberg fand in Hermann Jungck, dem Verlagsinhaber, den für sein Schaffen aufgeschlossenen und später zu weiteren Büchern animierenden freundschaftlichen Partner. "Meine literarischen Kinder werden in seinem verlegerischen Kindergarten gut gepflegt und gedeihen bestens." [20]

Das Buch ist vielfältig in seiner Thematik. Unter vielfältigen Gesichtspunkten ist das Erleben in der russischen Heimat einbezogen, auch unter dem der geistigen Heilweisen, des Wirkens von Naturgeistern und von Heilkräutern, also all jenen Bereichen, über die sich technisch-chemische Medizin erhaben dünkt und die in unserer heutigen, von ökologischen Ereignissen erschütterten Welt allmählich wieder an Bedeutung gewinnen. "Njanjas Zauberweisheit war stärker als alle Wissenschaft. Durch diese [die Universitätslehre] wurde ich zwar um das Wissen über Morphologie, Physiologie und die Wirkungsweise der Pflanzen bereichert, aber niemals verloren für mich Pflanzen, Tiere und Karliki ihren Zauber, ihre geheimnisvolle Lebendigkeit und ihre nahe, helfende Beziehung zum Menschen." [21]

Ein gesondertes Kapitel widmet Lindenberg den "Strahlenden Orten", einem von ihm zeitlebens immer wieder erlebten und geschilderten Phänomen. Er greift auf die Bibel zurück und erinnert an das Tschelischtschew-Schloß Eremitage bei Rybinsk, er spricht von antiken Tempeln und christlichen Kirchen. "Es ist eine feine Ironie des Schicksals, daß die strahlenden Orte stärker waren als die vernichtenden Verordnungen."[22] Die beiden Wohnungen Lindenbergs sind auch solche "strahlenden Orte", und er empfindet dies dankbar. Der Gast in Schulzendorf bei Tegel und in Ranerding spürt das Heitere und das Geheiligte dieser Stätten. Sie werden es gehabt haben, ehe Wladimir Lindenberg mit seiner Frau Dolina davon Besitz ergriff, aber sie haben mit der Kunst, die sie dorthin brachten und die sie dort schufen, wie auch mit den Menschen, die sie dorthin einluden, diesen guten Geist bewahrt und gestärkt. "In meinem Haus in Schulzendorf und in Ranerding habe ich ganz bewußt die Atmosphäre der guten Strahlung gepflegt. Wie andere ihre Teppiche klopften oder den Staub wegwischen, so waren meine Frau und ich bemüht, alle unguten Strahlungen von den Häusern fernzuhalten. Wir luden nie Menschen ein, von denen wir fühlten, daß sie keine gute Strahlung hätten."[23]

Wladimir schließt das Buch mit zwei, diese Kapitel von den strahlenden Orten ergänzenden, Kapiteln, eines über die gute Kraft des "Segenspendens" und eines über "strahlende Menschen". In dem letzten findet der Kenner von Lindenbergs Büchern viele Vertraute, vom Heiligen Franz von Assisi über Martin Buber, seine Njanja, seine Mutter Jadwiga bis hin zu neuen Freunden in Tegel. Das andere steht unter dem tiefen Wissen: "Welch eine Macht geht von einem guten, heilenden Gedanken, von einem segnenden Wort, von einer liebenden Gebärde aus."[24] Lindenberg führt wie immer Beispiele aus der Literatur und aus eigener Erfahrung an. Aber er beschwört auch: "Noch weiß die Menschheit um die Kraft des Segens, noch ist er mancherorts heimisch und erfüllt das Alltagsleben mit dem Geiste Gottes."[25] Das ganze Buch von den "Geheimnisvollen Kräften um uns" hilft, wie Wladimir Lindenbergs ganzes Leben und Schaffen, zu "begreifen, daß jeder Gedanke von dir und mir, von einem Kind und einem Sterbenden, eine Kraft darstellt"[26]. Lindenberg strahlt gute Kräfte aus, jedes seiner Bücher in eigener Weise.

Beim Lesen alter chinesischer Meister fiel Wladimir Lindenbergs Blick auf diesen Ausspruch. Er wurde ihm Anstoß und Titel für das 1976 erstmals veröffentlichte, nicht sehr umfangreiche, aber geistig gewichtige Buch. Er nimmt den Leser zu einem Gang durch die Monate des Jahres mit sich und verweilt in den einzelnen Monaten gern bei den großen kirchlichen Festen, auch an den Festtagen einzelner Heiliger. Er ergründet den Sinn dieser Tage im Ablauf des Jahres, im Gang der Geschichte, in unserer Gegenwart. Er schweift ab und zitiert aus den religiösen Literaturen der Welt, kehrt immer wieder zum Christentum, vor allem zu seinem russischen Christentum zurück. Erlebnisse, Erfahrungen und Begegnungen aus seiner Kindheit tauchen ab und an auf. Eines aber ist ständig in dem Buch vertreten: das Bekenntnis zum Leben, zu jedem Tag, denn er "ist guter Tag". "So ist jedes von Gott geschaffene Ding, jeder Organismus, jeder Zeitablauf gut und richtig und lebensnotwendig." [1]

Er wählt das Bild des Meeresufers mit seinen schönen blankgewaschenen Steinchen und Muscheln, die es jeden aufzusammeln lockt. "Ich möchte Sie zu einem solchen Spaziergang mitnehmen und mit Ihnen diese Steinchen aufsammeln und sie bewundern; bewundern die endlose Vielfalt, die die Natur spielerisch erzeugt. Jedes dieser Gebilde ist ein Wunder, eine Freude, ein Gedanke." [2] Diesem Anfangsbild entspricht als Schlußbild des Buches die Erinnerung an seine selbstgewirkten Wandteppiche: "Da sitzt man und arbeitet mit der Nadel, und die Gedanken laufen frei umher. In den Stunden nach der ärztlichen Sprechstunde habe ich in dieses Buch meine Gedanken und Erfahrungen hineingewirkt" [3]. Wladimir Lindenberg wollte "zeigen, wie jeder Monat, jeder Tag sein eigenes Gepräge hat und wieviel Erhabenes und Schönes in ihm verpackt ist" [4]. Es ist ihm gelungen.

Das Buch beginnt mit dem November, betont den Sinn des Totensonntags in der Rückerinnerung. "Es ist wichtig, daß der Mensch in seiner Vorstellung nicht nur auf seine Zukunft hinlebt, er muß streckenweise verhalten und zurückschauen, das Erlebte und Getane wieder und neu erleben, es werten und ihm neue Akzente abgewinnen." [5] Aus dem Dunkel und dem Ernst des November erklärt er als Gegengewicht das närrische Karnevalstoben, das nun beginnt, und lenkt den Blick auf die erste Kerze im grünen Adventskranz, "die immer wiederkehrende Freude auf das Kommen des Heiland" [6].

Aus dem Dezember wählt Lindenberg als erstes den sechsten, den

Wladimir Lindenberg:
"Das heilige Abendmahl" (1952)

Wladimir Lindenberg:
"Daniel in der Löwengrube“ (Hinterglasmalerei, um 1961)

Wladimir Lindenberg:
"St. Johannes in Patmos" (um 1961)

Wladimir Lindenberg:
"Das nichtschlafende Auge" (um 1961, Ausschnitt)

"Tag des Heiligen Nikolaus", des Bischofs von Myra. Er erinnert daran, daß er "ein wahrhaft gütiger und selbstloser Mann"[7] war, und ist betrübt, daß "der wunderbare Heilige auch für pädagogische Zwecke mißbraucht"[8] wird. Angst ist nie ein vertretbares Erziehungsmittel. Lindenberg weiß als Arzt um die schlimmen Folgen der oft von Erziehern in guter Absicht erzeugten Angst und gab seinem Buch den Untertitel "Kreuzzug gegen Nöte und Ängste". "Alles Ungute, das in unserer Welt geschieht, geschieht aus dieser unergründlichen Angst, der Angst der Völker voreinander und durch die gegenseitige Verteufelung."[9] Lindenberg meint die Kriege der Völker und die Streitigkeiten einzelner Menschen, "die Verteufelung unseres Nachbarn, unseres Vorgesetzten"[10]. Er meint aber auch im Sinne C.G. Jungs die Urangst, die aus dem Verlust von Mythos und Ahnenwelt herrührt.[11]

Liebevoll erinnert Lindenberg an die Sitte, am Tag der Heiligen Barbara, dem 4.12., "hartgefrorene Zweige von Apfelbäumen, Kirschbäumen, Schlehdorn oder Forsythien" abzuschneiden, damit "die Knospen pünktlich am Tag der Geburt des Heilands in voller prächtiger Blüte stehen"[12]. Aus Lindenbergs Buch "Gespräche am Krankenbett" weiß mancher Leser, wie sehr er diese Zweige liebt: "Möge diese Sitte aus alter Zeit, aus dem Glauben an das unbesiegbare Licht, auch in der Verstädterung nicht verloren gehen!"[13]

Das Weihnachtsfest mit seinen Sitten erklärt Lindenberg historisch und religiös, zieht den Bogen zum Kult des Gottes Mithras, dem Sonnengott Belen oder Apollon und erinnert an die Zeit, als die Sowjetunion durch eine Blockade der Berliner Bevölkerung die westlichen Stadtteile ihrem Machtbereich einverleiben wollte: "Wir haben in Berlin in den schlimmen Jahren der Bedrängnis durch die Sowjets, dem Aufruf unseres Bürgermeisters Reuter folgend, in den heiligen Nächten grüne Kerzen in die Fenster gestellt und sie angezündet als sehnlichen Gruß an die Millionen von Gefangenen, die in fernen, unbekannten Lagern schmachteten, und zugleich als Bitte um Erlösung aus der Not."[14]

Den Januar beginnt er mit einer Betrachtung über das Positive, das aus Not und Leid erwächst, das Licht aus der Finsternis. "Die schönsten Psalmen und Hymnen der Menschheit entstehen nicht in den Zeiten der Sattheit und des Wohlstands, sondern in der Dunkelheit der Not und Bedrängnis: Krankheit und Todesangst sind ihre Geburtsstunde. Der leidende Mensch steht näher bei Gott. Der Satte ist in den Dingen der Materie verfangen."[15]

Der 6. Januar bietet dreifach Anlaß für Betrachtungen: "Es ist die Begegnung mit den Heiligen Drei Königen oder Weisen aus dem Morgenlande, die ein achteckiger, großer Stern, der biblische Verheißungsstern Jakobs, auf die Wanderschaft rief." [16] Es ist der Tag der "Taufe des Herrn", von dessen festlicher Feier im alten Rußland durch einen Gottesdienst auf eisbedecktem Fluß oder Bach, "der sich für diese Augenblicke in den Jordanfluß verwandelt" [17], Lindenberg erzählt. Schließlich ist es "der Tag der Epiphanie, der Erscheinung des Herrn, das Königsfest" [18]. Lindenbergs Assoziationen wandern in den Bereich der Ikonographie, westlicher und östlicher Darstellung der Anbetung der Könige; sie wandern in die Bedeutung der Freude im Leben. Er ist "überzeugt, daß Freude erlernbar ist" [19]. Er erklärt: "Der phantasiebegabte Mensch sucht und findet überall Anlaß zur Freude, er läßt sie in sich wachsen und groß werden." [20] Die Beispiele und Reflexionen heben seine Leser in seine helfende, liebende und strahlende Gedankenwelt hinein, die hier in dem Satz gipfelt: "Die Freude ist das Bindeglied zwischen Mensch und Gott." [21]

Den 25. Januar nimmt Lindenberg als "das Fest der Bekehrung des Saulus in den Paulus" [22] zum Anlaß, das biblische Geschehen in Erinnerung zu rufen, das Böse und die Wandlung durch die "plötzliche Begegnung mit dem Herrn (. . .) Es ist tröstlich", so schließt er den Abschnitt, "von solchen Wandlungen zu wissen. Man sollte die Voreingenommenheit gegen Menschen, die Ungutes tun, nicht verewigen. Wer von uns weiß, wann seine Stunde schlägt?" [23]

Mit dem Februar verbindet Lindenberg – ausgehend vom fröhlichen Feiern vor der Fastenzeit – Reflexionen über Masken und Maskentragen. "Die herrliche uralte Sitte der Maskierung wird jedes Jahr wieder lebendig. Der Mensch ist nicht mehr er, er tauscht seine Identität gegen eine andere." [24] Er veranschaulicht die helfende Funktion der Maske aus Erfahrungen in Rußland und Deutschland, kommt auf sein Theaterspiel in Girejewo zu sprechen. "Ich erinnere mich noch gut an das atemberaubende und zugleich beglückende Gefühl, daß man in der Auswechslung der eigenen Person sich plötzlich hinter dem Schutz der Maske mutig und angstlos fühlte." [25]

Die Verbindung des Motivs Maske mit dem Motiv Angst fügt sich leicht, die Maske kann Angst (bei den bösen Dämonen) erzeugen, sie kann auch bei dem Träger selbst Angstgefühle auslösen. So fügen sich Reflexionen über Angstgründe an, hier über den "Besitztrieb", die "Besitzeslust" [26] und ihr Gegengewicht, die Verlagerung des Schwergewichts in den geistigen, den nicht materiellen, den religiösen

Bereich. Er zitiert Worte des Apostels Paulus an die Korinther (2,7) in Martin Luthers Übersetzung: "Wir haben aber solchen Schatz in irdenen Gefäßen, auf daß die überschwengliche Kraft sei Gottes und nicht von uns." [27] Lindenberg verschließt seine Augen bei aller Ausrichtung auf das Gute nicht vor den unguten Realitäten. "Manchmal sieht es so aus, als ob die christliche Kirche und die Lehre Christi ihre Kraft verloren hätten." Doch er erinnert zur Hilfe an die Erfahrungen der Geschichte: "Das ist nur die neunte Welle des Sturmes, der über unser Zeitalter brandet. Es hat immer solche Zeiten gegeben." [28]

Der Hinweis auf die atheistische Staatsform in seiner Heimat mußte sich hier aufdrängen, auf "die Verfolgung der Gläubigen und der Priester und ihre nahezu totale Vernichtung unter Lenin und Stalin in Arbeitslagern" [29]. Lindenberg weiß um jenes erste sowjetische Konzentrationslager, in das Lenin die berühmten altrussischen Klosterinseln Solowki umwandeln ließ. Er nimmt mit seiner Verehrung der dort ermordeten russischen Geistlichen und Gläubigen deren 1981 erfolgte Heiligsprechung durch die Russische Orthodoxe Kirche im Ausland vorweg.

"Mehr als anderswo begegnen wir da den christlichen Märtyrern, den frohen Bekennern und Duldern, deren geistige Macht so groß war, daß die unmenschlichen Wachmänner eine heilige Scheu vor diesen Helden des Glaubens ergriff. Und dennoch, gerade in der Verfolgung und Bedrohung, wächst im bolschewistischen Rußland ein neues mutiges Christentum heran." [30]

Diese 1975 geschriebenen Sätze haben ihre Richtigkeit seitdem von Jahr zu Jahr mehr bewiesen. Lindenberg weiß: "Die atheistischen Parolen und das stereotype Heldentum der Arbeit sind ein Surrogat, aus dem man nicht lange leben kann." [31] Heute drängt das russische Volk nach anderen Inhalten, es findet einen gewissen Halt im Blick auf die russische Tradition, auf russischen Nationalismus, aber diese Tradition ist mit der Orthodoxie verwoben. "Das wirkliche Geheimnis ist, daß die Lehren Christi, oder Ramas oder Krishnas, oder Buddhas, oder Zoroasters gewaltig sind und der jeweiligen Menschheit immer neue und immer großartigere geistige Impulse gaben." [32]

Dem religiösen Exkurs folgt die Rückkehr in den Ausgangsmonat, den Februar, als dem Beginn des vierzigtägigen Fastens. Lindenberg erklärt den geistigen Sinn des Fastens als Zeit der Mäßigung in jeder Hinsicht, als Zeit der inneren Einkehr. Das Fasten im Lindenbergschen Haus in Girejewo kann man nicht als streng bezeichnen: "ohne

Fleisch (...) herrliche Fische (...) Schokolade wurde eingesperrt“[33]. Wesentlicher waren andere Dinge: ”Kein Verlangen nach anderen Speisen, nach bunten Kleidern oder lauten Spielen.“[34] Lindenberg spricht von einem ”Sein im Ernst, in der Besinnung und Freundlichkeit“[35].

Das Märzkapitel beginnt mit einer glückhaften Naturschilderung. ”Die Tage sind erfüllt von Licht, die Äste der Bäume und Sträucher voller praller Knospen, welche kleine grüne oder rote Spitzen haben, und die Silhouetten der Wiesen schimmern grünlich, gelblich oder rosa gegen die Sonne.“[36] Lindenberg der Maler und Lindenberg der Dichter verbinden sich hier zu einem.

Das Kapitel ist den Gedanken an Ostern und die Vorosterzeit im alten Rußland gewidmet, handelt vom rechten Sterben, veranschaulicht, wie ein Sterbezimmer aussehen müßte und einmal aussah: ”Alle vorhandenen guten Kräfte wurden für den letzten Weg zusammengerafft.“[37] Das Kapitel endet mit Erinnerungs-Streiflichtern aus den Ostersitten seiner Familie. Am Ostermorgen, nach dem nächtlichen Gottesdienst, las der Vater, Alexander Tschelischtschew, ”eine Stelle aus seinem geliebten Heiligen Augustinus“[38], die an dieser Stelle des Buches generelle Gültigkeit erhält[39]:

Die Zusammenfassung alles Einzelnen ergibt die großartige Schönheit des Alls, in dem auch das Böse wohl eingeordnet ist; denn indem es den ihm gebührenden Platz einnimmt, hebt es das Gute erst recht hervor, daß es um so erhabener im Vergleich zum Bösen erscheine.

Auch der April steht unter der Schilderung des russischen Osterfestes, wobei bei Lindenberg in der Nach-Osterwoche natürlich der Hinweis auf den ungläubigen Thomas nicht fehlen kann.[40] Wie oft hatte er dieses Thema bildlich dargestellt. Auch das biblische Geschehen von Emmaus ist durch Zitat und Kommentar integriert. ”Alles, was in diesen Tagen geschah, ist grauenvoll, entsetzlich, aber zugleich überwältigend und großartig. Doch diese Begebenheit ist die tröstlichste von allen.“[41] Wieder zieht Lindenberg den Vergleich in die Gegenwart. Der Umstand, daß die Jünger den auferstandenen Christus nicht erkannten, weist über sich hinaus: ”Das ist ein tiefes Sinnbild. Auch wir alle sind mit geistiger Blindheit geschlagen, auch wir sehen nicht, wer neben uns hergeht, ein Schutzengel, der Heiland, ein Freund.“[42] Lindenberg ruft die verheißene Wiederkunft Christi in Erinnerung und erklärt russische und balkanische Gastfreundschaft mit dieser orthodoxen Erwartungshaltung.

Vielen Lesern dieses Buches wird erst durch das Mai-Kapitel bewußt werden, daß auch der 1. Mai einmal kein säkularer, sondern ein religiöser Feiertag, ein Fruchtbarkeitstag war.[43] Lindenberg nimmt ihn zum Ausgangspunkt, die Verherrlichung der Muttergottes in der katholischen und orthodoxen Kirche zu betrachten und Gedanken uber das Beten und über Gebete anzuschließen. Wieder drängt sich ihm der "staatlich befohlene Atheismus" in seinem Rußland auf: "Das wird sich sehr bald ändern, und zwar wird die Welle des Spiritualismus und der Religiosität aus der aufgeklärten Wissenschaft kommen."[44] Lindenberg veranschaulicht technische Leistungen vergangener Jahrtausende und die verlorenen Verbindungen zwischen geistigen und materiellen Kräften, wie sie den ägyptischen oder mexikanischen Pyramiden zugrunde liegen – eine Erkenntnis, vor der sich allerdings die materialistische Forschung unserer Zeit in ihrer "Enge des Denkens" und "Ahnungslosigkeit und Phantasielosigkeit"[45] noch verschließt.

Pfingsten, "das dritte metaphysische Fest der Christen"[46], steht im Zentrum des Juni-Kapitels. Lindenberg ordnet das Fest des Heiligen Geistes und der Dreifaltigkeit in die Lehren anderer Religionen ein. Ihm ist wieder einmal daran gelegen, die christliche Bildsprache und das biblische Geschehen in größerem Zusammenhang erscheinen zu lassen. Auch der Tag der Geburt Johannes des Täufers, der auf den 24. Juni festgelegt ist, steht in uralter Tradition, in der des Festes der Sommersonnenwende. "Hier in der Sonnengleiche ist die Zäsur zwischen der alten mosaischen Welt und der frohen Botschaft Christi. Das ist der Schnittpunkt, die Hier-Welt wird überhöht durch die Anderwelt."[47]

Das Juli-Kapitel beginnt als Erinnerungs-Kapitel, Lindenbergs Gedanken sind im heimatlichen Girejewo verhaftet. Manche Einzelheit seines Lebens ist nur hier und nicht in den autobiographischen Bildern enthalten. Das Leitmotiv, das die Porträts der Njanja, des Kutschers Alexander und der Eltern verbindet, ist in diesem Buch die Frage nach der Angst. "Meine Mutter Jadwiga lebte ohne Angst"[48], ähnlich sagt er es von den drei anderen seiner geliebten Menschen aus der russischen Kindheit; bei jedem differenziert und erklärt er diese Angstlosigkeit gegenüber Leben und Sterben.

Der Bibelabschnitt gilt hier Maria Magdalena, deren Feiertag auf den 22.7. fällt. Er stellt sie, die er so oft im Bilde erfaßte, in die Reihe der "großen Metanoiker"[49], derjenigen, die den Wandel aus irdischer Verhaftung zum Geistigen vollzogen haben, zu Abraham, Jakob,

David, Saulus, Augustinus und Franz von Assisi. Er veranschaulicht den jeweiligen Wandel und mahnt zum Verzeihen.

Im August-Kapitel ist einer der Bibelabschnitte der Befreiung des Apostels Petrus aus dem Gefängnis durch einen Engel gewidmet. Lindenberg hat eine nahe Beziehung zu "Gottes Boten", den Engeln, die bei so vielen Menschen nicht ins Vorstellungsfeld gehören. "Wie großartig waren noch jene Zeit und jene Menschen, denen solche heilsamen Begegnungen zuteil wurden! Die geistige Blindheit des heutigen säkularisierten Menschen und die radikal abgebrochenen Antennen zur anderen Welt versperren ihm die Möglichkeit solcher Erfahrungen. Ich glaube nicht, daß wir es wagen dürfen, unsere Ahnen für dümmer zu halten, als wir es sind, und doch sind ihre Aussagen, ihre Malerei und Bildhauerei, ihre Dichtung und ihre Philosophie erfüllt von Wesen aus der anderen Welt. Es sind erlebte und erschaute Wirklichkeiten."[50]

In diesem Kapitel kommt Lindenberg einmal auch kurz auf den großen Zeitenwandel zu sprechen, den unsere Generation durchlebt, den Übergang zum "New Age". "Wir treten in den Tierkreis des Wassermanns, ein revolutionäres, ein fließendes Zeichen. Alles fließt und alles fließt hinweg."[51] Seine Bücher sind ein Teil des beginnenden Wassermannzeitalters mit seiner zurückkehrenden Spiritualität, aber er abstrahiert das nie.

Den 6. August, den Tag der Verklärung Jesu auf dem Berg Tabor als einer "Einstrahlung aus der Anderwelt" nimmt Wladimir Lindenberg zum Anstoß, viele Zitate über Lichterscheinungen bei begnadeten Menschen anzuführen, er zitiert das "wunderschöne Licht, gleich einer schimmernden Flamme"[52], das dem Heiligen Franz von Assisi erschien, das "feurige Licht von höchstem Glanze"[53] der Hildegard von Bingen, führt die Erleuchtungen Plotins, Skoworodas und des Heiligen Serafim von Sarow an und versteht es immer, durch seine Worte vom äußeren Licht das innere, das geistige Licht auf seinen Leser wirken zu lassen.

Im Septemberkapitel nimmt Lindenberg seine Leser wieder nach Ranerding, er führt sie ein wenig in die Landschaft und die Stimmung bei seinem zweiten Haus. Er setzt den schönen Blick in Worte um. "Man wird innerlich ganz still und ist nur noch Auge, und der biblische Vers kommt einem in den Sinn: »Ich hebe meine Augen auf zu den Bergen, von denen das Heil kommt!«"[54] Beschreibungen, Bekenntnisse, Zitate mischen sich mit einer Abhandlung über den Erzengel Michael "den Fürsten unter den Engeln"[55], den "gewaltigen

Gegenspieler des Luzifer"[56]. "Angstlos wird nur der, welcher sich auf die Seite des Erzengels Michael schlägt, nur er selbst kann sich entscheiden."[57]

Die thematische Vielfalt und geistige Einheit finden ihren Abschluß im Oktober-Kapitel. "Im Oktober danken wir für die Ernte, wir danken, ob sie reich oder mager ausgefallen ist."[58] Lindenberg macht das Korn als "Gleichnis eines Mysteriums" bewußt, "das durch alle Zeiten und alle Religionen geht"[59]. Er leitet unsere Gedanken auf den Schutzengel, auf die Kraft von Gedanken und Segen und verweilt wieder einmal beim Beten. Zwei Gestalten, die wir häufiger in seinen Büchern finden, holt er etwas ausführlicher zum Abschied in dieses Buch: Franz von Assisi, den "größten, reinsten und fröhlichsten Heiligen des Christentums",[60] und den "geheimnisvollen und liebenswerten Erzengel Raphael"[61], den in dem apokryphen Buch Tobias überlieferten Begleiter der Reisenden, den "engelhaften Arzt und Heiler"[62]. Er nennt ihn "das Urbild aller Freunde"[63] und hat damit, ohne es zu wissen und zu wollen, von sich selbst erzählt.

RITEN UND STUFEN DER EINWEIHUNG

Wladimir Lindenberg gab diesem Buch, das er als einziges im Aurum-Verlag, Freiburg, erscheinen ließ, die Untertitel "Schamanen, Druiden, Yogis, Mystiker, Starzen" und "Mittler zur Anderwelt". Er führt damit die wesentlichen "Mittler", die "Eingeweihten" auf, über die er in seinem Buch spricht. Es hebt sich von seinen anderen Büchern ein wenig ab, ist wohl am wissenschaftlichsten gearbeitet, eine über vierseitige Bibliographie führt die Werke auf, die er für sein Buch verwendet hat und die er zur Vertiefung empfiehlt. Es ist auch weniger persönlich als seine anderen Bücher, er erzählt kaum aus eigenem Erleben, er wahrt eine größere Distanz zum eigenen Leben. Dabei ist die eigene Haltung zu all den geistigen Problemen, die er darlegt, ganz offensichtlich – allein durch die Auswahl, durch die Darstellung, auch ohne ein Bekenntnis.

Das Buch umfaßt 22 Kapitel. Darunter finden sich aus älteren Büchern vertraute Themen wie "Die Mystik der Ostkirche", das er – sein Eigenes bekennend – an den Schluß gestellt hat, "Die Weisheit der Chassiden", "Islamische Mystik – Sufitum", "Die Yogalehre" oder "Das frühe Christentum", aber wir stoßen auch auf Themen, die er in den über drei Jahrzehnten schriftstellerischer Tätigkeit, die vor diesem

1978 veröffentlichten, also 1976/77 entstandenen Buch liegen, überhaupt nicht oder nur andeutungsweise behandelt hat. Im Alter von über 75 Jahren hat sich Wladimir Lindenberg offensichtlich in einige Bereiche der geistigen Erkenntnis neu oder erneut eingearbeitet. Das Ergebnis sind Kapitel wie "Schamanen", "Die Suche nach dem heiligen Gral", "Katharer – die Ketzer", "Rosenkreuzer", "Pythagoras und die griechischen Mysterien" und "Die Essener".

Das Buch steht unter dem Thema der "Einweihung". Er faßt die Begriffe des "Eingeweihten" und der "Einweihung" breit, letztlich ist es ein Buch über die verschiedenen Wege der Religionen, dem Menschen zu helfen, "Frieden und Harmonie zwischen sich, den Kreaturen und den geistigen Wesen herzustellen"[1], über ihre "Verhaltensweisen, die zu den Riten führen, mit deren Hilfe man Gott und die Engel anruft, den Segen für das Leben und die Gesundheit, die Fruchtbarkeit und ein Leben in Frieden herbeifleht"[2].

Klar formuliert er eingangs, was ein Eingeweihter ist: "Wohlverstanden: ein Priester, sei es ein Schamane, ein Lama, ein Imam, ein Pope, ist von seiner Grundsubstanz her, vom Auftrag her ein Eingeweihter. Er ist zum Mittler zwischen der irdischen Welt der Menschen und der Anderwelt aufgerufen. Er hat beispielsweise die geheimnisvolle Macht, den Menschen von seinen Sünden freizusprechen, er vollzieht die Taufe der Kinder, er begleitet den Menschen als Seelsorger, als Psychopompos auf seinem Lebenswege, er entbindet die Seele des Sterbenden für den Tod, er vollzieht das Zeremoniell der Bestattung und begleitet die Seele des Verstorbenen im Gebet zu den anderen unbekannten Ufern. Er unterrichtet die Kinder in den Gebräuchen und der Geschichte der Religion. Soweit ist er der geistige Führer des Menschen. Durch seine Vermittlung werden wir jetzt und am Ende unseres Lebenswegs der Anderwelt teilhaftig. Wir alle wissen von der anderen Welt."[3] Dazu ergänzt Lindenberg: "So ist es der andere Auftrag des Priesters, Gottes Kraft in die Dinge, die Pflanzen, die Kreaturen, den Menschen hineinstrahlen zu lassen: Wenn er vor dem Altar steht, in heiliger, symbolischer Gewandung, mit heiligen Gesängen und Gesten, mit dem Licht der brennenden Kerzen und der Räucherung von geheiligten Kräutern, indem er Gott Opfer bringt in Gestalt des Erstgeborenen des Menschen oder eines Opfertiers oder der Früchte des Feldes oder des unblutigen Opfers nach der Ordnung des Priesters Melchisedek aus der biblischen Urzeit. Immer ist es das Mysterium, daß Gottes Macht und Kraft sich in dem irdisch Geopferten zu Geist transformiert. Die priesterlichen Weihen, die Einweihungen, verleihen ihm die Kraft zu solchem esoterischen Tun."[4]

Unter diesem Blick, den er hier mit der Kraft des Weisen, des Eingeweihten verkündet, steht das ganze Buch. Wie immer verschließt er die Augen nicht vor dem Ungeist: "Der materialistische Mensch steht ratlos vor solchen Anschauungen"[5], er will ja dagegen ankämpfen, aber der Schwerpunkt liegt im Positiven, und dies will er mehren. "Erst unserem Jahrhundert blieb es nach fast zwei Jahrtausenden Christentum vorbehalten, die fremden Religionen objektiv zu erforschen, um zu entdecken, von welch göttlichem Geist sie alle inspiriert sind. An die Stelle von Verachtung ist jetzt Ehrfurcht getreten, und wir lernen auch die Zusammenhänge und die Einflüsse kennen, die die Lehren und Riten unserer Religion beeinflußt und geformt haben."[6] Dieses Zitat hat trotz seiner Verallgemeinerung ganz persönlichen Charakter: Wladimir Lindenberg hat eine der wichtigsten Aufgaben formuliert, die er in seinem Leben und auch in diesem Buch zu bewältigen sucht.

Unter Einweihungen versteht er nicht nur jene altägypischen Riten, für die die Pyramiden bestimmt waren und bei denen nach langer Vorbereitung unter geistiger Schulung die Todeserfahrung im irdischen Leben vorweggenommen wurde, so daß dem Eingeweihten ein Teil der "Anderwelt" offenstand, sondern auch all die kleinen und großen Schritte zu dieser Öffnung, also Taufe ("ein symbolischer Tod im Element des Wassers"[7]), Konfirmation, Trauung und Tod ("Übergang in die andere Welt, die alte Heimat ... Die letzten Einweihungszeremonien beginnen: die Übergabe der entseelten Materie an die Erde"[8]). "So muß sich die Zeremonie der Einweihung nicht immer in den geheimnisvollen Höhlen von Eleusis oder in ägyptischen oder Inkatempeln, in romanischen Krypten oder in Gewölben des Montsegur vollziehen. Wer sich für die Offenbarungen des Geistes öffnet, der erlebt das Wunder der stufenweisen Einweihung, wenn er sich in die Schwingungen des Kosmos einschaltet."[9]

Die Schamanen "sind, soweit wir sie verfolgen können, die archaischste Form der Mittlerschaft zwischen Mensch und Anderwelt. Ihr Alter geht sicherlich bis in die Steinzeit zurück. Ihr Denkprozeß ist weder analytisch noch kritisch, er ist bildhaft."[10] Lindenberg legt besonderen Wert darauf herauszuarbeiten, daß die Schamanen die materielle Welt in ihrer Gesamtheit in ihre geistige Erfassung einbeziehen. "Für sie ist alles, was sie umgibt, lebendige Substanz, die ihre Wirkung auf ihr Sein hat. Sie wissen um die magische Wirkung der Steine und Pflanzen, der Tiere, des Wassers und des Feuers.“ [11] Er schlägt den Bogen von jenen Urzeiten in die Gegenwart, weil der Mensch dieses Urempfinden in sich trägt: ”In unseren Träumen erleben wir alle Ungereimtheiten, die man sich nur vorstellen kann. Verwandlungen von Mensch zu Tier, Dämonen und Engel, schnelle Veränderungen des Ortes. Alles erleben wir, wenn auch ungeheuer beängstigend, immer als absolut natürlich und selbstverständlich.“ [12]

Aber Lindenberg zieht die Linie auch bis in die Gegenwart, weil jenes Schamanentum ein gültiges, bis heute gültiges Wissen enthält, das im Laufe der Jahrtausende lediglich unterschiedliche Ausprägungen erfahren hat.

Ausführlich geht Wladimir Lindenberg den Druiden als den Eingeweihten der Kelten nach. ”Pythagoras, der große Eingeweihte, der in ägyptische und indische Mysterien eingeweiht war, bekannte: »Die Druiden waren die wissenschaftlich gebildetsten Menschen der Welt«.“ [13] Er beschreibt und erläutert ihre Symbole wie ”konzentrische Kreise, Spiralen, die Schlange und den Widderkopf“ [14], ruft das Wissen ”von der Unsterblichkeit aller Kreatur und von der Wiedergeburt der Seelen in immer vollkommeneren Gestalten“ [15] ins Gedächtnis und zieht Parallelen zum Islam und anderen Religionen.

Mit einer Nacherzählung der Parzivalsage verbindet er den Blick in ”das keltische, das Gralschristentum“ [16]. ”Hintergründig verläuft die Geschichte eines christlichen Mysteriums, die Geschichte des Heiligen Grals, die im keltischen Boden Englands und der Bretagne ihre Heimat hat, in der christlichen Lehre der keltisch-irischen Mönche. Es ist kein Wunder, daß die offizielle Kirche der Sage vom Heiligen Gral ablehnend gegenüberstand. Sie widersprach ihrer Lehre, ihrem Dogma. Hier wird ein nicht kanonisierter Mann der biblischen Geschichte, Joseph von Arimathia, zu dem Apostel Englands gestempelt.“ [17]

Dem nicht-kanonischen Christentum gilt Lindenbergs Aufmerksamkeit auch an anderen Stellen des Buches. Hier muß seine Offenheit und Toleranz bei dogmatischeren Christen auf Widerspruch stoßen. Schaut man aber durch die im Historischen sicher oft anzweifelbaren äußeren Einzelheiten auf den geistigen Kern, dann reihen sich Wahrheiten an Wahrheiten. ”Es muß zu jener Zeit bereits im aufblühenden Christentum geheime Gruppen von Eingeweihten gegeben haben, die ihr profundes Wissen in Märchen, Sagen und heiligen Mysterien verkleideten.“ [18] Den Katharern gilt seine Liebe. ”Occitanien war das bevorzugte Land der katharischen Glaubensbewegung (...) Die Menschen fühlten sich frei und waren offen gegeneinander. Es war das kultivierteste Land in Europa."[19]

Lindenberg rekapituliert die manichäische Lehre der Katharer, die das Alte Testament mit dem Gott der Rache ablehnten und sich vor allem zum Johannesevangelium und zur Offenbarung bekannten.[20] Ihm ist das Kreuz, wie es die Katharer verehrten, innerlich nah. "Ihr Symbol war das gleichschenklige Kreuz, das aber nicht das Symbol des Martertodes Jesu bedeutete, sondern das ägyptische trismegistische Symbol der Ewigkeit: Alles ist gleich; was oben ist, ist gleich dem, was unten ist. Und es ist das Symbol des eingeweihten Menschen. Der Querbalken repräsentiert die Erde und die Unterwelt, der vertikale Balken den Himmel und Gott und den Menschen, der auf Gott zu lebt."[21] Dieses Kreuz, das auch das Kreuz der Rosenkreuzer ist, findet sich als Stempel in seinen Heften der zwanziger und dreißiger Jahre, die er für Dichtungen und Zeichnungen verwendete.

Das Kapitel über die Rosenkreuzer schließt sich an, historisch, wissenschaftlich, durchgeistigt. Wer nur dieses eine Buch von Lindenberg kennt, ahnt nicht einmal, daß der Autor aus einem alten russischen Rosenkreuzergeschlecht stammt, erfährt mit keiner Andeutung, daß ihm heute – wenn die Bolschewiken das alte Rußland 1917 nicht zerstört hätten – das russische Rosenkreuzerschloß bei Rybinsk gehören würde.

Wer aber diese anderen Bücher Lindenbergs kennt, der erinnert sich bei der Erwähnung von Bulwer Littons 'Zanoni' daran, wie Lindenbergs Vater seinem Sohn aus der Ukraine geistig übermittelte, wo er in Münster dieses Buch für seine Mutter erwerben könne, denkt an diesen Vater, Alexander Tschelischtschew, einen der letzten Rosenkreuzer Rußlands, wenn er liest: "Die geheimen Rosenkreuzer gehören oder gehörten zu diesen Vollendeten. Alles, was ein Mensch auf psycho-physischem Gebiet zu erreichen vermochte, alles das, was wir heute mit Parapsychologie bezeichnen und erforschen: die Gabe der Gedankenübertragung, des Hellsehens, der Levitation, des magnetischen Heilens, der Psychokinese – das hatten sie wie die frühen Schamanen, wie die Katharer, die Yogis, die Sufis in sich verwirklicht, und sie trachteten danach, diese Gaben ausschließlich zum Wohl der Welt zu benutzen."[22]

Ob er nun im Zusammenhang mit den Rosenkreuzern von der Wiederverkörperung oder der Bewußtmachung früherer Existenzen als Einweihungsmethode spricht, immer sind es übergreifende, die religiösen Wege verbindende Wahrheiten. "Dieses Durchdringen der

Dunkelheit des Unwissens und das Wandern zum Licht sind das Ziel aller, die auf dem Pfade der Einweihung wandern.“[23]

Mit den Upanischaden befaßt sich Lindenberg im Kapitel ”Krishna und die Veden“, aber er kann natürlich auch hier nur Andeutungen des Besonderen geben. ”Diese Welt der materiellen Wirklichkeit, die in der Vergänglichkeit steht, hat für den Inder nicht den Wert einer Wirklichkeit, seine eigene Wirklichkeit ist der Zustand jenseits dieses Zustands, ist die Anderwelt, ist die endgültige Auflösung des geistigen Selbst, des Atman im göttlichen All. Was sich auf der materiellen Ebene abspielt, ist ebenso unreal wie ein Traum.“[24]

Die Gedankenkette führt unmittelbar in das nächste Kapitel, ”Die Yogalehre“, eine ganz kurze Zusammenfassung seines Buches von 1960, eine Erweiterung jenes Buches durch andere Beispiele, Zitate, Formulierungen. ”Keine andere esoterische Lehre gibt dem Menschen so viele Möglichkeiten in die Hand, sich selbst zu vervollkommnen.“[25] Im zweiten Teil dieses Kapitels kommt Lindenberg im Zusammenhang mit der Yogalehre auf A.W. Schlegel, W. von Humboldt und A. Schopenhauer zu sprechen, auch auf Jelena Blavatski (”eine seltsame, undurchdringliche Mischung von Eingeweihter und Scharlatanin“[26]) und auf Rudolf Steiner und die Anthroposophie. ”Diese Synthese des östlichen und westlichen religiösen Denkens hat für den Abendländer den Vorteil, daß sie mit der abendländischen Kultur zutiefst vertraut ist und in ihrem Geistesleben wurzelt.“[27]

Pythagoras wird von Wladimir Lindenberg in seinen Büchern oft erwähnt und zitiert. Er ist für ihn ”der größte Eingeweihte, Forscher und Philosoph Griechenlands“[28]. Er deutet die wesentlichen Stadien seines Lebens an, apostrophiert ihn als Gründer ”esoterischer Bruderschaften von Mysten, von Eingeweihten. Er lehrte dort die Göttlichkeit und Unsterblichkeit der menschlichen Seele, ihr Streben nach Vollkommenheit und die Reinkarnation“[29]. Im Zitat aus der Biographie von Iamblichos, dem Syrer, spürt man das Glück der Verehrung, die auch Wladimir Lindenberg für Pythagoras empfindet, und er überträgt es auf den Leser: ”Aus Melodie und Rhythmus der Musik schuf er Heilmittel für die Krankheiten und Leidenschaften der Menschen, indem er die natürliche Harmonie ihrer körperlichen Funktionen wiederherstellte und Körper und Seele zugleich gesund machte . . . Abends, bevor seine Schüler schlafen gingen, befreite er ihren Geist mit Hilfe der Musik von den Aufregungen und Störungen des Tages. Er beruhigte dadurch den Aufruhr der Gedanken in ihrem Bewußtsein, so daß sie ruhig schliefen und gute, prophetische Träume hatten... Pythagoras erreichte diese Wirkung nicht durch das Instrument oder besondere stimmliche Begabung, sondern durch seine Fähigkeit, etwas Göttliches, Unbeschreibliches zum Ausdruck zu bringen. Man kann es sich nur schwer vorstellen, aber er hatte sein inneres Ohr so verfeinert, daß er die Schwingungen der erhabenen Symphonie des Weltalls aufnahm. Er hörte und übermittelte die Sphärenharmonie und den harmonischen Zusammenklang der Sterne, die in sie einstimmen."[30]

Im Kapitel über die Juden behandelt Wladimir Lindenberg u.a. die berühmte Geschichte von Daniel in der Löwengrube. Sie gehört zu jenen biblischen Ereignissen, zu denen Lindenberg eine besonders nahe Beziehung hat. 1984 schenkte er meinem Sohn Daniel eine in den sechziger Jahren entstandene Hinterglasmalerei. Dort hat er Daniel mit drei Löwen auf goldenen Grund gemalt, der obere Löwe berührt zärtlich mit einer Pranke die Schulter Daniels, der zweite hält ihm seinen Kopf hin, damit er seinen Arm aufstützen kann, der dritte aber liegt nicht nur zu Füßen, er dient seinen Füßen als Auflage. Daniel aber ist versonnen. Ein Engel schwebt zu ihm herab und rührt ihn an. Daniel sieht ihn nicht, aber er weiß um ihn, ist in seiner schützenden geistigen Welt geborgen. Darius, der König, – farblich und von der Bildanordnung klar getrennt – sieht die liebende Einmütigkeit von Mensch und Tier noch etwas besorgt, aber hoffnungsvoll. "Es ist eine immer wiederkehrende Geschichte: der Eingeweihte und die Tiere. Der Eingeweihte hat sein Grobstoffliches so weit transzendiert, daß er das Stadium des Engels erreicht hat, er ist vom inneren Licht des heiligen Geistes umflossen; dieses Strahlen wird in allen Zeiten und Völkern auf Bildern und Skulpturen durch eine strahlende Aura dargestellt. Es ist ein seltsames Phänomen; wir pflegen in unserer Unwissenheit die Tiere als unvernünftige Kreaturen anzusehen und schreiben ihnen Grausamkeit, Bestialität zu, obwohl kein Tier je den Grad der Bestialität des Menschen im Erfinden von Qualen und Grausamkeiten erreicht hat. Das gleiche unvernünftige Tier ist in seinem Empfindungsapparat viel feiner konstruiert als der Mensch. Es spürt genau die guten und die bösen Ausstrahlungen der Wesen, es sieht mehr als wir die Gegenwart der Engel oder der Dämonen."[31]

Nirgendwo sonst behandelt Wladimir Lindenberg so ausführlich die Essener wie in diesem Buch. Ihn faszinieren die Riten, die das Christentum von dieser mystischen jüdischen Sekte übernahm, über die wir durch die Qumranfunde vieles erfahren haben. "Nach allem, was man jetzt von ihnen weiß, wird klar, daß die christlichen Klöster

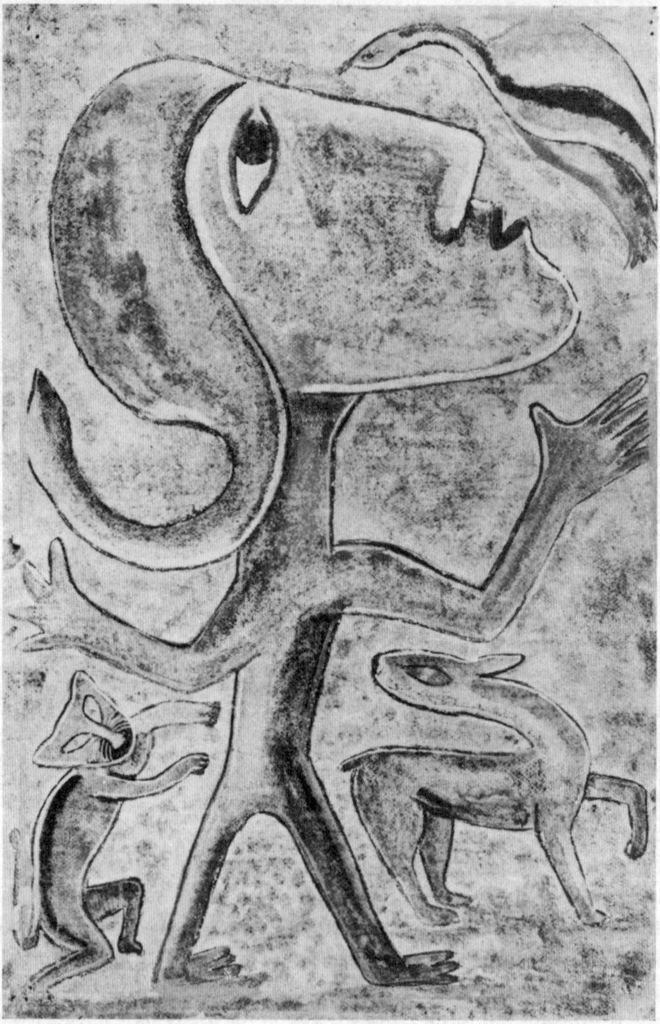

Wladimir Lindenberg:
"Daniel in der Löwengrube" (Hinterglasmalerei, um 1961)

die direkten Erben der Essener sind."[32] Zitate schlagen die Brücke. "Ihr habt die Taufe, der das Fasten vorangeht, und ihr habt das Heilige Mahl mit dem Brechen des Brots und dem Wein, der den Heiligen Wein deines Sohnes David verkörpert."[33] In Parallelität zur Bergpredigt zitiert Lindenberg aus dem "Testament der Patriarchen": "Und jene, die in Gram gestorben sind, werden in Freude auferstehen; und die, die um Gottes Willen arm waren, die werden reich werden, und jene, die um Gottes Willen getötet wurden, sie werden zum Leben auferweckt werden."[34] So faßt er am Schluß des Kapitels zusammen: "Aufgrund der vorgefundenen Rollen wissen wir, daß sie ursprünglich den Essenern zuzusprechen sind. Hier war nicht nur die Wurzel Jesse, hier stand die Wiege des Christentums."[35]

In den jüdischen Bereich gehören auch die Kapitel über die Kabbala: "Sie dringt bis ins Herz Gottes ein, sie sammelt die Edelsteine und die Metalle daraus und verwandelt sie in das alchymistische Gold der Ekstase"[36], und über die Chassiden, wo er natürlich Martin Buber zitiert: "Die chassidische Bewegung erregte sowohl in den geistigen wie in einfachen Menschen, die ihr anhingen, eine Freude an der Welt, wie sie ist, am Leben, wie es ist . . ."[37]. Das Eigene der chassidischen religiösen Haltung kommt in einem kurzen Satz treffend zum Ausdruck: "Humor und Lebensnähe und unvorstellbare Toleranz leuchten aus ihrer Gesinnung und ihren Taten."[38]

Auch beim Islam drängt es Lindenberg mehr zur mystischen Sekte, also zu den Sufis, bei denen er außer Besonderheiten ihrer Lehre vor allem den Einfluß über den Islam hinaus veranschaulicht. Mit Staunen liest man die Prophetie Baha Ullahs, der 1892 starb: "Daß die Welt während des neunzehnten und des ersten Teils des zwanzigsten Jahrhunderts durch die Todesqualen eines alten und die Geburtswehen eines neuen Zeitalters gegangen ist, das ist jedermann klar. Die alten Grundsätze des Materialismus und des Eigennutzes, die alten sektierischen und vaterländischen Vorurteile und Gehässigkeiten sind im Schwinden begriffen, sie haben inmitten der Trümmer, die sie geschaffen, ihren Sinn verloren, und wir sehen in allen Ländern die Anzeichen eines neuen Geistes des Glaubens, der Brüderlichkeit und übernationalen Denkens, der die alten Bande sprengt und die alten Grenzen überrennt. Das alte Zeitalter ist aber noch nicht tot. Es ist mit dem neuen in einen Kampf auf Leben und Tod verwickelt. Es gibt Übel in Menge, riesenhaft und furchtbar, aber sie sind im Begriff, mit neuer Kraft und Hoffnung klargelegt, erforscht, angegriffen und verworfen zu werden. Es gibt Wolken in Menge, ungeheuer und drohend, aber das Licht will durchbrechen, den Weg des Fortschritts erleuchten und die Hindernisse und Fallgruben aufdecken, die den Weg zur Höhe versperren."[39] Diese Worte lesen sich wie eine Beschreibung des beginnenden Wassermannzeitalters unserer Tage.

Das Christentum scheint Lindenberg oder dem von ihm intendierten Leser so vertraut, daß er auch weniger Kanonisches ausführlich behandelt, Johannes den Täufer als wahrscheinliches Mitglied des geheimen Ordens der Essener[40], Jesus Christus als historische Persönlichkeit und als Gottes Sohn unter Heranziehung voneinander abweichender Zeugnisse zur jungfräulichen Geburt und zu Tod und Auferstehung. Vollständig zitiert Lindenberg die Seligpreisungen.[41] Seine nahe Beziehung zum frühen Christentum kommt auch in diesem Buch zur Geltung.

Das Kapitel "Mystiker" hat er in einige Unterkapitel eingeteilt, die Plotin, Augustinus, Dionysius Areopagita, Franz von Assisi, Meister Eckehart und Jakob Böhme, also seinen ständigen Begleitern gewidmet sind.

Das Abschlußkapitel ist von seiner ursprünglichen Bindung an die russische Kirche durchflutet. "Wenn ich in einem solchen Raum stehe, weiß ich mich nicht nur umgeben von betenden Menschen und unsichtbaren Engeln, ich weiß um die Ahnen, die Jahrhunderte zurück im gleichen Raum in gleicher geistiger Gesinnung standen, Kaiser und Fürsten, Beamte, Bauern und Bettler im gleichen Raum, gleichgestellt miteinander vor der Majestät Gottes. Es ist die Kirche der Auferstehung Christi. Hier wird jeden Tag die Auferstehung gefeiert. Es ist keine gewesene Vergangenheit."[42] Er spricht über den Berg Athos und seine russischen Starzen und weist auf Boris Schirjajew, einen der Schriftsteller der zweiten Emigrationswelle (1944/45) hin, der seine Erlebnisse im ersten sowjetischen KZ, den ehemaligen Klosterinseln Solowki, geschildert hat und durch diese selbst zum christlichen Glauben fand.

Die letzten Zeilen werden persönlich. Wladimir Lindenberg erinnert sich, wie er 1918 nach Deutschland kam, "ein Jahr nach der bolschewistischen Revolution, nach Hunger und Kälte und Bedrohung gerettet wurde"[43] und vergeblich nach jenen russischen Eingeweihten suchte, bei denen viele große russische Dichter Trost und Halt gefunden hatten – den Starzen. So lautet denn der letzte Satz: "Aber wie ist es in einem Land, in dem es keine Starzen gibt?"[44]

"Der Mensch aber, der weiß oder es am eigenen Leibe erfahren hat, wie beglückend es ist, Freude zu empfangen oder gar Freude zu geben, der wird es sich zur Aufgabe machen, wo er auch sei, Freude zu verschenken."[1] In diesem Satz, den man irgendwo in diesem Büchlein findet, verbinden sich der Anlaß, der Lindenberg zum Schreiben bewogen hat, und das Ziel, wohin er seine Leser mit dem Buch bewegen will. Es hat wieder einen ganz eigenen Charakter. Während das im Jahr davor veröffentlichte "Riten und Stufen der Einweihung" eher eine wissenschaftliche Prägung trägt und seinem Aufbau eine planend ordnende Systematik zugrunde liegt, hat "Mit Freude leben" – 1979 vom Ernst Reinhardt Verlag verlegt – nicht einmal eine Einteilung in Kapitel, ist allein mit dem Herzen geschrieben.

Der erste Satz lautet: "Am Ausgang eines langen Lebens und vor der verschleierten Schwelle zu einem neuen Leben drängt es mich, meinen geliebten Lesern ein ganz persönliches Vermächtnis zu hinterlassen."[2] Von nun an folgen Erinnerungen und Gedanken, Literaturzitate und Erörterungen, die letztlich um das eine Thema kreisen: bewußt anderen Menschen Freude schenken.

"Echte Freude ist etwas Innerliches, höchst Privates, das nur im endothymen Grund, im Herzen gedeiht. Man stellt mit Erstaunen fest, daß das Erlebnis der Freude unabhängig ist von allen Umständen, vom körperlichen Wohlbehagen, von Sicherheit, von Reichtum oder Armut, von den Altersstufen. Sie ist das schönste Geschenk Gottes an uns."[3]

Lindenberg erzählt zunächst von einer Reihe Patienten und Freunden, die solche Freude ausstrahlten, wählt dabei vor allem Menschen, deren äußeres Schicksal zur Freude wenig Anlaß bietet. Sie werden für den Leser zu Vorbildern, sie geben ihm Freude. Manche hatten lange Zeit eine durchaus andere Lebenshaltung, dann gab es einen stärkeren Anstoß, und sie wandelten sich zu dem, was Lindenberg bei einer Frau so zusammenfaßt: "aber ihre Grundsubstanz ist Freude. Sie strahlt sie auf andere aus, und keiner kann sich ihrer Freundlichkeit und Güte entziehen."[4] Natürlich ist dieser Anstoß zum Wandel oft eine Krankheit. Der Arzt Lindenberg hat immer wieder darauf hingewiesen, daß Krankheit zum Leben gehört, daß sie Gutes bewirken kann: "Vorher der Alltagsmensch mit Alltagsbedürfnissen und Alltagsfreuden und -vergnügungen, und nachher ein Mensch, der in der Welt Gottes bewußt lebt."[5]

Über viele Seiten hin verweilt Lindenberg bei dem Thema Schlaf und Traum. "Auch heute noch erscheinen uns Engel im Traum und geben uns Weisungen. Die meisten von uns gehen achtlos darüber hinweg.“ [6] Lindenberg erinnert sich an eigene Träume, die ihren Urgrund in der Mythen- und Märchenwelt haben, an prophetische Träume, an Traumgesichte. In solchen Träumen hat sich die Tür zu jener Welt ein wenig geöffnet, in der der Mensch im Schlafe weilt. "Verglichen mit den Abläufen des Alltags bietet uns jene andere Welt eine unerschöpfliche Fülle von Erlebnissen. Im aktuellen Erlebnisbereich bedeuten Träume für uns die gleiche Wirklichkeit wie der Alltag.“ [7] Für Lindenberg ist die Erinnerung daran eine "Flut von Freude, Wärme und Licht“ [8].

Einige Seiten sind der Haltung zur Arbeit gewidmet. Lindenberg geht vom Christentum aus. "Man kann Jesus Christus unter vielen Aspekten betrachten. Einer der Aspekte ist seine Einstellung zur Arbeit. Es ist eine positive, freudige Einstellung.“ [9] Lindenberg kontrastiert die Haltung des Sklaven mit der des Freien, der seine Arbeit in eigener Verantwortung, in Freude tut, der anderen mit dieser Arbeit dient. Einen wesentlichen Grund für den Verlust der Freude an der Arbeit in unserer Zeit sieht Lindenberg darin, daß "die Menschen an einem Teil eines Ganzen arbeiten, ohne von dem, was im Endeffekt daraus wird, eine rechte Vorstellung zu haben“ [10]. Auch ihm scheint die "Wendung zu kleineren handwerklichen Betrieben, zu neuen Fertigungsformen, bei denen kleine Arbeiterteams gemeinsam die gesamte Produktion einer Maschine durchführen“ [11], eine sinnvolle Alternative zu sein, die den Menschen die Freude an der Arbeit wiedergeben könnte.

Die Sorge um die Kinder in Familie, Schule und beim Studium durchzieht einige andere Seiten des Buches. "Wie anders würde es in einer Familie aussehen, wenn die Eltern ihre Kinder nicht immer gängeln und an ihnen herumerziehen oder um ihr Wohlergehen in übertriebener Weise besorgt sein würden.“ [12] Lindenberg führt Beispiele an, aber welche Eltern werden bereit sein, ihre erzieherische Fürsorge als "übertrieben“, ihr Vertrauen als zu gering anzusehen? Er erinnert an die Zeiten der Prügel zu Hause und in der Schule. Sind sie wirklich vorüber? Er verweist auf die kreativen Lernformen der Montessori- und der Waldorfschulen [13], aber bisher ist viel zu wenig von dort in die staatlichen Schulen übergegangen.

Vom Thema Kind geht Lindenberg auf das Thema Frau über und singt ein Dankes- und Loblied auf die Frauen in der Nachkriegszeit.

"Daß unsere Städte nach fast völliger Zerstörung so schnell wieder aufgebaut werden konnten, verdanken wir den heldenhaften Trümmerfrauen, die frierend und hungernd die schwersten körperlichen Arbeiten verrichten mußten und am Feierabend auf die Suche nach Lebensmitteln gingen." [14] Er macht die Leistung um Haushalt, Mann und Kinder bewußt und mahnt, ihrer nicht nur am Geburtstag "und dem staatlich empfohlenen Muttertag" zu gedenken, sondern ihr "mit einer neuen Achtung für die Liebe, das Opfer und die Arbeit" [15] entgegenzukommen, denn: "Jede Aufmerksamkeit, jede Freude, jeder Dank, den wir einem anderen erweisen, hebt das Selbstgefühl des anderen und macht ihn froh." [16]

Die Liebe ist Lindenbergs nächstes Thema: "Sie bietet das höchste Maß an Glück und Freude; aus ihr aber resultieren auch alle Tragödien, alle Traurigkeit und alles Leid." [17] Lindenberg wählt hier seine Beispiele aus der Literatur, zitiert neben Schiller und Goethe auch Iwan Turgenjew, grenzt Verliebtheit gegen Liebe, "Libido und Sex" gegen "das Mysterium der Begegnung, des Verwunderns, der Verehrung, der Anbetung" [18] ab. Seine Gedanken sind nicht neu – weder in seinem Schaffen noch überhaupt. Wie sollten sie es auch sein? Aber seine Gedankenführung und seine Wortwahl sind seine eigenen. Die Notwendigkeit, sich mit diesen Gedanken zu befassen, gilt zeitlos für jeden Menschen. Es ist schön, sich ihm anzuvertrauen.

"Es geht hier, wie im Leben überhaupt, um die Kunst der Verwandlung. Wenn man den Grat eines Berges mit größter Mühe und unter vielen Anstrengungen erreicht hat, kann man nicht immer auf diesem Grat, der höchsten Erfüllung, verweilen (. . .) So muß man seinen Partner, wenn der Rausch des Honigmondes verrauscht ist, in Liebe, Verehrung und Freundlichkeit neu aufbauen und sich an ihn anpassen, wie die Flächen eines Kristalls sich aneinander schmiegen." [19]

Der Blick auf die tiefe Freude der "Unio mystica", der Erleuchtung, der unmittelbaren Gotteserfahrung gehört organisch in solch ein Buch als "eine Freude, die völlig unmotiviert in unser Sein eintritt" [20]. Einige dichterische Darstellungen dieser Erfahrung ergänzen Lindenbergs eigene Worte. Das Thema ist aus anderen Lindenberg-Büchern vertraut, die Beispiele meist neu, u.a. aus Texten von Dostojewski, Turgenjew, Jörg Zink. Dieses Mal erweitert Lindenberg das Thema in den musikalischen Bereich. "Es gibt ein Satori der Töne". [21] Lindenberg erzählt von den Gongs in den Zen-Klöstern. "Man kann diese Schwingungen körperlich fühlen. Solche Töne können spontan

Erleuchtungen auslösen."[22] Er fügt als ganz neues Thema die Erinnerung an die Glocken Rußlands ein. "Am Ostersonntag und -montag war in Rußland die Luft den ganzen Tag von Glockenklängen erfüllt (. . .) Wie kein anderer Klangkörper verband die Glocke den Gläubigen mit Gott und den Engeln."[23] Die Freude der Erinnerung an das Glockenerlebnis der Kindheit schwingt durch diese Seiten. Seit siebzig Jahren sind die Glocken im sowjetisierten Rußland verstummt. Ganz selten hört man zart eine der nicht zerstörten tönen. Um so wichtiger ist Lindenbergs Zeugnis aus der Zeit vor der Unterdrückung: "Früher in Moskau, wo es mehrere hundert Kirchen gab, wenn sie morgens oder zur Mittagszeit oder abends läuteten, dann schwieg die Kreatur. Es war solch ein Gebrause und Getöne in der Luft, daß man sein eigenes Wort nicht hören konnte. Man schwieg während dieser Minuten und ließ sich vom Heiligen Geist der Töne umwehen."[24]

Auch den Festen – den individuellen, wie einem Geburtstag, und denen einer Gemeinschaft, wie den religiösen Feiertagen – als Quellen der Freude gelten einige Seiten. Die "Perioden von unbändiger, ausgelassener oder verhaltener Freude", die mit Karneval, Ostern und Weihnachten verbunden sind, erfaßt Lindenberg als "Erbmasse aus alten Zeiten", die "naturgemäß mit den Zäsuren der Winter- und Sommersonnwende, dem Frühling und dem Herbst"[25] zusammenfallen. Solche Feiern "bedingen eine Intensivierung des Kollektivs im Sinne einer verstärkten Geselligkeit, aber auch einer vermehrten Liebe unter den Menschen"[26]. Lindenberg beschreibt die heiligen Feste und stellt sie in einen großen historischen Zusammenhang. Wie immer stärkt er das eigene Denken durch Zitate: "Den Tag schön machen. Begeistert sein vom Licht, von der Liebe, von dem guten Menschen und den guten Dingen. Freundlich sein im Herzen."[27] Die Phil Bosmans entnommenen Worte gelten nicht nur für Feste und Feiern. Sie führen zurück zu Lindenbergs Buch "Tag um Tag ist guter Tag".

Höhepunkt und Schluß des Buches bildet ein Abschnitt über "Die frohe Botschaft", das Evangelium. Gedanken, wie sie vorher im Buche standen, werden neu im Lichte der "frohen Botschaft" gesehen, als deren Anliegen bewußt gemacht. Nach einem Blick auf indische religiöse Vorstellungen fährt Lindenberg fort: "Christus aber fordert nicht nur die persönliche Vervollkommnung, er fordert eine liebende Hingabe, ein Hintenanstellen seines eigenen Ichs, ein begeistertes Lieben und Dienen."[28] Lindenberg erinnert daran, daß erst nach Christi Auferstehung "die Katharsis, die Reinigung, und die Metanoia, die Umkehr, das Umdenken“[29] geschahen, daß erst danach die Menschen seinen Auftrag begriffen. ”Von da an erleben wir die Verbreitung und die Befolgung der Botschaft und ihre Verwirklichung in brennender Freude.“[30]

Diese brennende Freude führte zur Verbreitung des Christentums über die Welt im Guten wie im Bösen. Lindenberg macht das Ungute bewußt: ”Es ist das Verhängnis des Menschen, daß die wunderbarsten und göttlichsten Dinge nach einer Weile in seiner Hand verdorren und zur Routine werden.“[31] In diesem Zusammenhang warnt er vor dem übereifrigen Missionieren in unserer Zeit sogar bei ”Völkern, die noch ihre eigene Religion heiligen. Diese Menschen, so möchte ich glauben, leiden an einer Einschränkung des geistigen Gesichtsfeldes. Wenn schon missionieren, dann doch hier, in dem entchristlichten Abendland!“[32]

In solchem Sinn ist das Buch ”Mit Freude leben“ ein missionarisches Buch. Es will in liebender Toleranz zu den Religionen der Welt die Menschen durch das dichterisch gestaltete Wort erkennen lassen, wieviel eigene Freude aus einem rechten Christentum erwächst.

ZU GAST BEI WLADIMIR LINDENBERG

Mit 78 Jahren hat Lindenberg etwas geschrieben, was die Leser gleichsam als Gäste in sein Haus führt, ein Buch ”von feinen Kochkünsten und kulinarischen Speisefolgen zur Bewirtung lieber Gäste.“ Den größten Teil des Buches bilden Rezepte, die auf dem basieren, was er seinen Gästen in Liebe zu bereiten pflegt. Lindenberg ist sich natürlich dessen bewußt, daß es unendlich viele Kochbücher gibt und man diesen eigentlich keines hinzufügen sollte. Doch bestimmt gilt auch für seines jener Satz, den er in der ”Vorgeschichte“ schrieb: ”Aber jedes Kochbuch, das ich zur Hand nehme, ist anders, interessant, und gibt neue Anregungen.“[1]

Den kleineren Teil seines Buches ”Zu Gast bei Wladimir Lindenberg“ bilden allgemeine Überlegungen über den Empfang und die Bewirtung von Gästen in unserer Zeit mit den Möglichkeiten, die Menschen seiner Art und seines Einkommens in Deutschland haben, Gäste der Hausfrau und des Hausherren – ohne Dienstpersonal. Dieser Teil hat etwas liebenswert Persönliches. Er bezieht in die Ratschläge seine Erfahrung und seinen Lebensstil in Berlin und in Ranerding ein, er flicht Erinnerungen an seine Jugend in Rußland ein.

Er stellt sich sogar dem Leser vor, obwohl sicher in der Mehrzahl Lindenberg-Freunde dieses Buch gekauft haben und kaufen: "Ich bin gelernter Arzt und Psychiater. Im Schriftstellern und Kochen bin ich blutiger Dilettant. Ich habe Deutsch vom Hören gelernt und die Grammatik nie begriffen. Die Interpunktion ist mir ein Buch mit sieben Siegeln geblieben (davon können meine Verleger ein Lied singen)."[2] Hier deutet sich ein Zug des Buches an, den man aus anderen nicht kennt: Humor und feine Ironie. Er steht seinem Buch über das Kochen und Bewirten mit ironischem Abstand gegenüber, man hat ihn darum gebeten, aber er wich der Bitte längere Zeit "verschämt und bescheiden aus"[3].

Einige Erinnerungen leiten das Buch ein, die lustige an den Ersten Weltkrieg, als er viel zu viel Reis nahm, um in Girejewo ein Mahl zuzubereiten, und die ernste an den Zweiten Weltkrieg, als Dolina und er neben dem Behelfsheim in Schulzendorf im Freien auf einem Herd aus Ziegelsteinen ihre kärglichen Mahlzeiten aus gesammelten Kräutern und einem "paraffinhaltigen Abführmittel als Fett zum Braten"[4] zubereiteten. "Es gab damals keine Depressionen, keine Herzinfarkte und keine Leberverfettung. Das alles kam erst wieder mit dem Wohlstand."[5]

Sein Buch richtet sich an eine Gruppe Menschen, an eine soziologische Klasse, für die er den Begriff selbst schafft: die "Neu-Armen". "Statt der Altreichen gibt es viele Neureiche, diese brauchen mein Kochbuch nicht. Aber es gibt inzwischen sehr viele Neu-Arme, die bessere Zeiten erlebt haben und sich in veränderten Umständen zurechtfinden müssen."[6] So schildert er seine Eßecke im Schulzendorfer und im Ranerdinger Haus, erklärt, daß man heute durchaus ohne Tischtuch, auch ohne Sets den Tisch decken kann, lobt das warme Licht von Kerzen bei Tisch, erinnert aber daran, daß es zunächst einmal hell genug sein müsse. "Kerzen sind immer schön, sie betonen das sakrale Element des Mahls"[7], heißt es zunächst, und dann in der humorvollen Art dieses Buches: "Man möchte sein Essen nicht nur riechen und schmecken, sondern auch sehen."[8]

Unter den "praktischen Tips" findet der Gastgeber von heute manche Anregung, vor allem findet der Unsichere, der seinen eigenen Stil noch nicht gefunden hat, Halt. "Es ist ein Akt der Höflichkeit von seiten der Gastgeber, den Gästen zu sagen, was sie anziehen sollen."[9] Mit diesem Satz leitet er den Abschnitt über die Kleidung bei Tisch ein und macht ihn mit der Erzählung eigener (auch persönlicher) Erfahrung unterhaltsam.

"Es ist also keine Schande, Papierservietten zu benutzen, zumal wunderhübsche Zeichnungen und Muster zu haben sind" [10], lesen wir im nächsten Kapitelchen, wo er auch über das Servieren spricht. Lindenberg ist ein Gegner des Buffets, wo sich jeder sein Essen holt, er hat alles auf sechs bis acht Personen abgestimmt, die Schüsseln auf dem Tisch. "Alles Geschirr, das man bei Tisch gebraucht, soll greifbar und sichtbar sein." [11]

Sehr nüchtern und nachahmenswert ist er auch hinsichtlich des Abräumens und Abwaschens. Er geht zwar davon aus, daß er "zwei bis drei Stunden" [12] benötigt, um das Essen vor dem Eintreffen der Gäste fertig zu haben, hat seine Freude daran, dies für den Besuch zu tun, aber für das Abräumen und Abwaschen von Geschirr und Bestecken zieht er seine Gäste heran. ("Ich bitte einen oder zwei jüngere Gäste, sie in die Küche zu bringen. Sie werden sofort im heißen Wasser abgewaschen" [13].) Da er Suppe, Hauptgericht, Dessert und Käseplatte sowie Kaffee mit Konfekt reicht, ergeben sich mindestens drei solche Unterbrechungen ("Unterhaltungs- und Verschnaufpausen"), die er auch "als kleines Privatissimum in der Küche" [14] nutzt. "Faktisch ist, wenn das Mahl zu Ende ist, auch alles Geschirr abgewaschen, und die Hausfrau ist nicht genötigt, die halbe Nacht mit dem Schrubben der angetrockneten Geschirre zu verbringen. Außerdem haben einige der Gäste dadurch etwas Bewegung und volle Unterhaltung." [15]

Lindenberg, der in einem Haushalt mit über 20 Personen Personal großgeworden ist, zeigt mit diesen Ratschlägen seine große Gabe, sich umzustellen und anzupassen. Sie hat es ihm ermöglicht, als Sechzehnjähriger in Deutschland Fuß zu fassen (wenn auch unter großen Mühen), als 32jähriger Dunkelhaft im nationalsozialistischen Gefängnis und anschließend die Folter des KZ zu überstehen und sich dann als 42jähriger im zerstörten Berlin eine neue Existenz aufzubauen. Er wird mit seinen praktischen Hinweisen vielen Menschen helfen, sich über jene Konvention hinwegzusetzen, die den Stil der "Alt-Reichen" nachahmt, als habe man Personal wie im 19. Jahrhundert.

Ebenso geht er hinsichtlich der Getränke gegen die Konvention an. Der Aperitif geht ihm gegen den Strich. Gäste können seiner Ansicht nach pünktlich kommen, brauchen nicht mit Nüssen und Salzstangen den tatsächlichen Hunger zu stillen. Gäste kommen heute mit ihren Autos, und man sollte ihnen keinen Alkohol aufnötigen. Ein Gastgeber sollte in der Lage sein, "die Speisen zur festgesetzten Zeit auf den Tisch zu bringen"[16]. Aber den Russen in sich verleugnet er nicht: "Zu der Suppe gibt es nach alter russischer Sitte ein Gläschen Wodka, Malteser oder Slivovitz."[17]

Die Ungehörigkeit, beim Essen zu rauchen, greift er scharf an: "Die anderen Gäste möchten bei Tisch die Speisen genießen, was ihnen durch die Inhalation des Rauches verleidet wird."[18] Er erzählt eine Geschichte von seinem Großvater, dem Herrn des Schlosses von Krasnoje selo. Als sich bei ihm einmal eine Dame bei Tisch eine Zigarette anzündete, nahm er dies als Zeichen, das Essen schlagartig zu beenden und sämtliche Gäste ins Raucherzimmer zu führen. "Mein Vater verbot sich von vornherein das Rauchen bei Tisch, und ich tue es auch."[19] Selbst wenn die Gastgeber Raucher sind, sollten sie im Interesse der Nichtraucher Lindenbergs Sitte übernehmen.

Wer Russen zu Gast hat, kennt eine alte "snobistische Sitte. Man aß die Speisen auf dem Teller nicht auf, sondern ließ etwas liegen. Es sollte wohl ein Zeichen sein, daß man nicht gierig erscheinen wollte."[20] Lindenberg tut diese Sitte einfach weh, nicht zuletzt nach den entsetzlichen Erfahrungen mit Hunger ("man aß mit Ehrfurcht das trockenste Stück Brot"[21]). Er steht da nicht allein. Die unterschiedliche Auffassung in diesem Punkte zwischen Wladimir Nabokow, als er noch kein berühmter Schriftsteller war, und Wladimir Lindenberg führte dazu, daß Lindenberg ihn nicht mehr einlud.

Typisch für den vergnüglichen Stil dieses Buch ist der Abschnitt über Zucker zum Kaffee: "(. . .) nimmt man sich die Stücke mit der Hand und tut sie in die Tasse. Früher gab es dazu Zuckerzangen, die sind gottlob schon lange aus der Mode gekommen. Man nimmt heute an, daß die Gäste mit sauberen Händen zu Tisch gehen"[22].

Lindenberg bemüht sich, die Sitten zu erhalten, daß der Hausherr als erster seinen Gästen mit dem Wein zutrinkt und daß die Gäste nach dem Essen – vielleicht mit einem Handkuß – der Hausfrau für das Mahl danken ("die Gastgeber haben es verdient"[23]). Er spottet über den Kalorientick ("Der Mensch soll auch nicht die Kalorien, sondern die schmackhaft zubereiteten Speisen essen"[24]). Er legt die Verantwortung für die Menge des Gegessenen ("wenn es sehr gut schmeckt, ißt man naturgemäß mehr, Zunge und Gaumen freuen sich"[25]) auf den Gast.

Den Hauptteil bilden die Rezepte (z.B. "zwei Königinnen russischer Suppen, der berühmte Borschtsch, von dem es annähernd fünfzig Rezepte gibt. Ich führe den auf, den bei uns im 'Weißen Haus' die Köchin Frossja bereitete, und die Okroschka"[26]).

Den Schluß widmet Wladimir Lindenberg der "Gästeliste" ("Um da mit Einladungen durchzukommen, muß man Buch führen"[27]), dem Gästebuch ("eine unerhört lebendige Chronik"[28]) und dem "Zyklus der Feste" ("was wäre das Jahr für eine eintönige Angelegenheit, wenn es nicht die herrlichen Feste hätte!"[29]). Da geht er wie in "Tag um Tag ist guter Tag", nur viel knapper, das Jahr mit seinen Festen durch, dieses Mal aber mit dem Hinweis auf die geeigneten Mahlzeiten (Vorweihnachtszeit: "Bratäpfel"[30]; 25.12.: "Gänsebraten, innen gefüllt mit Äpfeln und Maronen"[31]; Karnevals-Fastenzeit: "Bliny, Pfannkuchen aus Weizen (...) Die Bliny sind Symbole der Sonne"[32]; Ostern: "die Pas'cha wird vorbereitet, die Baba wird gebacken und der Schinken, und es werden unzählige Eier hart gekocht und gefärbt"[33]).

Schließlich folgt der "Abschied von den Gästen", seinen Lesern: "Ich entlasse Sie jetzt in Frieden". Er mahnt, man möge von seiner Gastlichkeit "keine Kopie machen", möge "eigene Gedanken entwikkeln"[34].

"Und alles, was Sie tun, sollen Sie in großer Freude und zur Freude der anderen tun. Dann wird Ihre Gastlichkeit nicht zum Restaurant, sondern zu einem Ort der Geborgenheit."[35]

Wladimir Lindenberg war in der Lage, auch ein "Kochbuch" zu einem Lesebuch, zu einem geistigen Buch zu gestalten. Es atmet Fröhlichkeit, Freiheit und Liebe.

DER UNVERSIEGBARE STROM

"Geschichten und Legenden aus dem heiligen Rußland" hat Wladimir Lindenberg für dieses Buch zusammengestellt. Es ist das erste von zwei Büchern, die er für den Herder Verlag in Freiburg geschrieben hat (1982), und es hebt sich von allen seinen Büchern im Ernst Reinhardt Verlag ab. Vor allem enthält es viel weniger Eigenes. Während Lindenberg sonst eigene Gedanken um Zitate aus den Religionen der Welt bereicherte, die einen bestimmten Wahrheitsgehalt in seinen verschiedenen Ausprägungen über die Jahrtausende und den Erdball hinweg veranschaulichten, kehrt er hier seinen Blick ganz auf die Religion seiner Heimat, das orthodoxe Christentum.

Er hat sich einige der Sammlungen religiöser Texte seiner Kirche genommen und daraus Beispiele gewählt – "Geschichten und Legenden" – um vor allem jene religiöse Welt zu veranschaulichen, mit der das russische Volk jahrhundertelang gelebt hat, Heiligenviten, Erzählungen von Starzen und Legenden von den Jurodiwyje, den "Narren in Gott". Den Abschluß bildet ein Blick in die Frühzeit des Bolschewismus mit seinem Versuch, durch Hohn, Gewalt, Mord und Zerstörung nicht nur die Geistlichen und die Kirche, sondern auch den christlichen Glauben zu zerstören, sich in alter luziferischer Weise über Gott zu erheben. Lindenberg hatte das authentische Zeugnis von Boris Schirjajew zur Hand, der dem Inferno von Lenins KZ auf den Klosterinseln Solowki lebend entkam und sich während des Krieges nach Deutschland, später Italien retten konnte. Aus diesem Buch erzählt er von den wunderbaren – weil wahren – Zeugnissen der Überlegenheit der hohen orthodoxen Geistlichkeit über ihre Schergen: allein durch die Kraft ihres Glaubens.

Etwa ein Fünftel des Buches macht die Einleitung aus, in der Lindenberg über das Christentum im Rußland seiner Kindheit erzählt. Er geht von der Annahme des Christentums durch den Heiligen Wladimir vor nunmehr Tausend Jahren (988) aus, schildert das Leben der armen russischen Bauern in ihren einfachen Hütten, die aber undenkbar waren ohne die Schöne Ecke mit dem "gestickten Handtuch und darüber uralte Ikonen, die das Kostbarste waren, was der Bauer besaß. Ein ewiges rotes Lämpchen brannte davor" [1].

Dieser Einfachheit, ja Dürftigkeit des Alltags kontrastiert Lindenberg den Reichtum und die Schönheit des Sonntags, der den Russen schon von der sprachlichen Bedeutung des Wortes für diesen Tag (woskressenije, Sonntag/Auferstehung) mit dem Gedanken an die Auferstehung verbindet. "Der Gottesdienst in der Kirche führte sie aus dem elenden Leben in die Vorhalle des himmlischen Paradieses. Der Glanz der goldenen Ikonen, der brennenden Kerzen, liturgische Gesänge und Weihrauch schufen eine mystische Atmosphäre der Verklärung und vermochten es, das Gefühl der Nähe Christi und der Erhebung in das Paradies tief einzuprägen." [2] Lindenberg ruft mit dem Buch (an dieser Stelle mit seinen Erinnerungen) den Geist des alten, des "heiligen" Rußlands wach, nach dem die Russen sich jetzt in den achtziger Jahren in der UdSSR wieder sehnen. Auch ist bei ihm der folgende Satz nicht in der Vergangenheitsform gehalten, er soll bleibend gültige Gegenwart definieren, obwohl er sich an ein Zitat aus dem vierzehnten Jahrhundert anschließt: "Diese Ergriffenheit durch die spirituelle Schönheit, die die feierlichen Riten der Liturgie durchleuchtet, ist bezeichnend für das Frömmigkeitserlebnis des russischen Volkes in der erahnten Nähe des erbarmenden Gottes." [3]

Lindenberg erwähnt aus den Evangelien die "Erzählung von dem Gang nach Emmaus", die Begegnung der beiden "verstörten Jünglinge"[4] nach der Kreuzigung ihres Meisters mit einem Unbekannten, in dem sie, als er das Brot bricht, Christus erkennen. Lindenberg sagt nicht, wie wesentlich für ihn selbst diese Bibelstelle der Begegnung mit dem Auferstandenen ist, wie oft er sie gestaltet hat – als bildender Künstler und als Dichter. Er verallgemeinert, sie habe "für die Russen eine ganz zentrale Bedeutung"[5] und verbindet damit die Hoffnung auf die Wiederkunft des Herren, die ständige Bereitschaft, im unerkannten Gegenüber einen Boten Gottes, Christus selbst zu begegnen. Die Zahl der Russen, die in dieser Bereitschaft leben, die aus diesem Wissen oder Ahnen heraus zu besonderer Gastfreundschaft und zu liebender Handlung gegenüber Gestrauchelten bereit sind, mag recht gering geworden sein, aber die Tradition lebt weiter, das bezeugen unzählige Menschen, die im heutigen Rußland leben. Natürlich gibt es dort sehr viel Böses, die Macht hat, wie es Mereschkowski vor über 60 Jahren nannte, "der Antichrist". Aber jene hilfsbereite Offenheit gehört zum russischen Wesen, und Lindenberg erinnert an ihren Ursprung im Evangelium.

Er zitiert aus der Bibel auch die Seligpreisungen der Bergpredigt[6], ihm "scheinen sie wie auf das russische Volk zugesprochen"[7]. Neben der Verehrung des Zaren ("fast wie ein göttliches Wesen"[8]), der Erzbischöfe, Bischöfe und Priester habe eine überaus große Verehrung einzelnen außerhalb der Hierarchie stehenden Begnadeten gegolten, wie den Starzen, den Pilgern und den Geistesschwachen.

Er erzählt von den "Pilgern, die einige Male im Jahr zu den Stätten der Starzen oder zu den Klöstern oder zu den wundertätigen Ikonen zogen. Der gläubige Russe hatte das dringende Bedürfnis, die heiligen Stätten und die heiligen Menschen aufzusuchen, zu beten, zu beichten, einige Tage an einer heiligen Stätte zu meditieren, um dann gereinigt, erfrischt, voll guter Vorsätze in die Heimat zurückzukehren"[9]. Wir wissen von manchen jungen russischen Dichtern, die in den siebziger Jahren emigrierten, daß sie nach altem Brauch zu noch erhaltenen heiligen Stätten in Rußland gepilgert sind (z.B. Igor Burichin und Juri Kublanowski). Auch mich hat 1986 eine junge russische Frau zu einer wundertätigen Ikone geschickt, und ich folgte ihr gern, mit Gewinn. Von Lindenbergs eigenen Pilgerfahrten mit seiner Mutter wissen wir aus anderen Büchern.

In dieses Buch hat er wieder einmal eine liebende Erinnerung an seine Amme, die "Njanja" einbezogen: "Abends vor dem Schlafengehen erzählte sie aus der Heiligen Geschichte, ganz einfach, wie ein Bauer es erlebt." [10] Er berichtet auch von ihrer Nähe zu Pflanzen, Tieren und zu den Naturgeistern. "Sie war wirklich eine Heidin, die christlich geworden war und alle uralte Weisheit in das Christentum herübergerettet hatte." [11] Der achtzigjährige Adlige Wladimir Tschelischtschew läßt hier seine Liebe zu seiner Njanja wieder aufleben.

Mit eigenen Worten erzählt Lindenberg die "vorchristliche uralte Legende von der heiligen Stadt unter Wasser in einem See" [12], von Kitesch. Es ist die Stadt, "in der Gerechtigkeit, Güte und ewiger Friede herrschen" [13]. Die Kitesch-Sage lebt noch heute in Rußland. Von Wladimir Tendrjakow erschien 1986 ein kurzer Roman, der von dieser Tradition ausgeht und das Bild für eine aktuelle Geschichte benutzt, in der allerdings keineswegs Gerechtigkeit, Güte und Frieden die Oberhand haben. So bestätigt sich Lindenbergs Satz: "Die Sehnsucht nach der Stadt Kitesch liegt verborgen im Herzen der Russen." [14]

Im Kapitel "Praxis einer mystischen Frömmigkeit" veranschaulicht Lindenberg die Bedeutung des Berges Athos, der Hesyche, der Askese, die Rolle der russischen "Philokalie", des auf Texten der Kirchenväter beruhenden religiösen Lese- und Erbauungsbuches (Dobrotoljubije). "Es beeinflußt die Gottsucher und die Bauern ebenso wie die Intellektuellen. Kirejewski, Dostojewski, Tolstoi und Leskow standen unter seinem Eindruck." [15] Das wird bis 1917 gestimmt haben, aber der Satz "Dies ist eines der am meisten gelesenen Bücher in Rußland" [16] zeugt von einer Vergangenheit. Heute wird es nur in Jordanville, N.Y./USA, von der Russischen Orthodoxen Kirche im Ausland nachgedruckt, in der UdSSR dürfte es eines der seltensten Bücher sein. Die Hauptregeln der Mönche, auch ihre "körperlichen und meditativen Übungen" [17], werden von Lindenberg erwähnt, immer mit längeren Zitaten belegt. "So sagte der Heilige Isaak: »Wenn du in der Unruhe bist, vermagst du das Licht in deiner Seele nicht zu suchen«." [18] Mit solchen und ähnlichen Zitaten greift Lindenberg immer wieder aus dem Historischen und typisch Russisches Beschreibenden in das Aktuelle, den Leser unmittelbar in seinem Heute Betreffende hinüber.

Zitate über das rechte Beten stehen an der Grenze zwischen dem Historischen bzw. auf das Klosterleben Beschränkten und dem Allgemeingültigen. "Halte den Geist fest, soviel du nur kannst, und schließe ihn ein in deinem Herzen." [19] Dieser Gedanke korrespondiert mit jener von Lindenberg oft zitierten Anweisung über das richtige

Atmen, da Atmen nicht nur die Aufnahme des Sauerstoffs für die Lungen bedeute, sondern auch die Aufnahme des Prana, des geistigen Urstoffes unseres Lebens. "Eine der zentralsten Meditationsübungen ist die Zügelung des Atems. Wir begegnen ihr in allen Kulturen. Die der Hagioriten entspricht am meisten den Anweisungen Buddhas über den Atem."[20] Lindenberg zitiert die Hagioriten: "wir atmen sie aber nur unseres Herzens wegen ein. Denn die Luft ist die Ursache unseres Lebens und der Wärme in unserem Leibe."[21]

Der Abschnitt über die Ikone, die "Mittlerin zwischen dem unsichtbaren Gott, Christus und den Heiligen und seiner Seele"[22], enthält das auch in "Die Menschheit betet" angeführte Zitat über den Ikonenmaler[23], das in gültiger Weise veranschaulicht, in wie hohem Maße die Ikone in erster Linie in den religiösen Bereich und nicht in den der Kunst gehört.[24]

Bei den Auszügen aus Heiligenviten hat Lindenberg den heiligen "Asketen Antonius", den Heiligen Theodosius, den "heldenhaften Merkuri von Smolensk" und den "Heiligen Sergius von Radonesch" ausgewählt, letzteren als "einen der größten Heiligen der russischen Kirche"[25], mit dem ihn auch seine Familiengeschichte verbindet. Der Heilige Sergius von Radonesch hatte Dmitri Donskoi und den Tschelischtschew-Ahnen Brenko vor der Schlacht gegen die Tataren 1380 gesegnet.

Als Beispiel für die russischen Jurodiwyje, die "Narren in Gott", die intellektuell Behinderten, aber im religiös-geistigen Sinn besonders Aufgeschlossenen, hat Lindenberg den Heiligen Michail von Klopsko gewählt. Die Legenden übermitteln seine prophetische Gabe, mit der er außerhalb der Zeit zu stehen schien, und seine Furchtlosigkeit, mit der er göttliches Wissen und Urteil aussprach.

"Er behandelt den Kleinsten und den Größten mit gleichem Respekt, aber auch mit der gleichen kritischen Offenheit. Er weiß sich als Werkzeug Gottes". Er ist "der Typ des Jurodiwy, wie das Volk ihn liebt und verehrt."[26]

Über Starzen hat Lindenberg in seinen Büchern oft geschrieben, aber er geht hier ausführlicher auf einzelne historische Persönlichkeiten ein, insbesondere die Starzen Leonid, Makari, Amwrossi und Anatoli, wobei der Starez Amwrossi von Optina Pustyn jener ist, den unter anderem Fjodor Dostojewski, Wladimir Solowjow und Lew Tolstoi aufsuchten. Ein historischer Irrtum Lindenbergs hält sich auch in diesem Buch, wenn er den Heiligen Seraphim, den er besonders verehrt, als "letzten Heiligen Rußlands"[27] bezeichnet. Nach ihm, der

1833 starb, sind weitere Russen heiliggesprochen worden. Wie die Ikonenkunst keine historische Kunst, sondern eine lebendige, heutige ist, wie die Russische Orthodoxe Kirche nicht 1917 ausgelöscht wurde, so leben auch weiter russische Menschen, deren göttliche Begnadung von der Kirche erkannt werden kann, so daß sie sie in den Kanon der Heiligen erhebt. Johannes von Kronstadt gehört seit 1961 dazu, aber auch er ist nicht "der letzte".

Zu jenen Heiligen gehören seit 1981 auch die russischen Priester, denen Wladimir Lindenberg das letzte Kapitel gewidmet hat. Er nennt es "Die Kirche der Zeugen Christi", spricht von der "erbarmungslosen Verfolgung der Geistlichkeit und der Mönche sowie der gläubigen Christen"[28]. Lindenbergs Schilderung vom Leiden, von dem Mut und der letztlichen Überlegenheit der Geistlichen in Lenins Konzentrationslager im jahrhundertealten Klosterbezirk der Solowki-Inseln geht ganz auf das Buch "Das unauslöschliche Licht" von Boris Schirjajew, das 1954 in New York erschien, zurück. Am Leser gehen Szenen unvorstellbarer Qual vorüber, die sich Menschen nur aus Bosheit angetan haben, ihnen stehen Szenen großer Menschlichkeit, Opferbereitschaft, ja der Wundertaten gegenüber. Einmal rettete der Erzbischof Illarion aus dem Inferno des Frühjahrseises den von seinen Tschekisten bereits aufgegebenen Lagerleiter. "In dieser kritischen Situation waren sie eng miteinander verbunden; die Verbrecher, die Geistlichen, die Offiziere und die Tschekisten."[29] Diese Errettung durch Gottes Hilfe brachte den Lagerkommandanten zum Glauben, Schirjajew war Zeuge, wie er sich in der Osternacht bekreuzigte, wie im schlimmsten Lager, das zur Vernichtung der Geistlichkeit bestimmt war, ein gewaltiger Ostergottesdienst abgehalten wurde, mit "mehr als fünfhundert Geistlichen (. . .) darunter waren siebzehn Erzbischöfe und Bischöfe und zweihundert Priester"[30]. "Für Stunden waren alle Qual und Verzweiflung, alle Einsamkeit, aller Groll vergessen. Die Zuchthausmauern waren eingefallen, und die Menschen fühlten sich frei, befreit durch den Opfertod Christi."[31]

Es ist wohl eher Lindenberg als Schirjajew, von dem eine Formulierung stammt, die den Blick in die Zukunft festhält, aber das Denken der beiden stimmt hier mit dem jener "Neumärtyrer", wie sie als Heilige heute genannt werden, überein: "Auferstehen auch wird das heilige Rußland, entehrt, beschmutzt, beleidigt, gekreuzigt für die Sünden der Welt. Durch unermeßliches Leid wird sie sich läutern, unermeßlich in ihrem tiefen Sturz wird sie erstrahlen im Lichte der Wahrheit Gottes."[32]

HIMMEL IN DER HÖLLE

Dem sechsten und letzten Band seiner Autobiographie, der erst 1983 erschien, hat Lindenberg wieder einen Titel ohne den Namen "Bobik" oder "Wolodja" gegeben. Er betrifft die Lebensjahre des Arztes Wladimir Lindenberg in Bonn, im KZ und in Berlin, ehe er die Tätigkeit im Spandauer Krankenhaus begann, also 1932–1947. Der Titel spielt auf das an, was er erlebte: die Hölle der nationalsozialistischen Herrschaft – und auf das, was er mit Gottes Kraft und mit eigener Gestaltung in diese Hölle hineintrug: den Himmel.

Einen Ausschnitt aus einem eigenen Bild Lindenbergs wählte der Ernst Reinhardt Verlag für den Schutzumschlag. Da sitzt ein Mensch am Boden, und neben ihm steht ein Engel, der segnend und heilend eine Hand über den Sitzenden streckt. Ihre Blicke treffen sich. Der junge Mann, der als Gottes Bote behutsam und sicher seine Hilfe gibt, schaut auf jenen, der diese Hilfe annimmt. Vielleicht sieht dieser den Helfer nicht, aber er ist erwartungsvoll und ohne Furcht. Die Bildinterpretation geht nicht allein vom Gesehenen aus, sie schließt das Wissen um Lindenbergs Haltung zum Schicksal, zur geistigen Welt und um seinen Lebenslauf in jenen Jahren mit ein.

Das Buch hat nur drei, dafür sehr umfangreiche Kapitel, und diese tragen keine Überschrift. Darin hebt es sich von den fünf anderen autobiographischen Büchern ab. So ist auch die Darstellung weniger episodenhaft, mehr chronologisch geschlossen. Lindenberg hat nach den Perioden dieser Zeit gegliedert: Den Mittelteil bildet die Zeit in Haft, hier war der Horizont durch Gefängnismauern und Stacheldraht eingeengt. Die beiden anderen Teile werden über das persönlich Erlebte hinaus zu einem Bild der Zeit.

Die Jahre des ersten Teils, 1931–1936, waren die Jahre des aufkommenden und die Macht erringenden braunen Ungeistes und der Gewalt. Lindenberg versteht es, aus seiner persönlichen Sicht heraus zu veranschaulichen, wie Menschen in den Bann des Nationalsozialismus gezogen wurden. Sein eigener, als Arzt hochverehrter Chef, der "Vater der Hirnverletzten", Professor Walter Poppelreuter, wird als gläubiger Nazi, nicht als einer, der sich der Macht anpaßte, gezeichnet. So ergeben sich in dem Buch von vornherein die getrennten Bereiche des Berufs mit dem Lindenberg menschlich gewogenen, aber durch die politische Wand getrennten Chef und die des geistigen Freiraums außerhalb der Arbeit im Kreise wahrer Freunde.

Wladimir Lindenberg:
"Franz von Assisi" (1962)

Es ist keine Besonderheit der nationalsozialistischen Zeit, daß die Menschen sich massenweise der Haltung der Macht anpaßten, aber es ist immer wieder scheußlich, sich diese Charakterschwäche bewußt zu machen. Kaum hatten Hitler und seine Partei die totale Gewalt in Deutschland, da setzte der Wandel ein. Lindenberg erlebte es in der Beziehung zu Poppelreuter: "Wenn er sonst von seinen Nachbarn und von seinen Kollegen wegen seiner Extravaganzen kaum beachtet und gegrüßt worden war, suchten jetzt seine einstigen Feinde und Widersacher ihm zu begegnen, sie fragten ihn servil nach seinem Befinden, nach seinen neuen Plänen und Arbeiten, ja sie besuchten sogar seine wöchentlichen Hitler-Vorlesungen." [1]

Den Schwerpunkt seiner Darstellung legt Lindenberg in diesem Teil aber auf seine Form der inneren Emigration, die Schilderung der Begegnungen mit Freunden und deren Ruhepunkt im Geistigen. Er gibt positive – auch von meinen Eltern und mir erlebte – Antwort auf die Frage, die mancher jüngere Mensch heute stellt: "Gab es in diesem Dritten Reich noch einige Quadratmeter Erde, die nicht von der braunen Welle überflutet wurden?" [2] Lindenbergs gesunde Erde fand sich in Niederölfen, in seinem Fachwerkhaus im Westerwald, das er dann mit Bildern aus der Heiligen Schrift ausmalte. Sein Buch vermittelt diesen Himmel in der damaligen braunen Hölle.

Das Zusammenstoßen der beiden Welten veranschaulicht Lindenberg in einigen Dialogen, in die er selbst seine Erfahrungen mit dem parallelen System einbringt: "Hier geschieht das gleiche wie in Rußland, der Geist wird mundtot gemacht, vergewaltigt und ausgehungert." [3]

Der Abschnitt vor der Haftzeit erhält seine grundsätzliche Bedeutung weniger aus dem Politischen, z.B. der allgemeinen Verfolgung der Jugendverbände, sondern aus dem Ethischen. Lindenberg gestaltet, wie er, vor der Verhaftung generell und auch ganz konkret gewarnt, sein Schicksal annahm. Er wußte, was ihm bevorstand, und entzog sich dem nicht durch erneute Emigration. Er beendet das Kapitel mit der Gebetszeile: "Dein Wille geschehe!" [4]

Das Kapitel über die Haftzeit gliedert sich in drei Phasen: die Zeit der Verhöre, der Jahre im Konzentrationslager und der Monate im Kölner Gefängnis. Der "Himmel" in der Verhör-Phase waren die Wochen der Dunkelhaft. Hier hat Lindenberg eine Erfahrung berichten können, die sich kaum in anderen Darstellungen über jene Jahre wiederholen dürfte: Dunkelhaft, eine der berüchtigsten Foltermethoden, aus geistiger Kraft umgewandelt zu einer Zeit des

Gewinns; Einzelhaft, umgewandelt zum Besuch aller geliebten Stätten des Lebens; Einsamkeit, umgewandelt zum Gespräch mit den Wesenheiten der geistigen Welt. Bei Lindenberg wird dieses Kapitel zu einem überzeugenden Erfahrungsbericht über die Überlegenheit des Geistes über die Materie, über die Qualität des Esoterischen, über die Kraft des Gebets. Sein ganzes Werk dient im Grunde der Vermittlung dieser Wahrheit, doch inmitten der vielen kleinen Beweise hebt sich dieser eine heraus, denn er ist mit keinem billigen Hinweis auf "Zufall" abzutun: Der Himmel wirkte in die Hölle hinein.

Im Abschnitt über die Jahre im Konzentrationslager Neusustrum ist es die Begegnung mit der Gestalt aus jahrelangen Alpträumen, der Lindenberg das Hauptaugenmerk widmet. Da finden sich schon Zeichen des "Himmels" in den gewandelten KZ-Schergen – in einem Fall durch die Erinnerung an die Hilfe, die Lindenberg dem SA-Mann einmal leistete, im anderen durch eine Erschütterung durch den Tod. Aber das Erlebnis, an dessen Darstellung Lindenberg am meisten liegt, ist jene Bestätigung der Reinkarnation: jahrelanges Leiden unter dem Alptraum der eigenen Ermordung, Begegnung mit dem Mörder als lebendigem und wieder bedrohlichem Menschen und Befreiung durch aufopfernde Liebe am Feind. Karmische Gesetze, die Lindenberg aus der Lektüre und aus Gesprächen mit Vater, Mutter und anderen spirituell hochstehenden Menschen vertraut waren, wurden in jenem Augenblick in ihrem Wahrheitsgehalt Erfahrung. Lindenberg kann mit seinem Bericht wieder nicht mehr tun, als den schriftlichen Zeugnissen ein weiteres beifügen, aber vielleicht gelingt es der Kraft seiner dichterischen Darstellung und der Kraft seiner Persönlichkeit, wie sie aus der geballten Menge seiner Äußerungen strömt, den einen oder anderen zu überzeugen, wenigstens zu erschüttern, daß er bereit wird, die Wahrheit der wiederholten Erdenleben, den Sinn des karmischen Gesetzes und die Kraft der Liebe zur Auflösung überkommener, nicht aus diesem Leben stammender Schuld zu erkennen.

Der dritte Teil des Buches umfaßt das Ende des Dritten Reiches und die erste Nachkriegszeit. Er ist überreich an Fakten und Namen. Viele neue Freunde, vor allem seine Frau Dolina Gräfin von Roedern, stellt Lindenberg hier dem Leser vor. Dem Leben im Kreise der Freunde stehen zwei feindliche Welten gegenüber: die der braunen Herrscher mit ihren Spitzeln, deren böses Wirken an einigen schlimmen, tödlich ausgegangenen Fällen lebendig wird, und die der Kriegszerstörungen, der Bombennächte, Brände, des Verlustes der Wohnungen, des

Hungers und des Kampfes ums nackte Überleben. Wieder sind es die "Himmels"-phasen, die dem Dunkel das Licht geben: der Beginn schriftstellerischer Tätigkeit noch im Kriege, Fortsetzung des Malens mit dem neuen Freund Hans Jürgen Eggert, gemeinsamer Aufbau der Schulzendorf-Baracken im Freundeskreis, Rettung aus sowjetischer Haft durch Dolina, Beglückung durch das Helfenkönnen als Lebensmittelorganisator und Arzt in den ersten Nachkriegsmonaten. Dem Entsetzen über das Fortwirken des Ungeistes in den Gefängnissen der Sowjetischen Besatzungszone steht die Freude, dort etwas geholfen zu haben, gegenüber. Vor der Schwäche der Menschen, die gestern Nazis waren und sich nun als Systemgegner geben, bleibt nur Resignation. Lindenberg zitiert eine Formulierung, die nicht von ihm selber stammt: "Psychopathologie des Vergessens"[5]. Hier wird Lindenberg zum Chronisten der Zeit. Er begegnete Menschen, die charakterlos auf den eigenen Vorteil bedacht waren, er schildert Beispiele dafür, aber ausführlich lenkt er den Leser auf seinen, im Menschlichen begründeten Lebens- und Freundeskreis.

Das Buch endet mit einer kleinen Erzählung, wie er in Schulzendorf den 17. Juni 1953 erlebte, den Tag des gewaltsam unterdrückten Versuches, das Joch der Unterdrückung abzuschütteln. Dem Unglück, das mit der Schilderung jenes Tages verbunden ist, stellt Lindenberg das Glück der Erinnerung an seine Heimat und das tiefe Wissen gegenüber: "Es ist nichts umsonst (. . .) Wir haben es in unserem Leben erfahren, daß es keine Hölle ohne Himmel gibt."[6]

LOB DER GELASSENHEIT

Das bisher – 1986 – letzte Buch, das Wladimir Lindenberg verlegt hat, ist wieder im Herder-Verlag erschienen. Der Untertitel "Weisheiten und Geschichten" deutet darauf hin, daß er hier, anders als in den vielen früheren Büchern wie "Die Menschheit betet", "Gottes Boten unter uns" oder "Über die Schwelle", ähnlich dem vorangegangenen Buch in diesem Verlag, etwas längere Texte zusammengestellt hat.

"Gelassenheit ist ein Zustand, der Dauerhaftigkeit ausstrahlt. Und sie erfaßt alle Stadien, alle Bereiche des Lebens. Man hat sie nicht nur dann und wann oder angesichts großer Ereignisse, Katastrophen. Es ist die Haltung eines Menschen, der sich Gott nahe weiß und von ihm beschützt ist."[1] Nach dieser allgemeinen Definition hat Lindenberg Persönlichkeiten der Geschichte – der nahen wie der fernen –

ausgewählt und ihr beispielhaftes Verhalten in konkreten Situationen geschildert.

Einleitend gibt er abstrakte Definitionen, z.B. wie der Gelassene reagiert: "Auch er wird traurig und sogar verzweifelt. Dann aber öffnet er sich dem Unglück und sucht Gottes und der Engel Hilfe. Und er weiß, daß sie ihm zuteil wird. Sein persönliches Leid fließt in den Schoß Gottes. Er kann mit ihm auch hadern, wie man mit seinen Eltern hadert, um deren Schutz und Hilfe man weiß."[2]

Inmitten der allgemeinen Überlegungen verweist Lindenberg auch auf die heiligen Orte, von denen er in seinen Büchern oft gesprochen hat. Hier nennt er sie unter dem Blickwinkel dieses neuen, 1983 entstandenen Buches "Orte der Gelassenheit": "Es sind besonders schöne strahlende Orte, Felsen und Hügel, Wälder und Quellen. Früher lebten dort die Geister, die Gnomen und Zwerge, die Elfen und die Nymphen, die Waldschrate und Pan, der große Gott der Natur. Die Menschen brachten den Geistern und den Göttern Opfer. Die Kelten schmückten die Quellen mit Stäben und bunten Bändern. Welch heiliger Schauer befällt uns, wenn wir vor den Ruinen der griechischen oder ägyptischen Tempel stehen oder vor der Einweihungsstätte Eleusis, oder vor den geheimnisvollen Bauten der Maya."[3] Er erwähnt in diesem Kontext auch den "sagenhaften Ort in der Wüste Gobi, den bisher kein Sterblicher gefunden hat – Shamballa –, der Ort der Heiligen und Weisen"[4]. Er setzt ihn zunächst der legendären russischen Stadt Kitesch gleich und fährt dann fort: "Für mich bedeutet ein Mini-Shamballa mein winziges bayerisches Einöddorf Ranerding, wo die Luft klar und heilend ist, und das alte Haus, umgeben von Holunder und Essigbäumen und Rosen, ein Haus ist, das mit seinen kleinen niederen Räumen, seiner Hühnersteige und seinen niederen Türen dem Bewohner und dem Besucher Geborgenheit und Frieden läßt: einen Zufluchtsort des Friedens und der Gelassenheit."[5]

Lindenberg kann mit Recht so schreiben. Die beiden Orte, wo er lebt, sind von seiner eigenen Gelassenheit stark geprägt. Doch handelt das Buch ja nicht von ihm, sondern von anderen Menschen, es will den Lebensgewinn durch gelassene Haltung veranschaulichen und den Lesern ein wenig zu dieser Richtung verhelfen. Wie immer geht er von der Wirklichkeit zu Ende des 20. Jahrhunderts in Europa aus, erkennt ebenso die allgemeine Entfernung von seinem Ideal wie die Ansätze zum Wiederaufbau des Wahren, Geistigen, Heilen:

"Der Zustand der Gelassenheit, wie ich ihn beschrieb, ist seit einigen Jahrhunderten so weitgehend verschwunden, daß man, wenn man heute davon spricht, im Gesicht seines Gegenübers oft sieht, wie eine Leere des Unverständnisses es überzieht. Es gibt diesen Begriff weder in der Pädagogik noch in der Religion, auch nicht in der Sozialwissenschaft und eigentlich auch nicht mehr in der Philosophie (. . .) Gibt es denn noch gelassene Menschen? Ja, sie gibt es, und es gibt ganze Gruppen davon. Wann man ihnen auch begegnet, spürt man sofort das Besondere an ihnen, eine innere Wärme, eine Offenheit, eine Geduld, eine Weite der Gesinnung. Man erkennt sie an ihren strahlenden, gesammelten Gesichtern und Gesten. Ihre Freundlichkeit ist ansteckend und beglückend. Es sind Menschen, die zum wesentlichen Kern ihres Lebens vorgedrungen sind. Solche Menschen sind »anziehend« im wahrsten Wortsinn.“[6]

Das Buch hat im weiteren zehn Kapitel, die einzelnen kulturellen Bereichen wie Indien (Yoga), China, Japan (Zen-Buddhismus) oder dem Christentum gewidmet sind oder von bestimmten Menschen unseres Jahrhunderts sprechen, deren gelassene Haltung anderen zum Segen wurde. Während er in den Kapiteln über die geistigen oder religiösen Gemeinschaften vieles wieder aufnimmt, was er in älteren Büchern meist ausführlicher schon behandelt hat, enthalten die drei Schlußkapitel ganz neues Material: Einblicke in das Wirken einer Hofdame des Zarenhauses im sowjetischen Konzentrationslager, der Pariser Nonne, die ihren Namen nach der Heiligen Maria von Ägypten erhielt, "Mutter Maria“ im Kreise russischer Emigranten und verfolgter Juden, sowie des "Begleiters und Trösters der zum Tode Verurteilten“ in den letzten Jahren des Hitler-Terrors, Pfarrer Harald Poelchau.

Das Kapitel mit vielen Zitaten und Berichten aus der chinesischen Weisheit beginnt mit Lindenbergs Bekenntnis: "Ihre tiefsten Wurzeln hat die Gelassenheit in den östlichen Ländern: China, Japan, Indien und Rußland. Sie entspricht einem Charakterzug des östlichen Menschen mit seiner Demut, seiner tiefen Gläubigkeit und seiner Neigung zur Verinnerlichung. Sie tragen Gott oder den Himmel in sich. Sie wissen sich eins mit ihm, und sie leben darum gelassen und ohne Angst, auch ohne Todesangst. Denn der Tod ist ein unlösbarer Bestandteil ihrer Selbst, eine Wirklichkeit, die sie von Geburt an umfängt, etwas, was mit ihnen wächst und reift und ihre Seele im letzten Atemzug zum Himmel enthebt. Es ist eine erhabene Ruhe und Stille und Gleichmut um diese Menschen.“[7] Man spürt, daß er es schrieb, nachdem er in seinen Büchern aus jenem Kulturbereich las und als Zitat z.B. von Laotse auswählte: "Geht der Menschheit göttliches Wesen (Tao) verloren, so gehen auch dessen Segnungen verloren: Menschenliebe, Anstand, Treue und Glauben. Was dann kommt, ist Anarchie." [8]

Zu Lindenbergs geliebten chinesischen Geschichten gehört folgende: "Das Gleichnis der Wirklichkeit eröffnet sich, wie so oft in der Geschichte menschlichen Geistes, in einem Traum: »Ich, Tschuang-tse, träumte einst, ich sei ein Schmetterling, ein hin und her flatternder Schmetterling, ohne Sorge und Wunsch, meines Menschwesens vollkommen unbewußt. Plötzlich erwachte ich; und da lag ich, wieder ich selbst. Nun weiß ich nicht: war ich da ein Mensch, der träumt, er sei ein Schmetterling, oder bin ich jetzt ein Schmetterling, der träumt, er sei ein Mensch? Zwischen Mensch und Schmetterling ist eine Schranke. Der Übergang ist Wandlung genannt.«" [9]

Im Japan-Kapitel erzählt er sein Erlebnis während der Reise von 1913 nach Ostasien mit dem jungen japanischen Arzt, der in wunderbarer, liebender Gelassenheit den plötzlichen Tod seiner Frau an Bord annehmen konnte. [10]

Das dem Christentum gewidmete Kapitel enthält viele Berichte von Märtyrern der Frühzeit, die aus ihrer Geborgenheit im Glauben eine bewundernswürdige Gelassenheit gegenüber den Grausamkeiten aufbringen konnten, die ihnen die Feinde des Christentums antaten. "Dieser Glaube fördert eine Gelassenheit, die alle Unbilden überdauert." [11] Die liebende geistige Kraft dieser Männer war, wenn sie wilden Tieren vorgeworfen wurden, oft in der Lage, sie vor den Tieren zu schützen. "Es wagten die vielen wilden Tiere längere Zeit, die Körper der Märtyrer nicht zu berühren oder sich nur ihnen zu nähern (. . .) Irgendeine göttliche Kraft versperrte ihnen den Rachen, und sie liefen wieder zurück." [12]

Natürlich folgt im nächsten Kapitel, das jüdischen Schicksalen gewidmet ist, die Geschichte von Daniel in der Löwengrube: "die Löwen, die die Ausstrahlung des Heiligen an ihm spürten, gruppierten sich um ihn, und er streichelte sie." [13]

In diesem Kapitel vom jüdischen Geist macht Lindenberg auch die Lebenshaltung der Chassidim deutlich, er zitiert aus Martin Bubers Texten. "Wunderbar ist, wie die Chassiden den ganzen Kosmos in ihr Sein einbeziehen. Alles lebt, das Gute und das Böse, es wirkt und verwandelt sich, und der Mensch mit seinem höheren Intellekt ist aufgerufen, sich selbst und die ihm begegnenden Dinge mit Geist zu erfüllen und zu Gott hin zu wandeln." [14]

Zu Beginn des Kapitels über die Mystiker, das manches, was aus älteren Lindenberg-Büchern bekannt ist, mit neu Gelesenem verbindet, steht wieder eine der ganz eigenen Formulierungen des weisen Autors: "Der Mystiker ist der Mensch, der wahrhaft nach vollkommener Gelassenheit strebt. Seine Heimat ist Gott und die Engel und der Himmel. Er ist immer ein Individualist. Er ordnet sich keinem geistlichen Orden oder einer Askese ein. Er will nur Gott, seine ganz persönliche und eigene Beziehung zu Gott. Er bleibt immer Außenseiter. Er ist auch kein »gewöhnlicher« Heiliger, er sprengt alle herkömmlichen Formen, um zu dem Du mit Gott zu gelangen."[15]

Er führt uns durch Zitate von Plotin, Meister Ekkehart, Jakob Böhme und Angelus Silesius.

Die Erschütterung, die Wladimir Lindenberg durch die Lektüre von Boris Schirjajews Schilderung seiner Erfahrung im Konzentrationslager des ehemaligen Klosters Solowki erfahren hat, wirkt auch in dieses Buch hinein. Während er in seinem Buch "Der unversiegbare Strom" Beispiele von der Tapferkeit und unerschütterlichen Glaubenshaltung der inhaftierten Geistlichkeit und der Wirkung ihres Tuns heranzog, wählte er für dieses Buch das Leben einer "fünfundsechzigjährigen Baronin, Hofdame der letzten Zarin"[16] in diesem KZ. Sie wurde unter die weiblichen Kriminellen gesperrt und deren Spott ausgeliefert. Aus ihrer christlichen, hilfsbereiten, in sich ruhenden Haltung heraus gewann sie allmählich Anerkennung und wurde zum positiven Pol der Baracke. Lindenberg wählt einige kleine Szenen, die mit ihrem Tod enden, einem Opfertod als Pflegerin für Fleckfieberkranke.

"Mutter Maria" unterhielt in Paris ein kleines soziales Zentrum, "Orthodoxes Werk" (Prawoslawnoje delo), in dem viele Menschen – und keineswegs nur orthodoxe Christen – materielle Hilfe, ein Obdach und geistlichen Zuspruch erhielten. Lindenberg geht nicht darauf ein, daß ihr Haus auch eine Begegnungsstätte vieler russischer Schriftsteller und Philosophen wurde, daß sie selbst auch Lyrikerin war.[17] Ihm geht es vor allem darum, den opferbereiten Menschen zu zeigen, der durch seine Gelassenheit der Not des Tages und dem eigenen Tod gegenüber – bei größter sozialer Aktivität – unendlich viel Gutes gewirkt hat. Sie starb im deutschen KZ.

Mit Harald Poelchau, dem das letzte Kapitel gewidmet ist, hatte Lindenberg sich nach dem Kriege befreundet. Er hat ihn und sein Wirken für viele Opfer des Nationalsozialismus, insbesondere die Männer des 20. Juli, oft in seinen Büchern erwähnt. Hier schildert er ihn am ausführlichsten. Die Unterordnung unter das Thema des Buches, "Lob der Gelassenheit", ist in vielen Kapiteln nur locker. Es ist – vor allem im Schlußteil – ein Buch über Menschen, die aus beispielhafter religiöser Haltung heraus Gutes getan haben. "Poelchau wurde in eine Rolle gedrängt, mit der er nie gerechnet hatte. Er wurde der Begleiter der zum Tode Verurteilten, und je mehr die Blutjustiz der Nazis sich ausbreitete, um so mehr war er mit den Aufgaben ausgefüllt, Trost und Zuspruch zu geben." [18] Darüber hinaus hat er viel praktische Hilfe geleistet, Briefe geschrieben, Nachrichten zwischen Verwandten überbracht.

Entscheidend aber war wohl die Hilfe, die er den vielen Todgeweihten in den so unvorstellbar schweren Stunden vor der Tötung durch seine feste Haltung geben konnte. "Marion Gräfin York sagte: Wenn die Tür ihrer Zelle aufging und Harald Poelchau hereintrat, dann war es, als ob die Zelle von Licht und Wärme überflutet wurde, als ob ein Engel hereingetreten wäre. Dieser Engel, dieser Bote Gottes, war er für viele Tausende." [19]

Lindenberg zitiert aus Poelchaus Buch "Die letzten Stunden", das viele Briefe der politischen Opfer enthält, aus dem Schlußwort des Gefängnispfarrers: "Je länger ich meinen Beruf ausübte, um so stärker spürte ich: Das hier ist meine Stelle, meine Aufgabe. Und als dann die reifen und wertvollen Menschen, die geistigen und politischen Widerstandskämpfer meine Hilfe brauchten, begriff ich, daß ich nicht der allein gebende Teil war. Sie gaben mir, in ihren letzten Stunden vor dem Tode, das Letzte und Innerste an Menschentum (. . .) In den letzten illusionslosen Gesprächen mit den Todgeweihten wurden Kräfte jenes Friedens lebendig, der höher ist als alle Vernunft, mächtiger als die Furcht vor dem Richter und dem Beil und dem Strick des Henkers." [20]

An dieser Stelle verzichtet Lindenberg auf eine umfassendere Einordnung, er läßt Zitate und Bericht für sich sprechen. An einer früheren Stelle des Buches formuliert er das Grundwissen, das seiner Beurteilung der Haltung jener Todgeweihten und ihres Schicksals und der von Harald Poelchau zugrunde lag. "Alle Wesen, nicht nur der Mensch, durchlaufen unzählige Wiedergeburten, alle sind Gestalter des Schicksals. Jeder hat sich das Karma durch seine früheren oder jetzigen Taten oder Gesinnungen gezimmert." [21] Beide, der vor der Schwelle Stehende und der ihn Geleitende, erfahren im gemeinsamen Erleben ein für diese Inkarnation wesentliches Wachstum. Lindenberg aber will einem jeden, der dieses Buch in die Hand bekommt, eine

Tür öffnen, die ihm über den Blick auf notwendige und helfende "Gelassenheit" den nächsten Schritt zur Gestaltung seines Schicksals freilegt.

Ausklang

In der Zeit, als dieses Buch entstand, begann ein neuer, ein letzter Lebensabschnitt Wladimir Lindenbergs. Die körperlichen Kräfte des 84jährigen ließen nach. Während er noch am 13.12.1985 berichtete, daß er zwei Tage zuvor 62 Patienten empfangen hätte, ist er nun zum Teil gelähmt und kann sich nicht mehr, wie während der zwanzig Jahre seit dem Tode seiner Frau, allein versorgen. Nicht die geistigen, aber die körperlichen Kräfte schwinden. Vom Rollstuhl aus führt er in seiner Wohnung seine ärztliche Praxis dreimal wöchentlich durch (Februar 1987). Schon rein technisch ist ihm das Schreiben sehr erschwert.

Für den 85. Geburtstag, dem ja auch dieses Buch seine Entstehung verdankt, bereitet der Senat der Stadt Berlin eine Ausstellung mit seinen Bildern vor, die aus Ranerding und Schulzendorf geholt werden. Man wird seiner in Zeitungen und im Rundfunk gedenken, so wie man es zu den Jubiläumsgeburtstagen seit langem tat. 1966 hatte ihm der Bund deutscher Hirnbeschädigter die Poppelreuter-Medaille in Gold verliehen, ihm als erstem nach der Stiftung dieser Auszeichnung; im Dezember 1977 sah man Lindenberg bei der Weihnachtsfeier des Bundes der Hirnbeschädigten in Berlin zwischen der Bundesministerin Marie Schlei und der Berliner Senatorin Ilse Reichel; am 11.11.1977 zeichnete ihn der Bundespräsident mit dem Verdienstkreuz der Bundesrepublik Deutschland am Bande, am 22.9.1982 mit dem Verdienstkreuz 1. Klasse aus. Eigentlich hätte dieser Schriftsteller und Arzt den Friedenspreis des Deutschen Buchhandels verdient, denn seine Bücher tragen in der halben Million Auflage, die sie erreichten, wirklich zum Frieden bei.

In meinem Buch über das Leben dieses großen Mannes habe ich mich von dem Zeitpunkt an, zu dem er seine vielen Bücher zu schreiben begann, weitgehend darauf beschränkt, sein Denken und Wirken über die Charakteristik der Bücher deutlich werden zu lassen. Lindenberg hat in gleicher Weise mit seinen Freunden zu Hause gesprochen, vor breitem Publikum in Berlin und anderswo Vorträge gehalten und ist mit diesen Themen und Gedanken im Rundfunk (noch am 21.6.1986 im Sender Freies Berlin) und im Fernsehen aufgetreten.

Als ihn Carola Wedel am 13.4.1982 vor dem Sender Freies Berlin (Abteilung Kirchenfunk) nach den "höchsten Zielen" in seinem Leben fragte, antwortete er: "Eigentlich waren die Ziele immer gerichtet auf die Menschen, auf die leidenden, gequälten Menschen. – Im Grunde genommen, ihnen zu helfen, das war es, was ich immer gemacht habe, was ich immer noch mache." Dieses Ziel – den Menschen zu helfen – vereint die Tätigkeiten Lindenbergs als Arzt und als Schriftsteller. Er hat dieses Ziel lebenslang erstrebt und auch von klein an erreicht. Die Quellen für dieses Helfenwollen und Helfenkönnen sind vielfältig, sie liegen in seinem Schicksal und dem Leid, das er durchstehen mußte, und in seinem Glauben, den er sich zeitlebens festigte und erweiterte.

In hohem Alter kam noch einmal ein schweres Unglück über ihn, Gewalt, wie seinerzeit durch die Bolschewiken und die Nazis. Am 24.2.1981 brachen Einbrecher in sein Haus in Schulzendorf ein, fesselten den alten Mann, traten ihn, schlugen ihn ohnmächtig und schleppten alle seine Kunstwerke fort – sieben Koffer voll, wie die Polizei später feststellte. Lindenberg konnte nach ambulanter Behandlung aus dem Krankenhaus entlassen werden, die Diebe wurden gestellt, das Eigentum weitgehend wiederbeschafft, und es bleibt erstaunlich, wie man nicht die geringste psychische Erschütterung erkennt, wenn Lindenberg davon erzählt. Der Vorfall ist eingeordnet wie andere Schicksalsschläge. Es gibt Wesentlicheres im Leben.

In Lindenbergs Notizbuch "Miscellanea", das er 1952 angelegt und bis etwa 1975 verwendet hat, findet sich ein Gandhizitat, das in diesem Zusammenhang besonders gut auf Lindenberg selbst paßt: "Wir sind immer heimatlos, solange wir auf Erden leben. Wir können unseren Brüdern helfen, das Leben besser zu ertragen. Wir können ihnen helfen zu leiden. Der allein besteht das Leben, der gelernt hat zu leiden."[1] Dieses Notizbuch ist der Innenteil eines Tischkalenders. Jedes Blatt hat das Format von 5,5 x 12,5 cm und ist im Hochformat ganz eng beschrieben. Den Anfang, der Mitte der fünfziger Jahre genutzt wurde, bilden viele Zitate aus der religiösen und philosophischen Literatur der Welt. Sie zeugen von der reichen Lektüre Lindenbergs, sie spiegeln, was ihn beeindruckte, und sie dienten ihm als Quelle für die Zitate. Sie finden sich in seinen Büchern wieder, aber bei weitem nicht alle, die wir dort lesen, waren hier notiert. In diesem Buch wechseln die Sprachen. Das meiste ist deutsch, daneben treffen

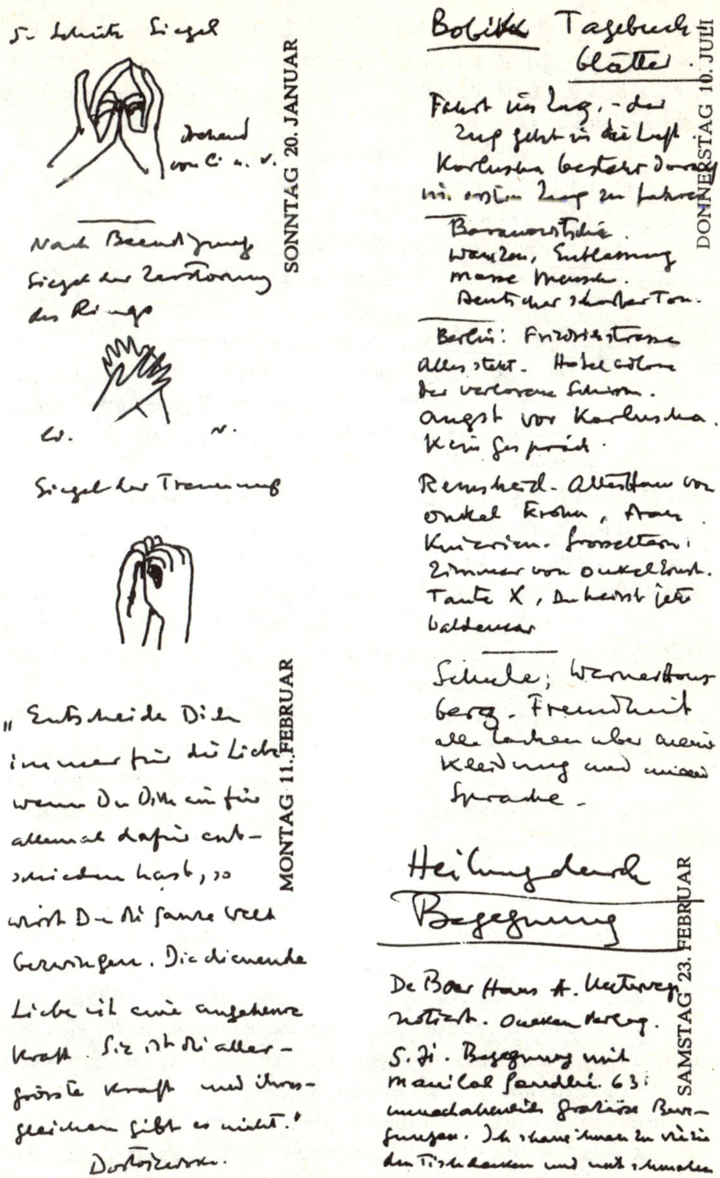

Vier Seiten aus Wladimir Lindenbergs Notizbuch
"Miscellanea"

wir auf Englisches, Französisches, auf Latein, Griechisch, Sanskrit und natürlich auf Russisches. Irgendwie ist jedes dieser Zitate ein Lebensspruch, den Lindenberg lebt und lehrt. Auf der ersten Seite steht Mahatma Gandhis Gebet: [2]

> Ich will bei der Wahrheit bleiben.
> Ich will mich keiner Ungerechtigkeit beugen.
> Ich will keine Gewalt anwenden.
> Ich will frei sein von Furcht.
> Ich will guten Willens sein gegen jedermann.

Einige Seiten später lesen wir aus der Bhagavadgita: [3]

> Wie die Schildkröte unter ihrem Schild die Glieder sorgsam einzieht, also zieht der Weise unter seines Geistes Schild die Sinne von den Gegenständen ab.

Hier steht auch das Gebet des Heiligen Franz von Assisi "Herr mein Gott! Mach mich zum Werkzeug Deines Friedens", Texte des Baalschem Tow wie "In allen Gedanken des Menschen birgt sich die Wirklichkeit Gottes", von Konfutse wie "vom Herrscher bis hinab zum niederen Volke muß jeder darauf bedacht sein, sein Selbst zu bilden", von Rainer Maria Rilke, Angelus Silesius, Heinrich Heine, Laotse, Vivekananda, Goethe und vielen anderen. Bei manchen Büchern verweilt Lindenberg länger, so beim I Ging, wo er sich die Deutungen der einzelnen Grundkonstellationen notierte, oder beim Zen-Buddhismus, wo er unter anderem den Gedanken aufschrieb: "Freiheit bedeutet nicht, daß man tun kann, was man will, sondern daß man gern tut, was getan werden muß." [4]

Ein Abschnitt "Russische Ikone als religiöse Sammlung" enthält historische Fakten und Zitate aus philosophischen Texten und der Bibel. Immer mischen sich viele religiöse Bereiche, wobei Orthodoxie und Buddhismus überwiegen. Kaum aber finden wir einen eigenen Gedanken notiert. Lindenberg stützte sein Gedächtnis, um Gelesenes festzuhalten. Die Ausdeutung des Augenblicks behielt er für sich, die Ausdeutungen und Einordnungen in seinen späteren Büchern nahm er zu dem Zeitpunkt vor, als er diese schrieb.

Andererseits sind wohl die meisten seiner Bücher in diesem Notizbuch entworfen worden. "Mysterium der Begegnung" hatte den Arbeitstitel "Heilung durch Begegnung" [5]. Der Entwurf enthält später nicht umgesetzte Kapitelüberschriften wie "Begegnung mit dem Liebenden", "Begegnung mit dem Wunder in der Natur" oder "Die

Geste der Begegnung", aber diese Elemente sind in anderer Weise Bestandteil des Buches geworden.

Sein Buch "Yoga mit den Augen eines Arztes" hieß in den Notizen noch "Ein Arzt erlebt Yoga". Die endgültige Fassung enthält drei Vorsprüche (Paulus an die Epheser, 4,24; Buddha; Martin Buber). Dem Notizbuch entnehmen wir, daß 16 andere zur Diskussion gestanden hatten, z.B. Ramakrishnas "Wollt ihr Gott finden, so dienet den Menschen"[6] oder von Angelus Silesius: "Ein wesentlicher Mensch ist wie die Ewigkeit, die unverändert bleibt von aller Außenheit" oder aus einem Gebet der Sioux-Indianer: "Laß uns Verwandte von allen Kreaturen und allen Dingen sein" oder von Yüan-Kuang: "Die Kraft des höheren Menschen besteht in der Kenntnis von den lebendigen Einströmungen, die die Welt durchzittern und die aus den geheimen Zentren hervorbrechen"[7].

Das Buch "Gottes Boten unter uns" trägt hier noch einen Obertitel "Angeloi". In diesem Falle hat Lindenberg einmal Stichworte notiert, nicht Zitate, so z.B. "Gottes Nähe und Gegenwart, man steht in ständiger Gotterwartung und hört Gottes Wort durch den Mund eines Boten. Der Begegnende wird Bote. Ihm wird retrospektiv die Eigenschaft des Engels zuerkannt."[8] Wir erkennen, wie die geistige Grundkonzeption eines jeden Buches, das Lindenberg schrieb, vorher feststand; dazu kamen altvertraute und neu gesuchte Zitate, vergegenwärtigtes eigenes Erleben.

Lindenberg hat dasselbe Büchlein auch genutzt, um Stichworte für Vorträge aufzuschreiben. Dafür begann er es ein zweites Mal von hinten. "Rußland gestern und heute", "Die Yoga-Lehre und das Abendland", "Aus der Werkstatt eines Hirnfacharztes", "Außenseiter der Gesellschaft" – so lauten Themen, zu denen er hier Informationen und Stichworte zusammengestellt hat. Sie erweitern ein wenig die Titel der Bücher. In beiden Teilen des Notizbuches stoßen wir auf viele Listen jener Persönlichkeiten, die Lindenberg als "Meister" ansah, die er verehrte, von denen er lebenslang lernte, deren Wissen er zu vermitteln trachtete.

Neben seinen Büchern hat Wladimir Lindenberg viele Artikel geschrieben, wissenschaftliche und essayistische. Sein Beitrag zur Festschrift für Zenta Maurina von 1967 enthält, wie jedes künstlerische Porträt, auch Züge seiner selbst. Das, was Lindenberg an ihr bewunderte, war das, wonach er strebte und was er selbst verwirklichte. So führt uns Lesende jede Zeile über Zenta Maurina nicht nur zu dieser großen Frau, sondern auch zu Wesentlichem von Wladimir Lindenberg:[9]

"Es verbindet uns die gleiche Heimat, die Weite der Horizonte, die Fülle der dunklen Wälder, die unübersehbaren Felder, Wiesen und Moore, die dürftigen Dörfer und die einfachen Menschen. Uns verbindet auch ein gemeinsames Schicksal, jenseits der heimatlichen Behausung, und mehr noch, jenseits der eigenen Sprache leben und schreiben zu müssen (. . .) Die Hungrigen und die Suchenden sind es, die aus ihrem Erfahrungsschatz getröstet und genährt werden. Hinter jedem Wort, das sie schreibt oder spricht, steht die ganze Person der Künstlerin. Die Faszination, die jeder aus der Begegnung mit ihr erlebt, ist die, daß man hier einem heilen, einem ganzen Menschen begegnet. Das ist eine Seltenheit (. . .) Ihr letztes Anliegen ist immer der Mensch, der leidende, der einsame, der brüderliche Mensch, und weil ihr persönlicher Schatz an Erfahrung unermeßlich ist, besitzt sie den Schlüssel zu den Seelen der Menschen.

Unvergeßlich bleibt mir die Erinnerung an die Meisterin in der Stille meines alten bayerischen Bauernhauses. Sie wurden erwartet und sie waren da mit aller Herzlichkeit der Freunde und der östlichen Menschen, deren Herzen durch keine Schleier oder Panzer verdeckt sind. Da war der Augenblick des Aussteigens, das Überwechseln in den Rollstuhl; aber dann war sie da, Zenta Maurina, und außer ihr war nichts mehr da. Man spürte in jener strahlenden, sommerlichen Landschaft die ganze Intensität der Person. In Barlachs »Fries der Lauschenden« lauscht jede der abgebildeten Personen auf eine eigene, ihr allein eigene Weise. Das Lauschen und die Art, wie Zenta Maurina die Dinge, die Menschen, die Räume, die Landschaft in sich aufnahm, vereinigte alle Lauschenden zu einem großen Organ des Sehens, des Hörens, des Tastens, des Erlebens. Alles blieb, wie es war, und doch spürte man, es war jetzt alles in sie eingegangen und ihr Eigentum geworden.

Und so waren auch die Gespräche. Vielleicht sprach sie gar nicht mehr in Worten, denn auch im Schweigen, das im Gespräch öfter einsetzte, als sie es sonst zu tun pflegt, war eine Aussage.

Man spürte deutlich, daß dieser Mensch, der durch so viel Leid gehen mußte und der alles Leid überwand und sublimierte, daß er Gott ganz nahe war, daß er das Wirken von Gottes Werkstatt begriffen hatte. Die vordergründigen Dinge verschwanden, wurden wie durchsichtig, aber die Fugen, mit denen Gott die zueinandergehörigen, scheinbar zufälligen Dinge gefügt hatte, sie wurden sichtbar, und

Dinge, Ereignisse, Begebenheiten erschienen einem in einem ganz neuen Licht. Man wurde wissender und erfuhr dankbar: hier war eine Begegnung mit einem brüderlichen Mensch, eine jener Begegnungen, die wie Marksteine im Leben des Menschen sind, die man nicht wieder vergißt, weil sie als Wirklichkeiten und als Wirkungen in das eigene Leben treten und dieses Leben, ja die Person, verändern."

An drei Stellen seines Notizbuches "Miscellanea" findet sich dasselbe Zitat aus dem Werk von Fjodor Dostojewski. Einmal – und das ist äußerst selten in diesem eng beschriebenen Büchlein – hat er eine eigene Seite dafür gewählt.

"Entscheide Dich immer für die Liebe! Wenn Du Dich ein für allemal dafür entschieden hast, so wirst Du die ganze Welt bezwingen. Die dienende Liebe ist eine ungeheure Kraft. Sie ist die allergrößte Kraft, und ihresgleichen gibt es nicht!" [10]

Wladimir Lindenberg, der Dichter, Maler und Arzt aus dem alten russischen Geschlecht der Tschelischtschews, hat sich für die dienende Liebe, die Liebe zum Nächsten, "ein für allemal" entschieden. Aus dieser Entscheidung ist unendlich viel Gutes erwachsen und wird – weil der gute Geist seiner Bücher unzerstörbar ist – weiter erwachsen. Wir danken ihm dafür.

Bücher Wladimir Lindenbergs
in chronologischer Reihenfolge

Auszüge und Nachdrucke unter anderem Titel sind nach dem Erscheinungsjahr aufgeführt, aber nicht in die laufende Zählung aufgenommen. Soweit ermittelt, ist der Auflagenstand vom März 1987 angegeben.

1 Tragik und Triumph großer Ärzte. Ulm: J. Ebner 1948. 196 S.

1a Neuauflage u.d.T. Ärzte im Kampf gegen Krankheit und Dummheit. München: Ernst Reinhardt 1963. 170 S.

2 Die Unvollendeten. Lebensläufe früh verstorbener Dichter. Hamburg: Hans Dulk 1948. 382 S.

2a Neuauflage u.d.T. Frühvollendete. François Villon. Percy Bysshe Shelley. Georg Büchner. Jean Arthur Rimbaud. Georg Trakl. Sergei Jessenin. Hans Jürgen Eggert. München: Ernst Reinhardt 1966. 282 S. (5000)

3 Die ärztliche und soziale Betreuung des Hirnverletzten. Leipzig: Thieme 1948. 85 S.

4 Der Hirnverletzte. Ein Wegweiser für sein Leben. Lahr: Soziale Selbsthilfe des Bundes hirnverletzter Kriegs- u. Arbeitsopfer. o.J. [1950]. 80 S. (Bonner Hefte zur Hirnverletztenbetreuung. 1)

5 So sieht es der Patient. Briefe und Selbstschilderungen von Hirnverletzten. Berlin: Berliner medizinische Verlagsanstalt 1954. 158 S.

6 Praktikum der Menschenkenntnis für Polizeibeamte. Berlin, Köln: Heymanns 1956. 178 S.

7 Die Menschheit betet. Praktiken der Meditation in der Welt. München: Ernst Reinhardt 1956. 233 S. (35 000) Engl. 1959, Holländ. 1962

8 Training der positiven Lebenskräfte. Büdingen-Geltenbach: Lebensweiser Verlag 1957. 229 S., 2. Aufl. 1962, 3. Aufl. 1968

9 Mysterium der Begegnung. München: Ernst Reinhardt 1959. 256 S. (26 000), Holländ. o.J.

10 Gespräche am Krankenbett. München: Ernst Reinhardt 1959. 134 S. (35 000) Holländ. o.J.

11 Yoga mit den Augen eines Arztes. Eine Unterweisung. Berlin: Richard Schikowski 1960. 240 S. Spanisch 1967

12 Marionetten in Gottes Hand. Eine Kindheit im alten Rußland. München: Ernst Reinhardt 1961. 231 S. (28 000)

13 Briefe an eine Krankenschwester. München: Ernst Reinhardt 1962. 139 S. (24 000) Holländ. 1964

– Ärzte im Kampf gegen Krankheit und Dummheit. 1963. s. 1a

14 Schicksalsgefährte sein . . . Aufzeichnungen eines Seelenarztes. München: Ernst Reinhardt 1964. 281 S. (27 000)

15 Bobik im Feuerofen. Eine Jugend in der russischen Revolution. München: Ernst Reinhardt 1964. 311 S. (18 000)

16 Richter, Staatsanwälte, Rechtsbrecher. Betrachtungen eines Sachverständigen. München: Ernst Reinhardt 1965. 211 S. (5 000)

16a Neuauflage u.d.T. Zwischen Gerichtssaal und Gefängnis. Strafprozeß, Strafvollzug, und danach? Freiburg: Herder 1970. 238 S.

– Frühvollendete. 1966. s. 2a

17 Gottes Boten unter uns. München: Ernst Reinhardt 1967. 171 S. (21 000)

18 Das Yoga-Bilderbuch (mit B.v. Keyserlingk u. G. Thylmann). Berlin: Richard Schikowski 1967. 95 S.

19 Bobik begegnet der Welt. Reiseerlebnisse formen einen jungen Menschen. München: Ernst Reinhardt 1969. 323 S. (15 000)

– Bobiks Reisen. Wuppertal: Johannes Kiefel 1969. 158 S. (5 000) Auszüge aus 19

20 Jenseits der Fünfzig. Reife und Erfüllung. München: Ernst Reinhardt 1970. 229 S. (59 000)

– Zwischen Gerichtssaal und Gefängnis. 1970. s. 16a

– Trauer und Tränen werden vergehn. Bobik erlebt die Revolution. Wuppertal: Johannes Kiefel 1970. (5 000) Auszüge aus 15

21 Bobik in der Fremde. Ein junger Russe in der Emigration. München: Ernst Reinhardt 1971. 349 S. (12 000)

22 Über die Schwelle. Gedanken über die letzten Dinge. München: Ernst Reinhardt 1972. 201 S. (23 000)

23 Wolodja. Porträt eines jungen Arztes. München: Ernst Reinhardt 1973. 348 S. (11 000)

24 Geheimnissvolle Kräfte um uns. Kurzgeschichten von schicksalhaften Begegnungen. München: Ernst Reinhardt 1974. 192 S. (16 000)

25 Tag um Tag ist guter Tag. Kreuzzug gegen Nöte und Ängste. München: Ernst Reinhardt 1976. 177 S. (16 000)

– Reise nach Innen. Mit Zeichnungen des Autors. Salzburg: Alfred Winter 1976. 76 S. Auszug aus 19

26 Riten und Stufen der Einweihung. Schamanen, Druiden, Yogis, Mystiker, Starzen – Mittler zur Anderwelt. Freiburg: Aurum 1978. 272 S. (5 000)

27 Mit Freude leben. München: Ernst Reinhardt 1979. 95 S. (15 000)

– Bobik. Eine Kindheit im alten Rußland. Wuppertal: Johannes Kiefel 1979. 95 S. (6 000) Auszug aus 12

28 Zu Gast bei Wladimir Lindenberg. Von feinen Kochkünsten und kulinarischen Speisefolgen zur Bewirtung lieber Gäste. München: Ernst Reinhardt 1981. 143 S.

29 Aus einem erfüllten Leben. Betrachtungen und Gedanken von Wladimir Lindenberg. [Textauswahl und] Fotos von Gisela Peters. München: Ernst Reinhardt 1981. 143 S.

30 Der unversiegbare Strom. Geschichten und Legenden aus dem heiligen Rußland. Freiburg: Herder 1982. 144 S. (5 000)

31 Himmel in der Hölle. Wolodja als Arzt in unseliger Zeit. München: Ernst Reinhardt 1983. 270 S. (4 000)

32 Lob der Gelassenheit. Weisheiten und Geschichten. Freiburg: Herder 1984. 142 S. (9 000)

33 Tri doma. Avtobiografija 1912–1918, napisannaja v 1920 godu. Podgotovka teksta i posleslovie Vol'fganga Kazaka. [Die drei Häuser. Autobiographie 1912–1918, geschrieben 1920. Edition und Nachwort von Wolfgang Kasack, russ.] München: Otto Sagner 1985. 96 S. 16 Abb. (400)

Anmerkungen

Alphabetisches Sigelverzeichnis der Werke Wladimir Lindenbergs mit der Jahresangabe der benutzten Ausgabe:

Ärzte	Ärzte im Kampf gegen Krankheit und Dummheit, 1963 (Tragik und Triumph großer Ärzte)
Boten	Gottes Boten unter uns, 1981
Briefe	Briefe an eine Krankenschwester, 1962
De prof.	De profundis, unveröffentlicht
Erlebtes	Erlebtes und Erträumtes, unveröffentlicht
Feuer.	Bobik im Feuerofen, 1973
Fremde	Bobik in der Fremde, 1976
Freude	Mit Freude leben, 1979
Frühv.	Frühvollendete, 1966
Fünfzig	Jenseits der Fünfzig, 1975
Gefährte	Schicksalsgefährte sein, 1979
Gespr.	Gespräche am Krankenbett, 1976
Himmel	Himmel in der Hölle, 1983
Kräfte	Geheimnisvolle Kräfte um uns, 1981
Lob	Lob der Gelassenheit, 1984
Marion.	Marionetten in Gottes Hand, 1961
Menschh.	Die Menschheit betet, 1977
Misc.	Miscellanca, unveröffentlicht
Myst.	Mysterium der Begegnung, 1959
Richter	Richter, Staatsanwälte, Rechtsbrecher, 1965
Riten	Riten und Stufen der Einweihung, 1978
Rußl.	Mütterchen Rußland. Heilige, Narren, Dämonen, unveröffentlicht
Schwelle	Über die Schwelle, 1973
Strom	Der unversiegbare Strom, 1982
Tag	Tag um Tag ist guter Tag, 1977
Training	Training der positiven Lebenskräfte, 1968
Tri doma	Tri doma, 1985
Welt	Bobik begegnet der Welt, 1976
Wolodja	Wolodja, 1973
Yoga	Yoga mit den Augen eines Arztes, 1960
Zu Gast	Zu Gast bei Wladimir Lindenberg, 1981

7 Einleitung

1 Myst. 148
2 Boten 170
3 Yoga 23
4 Yoga 218f
5 Vgl. Chronologisches Verzeichnis sämtlicher Bücher W. Lindenbergs S. 288–90
6 Rußl.

12 Vorfahren

1 Myst. 173
2 Myst. 174
3 Vgl. W. Kasack: Wladimir Čeliščev (Lindenberg), Träger russischen Geistesgutes in deutscher Umwelt. In: Festschrift für Herbert Bräuer zum 65. Geburtstag am 14. April 1986, Köln 1986, S. 175–92, hier: S. 184.
4 Edb., S. 185, Anm. 19.
5 Vgl. Welt 181
6 Vgl. Welt 275f, Boten 143
7 Vgl. Rußl. 69
8 Vgl. Feuer. 260
9 Vgl. Fremde 255
10 Vgl. W. Kasack: a.a.O., S. 186.

11 Vgl. Fremde 9, Kräfte 130
12 Zu I.P. Tschelischtschew vgl. Welt 277f, zu den Rosenkreuzern in Rußland vgl. W. Kasack: a.a.O., S. 187, Anm. 24.
13 Vgl. Rußl. 440
14 Welt 215
15 Vgl. Welt 52f 217

18 Eltern

1 Vgl. Fremde 269, Boten 84
2 Rußl. 261, vgl. auch Boten 67
3 Vgl. Tag 132
4 Rußl. 262f
5 Vgl. Boten 86, Rußl. 483
6 Boten 84
7 Vgl. Rußl. 76–79
8 Vgl. Rußl. 194
9 Vgl. Marion. 194f 213–15, Welt 162–67
10 Rußl. 11
11 Zu Carl Lindenberg vgl. auch W. Lorenz: Carl Hugo Lindenberg, Eisenbahnbauer in Rußland. In: Die Heimat spricht zu Dir. Monatsbeilage des Remscheider General-Anzeigers. Mitteilungsblatt des Bergischen Geschichtsvereins – Abteilung Remscheid 43 (1976) 10. S. 1–3.

23 Lebensräume der Kindheit

1 Vgl. Rußl. 280
2 Rußl. 282f
3 Frühv. 209
4 Vgl. Welt 71
5 Vgl. Welt 71
6 Vgl. Tri doma 46
7 Vgl. Welt 9f
8 Vgl. Marion. 185
9 Vgl. Marion. 230
10 Freude 71
11 Vgl. Fremde 28
12 Vgl. Marion. 58, Tag 114
13 Riten 83
14 Wolodja 109
15 Fünfzig 74
16 Vgl. Wolodja 110

26 Mitmenschen in Rußland

1 Vgl. Marion. 226, Rußl. 103
2 Kräfte 22
3 Marion. 43
4 Marion. 43
5 Kräfte 22
6 Marion. 84
7 Vgl. Fremde 285
8 Vgl. Yoga 94f, Riten 92
9 Himmel 78f
10 Vgl. Marion. 23
11 Vgl. Marion. 157
12 Welt 9
13 Rußl. 386
14 Rußl. 386
15 Vgl. Boten 70
16 Vgl. Rußl. 190
17 Vgl. Marion. 52, Rußl. 327–35
18 Marion. 125, vgl. auch Myst. 180
19 Vgl. Welt 5

31 Erfahrungen in Girejewo

1 Myst. 154
2 Myst. 154
3 Vgl. W. Kasack: Schöne, bittere Lebenswahrheit. Vier Erzählungen Valentin Rasputins. In: Neue Zürcher Zeitung. Fernausgabe 14.10.86, S. 15.
4 Marion. 33
5 Marion. 33
6 Marion. 135
7 Vgl. Boten 73–76, Rußl. 383–94
8 Welt 124
9 Vgl. Marion. 152, Tri doma 46f
10 Marion. 200
11 Vgl. Marion. 200–203, Tri doma 48
12 Vgl. Marion. 206, Tri doma 53
13 Marion. 158
14 Marion. 169
15 Vgl. Marion. 221
16 Rußl. 528
17 Marion. 54
18 Marion. 226f
19 Tag 82
20 Tag 37

35 Erfahrungen in China und Japan

1 Vgl. Welt 71
2 Welt 73
3 Welt 83
4 Welt 82
5 Welt 89
6 Welt 87
7 Welt 93f
8 Welt 96
9 Welt 102
10 Vgl. Welt 97 99
11 Vgl. Welt 104–107
12 Vgl. Welt 113

39 Erfahrungen in Westeuropa

1 Vgl. Welt 133
2 Welt 134
3 Vgl. Welt 160
4 Welt 167
5 Vgl. Welt 174
6 Vgl. Welt 171
7 Vgl. Welt 181
8 Vgl. Welt 185
9 Vgl. Welt 190–95
10 Welt 196
11 Welt 206
12 Welt 208
13 Welt 209
14 Welt 211
15 Welt 211
16 Vgl. Frühv. 44–103
17 Welt 212
18 Welt 218

43 Rosenkreuzerexerzitien

1 In Tri doma 53: 1.10.; in Rußl. 526: 1.11.; in Marion. 218 weicht das Datum ab – Palmsonntag 1915 – aber der Text ist später verfaßt und enthält den Widerspruch, daß von Palmsonntag bis Ostern 6 Wochen Frist vergehen, vgl. auch Marion. 224.
2 Welt 285
3 Welt 294
4 Welt 295
5 Welt 295
6 Rußl. 260
7 Vgl. Rußl. 347f
8 Rußl. 248f
9 Rußl. 350
10 Welt 297
11 Welt 299, vgl. auch Kräfte 139–40, zum Aufenthalt in der Eremitage vgl. auch Boten 62–67.
12 Welt 299
13 Vgl. Welt 297
14 Vgl. Himmel 126
15 Welt 303
16 Welt 314
17 Welt 318
18 Welt 308
19 Welt 321

20 Vgl. W. Kasack: Wladimir Čeliščev (Lindenberg), Träger russischen Geistesgutes in deutscher Umwelt, a.a.O., S. 188, Anm. 25.

47 Auszug aus dem Weißen Haus

1 Vgl. Rußl. 617
2 Vgl. Feuer. 158
3 Vgl. Tri doma 27f, Marion. 187–93
4 Feuer. 65
5 Vgl. Frühv. 207 223
6 Erlebtes 8
7 Erlebtes 9
8 Vgl. Feuer. 136
9 Tag 122f
10 Tag 123
11 Tag 124f
12 Tag 126f
13 Vgl. Tag 127
14 Tri doma 33
15 Feuer. 165
16 Feuer. 166
17 Feuer. 186
18 Feuer. 188
19 Vgl. Feuer. 190
20 Vgl. Feuer. 199
21 Vgl. Feuer. 199
22 Vgl. Welt 284
23 Vgl. Feuer. 214

52 Bolschewistischer Umsturz

1 Feuer. 238
2 Vgl. Feuer. 243
3 Feuer. 242
4 Feuer. 245
5 Feuer. 246
6 Feuer. 247
7 Feuer. 247f
8 Vgl. Feuer. 269–74
9 Vgl. Feuer. 282–85
10 Vgl. Feuer. 292f
11 Tri doma 70

57 Abschied von Rußland

1 Vgl. Feuer. 258–61, Rußl. 722–27
2 Feuer. 258
3 Feuer. 260
4 Feuer. 260
5 Rußl. 725
6 Feuer. 260
7 Ruß. 726
8 Feuer. 262
9 Feuer. 264
10 Vgl. Tri doma 54
11 Vgl. Feuer. 174
12 Vgl. Feuer. 286–91
13 Vgl. Feuer. 299f
14 Vgl. Feuer. 267
15 Feuer. 298
16 Tri doma 77
17 Vgl. Fremde 13

61 Mitmenschen in Remscheid

1 Vgl. Fremde 18, Schreiben des Archivs der Stadt Remscheid vom 21.1.1987.
2 Vgl. Fremde 36
3 Vgl. Fremde 30
4 Fremde 31
5 Vgl. Fremde 21f
6 Fremde 33
7 Vgl. Fremde 46–55
8 Vgl. Fremde 38
9 Vgl. Fremde 39f
10 Fremde 54f
11 Vgl. Fremde 81–86
12 Fremde 84f
13 Fremde 83
14 Fremde 61
15 Vgl. Fremde 42–44 102
16 Vgl. Fremde 96–101
17 Rußl. 821
18 Vgl. Boten 115, Bonner Universitätsarchiv, sowie Schreiben des Archivs der Stadt Remscheid vom 21.1.1987.
19 De prof. 3
20 Boten 115
21 Vgl. Rußl. 821
22 Boten 108
23 De prof. 39
24 De prof. 37f

67 Geistiges Suchen

1 De prof. 2
2 Erlebtes 10
3 Erlebtes 12
4 Erlebtes 23f
5 Erlebtes 82
6 Erlebtes 88
7 De prof. 25
8 De prof. 6
9 De prof. 7
10 De prof. 10
11 De prof. 22
12 De prof. 13
13 Fremde 115
14 Vgl. Fremde 116
15 Fremde 116
16 Fremde 117
17 Fremde 6

74 Neuorientierung in Bonn

1 Vgl. Fremde 111
2 Laut Mitteilung des Stadtarchivs der Stadt Bonn vom 6.10.1986.
3 Vgl. Fremde 148f, Boten 117, Wolodja 22
4 De prof. 44
5 Vgl. Fremde 148
6 Vgl. Fremde 142
7 Vgl. Fremde 230
8 Fremde 153
9 De prof. 43
10 Vgl. De prof. 40f
11 Fremde 330, vgl. auch 129
12 Vgl. Fremde 129
13 Wolodja 53
14 Wolodja 46
15 Vgl. Fremde 168
16 Vgl. Fremde 221
17 Vgl. Fremde 274
18 Rußl. 868
19 Boten 122
20 Fremde 199
21 Boten 122f
22 Vgl. Fremde 211
23 Vgl. Fremde 339f
24 Yoga 179
25 Yoga 179
26 Yoga 178

79 Bildwirken in Bonn

1 Fremde 130
2 Fremde 144
3 Fremde 133
4 Fremde 135
5 Fremde 135
6 Vgl. Fremde 145–47
7 Fremde 146
8 Fremde 147, vgl. auch Riten 205–209
9 Wolodja 137

84 Mitmenschen in Bonn

1 Vgl. Fremde 161
2 Vgl. Fremde 158
3 Fremde 159
4 Fremde 163
5 Fremde 319
6 Der Text in "Bobik in der Fremde" ist in diesem Punkte falsch. Das Kreuz des Heiligen Sergius von Radonesch von 1380 ging mysteriös verloren.
7 Vgl. Fremde 225
8 Vgl. Fremde 342. Die polizeiliche Ummeldung erfolgte am 20.2.1928. Lindenberg hat aber schon vorher dort gewohnt.
9 Fünfzig 171

10 Boten 119
11 Fremde 342
12 Vgl. Boten 119
13 Fünfzig 172f
14 Fremde 217
15 Vgl. Boten 120

88 Reisen und Wanderungen zur Studienzeit

1 Vgl. Fremde 174
2 Fremde 174
3 Vgl. Fremde 175
4 Fremde 175
5 Fremde 177
6 Vgl. Fremde 179
7 Fremde 182
8 Fremde 182
9 Fremde 183
10 Vgl. Fremde 253
11 Fremde 253
12 Vgl. Fremde 254f
13 Fremde 254
14 Vgl. Fremde 262
15 Vgl. Fremde 310
16 Vgl. Fremde 312
17 Vgl. Fremde 316

92 Übergang ins Berufsleben

1 Wolodja 111
2 Wolodja 112
3 Wolodja 112f
4 Wolodja 116
5 Wolodja 117
6 Vgl. Wolodja 9
7 Vgl. Wolodja 40–45
8 Wolodja 49
9 Wolodja 81
10 Vgl. Wolodja 81–83
11 Vgl. Wolodja 130f
12 Vgl. Wolodja 132–34
13 Vgl. Wolodja 142
14 Rußl. 871
15 Vgl. Rußl. 871–73
16 Vgl. Wolodja 51
17 Wolodja 138
18 Vgl. Wolodja 140

97 Als Schiffsarzt nach Afrika und Südamerika

1 Vgl. Wolodja 167
2 Vgl. Wolodja 157
3 Wolodja 184
4 Wolodja 244
5 Wolodja 199, 215
6 Vgl. Wolodja 242f
7 Vgl. Wolodja 240f
8 Wolodja 241
9 Vgl. Wolodja 246–48
10 Vgl. Wolodja 255f
11 Wolodja 241
12 Vgl. Wolodja 277f
13 Wolodja 270
14 Vgl. Wolodja 273 275 277 294 303
15 Wolodja 282
16 Wolodja 304
17 Wolodja 306
18 Wolodja 306
19 Wolodja 307
20 Vgl. Wolodja 339
21 Vgl. Wolodja 347
22 Wolodja 348

101 Klinikarzt in Bonn

1 Himmel 13
2 Himmel 24
3 Tagebuchaufzeichnungen vom 30.1.1933 zitiert nach: Leben und Werk von Hermann Kasack. Ein Brevier. Frankfurt/M. 1966, S. 49 u. S. 51.
4 Vgl. Westdeutscher Beobachter 6.4.1934 und Deutsche Reichszeitung 9.4.1934.
5 Laut Mitteilung des Stadtarchivs der Stadt Bonn 6.10.1986.
6 Himmel 28
7 Himmel 30
8 Himmel 32
9 Himmel 51
10 Vgl. Himmel 52f; laut Mitteilung der Verbandsgemeindeverwaltung Altenkirchen/Ww. vom 14.1.1987
11 Vgl. Himmel 53
12 Himmel 55
13 Himmel 10
14 Himmel 65
15 Vgl. Himmel 65
16 Vgl. Himmel 57
17 Vgl. Himmel 57–61
18 Himmel 61
19 Himmel 75
20 Himmel 73
21 Himmel 85
22 Himmel 85
23 Himmel 90

109 Im Konzentrationslager

1 Vgl. Himmel 112
2 Vgl. Himmel 118
3 Himmel 115
4 Himmel 116
5 Himmel 117
6 Himmel 125
7 Himmel 126
8 Universitätsarchiv Bonn
9 Himmel 158
10 Himmel 159
11 Himmel 146
12 Himmel 147
13 Vgl. Himmel 168
14 Vgl. Himmel 172 177
15 Himmel 178
16 Vgl. Wolodja 272
17 Vgl. Himmel 180

115 In Berlin

1 Vgl. Himmel 184
2 Vgl. Himmel 185
3 Vgl. Frühv. 262
4 Himmel 185
5 Vgl. Frühv. 252 257 261
6 Frühv. 260
7 Frühv. 280
8 Himmel 185
9 Himmel 189
10 Vgl. Himmel 190
11 Vgl. Himmel 200
12 Vgl. Himmel 208, Frühv. 270
13 Himmel 192
14 Frühv. 258
15 Frühv. 259

119 Im sowjetischen Machtbereich

1 Vgl. Himmel 222
2 Himmel 223
3 Himmel 223
4 Tag 33
5 Vgl. Himmel 231–35
6 Himmel 226
7 Himmel 226
8 Himmel 241
9 Himmel 252
10 Vgl. Himmel 245f
11 Himmel 249f
12 Vgl. Himmel 250
13 Vgl. Himmel 237f
14 Vgl. Himmel 265

125 "Tragik und Triumph großer Ärzte"

1 Himmel 265
2 Ärzte 7
3 Ärzte 8
4 Ärzte 9
5 Ärzte 9
6 Ärzte 10
7 Ärzte 11
8 Ärzte 14
9 Vgl. Ärzte 20
10 Ärzte 20
11 Vgl. Ärzte 24
12 Ärzte 25
13 Ärzte 36

14 Vgl. Ärzte 43
15 Vgl. Ärzte 44
16 Ärzte 45
17 Vgl. Ärzte 55
18 Vgl. Ärzte 61
19 Vgl. Ärzte 69
20 Ärzte 69
21 Ärzte 66
22 Vgl. Ärzte 85
23 Ärzte 86
24 Vgl. Ärzte 101
25 Vgl. Ärzte 104f
26 Ärzte 120
27 Vgl. Ärzte 139
28 Ärzte 145
29 Ärzte 145

130 "Frühvollendete"
1 Frühv. 9
2 Frühv. 13
3 Frühv. 44
4 Frühv. 46
5 Frühv. 46
6 Frühv. 72
7 Frühv. 104
8 Frühv. 106
9 Frühv. 106
10 Frühv. 133
11 Frühv. 174
12 Frühv. 181
13 Frühv. 181f
14 Frühv. 176f
15 Frühv. 198
16 Frühv. 199
17 Frühv. 199
18 Frühv. 239
19 Frühv. 240
20 Frühv. 241
21 Frühv. 245f
22 Frühv. 265

135 Als bildender Künstler in Berlin
1 Menschh. 28

140 "Die Menschheit betet"
1 Kräfte 68
2 Menschh. 9
3 Kräfte 68
4 Menschh. 10
5 Vgl. Menschh. 12
6 Menschh. 12
7 Menschh. 14
8 Menschh. 14
9 Menschh. 26
10 Vgl. Menschh. 23f
11 Menschh. 31
12 Menschh. 31
13 Menschh. 28
14 Menschh. 229
15 Menschh. 37f
16 Menschh. 46
17 Menschh. 47
18 Menschh. 47
19 Menschh. 54
20 Vgl. Menschh. 55
21 Menschh. 56
22 Menschh. 56
23 Menschh. 57
24 Menschh. 57
25 Menschh. 58
26 Vgl. Menschh. 66f
27 Menschh. 69
28 Menschh. 69
29 Menschh. 71
30 Menschh. 76
31 Menschh. 76
32 Menschh. 78
33 Menschh. 80
34 Menschh. 80
35 Menschh. 98
36 Menschh. 98
37 Menschh. 99
38 Menschh. 99
39 Menschh. 100
40 Menschh. 100
41 Menschh. 100
42 Menschh. 103
43 Menschh. 102
44 Vgl. Menschh. 115
45 Menschh. 116
46 Menschh. 120
47 Menschh. 121
48 Menschh. 125
49 Menschh. 126
50 Menschh. 127
51 Menschh. 129
52 Menschh. 130
53 Menschh. 133
54 Menschh. 134
55 Menschh. 136
56 Menschh. 137
57 Menschh. 143
58 Menschh. 147
59 Vgl. Menschh. 153
60 Menschh. 155
61 Menschh. 159
62 Menschh. 160
63 Menschh. 160
64 Vgl. W. Kasack: Russische Geistigkeit im deutschen Raum – die Ikone bei Wladimir Lindenberg. In: Universitas 40. 1985, S. 189–98.
65 Menschh. 164
66 Vgl. Menschh. 178
67 Menschh. 184
68 Menschh. 192
69 Vgl. Menschh. 197
70 Vgl. Menschh. 198
71 Menschh. 200
72 Menschh. 203
73 Vgl. Menschh. 203–205
74 Vgl. Menschh. 206–208
75 Vgl. Menschh. 210f
76 Vgl. Menschh. 211f
77 Vgl. Menschh. 213–16
78 Menschh. 218
79 Menschh. 219
80 Menschh. 220
81 Himmel 239
82 Menschh. 220

151 "Training der positiven Lebenskräfte"
1 Training 9
2 Training 10f
3 Training 57
4 Training 121
5 Training 155
6 Training 91
7 Training 222
8 Training 218
9 Training 150
10 Training 220
11 Training 10
12 Training 16
13 Training 16f
14 Training 17
15 Training 17
16 Training 7
17 Vgl. Training 19
18 Training 41
19 Training 99
20 Training 159
21 Training 201

155 "Mysterium der Begegnung"
1 Gespr. 7
2 Myst. 9
3 Myst. 12
4 Myst. 13
5 Myst. 22
6 Vgl. Myst. 25
7 Myst. 33
8 Myst. 33
9 Myst. 33
10 Vgl. Myst. 35
11 Myst. 37
12 Myst. 43
13 Myst. 50
14 Myst. 51
15 Myst. 51
16 Vgl. Myst. 52
17 Vgl. Myst. 53
18 Myst. 53
19 Myst. 55
20 Myst. 63
21 Myst. 62
22 Myst. 64
23 Myst. 68
24 Vgl. Myst. 71
25 Vgl. Myst. 73–86
26 Myst. 78

27 Myst. 84
28 Myst. 85
29 Vgl. Myst. 92
30 Vgl. Myst. 93
31 Myst. 93
32 Myst. 95
33 Vgl. Myst. 98
34 Vgl. Myst. 99
35 Vgl. Myst. 100–102
36 Vgl. Myst. 102–104
37 Vgl. Myst. 104–106
38 Vgl. Myst. 106–12
39 Myst. 111
40 Myst. 125
41 Myst. 127
42 Myst. 128
43 Myst. 131
44 Myst. 135
45 Myst. 137
46 Vgl. Myst. 137
47 Myst. 139
48 Myst. 144
49 Myst. 150
50 Myst. 156
51 Myst. 159
52 Vgl. Myst. 169
53 Myst. 173
54 Myst. 180
55 Myst. 181
56 Myst. 188
57 Myst. 188
58 Myst. 199
59 Vgl. Myst. 201f
60 Vgl. Myst. 207f
61 Myst. 220
62 Myst. 237
63 Myst. 251

165 "Gespräche am Krankenbett"

1 Gespr. 7
2 Gespr. 9
3 Gespr. 8
4 Gespr. 9
5 Vgl. Gespr. 10
6 Gespr. 16
7 Gespr. 23
8 Gespr. 29f
9 Gespr. 31
10 Gespr. 35
11 Gespr. 39f
12 Gespr. 40
13 Gespr. 49
14 Gespr. 53
15 Gespr. 58
16 Gespr. 62
17 Gespr. 62
18 Gespr. 65
19 Gespr. 67
20 Gespr. 68
21 Gespr. 69
22 Vgl. Gespr. 100–102
23 Gespr. 75
24 Gespr. 80
25 Gespr. 82
26 Gespr. 83
27 Gespr. 84
28 Gespr. 87
29 Gespr. 93
30 Gespr. 93
31 Gespr. 95
32 Gespr. 97
33 Gespr. 99
34 Gespr. 109
35 Vgl. Gespr. 124–25
36 Gespr. 125

170 "Yoga mit den Augen eines Arztes"

1 Yoga 10
2 Yoga 222
3 Yoga 222
4 Yoga 12
5 Vgl. Yoga 174–76
6 Yoga 53
7 Yoga 53
8 Yoga 55
9 Yoga 56
10 Yoga 56
11 Yoga 56
12 Yoga 59
13 Yoga 60
14 Yoga 61
15 Yoga 61
16 Vgl. Lob 127–32
17 Yoga 61
18 Yoga 64
19 Yoga 146
20 Yoga 147
21 Yoga 150
22 Vgl. Yoga 158 163–65
23 Yoga 221

174 "Mütterchen Rußland". Heilige, Narren und Dämonen

1 Rußl. 107–109

179 "Marionetten in Gottes Hand"

1 Marion. 17
2 Marion. 119
3 Marion. 119
4 Marion. 120
5 Vgl. Marion. 187–93
6 Marion. 165
7 Marion. 107
8 Marion. 73
9 Marion. 73
10 Marion. 144f

183 "Briefe an eine Krankenschwester"

1 Briefe 10
2 Briefe 11
3 Briefe 9
4 Briefe 13
5 Briefe 15
6 Briefe 15
7 Briefe 17
8 Briefe 20
9 Briefe 21
10 Briefe 29
11 Briefe 30
12 Briefe 124
13 Vgl. Briefe 35
14 Vgl. Briefe 75
15 Vgl. Briefe 48–51
16 Vgl. Briefe 43–45
17 Vgl. Briefe 52–55
18 Vgl. Briefe 53f
19 Briefe 56
20 Vgl. Briefe 59–61
21 Briefe 72
22 Briefe 71
23 Briefe 84
24 Briefe 84
25 Briefe 87
26 Briefe 131
27 Briefe 131

187 "Schicksalsgefährte sein"

1 Gefährte 14
2 Gefährte 11
3 Gefährte 11f
4 Vgl. Gefährte 51–53
5 Gefährte 63
6 Gefährte 63
7 Gefährte 68
8 Vgl. Gefährte 143–47
9 Gefährte 130
10 Vgl. Gefährte 223–29
11 Vgl. Gefährte 237–45
12 Gefährte 270
13 Gefährte 271

191 "Bobik im Feuerofen"

1 Vgl. Feuer. 52–55
2 Vgl. Feuer. 280f
3 Vgl. Feuer. 67–69
4 Feuer. 24
5 Feuer. 25
6 Feuer. 193
7 Vgl. Feuer. 96
8 Vgl. Feuer. 227
9 Vgl. Feuer. 223–25
10 Feuer. 74
11 Feuer. 75
12 Vgl. Feuer. 80f
13 Vgl. Feuer. 244
14 Vgl. Feuer. 214
15 Feuer. 217
16 Vgl. Feuer. 258–61
17 Feuer. 307
18 Feuer. 311
19 Feuer. 311

195 "Richter, Staatsanwälte, Rechtsbrecher"
1 Richter 11
2 Richter 10
3 Richter 10
4 Richter 191
5 Richter 13
6 Richter 5
7 Richter 119
8 Richter 119
9 Richter 120
10 Richter 123
11 Richter 123f
12 Richter 195
13 Richter 204
14 Richter 202

200 "Gottes Boten unter uns"
1 Boten 148
2 Boten 150
3 Vgl. Boten 27
4 Boten 28
5 Boten 32
6 Boten 39
7 Vgl. Boten 50f
8 Vgl. Boten 61–67
9 Vgl. Boten 67–69
10 Vgl. Boten 61
11 Vgl. Boten 73–75
12 Vgl. Boten 121–23
13 Vgl. Boten 87–89
14 Vgl. Boten 108f
15 Vgl. Boten 93f
16 Vgl. Boten 100–102
17 Vgl. Boten 129
18 Vgl. Boten 139–42
19 Vgl. Boten 115–16
20 Vgl. Boten 120
21 Boten 154
22 Boten 154
23 Boten 170
24 Boten 170

205 Dolina Gräfin von Roedern-Lindenberg
1 E. Tschauner: Führt Können zum Erfolg. In: Sie. Berliner illustrierte Wochenzeitung, 25.2.1951, S. 1.
2 Zitiert nach: Dolina Gräfin von Roedern-Lindenberg: Lichtspalten. Freundesgabe des Verlags Richard Schikowski, Berlin, o.J.

210 "Bobik begegnet der Welt"
1 Vgl. Welt 5
2 Welt 6
3 Welt 260
4 Welt 18
5 Welt 19
6 Welt 20
7 Welt 35
8 Welt 50
9 Welt 53
10 Welt 56
11 Welt 62
12 Vgl. Welt 64–68
13 Welt 80
14 Welt 93
15 Welt 105
16 Vgl. Welt 251f
17 Welt 255
18 Welt 257
19 Welt 301

216 "Jenseits der Fünfzig"
1 Fünfzig 81
2 Fünfzig 131
3 Vgl. Fünfzig 58–61
4 Fünfzig 155
5 Fünfzig 155
6 Vgl. Fünfzig 12
7 Vgl. Fünfzig 23
8 Fünfzig 28
9 Fünfzig 29
10 Fünfzig 30
11 Fünfzig 38
12 Fünfzig 36
13 Fünfzig 37
14 Fünfzig 38
15 Fünfzig 15
16 Fünfzig 167
17 Fünfzig 49
18 Fünfzig 49
19 Vgl. Fünfzig 63
20 Fünfzig 67, 75–78
21 Fünfzig 88
22 Vgl. Fünfzig 109–10 159–66
23 Vgl. Fünfzig 120–23
24 Fünfzig 177
25 Fünfzig 177
26 Fünfzig 177
27 Vgl. Fünfzig 180
28 Fünfzig 184
29 Fünfzig 185
30 Fünfzig 191
31 Fünfzig 217
32 Fünfzig 225

220 "Bobik in der Fremde"
1 Fremde 11
2 Fremde 29
3 Fremde 23
4 Fremde 312
5 Fremde 70
6 Fremde 316
7 Fremde 105
8 Fremde 257
9 Fremde 348

224 "Über die Schwelle"
1 Schwelle 14
2 Schwelle 17
3 Schwelle 20
4 Schwelle 19
5 Schwelle 19
6 Schwelle 24
7 Vgl. Schwelle 51f
8 Schwelle 74
9 Vgl. Schwelle 75–91
10 Schwelle 75
11 M. Buber: Die Erzählungen der Chassidim, Zürich 1949, S. 461.
12 Schwelle 99
13 Vgl. Schwelle 127–46
14 Schwelle 151
15 Schwelle 154
16 Schwelle 157
17 Schwelle 159
18 Schwelle 181

229 "Wolodja"
1 Wolodja 44
2 Wolodja 45
3 Wolodja 93
4 Vgl. Wolodja 273–75
5 Wolodja 232
6 Wolodja 232
7 Wolodja 234
8 Wolodja 234
9 Wolodja 307

234 "Geheimnisvolle Kräfte um uns"
1 Kräfte 7f
2 Kräfte 8
3 Kräfte 19
4 Vgl. Kräfte 41–55
5 Kräfte 115f
6 Vgl. Kräfte 114f
7 Kräfte 119
8 Vgl. Kräfte 119–22
9 Kräfte 57
10 Vgl. Kräfte 58
11 Vgl. Kräfte 59f
12 Kräfte 62
13 Kräfte 62
14 Kräfte 63
15 Kräfte 64
16 Kräfte 65
17 Kräfte 68
18 Kräfte 71
19 Kräfte 70f
20 Kräfte 74
21 Kräfte 30
22 Kräfte 144
23 Kräfte 150f
24 Kräfte 164

25 Kräfte 165
26 Kräfte 164

240 "Tag um Tag ist guter Tag"
1 Tag 6
2 Tag 6
3 Tag 175
4 Tag 175
5 Tag 10
6 Tag 15
7 Tag 16
8 Tag 16f
9 Tag 29
10 Tag 29
11 Vgl. Tag 29f
12 Tag 19
13 Tag 19
14 Tag 22
15 Tag 32
16 Tag 36
17 Tag 37
18 Tag 37
19 Tag 45
20 Tag 45
21 Tag 46
22 Tag 48
23 Tag 49
24 Tag 50
25 Tag 52
26 Vgl. Tag 55 56
27 Tag 57
28 Tag 58
29 Tag 58
30 Tag 58
31 Tag 59
32 Tag 60f
33 Tag 64
34 Tag 65
35 Tag 65
36 Tag 67
37 Tag 73
38 Tag 83
39 Tag 84
40 Vgl. Tag 88
41 Tag 90
42 Tag 90
43 Vgl. Tag 94
44 Tag 103
45 Tag 105
46 Tag 119
47 Tag 122
48 Tag 131
49 Tag 135
50 Tag 144
51 Tag 148
52 Tag 151
53 Tag 151
54 Tag 158
55 Tag 160
56 Tag 161
57 Tag 162
58 Tag 163
59 Tag 163
60 Tag 169
61 Tag 170
62 Tag 171
63 Tag 173f

247 "Riten und Stufen der Einweihung"
1 Riten 9
2 Riten 9
3 Riten 10
4 Riten 11
5 Riten 11
6 Riten 12
7 Riten 17
8 Riten 19
9 Riten 20
10 Riten 23
11 Riten 23
12 Riten 30
13 Riten 36
14 Riten 37
15 Riten 38
16 Riten 55
17 Riten 57f
18 Riten 58
19 Riten 63f
20 Vgl. Riten 64–66
21 Riten 65
22 Riten 75
23 Riten 78
24 Riten 85
25 Riten 100
26 Riten 103
27 Riten 104
28 Riten 120
29 Riten 121
30 Riten 121f
31 Riten 135
32 Riten 144
33 Riten 145
34 Riten 146
35 Riten 147
36 Riten 149
37 Riten 152
38 Riten 155
39 Riten 175f
40 Vgl. Riten 179–82 205
41 Vgl. Riten 195
42 Riten 239f
43 Riten 251
44 Riten 251

257 "Mit Freude leben"
1 Freude 50
2 Freude 7
3 Freude 9
4 Freude 15
5 Freude 29
6 Freude 36
7 Freude 37
8 Freude 36
9 Freude 38
10 Freude 40
11 Freude 41
12 Freude 54
13 Vgl. Freude 43f
14 Freude 55f
15 Freude 56
16 Freude 57
17 Freude 57
18 Freude 61
19 Freude 63
20 Freude 64
21 Freude 69
22 Freude 69
23 Freude 70
24 Freude 71
25 Freude 80
26 Freude 81
27 Freude 83
28 Freude 85
29 Freude 86
30 Freude 87
31 Freude 87f
32 Freude 88

261 "Zu Gast bei Wladimir Lindenberg"
1 Zu Gast 9
2 Zu Gast 10
3 Zu Gast 9
4 Zu Gast 17
5 Zu Gast 17
6 Zu Gast 19
7 Zu Gast 26
8 Zu Gast 26
9 Zu Gast 27
10 Zu Gast 28
11 Zu Gast 29
12 Zu Gast 48
13 Zu Gast 30
14 Zu Gast 30
15 Zu Gast 30
16 Zu Gast 31
17 Zu Gast 31
18 Zu Gast 32
19 Zu Gast 32
20 Zu Gast 33
21 Zu Gast 33
22 Zu Gast 38
23 Zu Gast 41
24 Zu Gast 41
25 Zu Gast 41
26 Zu Gast 57
27 Zu Gast 124
28 Zu Gast 125
29 Zu Gast 127
30 Zu Gast 130
31 Zu Gast 132
32 Zu Gast 134
33 Zu Gast 136
34 Zu Gast 140
35 Zu Gast 140

265 "Der unversiegbare Strom"

1 Strom 9
2 Strom 9
3 Strom 11
4 Strom 12
5 Strom 12
6 Vgl. Strom 12f
7 Strom 13
8 Strom 14
9 Strom 15
10 Strom 19
11 Strom 20
12 Strom 25
13 Strom 27
14 Strom 27f
15 Strom 30
16 Strom 30
17 Strom 35
18 Strom 33
19 Strom 39
20 Strom 42
21 Strom 43
22 Strom 44
23 Vgl. Strom 45
24 Vgl. Die geistlichen Grundlagen der Ikone, Hrsg. W. Kasack, München 1987 (in Vorbereitung).
25 Strom 64
26 Strom 87
27 Strom 107
28 Strom 115
29 Strom 136
30 Strom 138
31 Strom 140
32 Strom 140f

271 "Himmel in der Hölle"

1 Himmel 35
2 Himmel 49
3 Himmel 25
4 Himmel 90
5 Himmel 250
6 Himmel 269

275 "Lob der Gelassenheit"

1 Lob 12
2 Lob 12
3 Lob 20
4 Lob 15
5 Lob 16
6 Lob 14
7 Lob 34
8 Lob 35
9 Lob 41
10 Vgl. Lob 44–47
11 Lob 62
12 Lob 76
13 Lob 81
14 Lob 89
15 Lob 105
16 Lob 119
17 Vgl. W. Kasack: Lexikon der russischen Literatur ab 1917. Ergänzungsband, München 1986, S. 121–22.
18 Lob 135
19 Lob 136f
20 Lob 142
21 Lob 24

281 Ausklang

1 Misc. 23.2. (Die Datumsangaben verweisen auf die benutzten Kalenderblätter.)
2 Misc. 3.1.
3 Misc. 6.1.
4 Misc. 25.1.
5 Misc. 26.2.
6 Misc. 3.4.
7 Misc. 4.4.
8 Misc. 2.7.
9 Vgl. Wladimir Lindenberg: Hommage à Zenta Maurina. In: Buch der Freundschaft. Zenta Maurina zum 70. Geburtstag, Memmingen 1967, S. 109–112.
10 Misc. 30.1., 11.2.

Wladimir Lindenberg:
"Jakob – Josef und seine Söhne segnend"
"Genesis 48, 1–20" (1935)

Wladimir Lindenberg:
"Genesis II, 3" (1935)

Aus einem erfüllten Leben

Betrachtungen und Gedanken von Wladimir Lindenberg

Dieses Buch ist Wladimir Lindenberg zu seinem 80. Geburtstag am 16. Mai 1982 gewidmet. Es enthält 48 Seiten mit 15 schwarzweißen und 8 farbigen Fotos von Gisela Peters
Broschur DM 24,–

Möge diese Sammlung dem Leser einen guten Zugang zum religiösen Denken Wladimir Lindenbergs ermöglichen und andererseits Anregung zur eigenen Meditation sein

"Aus Dichten und Denken, Helfen und Heilen erwachsen jene geheimen Kräfte, die nötig sind, um eine Lebensaufgabe bewältigen zu können, deren Ziel lautet: Den Menschen humaner zu machen! Welch ein Unterfangen in einer Zeit, die in weltweitem Ausmaß das Gegenteil praktiziert. Ist dieser Mensch unserer Zeit überhaupt noch »heilbar«? Kann er als manipuliertes Objekt wieder zurückgeführt werden in den Bannkreis des Subjekts, als das er gedacht war? Ist etwas in oder außer ihm, das ihn zu führen, zu leiten, zu retten vermag? Kann er noch glauben, da ihm das Wissen längst abhanden gekommen ist? Der Philosoph und Seelenarzt Wladimir Lindenberg beschwört in all seinen Büchern die Kleingläubigen, Mutlosen, die Verzweifelten, die am Leben und Schicksal Leidenden: der Mensch ist nicht gänzlich verloren, er ist auch zu keiner Zeit seines Lebens völlig einsam. Er braucht sich nur wieder einzuordnen in den heilenden Zusammenhang der Dinge, in dem sich noch die Natur, die Tiere und Pflanzen befinden. Wer dem Dichter-Arzt Lindenberg begegnete, weiß: hier ist ein Mensch, der seinen Glauben aus den tiefsten Wurzeln jenseitiger Verankerung bezieht. Von diesem Nährboden aus wachsen ihm ungeheure Kräfte zu."

C. Astor in "Madame"

ERNST REINHARDT VERLAG MÜNCHEN BASEL

WLADIMIR LINDENBERG

SPRECHPLATTE

Vier Erzählungen von Wladimir Lindenberg vorgetragen

Langspielplatte, 30 cm, 33 U/min., DM 24,–

Seite 1

Schurum Burum

aus

"Marionetten in Gottes Hand"

Frosjass Geheimnis

aus

"Bobik im Feuerofen"

Seite 2

Verona

Die Chassiden

aus

"Bobik begegnet der Welt"

Wladimir Lindenberg ist nicht nur durch seine Bücher bekannt, sondern auch durch Vorträge und zahlreiche Fernseh- und Rundfunk-Sendungen. Das nachhaltige Echo darauf ließ den Wunsch zahlreicher Freunde laut werden, die Erzählkunst Lindenbergs auf einer Platte festzuhalten. So werden im gesprochenen Wort Kindheitserinnerungen und Gedanken aus seinen autobiographischen Büchern lebendig.